Wissenschaftliche Beiträge
aus dem Tectum Verlag

Reihe Rechtswissenschaft

Wissenschaftliche Beiträge aus dem Tectum Verlag

Reihe Rechtswissenschaft

Band 174

Alexander auf dem Keller

Quo Vadis, Europäische Union?

Die Finalität der EU am Leitbild des Bundesstaates

Tectum Verlag

Alexander auf dem Keller
Quo Vadis, Europäische Union?
Die Finalität der EU am Leitbild des Bundesstaates

Wissenschaftliche Beiträge aus dem Tectum Verlag
Reihe: Rechtswissenschaft; Bd. 174

Zugl. Diss. FernUniversität in Hagen 2021

Eingereicht unter dem Originaltitel „Quo Vadis, Europäische Union?“

ISBN 978-3-8288-4738-5
ePDF 978-3-8288-7838-9
ISSN 1861-7875

Gesamtverantwortung für Druck und Herstellung:
Nomos Verlagsgesellschaft mbH & Co. KG
Printed in Germany

Besuchen Sie uns im Internet
www.tectum-verlag.de

Bibliografische Informationen der Deutschen Nationalbibliothek
Die Deutsche Nationalbibliothek verzeichnet diese Publikation in der Deutschen Nationalbibliografie; detaillierte bibliografische Angaben sind im Internet über http://dnb.d-nb.de abrufbar.

Meinen Eltern

Vorwort

Die vorliegende Arbeit wurde zum Wintersemester 2021/2022 von der FernUniversität in Hagen, Rechtswissenschaftliche Fakultät, als Inauguraldissertation zur Erlangung des Grades eines Doktors der Rechte angenommen.

Mein besonderer Dank gilt meinem Doktorvater Herrn Prof. Dr. Andreas Haratsch für die kontinuierliche Unterstützung und konstruktive Begleitung sowie die wertvollen Anregungen und Ratschläge, die maßgeblich zum Gelingen dieser Arbeit beigetragen haben.

Herzlich danken möchte ich zudem Herrn Prof. Dr. Peter Schiffauer für die bereitwillige Übernahme und rasche Erstellung des Zweitgutachtens sowie Frau Prof. Dr. Andrea Edenharter als weiteren Prüferin im Rahmen der Disputation.

Besonderer Dank gilt meinen Eltern, die mich auf meinem gesamten Ausbildungsweg und nicht zuletzt auch bei der Anfertigung dieser Arbeit stets ermutigt und vorbehaltlos unterstützt haben. Ihnen ist diese Arbeit gewidmet.

Ebenfalls besonders danken möchte ich meiner Verlobten, Swaantje Stelling, für ihre andauernde liebevolle Unterstützung und Fürsorge während des gesamten Promotionsverfahrens und darüber hinaus.

Danken möchte ich auch meinem Onkel, Ulrich Schneider, der mich mit seiner Hilfe und seinem Interesse über die Jahre unterstützt hat.

Nicht zuletzt bedanke ich mich bei meinem Partner bei Simmons & Simmons LLP, Dr. Benedikt Weiser, der für mich die organisatorischen Rahmenbedingungen geschaffen hat, ohne die eine Umsetzung der Arbeit nur schwer möglich gewesen wäre.

Für die Arbeit konnten Gesetzgebung, Rechtsprechung und Literatur bis zum März 2021 berücksichtigt werden.

Alexander auf dem Keller

„So eine Arbeit wird eigentlich nie fertig,
man muß sie für fertig erklären,
wenn man nach Zeit und Umständen das möglichste getan hat.“

Johann Wolfgang von Goethe
Caserta, Italien, 16. März 1787[1]

---

1 *Von Goethe/von Einem*, Italienische Reise, S. 208, Rn. 25.

Inhaltsverzeichnis

Abkürzungsverzeichnis

a.A.	andere Ansicht
Abs.	Absatz
ABl.	Amtsblatt der Europäischen Gemeinschaften / Europäischen Union
AEUV	Vertrag über die Arbeitsweise der Europäischen Union
a.F.	alte Fassung
Alt.	Alternative
Anm.	Anmerkung
AöR	Archiv des öffentlichen Rechts (Zeitschrift)
APuZ	Aus Politik und Zeitgeschichte (Zeitschrift)
ARSP	Archiv für Rechts- und Sozialphilosophie (Zeitschrift)
Art.	Artikel
Aufl.	Auflage
AVR	Archiv des Völkerrechts (Zeitschrift)
Az.	Aktenzeichen
BArch	Bundesarchiv
BayVBl	Bayerische Verwaltungsblätter
BDSG	Bundesdatenschutzgesetz
Beschl.	Beschluss
Bd.	Band
BGBl.	Bundesgesetzblatt
BKR	Zeitschrift für Bank- und Kapitalmarktrecht
bpb	Bundeszentrale für politische Bildung
bspw.	beispielsweise
BT-Drs.	Bundestag-Drucksache
Buchst.	Buchstabe

Bull.	Bulletin
BVerfG	Bundesverfassungsgericht
BVerfGE	Bundesverfassungsgerichtsentscheidung
BVerfGG	Bundesverfassungsgerichtsgesetz
B-VG	Bundes-Verfassungsgesetz der Republik Österreich
bzw.	beziehungsweise
CMLR	Common Market Law Review (Zeitschrift)
Datenschutz-RL	Datenschutzrichtlinie
DDR	Deutsche Demokratische Republik
d.h.	das heißt
DIW	Deutsches Institut für Wirtschaftsforschung
DÖV	Die öffentliche Verwaltung (Zeitschrift)
DS-GVO	Datenschutz-Grundverordnung
DStJG	Deutsche Steuerjuristische Gesellschaft e.V.
dt.	deutsch
DTIEV	Dimitris-Tsatsos-Institut für Europäische Verfassungswissenschaften
DVBl	Deutsches Verwaltungsblatt (Zeitschrift)
DZWir	Deutsche Zeitschrift für Wirtschaftsrecht
EAD	Europäischer Auswärtiger Dienst
EAG	Europäische Atomgemeinschaft
EAGV	Vertrag über die Europäische Atomgemeinschaft
EAPP	Expanded Asset Purchase Programme
ECU	European Currency Unit (*Europäische Währungseinheit*)
EDA	European Defence Agency (*Europäische Verteidigungsagentur*)
EEA	Einheitliche Europäische Akte
EFSF	European Financial Stability Facility (*Europäische Finanzstabilisierungsfaszilität*)

EFTA	European Free Trade Association (*Europäische Freihandelsorganisation*)
EG	Europäische Gemeinschaft
EGen	Europäische Gemeinschaften
EGKS	Europäische Gemeinschaft für Kohle und Stahl
EGKSV	Vertrag zur Gründung der Europäischen Gemeinschaft für Kohle und Stahl
EGMR	Europäischer Gerichtshof für Menschenrechte
EGV	Vertrag zur Gründung der Europäischen Gemeinschaft
einschl.	einschließlich
Ent.	Entscheidung
ENP	Europäische Nachbarschaftspolitik
ELJ	European Law Journal (Zeitschrift)
EMRK	Europäische Menschenrechtskonvention
engl.	englisch
EP	Europäisches Parlament
Erg.-Lfg.	Ergänzungslieferung
ESM	Europäischer Stabilitätsmechanismus
ESMFinG	Gesetz zur finanziellen Beteiligung am Europäischen Stabilitätsmechanismus
ESM-Vertrag	Vertrag zur Einrichtung des Europäischen Stabilitätsmechanismus
ESZB	Europäisches System der Zentralbanken
etc.	et cetera
EU	Europäische Union
EuG	Gericht der Europäischen Union
EuGH	Europäischer Gerichtshof
EuGRZ	Europäische Grundrechte Zeitschrift (Zeitschrift)
EUI	European University Institute
EuR	Europarecht (Zeitschrift)
EURATOM	Europäische Atomgemeinschaft
EURI	European Union Recovery Instrument (*Wiederherstellungsinstrument*)
EUV	Vertrag über die Europäische Union

EUZBLG	Gesetz über die Zusammenarbeit von Bund und Ländern in Angelegenheiten der Europäischen Union
EuZW	Europäische Zeitschrift für Wirtschaftsrecht (Zeitschrift)
evtl.	eventuell
EWF	Europäischer Währungsfonds
EWG	Europäische Wirtschaftsgemeinschaft
EWGV	Vertrag zur Gründung der Europäischen Wirtschaftsgemeinschaft
EWR	Europäischer Wirtschaftsraum
EWS	Europäisches Währungssystem
EWS	Europäisches Wirtschafts- und Steuerrecht (Zeitschrift)
EZB	Europäische Zentralbank
FAZ	Frankfurter Allgemeine Zeitung
f. (ff.)	folgende (mehrere folgende)
Fn.	Fußnote
FS	Festschrift
GASP	Gemeinsame Außen- und Sicherheitspolitik
GBl.	Gesetzblatt
gem.	gemäß
GG	Grundgesetz
ggf.	gegebenenfalls
GLJ	German Law Journal (Zeitschrift)
GRCh	Charta der Grundrechte der Europäischen Union
grds.	grundsätzlich
GS	Gedächtnisschrift
GSVP	Gemeinsame Sicherheits- und Verteidigungspolitik
GSZ	Zeitschrift für das Gesamte Sicherheitsrecht
GUS	Gemeinschaft Unabhängiger Staaten
h.L.	herrschende Lehre
h.M.	herrschende Meinung

Hrsg.	Herausgeber
HStR	Handbuch des Staatsrechts
i.d.F.	in der Fassung
i.d.R.	in der Regel
IEV	Institut für Europäische Verfassungswissenschaften
i.e.S.	im engeren Sinne
ifo Institut	Leibniz-Institut für Wirtschaftsforschung an der Universität München e.V.
ifo-Schnelldienst	Zeitschrift des ifo Instituts
IGH	Internationaler Gerichtshof
integration	Beilage zur Europäischen Zeitung (Zeitschrift)
IP	Zeitschrift für Internationale Politik (Zeitschrift)
IPE	Ius Publicum Europaeum (Handbuch)
i.S.d.	im Sinne der/des
IStR	Internationales Steuerrecht (Zeitschrift)
i.V.m.	in Verbindung mit
inkl.	inklusive
insb.	insbesondere
JA	Juristische Arbeitsblätter
JCMS	Journal of Common Market Studies (Zeitschrift)
JöR	Jahrbuch des öffentlichen Rechts der Gegenwart
JRP	Journal für Rechtspolitik (Zeitschrift)
Jura	Juristische Ausbildung (Zeitschrift)
JuS	Juristische Schulung (Zeitschrift)
JZ	Juristen Zeitung (Zeitschrift)
KJ	Kritische Justiz (Zeitschrift)
krit.	kritisch
KritV	Kritische Vierteljahresschrift zur Gesetzgebung (Zeitschrift)
Lit.	Literatur

lit.	litera (Buchstabe)
LKV	Landes- und Kommunalverwaltung (Zeitschrift)
m.E.	meines Erachtens
m.w.N.	mit weiteren Nachweisen
max.	maximal
MPIfG	Max-Planck-Institut für Gesellschaftsforschung
NATO	North Atlantic Treaty Organization
n.F.	neue Fassung
NGEU	Next Generation EU
NJ	Neue Justiz (Zeitschrift)
NJB-katern	Nederlands Juristenblad
NJW	Neue Juristische Wochenschrift (Zeitschrift)
NJW-RR	Neue Juristische Wochenschrift – Rechtssprechungs-Report
NordÖR	Zeitschrift für öffentliches Recht in Norddeutschland (Zeitschrift)
Nr.	Nummer
NVwZ	Neue Zeitschrift für Verwaltungsrecht (Zeitschrift)
NZZ	Neue Züricher Zeitung
OECD	Organisation für Wirtschaftliche Zusammenarbeit und Entwicklung
OEEC	Organisation für Europäische Wirtschaftliche Zusammenarbeit
OMT	Outright Monetary Transactions
Österr. VfGH	Österreichischer Verfassungsgerichtshof
PESCO	Permanent Structured Cooperation (*Ständige Strukturierte Zusammenarbeit*)
PJZS	Polizeiliche und Justizielle Zusammenarbeit in Strafsachen
Pos.	Position
PSPP	Public Sector Purchase Programme

PVS	Politische Vierteljahresschrift (Zeitschrift)
Rat	Rat der Europäischen Union (Ministerrat)
RGBl.	Reichsgesetzblatt
RIA Novosti	Russische Agentur für internationale Informationen
RIW	Recht der internationalen Wirtschaft (Zeitschrift)
Rn.	Randnummer(n)
RRF	Recovery and Resilience Facility (*Aufbau- und Resilienzfazilität*)
Rs.	Rechtssache
Rspr.	Rechtsprechung
RuP	Recht und Politik (Zeitschrift)
s.	siehe
S.	Seite
s.a.	siehe auch
Slg	Allgemeine Sammlung der Rechtsprechung des Gerichtshofs der Europäischen Union
sog.	sogenannte
SRB	Single Rule Book (*Einheitliches Regelwerk*)
SRM	Single Resolution Mechanism (*Einheitlicher Abwicklungsmechanismus*)
SSM	Single Supervisory Mechanism (*Einheitlicher Aufsichtsmechanismus*)
StudZR	Studentische Zeitschrift für Rechtswissenschaft
StuW	Steuer und Wirtschaft (Zeitschrift)
StWStP	Staatswissenschaften und Staatspraxis (Zeitschrift)
SWP-Aktuell	Stiftung Wissenschaft und Politik (Zeitschrift)
StWuStP	Staatswissenschaft und Staatpraxis (Zeitschrift)
SubsProt	Subsidiaritätsprotokoll
teilw.	teilweise

u.	und
u.a.	unter anderem/und andere
u.ä.	und ähnliche/-es
UAbs.	Unterabsatz
UfR	Ugeskrift for Retsvxsenl (dänische Zeitschrift)
UN	United Nations (*Vereinte Nationen*)
UN-Charta	Charta der Vereinten Nationen
urspr.	ursprünglich
Urt.	Urteil
v.	vom
Verf.	Verfassung
vertr.	vertreten
VfSlg.	Ausgewählte Entscheidungen des Österreichischen Verfassungsgerichtshofs
VG	Verwaltungsgericht
vgl.	vergleiche
Vorbem.	Vorbemerkung
vorm.	vormals
vorl.	vorläufig/-er
VRÜ	Verfassung und Recht in Übersee (Zeitschrift)
VVDStRL	Veröffentlichungen der Vereinigung der Deutschen Staatsrechtslehrer
VVE	Vertrag über eine Verfassung für Europa
VwGO	Verwaltungsgerichtsordnung
WEU	Westeuropäische Union
WHI	Walter-Hallstein-Institut
WiRO	Wirtschaft und Recht in Osteuropa (Zeitschrift)
WiSt	Wirtschaftswissenschaftliches Studium (Zeitschrift)
WM	Wertpapier-Mitteilungen (Zeitschrift für Wirtschafts- und Bankrecht)
wörtl.	wörtlich

WRV	Weimarer Reichsverfassung
WTO	World Treaty Organisation (*Welthandelsorganisation*)
WVRK	Wiener Vertragsrechtskonvention
WWU	Wirtschafts- und Währungsunion
ZaöRV	Zeitschrift für ausländisches öffentliches Recht und Völkerrecht
ZAR	Zeitschrift für Ausländerrecht und Ausländerpolitik
z.B.	zum Beispiel
ZBB	Zeitschrift für Bankrecht und Bankwirtschaft
ZEuS	Zeitschrift für europarechtliche Studien (Zeitschrift)
ZfP	Zeitschrift für Politik (Zeitschrift)
ZfZ	Zeitschrift für Zölle und Verbrauchsteuern
ZG	Zeitschrift für Gesetzgebung (Zeitschrift)
ZIS	Zeitschrift für internationale Strafrechtsdogmatik (Zeitschrift)
ZJS	Zeitschrift für das Juristische Studium
zit.	zitiert
ZÖR	Zeitschrift für öffentliches Recht (Zeitschrift)
ZRP	Zeitschrift für Rechtspolitik (Zeitschrift)
ZSE	Zeitschrift für Staats- und Europawissenschaften (Zeitschrift)
ZSR	Zeitschrift für Schweizerisches Recht (Zeitschrift)
zugl.	zugleich

Einleitung

Die Entwicklung der Europäischen Union ist eine der großen Erfolgsgeschichten des vergangenen Jahrhunderts. Die europäische Einigung bildet in ihrer Entstehung und ihrem Ablauf einen langen, von Erfolgen und Rückschlägen gekennzeichneten einzigartigen Prozess. Heute sind alle ursprünglichen Ziele, die sich die Europäische Union bei ihrer Gründung gesetzt hatte, erreicht. Der Frieden unter den Mitgliedstaaten ist gesichert, Europa ist wiederaufgebaut, der Kalte Krieg ist überwunden und die Teilung des Kontinents ist es im Wesentlichen auch.[2]

Jedoch ist die Europäische Union bis heute (noch) kein Staat.[3] Als Integrationsverbund besonderer Art lässt sie sich allerdings nicht in den bisherigen völker- und staatsrechtlichen Kanon der Staatenverbindungen einordnen.[4] Vielmehr stellt die Europäische Union ein Unikum unter den internationalen Organisationen dar. Der Grad der Verflechtung zwischen den Mitgliedstaaten und der Europäischen Union sowie zwischen den Mitgliedstaaten untereinander übertrifft alle bisher bekannten Kooperationsformen. Nicht ohne Grund hat das deutsche Bundesverfassungsgericht, das sich in einer seiner Entscheidungen mit der Rechtsnatur der Europäischen Union zu befassen hatte, zu einer begrifflichen Neuschöpfung gegriffen und die Europäische Union als „Staatenverbund"[5] definiert, also eine Zwischenstufe zwischen Staatenbund und Bundesstaat. Da die Mitgliedstaaten zwar einzelne

---

2 So schrieb *Stefan Kornelius* in der Süddeutschen Zeitung v. 16.06.2008: „[…] *der politische, ökonomische und monetäre Zusammenschluss des Okzidents zu einer in sich verwobenen Zone des Friedens und des Wohlstands – das ist eine historische Großtat, die einmalig ist auf diesem Flecken Erde, der viele Jahrhunderte lang Gefallen gefunden hatte an Selbstzerfleischung und zerstörerischen Machtspielen.*"

3 *Terhechte* in: Grabitz/Hilf/Nettesheim, EUV, Art. 3 Rn. 18; a.A. *Schachtschneider*, Verfassungsrecht der EU, S. 63.

4 *Oppermann/Classen/Nettesheim*, Europarecht, § 4 Rn. 24.

5 BVerfG, Urt. v. 12.10.1993 – 2 BvR 2134/92. u.a, BVerfGE 89, 155, 181 ff., *Maastricht*.

hoheitliche Kompetenzen an die Europäische Union delegiert, aber im Übrigen ihre Souveränität behalten haben, muss die Fortentwicklung der Union abgestimmt und umsichtig betrieben werden. Aus diesem Grund ist die „Marschrichtung" in den Primärverträgen nur in Ansätzen formuliert, die planmäßigen Lücken sichern die Entscheidungs- und Gestaltungsfreiheit der Mitgliedstaaten. Nicht geregelt ist insbesondere die künftige Organisationsform der Europäischen Union. In diesem Zusammenhang stellt jedoch die häufig thematisierte „offene Finalität" der Union ein besonderes Problem dar.[6] Stand am Anfang des Integrationsprozesses verbreitet die Vorstellung, dass die europäische Integration langfristig in einem europäischen Bundesstaat münden wird,[7] so wurde schnell von diesem Ziel Abstand genommen. Stattdessen wird heute fast einmütig die offene Finalität des Integrationsprozesses immer wieder betont.[8] Diese Metapher, die letztlich wohlklingend defensiv verdeutlichen soll, dass man sich inmitten eines Prozesses befindet, von dem keiner weiß, wohin er führt, hat es in der Vergangenheit möglich gemacht, die Zustimmung der Mitgliedstaaten für weitere Integrationsschritte zu erhalten, die auf einem klaren Weg in Richtung eines europäischen Bundesstaates voraussichtlich nicht erteilt worden wäre.

Heute markiert diese offene Finalität ein nicht länger hinnehmbares Defizit, das Überlegungen zu Reformen der Europäischen Union ausbremsen kann. So steht hinter der offenen Finalität weniger das Bemühen, eine voreilige und somit womöglich schädliche Festlegung auf eine Gestaltungsform der Europäischen Union zu vermeiden, als vielmehr eine offensichtlich gewordene Konzeptlosigkeit. Welcher Staat aber ist bereit, weitere Souveränitätseinbußen hinzunehmen und zusätzlich Kompetenzen zu übertagen, wenn nicht klar ist, wohin das Ganze führt?

Die zunächst als anachronistisch gedeutete Befassung des deutschen Bundesverfassungsgerichts mit der klassischen Bundesstaatstheorie

---

6 Dazu bereits *Ipsen*, EG-Recht, S. 1051 ff.

7 *Ophüls*, NJW 1951, 289 ff.; siehe auch *Hallstein*, Der unvollendete Bundesstaat.

8 Vgl. *Ipsen*, EG-Recht, S. 1050; *Haltern* in: von Bogdandy/Bast, S. 279 ff.

kann daher auch nicht verwundern.[9] Schließlich mussten die Verfassungsrichter einen Maßstab für ihre Lissabon-Entscheidung entwickeln, zumal sich eine Theorie, die von einer „offenen Gestaltungsform ohne Staatlichkeitspräjudiz“ ausgeht, hierzu offenkundig nicht eignet. Es scheint daher die Zeit gekommen, in der grundsätzliche wissenschaftliche Debatten über die Zukunft der Europäischen Union geführt werden müssen.[10]

Entscheidend für mögliche Fortschritte bei der Integration der derzeitigen und womöglich künftigen Mitgliedstaaten in ein vereintes Europa wird indes die Frage nach dem Selbstverständnis der Mitgliedstaaten und ihrer Bürgerinnen und Bürger in einer immer engeren Union sein. Bei der Frage zur Finalität der Europäischen Union besteht jedenfalls zwischen den Mitgliedstaaten weiterhin weder Klarheit noch Konsens.[11] Einerseits wünschen Befürworter eines föderalen Europas die Schaffung eines europäischen Bundesstaates, während andererseits Gegner einen Staatenbund bevorzugen, bei dem die Nationalstaaten im Kern ihre Souveränität behalten. Befürworter und Gegner haben dazu ein nahezu unüberschaubares „Schlachtfeld“.

Zweifelsohne steht die Europäische Union gegenwärtig – neben der Frage zur Gestaltung ihrer Finalität – vor besonderen Herausforderungen. Der Großteil der heutigen Medienberichterstattung identifiziert und analysiert immer neue Krisen der Europäischen Union: im Inneren schwelte bis vor Kurzem die Eurokrise, eigentlich eine Staatsverschuldungs- und Produktivitätskrise, und die Folgen des Austritts des Vereinigten Königreichs sind nicht absehbar; nach außen ist beispielsweise der Konflikt zwischen der Ukraine und Russland nicht zu bewältigen und die kriegerischen Auseinandersetzungen im Nahen Osten und Afrika, die zu weltweiten Flüchtlingsströmen führen, scheinen nicht enden zu wollen.[12] Zudem sieht sich die Europäische Union

9 Vgl. zunächst zum Maastricht-Urteil des BVerfG *Weiler* in: Due/Lutter/Schwarze, FS Everling, S. 1651 ff.; weniger krit. zum nachfolgenden Lissabon-Urteil des BVerfG *Schorkopf*, EuZW 2009, 718 (724).

10 *Terhechte*, EuR 2017, 3 (20 f.).

11 *Bergmann* in: Bergmann, Handlexikon der EU, „Bundesstaat, Europäischer „unvollendeter“.

12 *Stratenschulte*, Die Zukunft Europas, bpb 2014.

seit Februar 2020 angesichts des Übergreifens der Corona-Pandemie[13] auf Europa vor beispiellose Herausforderungen mit äußerst schwerwiegenden sozioökonomischen Folgen gestellt.[14]

Es ist in der Tat nicht leicht, einen Hoffnungsschimmer im Status Quo zu erkennen, der von einer Vielzahl von miteinander verflochtenen Krisen beherrscht wird. Vielmehr gibt es Szenarien für einen möglichen Renationalisierungs- und Desintegrationsprozess, wobei der Brexit nur ein Zeichen der Zeit ist.

All dies führt letztendlich zu denselben Fragen: Welches Europa wollen wir, wie viel Europa möchten wir – und was sind wir bereit dafür zu tun?[15]

Die Arbeit nimmt eine Analyse der Pro- und Contra-Argumente für eine Weiterentwicklung der europäischen Integration vor und versucht, insbesondere am Leitbild des Bundesstaates eine Antwort auf die komplizierte Frage nach der Finalität der Europäischen Union zu geben.

---

13 Als Corona-Pandemie wird der weltweite Ausbruch der neuen Atemwegserkrankung COVID-19 (Corona) bezeichnet. Diese trat erstmals im Dezember 2019 in der chinesischen Millionenstadt Wuhan auf, entwickelte sich im Januar 2020 zur Epidemie in China und anschließend weltweit zur Pandemie. Zu den gesamtgesellschaftlichen Auswirkungen der Corona-Pandemie gehört auch die Wirtschaftskrise 2020, vgl. bspw. „Corona-Krise: Welche Folgen hat die Pandemie für die Wirtschaft?" Interview mit Geraldine Dany-Knedlik (DIW) v. 18.05.2020, abrufbar unter: https://www.bpb.de/politik/innenpolitik/coronavirus/310192/wirtschaft (Abruf: 25.06.2020).

14 *Blanke/Pilz*, EuR 2020, 270 (271).

15 In diesem Sinne *Ehrhart*, integration 2013, 91.

A. Vorgeschichte und Status Quo der europäischen Einigung

Um den europäischen Einigungsprozess verstehen zu können, muss man zunächst seinen Ursprung sowie seine Entwicklung vom Ausgang des Aufklärungszeitalters bis zur Gegenwart kennen. Dies gilt auch für das Regelwerk, das der Europäischen Union zugrunde liegt.

Überlegungen, wie rückblickend die Europäischen Gemeinschaften und nunmehr die Europäische Union in einer Gesamtbetrachtung zu verstehen sind, begleiten die Anstrengungen um die Einigung Europas. Dies führt zu der Frage nach dem Entwicklungsstand und der Rechtsnatur der Europäischen Union. Für deren wirklichkeitsbezogene Analyse das Konzept der Verträge unter Mitberücksichtigung der Praxis in mehr als einem halben Jahrhundert europäischer Integration die Grundlage bildet.[16]

I. Vorgeschichte – Die Entwicklung der Europäischen Union

Die Europa-Idee geht über das Mittelalter bis auf die Antike zurück und wurde im Laufe der Geschichte in immer wieder neuer Weise verwirklicht. Geistig-kulturell war sie stets lebendig. Politisch und auch rechtlich wurde sie durch die Nationalstaatenbildung verdeckt und verschüttet. Die Idee einer Annäherung der europäischen Staaten als solche bildete sich bereits im 17. Jahrhundert. Schon damals forderten Vertreter eines aufgeklärten politischen Denkens, die dauernden Kriege zwischen den europäischen Mächten durch eine friedensstiftende Vergemeinschaftung zu überwinden. Im 19. Jahrhundert entwickelten sich dann Ansätze einer europäischen Bewegung, welche die Gemeinsamkeiten herausstellen und zu institutionellen Kooperationen

16 *Oppermann/Classen/Nettesheim*, Europarecht, § 12 Rn. 3.

anregen wollte. Nach dem 1. Weltkrieg nahm die Europa-Bewegung zunächst an Umfang und Intensität zu.[17] Der konkrete europäische Integrationsprozess begann aber vor allem nach dem 2. Weltkrieg und der Diskreditierung des Nationalismus, als führende europäische Politiker die Idee einer europäischen Föderation aufgriffen.[18] Sie forderten den Zusammenschluss oder zumindest die Zusammenarbeit der europäischen Staaten zur Sicherung des Friedens und zur Förderung des Handels und der Wirtschaft. Dabei spielte auch der Gedanke eine Rolle, dass sich Europa zwischen den Großmächten USA und Sowjetunion nur behaupten kann, wenn es sich seiner eigenen Werte und Möglichkeiten besinnt.[19]

Letztendlich war die Gründung der Europäischen Gemeinschaften[20] eine Antwort der sechs Gründungsstaaten[21] auf die Anforderungen, die in einer durch den 2. Weltkrieg veränderten Weltordnung an die Staaten Europas gestellt wurden.[22] Allerdings verlief die Entwicklung der europäischen Integration wenig gradlinig und ist bis heute noch nicht abgeschlossen. So konnte sich, obwohl sich die Europäischen Gemeinschaften bereits vom Modell der klassischen internationalen Organisationen losgelöst hatten, deren Verständnis als Staat oder Bundesstaat nicht durchsetzen.[23] Die Geschichte der europäischen

17 *Maurer*, Staatsrecht I, § 4 Rn. 5.

18 Vgl. insbes. die Rede des englischen Premierministers Winston Churchill an der Universität Zürich vom 19.06.1949, in der er eine Art „Vereinigte Staaten von Europa" vorschlug sowie die Schuhman-Erklärung des französischen Außenministers Robert Schuhman vom 09.05.1950; *Haratsch/Koenig/Pechstein*, Europarecht, Rn. 7.

19 *Maurer*, Staatsrecht I, § 4 Rn. 5.

20 Europäische Gemeinschaft für Kohle und Stahl (EGKS, umgangssprachlich auch „Montanunion"), gegründet durch den „Pariser Vertrag": Vertrag zur Gründung der Europäischen Gemeinschaft für Kohle und Stahl, in Kraft getreten am 23.07.1952, BGBl. II 1952, S. 447; Europäische Wirtschaftsgemeinschaft (EGW) und Europäische Atomgemeinschaft (EAG, später EURATOM), gegründet durch die „Römischen Verträge": Vertrag zur Gründung der Europäischen Wirtschaftsgemeinschaft, in Kraft getreten am 01.01.1958, BGBl. II 1957, S. 766, Vertrag zur Gründung der Europäischen Atomgemeinschaft, in Kraft getreten am 01.01.1958, BGBl. II 1957, S. 1014.

21 Belgien, Deutschland, Frankreich, Italien, Luxemburg und die Niederlande.

22 *Hallstein* in: Hallstein/Schochauer, FS Ophüls, S. 2.

23 Weder einzeln noch in Gesamtheit besaßen die drei Gemeinschaften Staatscharakter. Sie entwickelten keines der von der Staatslehre vorgegebenen und von der Völkerrechtslehre übernommenen Staatlichkeitselemente der sog. Drei-Elementen-

Integration lässt sich vielmehr in Etappen, in Phasen beschleunigter Integration und Phasen der Stagnation beschreiben. Sie führte zu einer Vertiefung der Zusammenarbeit in zunehmend mehr Politikbereichen, zum schrittweisen Aufbau von Institutionen und auch zur Erweiterung durch den Beitritt neuer Mitgliedstaaten.

Der von den Mitgliedstaaten mit der Unterzeichnung der „Römischen Verträge" 1957 zunächst beschlossene Integrationsplan ist die Quelle der Dynamik des gemeinsamen Marktes und somit auch der europäischen Integration.[24] Durch die Fusion wirtschaftlicher Interessen auf europäischer Ebene sollte ein Prozess fortschreitender, sektoraler Integration in Gang gesetzt werden, dessen Sachzwänge und innere Logik von selbst zu sogenannten „spill-over"-Effekten[25] führen, denen zufolge die sektorale Integration eine Verflechtung immer weiterer Sektoren bewirkt und zu einer „psychologischen Kettenreaktion" führt, die ein Umschlagen von einer rein wirtschaftlichen in eine auch politische Integration unvermeidlich machen würde.[26]

Die Europäische Union in ihrer heutigen Gestalt hat ihren Endzustand im Sinne eines vereinten Europas jedoch noch nicht erreicht. Dies kommt unter anderem in der Konkretisierung der Bestimmungen des Primärrechts durch stete Vertragsänderungen,[27] in der Aufnahme neu-

---

Lehre: Staatsgebiet, Staatsvolk, Staatsgewalt, vgl. *Steinberger*, VVDStRL 50 (1991), S. 16; *Ipsen*, EG-Recht, S. 187 ff.; *G. Jellinek/W. Jellinek*, Allgemeine Staatslehre, S. 396 ff.; *Griller* in: Schuppert/Pernice/Haltern, S. 220; *auf dem Keller*, Finalität der EU, S. 6 ff.

24 *Kaiser*, EuR 1967, 1; *Oppermann/Classen/Nettesheim*, Europarecht, § 2 Rn. 15.

25 *Herdegen*, Europarecht, § 1 Rn. 14; *Oppermann/Classen/Nettesheim*, Europarecht, § 2 Rn. 15, 29; *Streinz*, Europarecht, Rn. 20.

26 Vgl. *Hallstein*, Der unvollendete Bundesstaat, S. 25; *Müller-Armack*, S. 63 f.

27 Die Gründungsverträge zielten von vornherein auf einen weiteren Ausbau der europäischen Einigung in wirtschaftlicher und politischer Hinsicht. Die Entwicklung wird durch eine Reihe von Verträgen markiert, die zwar immer wieder auf Schwierigkeiten stießen und mit Rückschlägen verbunden waren, aber letztlich doch zum Erfolg führten: Durch die Fusionsverträge von 1957 und 1965 wurden die Organe der drei EGen zusammengelegt. Durch die EEA vom 27./28.2.1986 wurden die rechtlichen und politischen Kompetenzen der EWG erheblich erweitert. Durch den Vertrag von Maastricht vom 07.02.1992 wurde die „Europäische Union" als übergreifende organisatorische Einheit mit eigenen Kompetenzen gegründet, die politischen Befugnisse der EGen ausgebaut und die Grundlagen für eine Währungsunion geschaffen. Durch den Vertrag von Amsterdam vom 02.10.1997 wurde zwar die angestrebte und im Blick auf die Osterweiterung erfor-

er Mitgliedstaaten und der Konkretisierung des Europarechts durch Erlass weiteren Sekundärrechts zum Ausdruck. Die Frage wohin ein europäischer Integrationsprozess nach weiteren Vertragsänderungen führen soll, kommentierte insofern auch das deutsche Bundesverfassungsgericht dahingehend, dass mit der Chiffre der „Europäischen Union“ zwar im Anliegen eine weitere Integration angedeutet ist, das gemeinte Ziel dabei jedoch offenbleibt.[28] Eine vertraglich niedergelegte Endzielfixierung gibt es gerade nicht. Das wird durch die bereits in den Verträgen artikulierte Zielsetzung, einen immer engeren Zusammenschluss der europäischen Völker herbeizuführen, hervorgehoben. Diese Zielsetzung ist als solche nur sinnvoll, wenn die Europäische Union als Prozess verstanden wird.[29] Der Zielpunkt der herzustellenden Integration ist nicht in einem statischen, sondern in einem dynamischen Sinne definiert, wodurch bereits die Gründungsverträge einen permanenten Evolutionsprozess eröffnet haben. Das Verfassungssystem der Europäischen Union ist somit nicht auf bloße Zustandssicherung angelegt, sondern nach dem erklärten Bestreben in den Präambeln der Verträge auf eine fortlaufende Weiterentwicklung.[30] In diesem Zusammenhang ist gegenwärtig die Währungsunion mitsamt ihrer Symbolik, die ihren Ursprung im Vertrag von Maastricht hat, der bedeutendste Fortschritt im europäischen Integrationsprozess.[31]

---

derliche institutionelle Reform nicht erreicht, aber doch einige Fortschritte in organisatorischer und funktioneller Hinsicht erzielt. Durch den (gescheiterten) „Vertrag über eine Verfassung für Europa“ vom 29.10.2004 sollten die europäischen Verträge zusammengefasst und auf eine neue zukunftsfähige Grundlage gestellt werden. Der Lissabonner Vertrag v. 13.12.2007, der den derzeitigen Stand der Entwicklung darstellt, übernimmt weitgehend die Vorstellungen und sachlichen Regelungen des VVE, verzichtet aber auf Bezeichnungen und formale Vorschriften, die staatsähnliche Assoziationen hervorrufen könnten, vgl. *Hakenberg*, Europarecht, 1. Teil Rn. 12 ff.; *Maurer* in: Maurer/Waldhoff, § 2 Rn. 27 ff.

28 BVerfGE 89, 155, 189, *Maastricht*.

29 *Bieber* in: Wildenmann, S. 393 ff.

30 *Nowak* in: Pechstein/Nowak/Häde, EUV, Präambel Rn. 7 ff.; *Nettesheim* in: Grabitz/Hilf/Nettesheim, AEUV, Präambel Rn. 19 ff.; *Bungenberg*, EuR 2000, 879 (880); *Schwarze* in: Capotorti/Ehlermann/Frowein/Jacobs/Joliet/Koopmans/Kovar, FS Pescatore, S. 37 ff.

31 Vgl. *Busse*, EuR 2000, 686 (689); *Herdegen*, Europarecht, § 13 Rn. 1; *auf dem Keller*, Finalität der EU, S. 9.

II. Status Quo – Die Europäische Union seit dem Vertrag von Lissabon

Mit dem Reformvertrag von Lissabon hat die seit Jahrzehnten kontinuierlich voranschreitende vertragliche Vertiefung der Europäischen Union einen vorläufigen Abschluss gefunden. Dieser fügte die Europäische Gemeinschaft und die Europäische Union von Maastricht zu einer neuen Union zusammen. Damit wurde die Neugründung einer rechtsfähigen Europäischen Union vorgenommen.[32] Zwar wird die Zweiteilung des Primärrechts vordergründig beibehalten, jedoch entfällt die Unterscheidung zwischen „Gemeinschaft“[33] und „Union“. Infolge der darin zugleich vollzogenen Zusammenfügung der früheren bis zum Vertrag von Lissabon intergouvernementalen Europäischen Union von Maastricht mit der überwiegend supranationalen Europäischen Gemeinschaft zu einer einheitlichen Organisation prägt die neue Union von Lissabon, unbeschadet der teilweisen Beibehaltung von intergouvernementalen Bereichen der alten Union von Maastricht.[34]

Somit hat der Vertrag von Lissabon wesentliche Änderungen im Unionsgefüge bewirkt und die bisherige vertragliche Systematik der Europäischen Union sowie deren Integrationsgrad grundlegend geändert.

Die Europäische Union konnte jedoch auf der Grundlage des Vertrages von Lissabon zunächst keinen klassischen Staatscharakter erlangen.[35] Zwar hat der Vertrag von Lissabon weitgehend die Vorstellungen und sachlichen Regelungen des sogenannten Verfassungsver-

---

32 *Streinz* in: Streinz, AEUV, Art. 1 Rn. 1; *Ruffert* in: Calliess/Ruffert, EUV, Art. 47 Rn. 1.

33 Der Begriff „Gemeinschaft“ umfasst dabei die ehemalige Europäische Gemeinschaft. Die Europäische Atomgemeinschaft (EAG) besteht nach wie vor fort und gehört zum EU-System, vgl. Protokoll Nr. 2 zum Vertrag von Lissabon, ABl. 2007 C 306, S. 199, Art. 106a EAGV; *Streinz* in: Görres-Gesellschaft, Staatslexikon, Bd. 2, „Europäische Union (EU)“; *Herdegen*, Europarecht, § 1 Rn. 19.

34 *Müller-Graff* in: Dauses/Ludwigs, A. I., Rn. 44.

35 Hinsichtlich der Kriterien aus der allgemeinen Staatslehre von „Staatsgebiet, Staatsvolk, Staatsgewalt“, *Müller-Graff* in: Dauses/Ludwigs, A. I. Rn. 61; *Oppermann/Classen/Nettesheim*, Europarecht, § 10 Rn. 1.

trags[36] übernommen, aber zugleich auf Bezeichnungen und formale Vorschriften verzichtet, die staatsähnliche Assoziationen hervorrufen könnten.[37]

1. Grundlagen der Europäischen Union

Der Vertrag von Lissabon stellt die Europäische Union auf ein Fundament aus zwei selbständigen, aber miteinander verbundenen Verträgen, nämlich dem Vertrag über die Europäische Union[38] und dem Vertrag über die Arbeitsweise der Europäischen Union[39]. Neben diesen Verträgen zählt seit dem Vertrag von Lissabon die Charta der Grundrechte der Europäischen Union[40] ebenfalls zu den Grundlagen der Europäischen Union.

a) Die Verträge der Europäischen Union

Mit dem Vertrag von Lissabon gab es also nicht einen einzigen neuen Vertrag mit einer klaren Trennung zwischen Verfassungs- und Durchführungsmaßnahmen, sondern es gab Revisionen der beiden bestehenden Verträge: der angepasste Unionsvertrag von Maastricht[41] mit eher grundsätzlichen Bestimmungen erhielt den Titel „Vertrag über die Europäische Union“, der modifizierte Vertrag über die Europäische Wirtschaftsgemeinschaft von Rom mit eher ausführenden Bestimmungen wird als „Vertrag über die Arbeitsweise der Europäischen

---

36 Vertrag über eine Verfassung für Europa, ABl. 2004 C 3140, 01, siehe Entschluss des EP zu dem Vertrag über eine Verfassung für Europa, ABl. 2005 C 247 E, 88.

37 *Maurer* in: Maurer/Waldhoff, § 2 Rn. 31; *Kaufhold* in: Dauses/Ludwigs, A. II., Rn. 55; *Herdegen*, Europarecht, § 4 Rn. 31 ff.

38 Vertrag über die Europäische Union i.d.F. des Vertrags von Lissabon, in Kraft getreten am 01.12.2009, ABl. 2007 C 306, S. 1, ber. ABl. 2008 C 111, S. 56 u. ABl. 2009 C 290, S. 1

39 Vertrag über die Arbeitsweise der Europäischen Union, in Kraft getreten am 01.12.2009, ABl. 2009 C 115, S. 47.

40 Charta der Grundrechte der Europäischen Union, in Kraft getreten am 18.12.2000, ABl. 2000 C 364, S. 1.

41 Vertrag über die Europäische Union, in Kraft getreten am 01.11.1993, ABl. 1992 C 191, S. 1, *Vertrag von Maastricht.*

Union" bezeichnet.[42] Beide – der Vertrag über die Europäische Union und der Vertrag über die Arbeitsweise der Europäischen Union – regeln den Gesamtbereich formell und teilweise sachlich neu. Gemäß Art. 1 Abs. 3 Satz 2 EUV und Art. 1 Abs. 2 AEUV haben beide Verträge denselben Stellenwert.[43]

Das Verhältnis vom Maastrichter Vertrag über die Europäische Union und dem Vertrag über die Europäische Gemeinschaft – mithin von Europäischer Union und Europäischer Gemeinschaft – hat vor dem Inkrafttreten des Vertrags von Lissabon häufig zu Kontroversen geführt.[44] Gängiges Erklärungsmuster war dabei das sogenannte Drei-Säulen-Modell[45]. Danach bildete der Unionsvertrag von Maastricht das Dach der Europäischen Union,[46] das von drei Säulen getragen wurde. Die erste Säule bestand aus den supranationalen Gemeinschaften

---

42 *Van Meurs/De Bruin/Van de Grift/Hoetink/Van Leeuwen/Reijnen*, Die Unvollendete, S. 172.

43 *Pechstein* in: Streinz, EUV, Art. 1 Rn. 2; *Jacqué* in: von der Groeben/Schwarze/Hatje, EUV, Art. 1 Rn. 14; *Heintschel von Heinegg* in: Vedder/Heintschel von Heinegg, AEUV, Art. 1 Rn. 5.

44 *Von Bogdandy/Nettesheim*, NJW 1995, 2324; *dies.*, EuR 1996, 3; *Dörr*, NJW 1995, 3162; *Koenig/Pechstein*, EuZW 1997, 225.

45 Da die Konstruktion der Maastrichter Union ziemlich kompliziert und unübersichtlich war, wurde in der Literatur versucht, die verschiedenen Gebilde auf der europäischen Ebene und ihre Zuordnung bildlich als Säulenmodell zu veranschaulichen. Danach beruhte die EU auf drei Säulen, nämlich den EGen (1. Säule), dem Ordnungsbereich Außen- und Sicherheitspolitik (2. Säule) sowie dem Ordnungsbereich der Polizeilichen und Justiziellen Zusammenarbeit in Strafsachen (3. Säule). Die drei bzw. später zwei EGen waren supranationale Organisationen mit eigener, auch für die Mitgliedsstaaten verbindlicher Hoheitsgewalt, während die Ordnungsbereiche intergouvernementale Einrichtungen darstellten, deren Beschlüsse noch der Umsetzung durch die Organe der Mitgliedsstaaten bedurften, *Maurer* Staatsrecht I, § 4 Rn. 18; vgl. auch BVerfG, Urt. v. 18.07.2005 – 2 BvR 2236/04, BVerfGE 113, 273, 297, 299, 301.

46 Vgl. Art. 1 bis 7, Art. 43 bis 53 EUV a.F.

Europäische Gemeinschaft[47], Europäische Atomgemeinschaft[48] und Europäische Gemeinschaft für Kohle und Stahl[49] – letztere bis zu deren vertraglich vorgegebenen Beendigung im Jahr 2002. Die zweite und dritte Säule bildeten die im Maastrichter Unionsvertrag geregelten intergouvernementalen Bereiche der Gemeinsamen Außen- und Sicherheitspolitik[50] sowie der Polizeilichen und Justiziellen Zusammenarbeit in Strafsachen[51].[52] Dieses Drei-Säulen-Modell der Maastrichter Union wurde sodann durch den Vertrag von Lissabon aufgelöst.[53]

Die neugeordneten Titel der Lissabonner Verträge – Vertrag über die Europäische Union und Vertrag über die Arbeitsweise der Europäischen Union – lassen jedoch zunächst den Eindruck entstehen, dass es sich bei dem Vertrag über die Europäische Union um eine Schilderung der Grundlagen der Europäischen Union handelt, wohingegen im Vertrag über die Arbeitsweise der Europäischen Union lediglich Details der sektoralen Zusammenarbeit beschrieben werden. Dieser Systematik folgen die Verträge jedoch mit gewissen Einschränkungen.[54] Wesentliche Elemente wie namentlich die Aufzählung der Kompetenzen der Europäischen Union sind nämlich entgegen einer systematischen Zuordnung im Vertrag über die Arbeitsweise der Europäischen Union geregelt. Des Weiteren sind die Bestimmungen über die Gemeinsame

47 Ursprünglich gegründet als Europäische Wirtschaftsgemeinschaft (EWG) durch den Vertrag zur Gründung der Europäischen Wirtschaftsgemeinschaft, in Kraft getreten am 01.01.1958, BGBl. II 1957, S. 766. Der Vertrag von Maastricht benannte den in Art. 1 EGV angesprochenen Verband in „Europäische Gemeinschaft" um, Art. G Abs. A Nr. 1 EUV a.F. (ABl. 1992 C 191, S. 5). Durch den Vertrag von Amsterdam 1997 wurde der EGV dann neu nummeriert, Vertrag von Amsterdam zur Änderung des Vertrags über die Europäische Union, der Verträge zur Gründung der Europäischen Gemeinschaften sowie einiger damit zusammenhängender Rechtsakte, in Kraft getreten am 01.05.1999, ABl. 1997 C 340, S. 1, *Vertrag von Amsterdam*.

48 Vertrag zur Gründung der Europäischen Atomgemeinschaft, in Kraft getreten am 01.01.1958, BGBl. II 1957, S. 1014.

49 Vertrag zur Gründung der Europäischen Gemeinschaft für Kohle und Stahl, in Kraft getreten am 23.07.1952, BGBl. II 1952, S. 447.

50 Vgl. Art. 11 bis 28 EUV a.F.

51 Vgl. Art. 29 bis 42 EUV a.F.

52 *Streinz*, Europarecht, S. 35; *Haratsch/Koenig/Pechstein*, Europarecht, Rn. 20 ff.

53 *Pechstein* in: Streinz, EUV, Art. 1 Rn. 16 ff.; *Herdegen*, Europarecht, § 1 Rn. 3.

54 *Maurer* in: Maurer/Waldhoff, § 2 Rn. 32; *Oppermann/Classen/Nettesheim*, Europarecht, § 3 Rn. 14.

Außen- und Sicherheitspolitik einschließlich der Verteidigungspolitik systemwidrig in den Vertrag über die Europäische Union aufgenommen worden.[55] Außerdem steht eine Reihe von Doppelregelungen mit gleichem oder ähnlichem Wortlaut ebenso wie die teilweise Aufspaltung zusammengehörender Materien auf zwei Verträge einer gesetzgeberischen Bestimmtheit entgegen.[56] Mithin findet sich die Bestimmung der Unionsorgane einerseits in Art. 13 ff. EUV und andererseits in Art. 223 ff. AEUV. Die Regelungen über die Unionsbürgerschaft verteilen sich ebenfalls über beide Verträge sowie die Charta der Grundrechte der Europäischen Union. Hervorzuheben ist die wenig geglückte Aufteilung der Festlegung auf Werte und Ziele im Vertrag über die Europäische Union und der – diese zum Teil aufnehmenden – *Allgemein geltenden Bestimmungen* im Vertrag über die Arbeitsweise der Europäischen Union.[57]

b) Charta der Grundrechte der Europäischen Union

Die Charta der Grundrechte der Europäischen Union ist daneben nicht unmittelbarer Bestandteil der Lissabonner Verträge geworden.[58] Zwar ist die Charta der Grundrechte der Europäischen Union über einen Verweis in Art. 6 EUV zum Bestandteil des Primärrechts gemacht worden, ohne ihr jedoch die Dignität eines Teils des Vertragsrechts zu verleihen.[59] Trotzdem bleibt die Charta der Grundrechte der Europäischen Union mit gewissen Ausnahmeregelungen für die Mitgliedstaaten Polen, Tschechien und (ehemals) das Vereinigte Königreich gleichrangig.[60] Die Charta der Grundrechte der Europäischen

55 Siehe Art. 21 bis 46 EUV.

56 *Terhechte*, EuR 2008, 143 (149); *Oppermann*, DVBl 2008, 473 (476); *Nettesheim* in: Grabitz/Hilf/Nettesheim, EUV, Art. 1 Rn. 45; *Fastenroth/Nowak*, Lissabonner Reformvertrag, S. 14, 24.

57 Siehe Art. 2 und 3 EUV sowie Art. 7 ff. AEUV; *Nettesheim* in: Grabitz/Hilf/Nettesheim, EUV, Art. 1 Rn. 53; *Fastenroth/Nowak*, Lissabonner Reformvertrag, S. 14, 24.

58 *Van Meurs/De Bruin/Van de Grift/Hoetink/Van Leeuwen/Reijnen*, Die Unvollendete, S. 173.

59 *Nettesheim* in: Grabitz/Hilf/Nettesheim, EUV, Art. 1 Rn. 44; *Jarass* in: Jarass, Grundrechte-Charta der EU, Einleitung, Rn. 6.

60 Diese Mitgliedstaaten machten insoweit ein „opt-out“ geltend, *Hakenberg*, Europarecht, 2. Teil Rn. 90; *Jarass* in: Jarass, Grundrechte-Charta der EU, Art. 51 Rn. 40, Art. 18 Rn. 1; *Maurer* in: Maurer/Waldhoff, § 2 Rn. 34. Das Protokoll zur Geltung

Union gilt für die Organe und Einrichtungen der Europäischen Union und für die Mitgliedstaaten, allerdings nach Art. 51 Abs. 1 GRCh nur bei der Durchführung des Unionsrechts.[61] Inhaltlich entsprechen die in der Charta der Grundrechte der Europäischen Union festgelegten Grundrechte im Wesentlichen dem europäischen Grundrechtsstandard, so wie er bereits in der Europäischen Menschenrechtskonvention[62] und den nationalen Grundrechtskatalogen – insbesondere dem des deutschen Grundgesetzes – zum Ausdruck kommt.[63]

2. Europäische Atomgemeinschaft und Europäische Union

Nach einer langen Diskussion über das Schicksal der Europäischen Atomgemeinschaft im Rahmen des Vertrages von Lissabon, die von einer grundlegenden Reform des Vertrags über die Europäische Atomgemeinschaft bis hin zu einer vollständigen Integration der Europäischen Atomgemeinschaft in die Europäische Union reichte, stand im Hinblick auf die unterschiedliche Einstellung der Mitgliedstaaten zur Atomenergie am Ende eine materiell im Wesentlichen unveränderte Atomgemeinschaft. Daher wird die Europäische Atomgemeinschaft als selbständige supranationale Organisation neben der Europäischen Union fortgeführt.[64] Allerdings wurden die Notwendigkeit und das

der GRCh ist in der Tschechischen Republik mangels Ratifizierung nicht in Kraft getreten, vgl. dazu Entwurf des Protokolls über die Anwendung der Charta der Grundrechte der Europäischen Union auf die Tschechische Republik (Anhörung) – Entschließung des Europäischen Parlaments vom 22. Mai 2013 zu dem Entwurf eines Protokolls über die Anwendung der Charta der Grundrechte der Europäischen Union auf die Tschechische Republik (Artikel 48 Absatz 3 des Vertrags über die Europäische Union) (00091/2011 – C7-0385/2011 – 2011/0817(NLE)).

61 *Folz* in: Vedder/Heintschel von Heinegg, GRCh, Art. 51 Rn. 4; *Jarass* in: Jarass, Grundrechte-Charta der EU, Art. 51 Rn. 2 f.

62 Konvention zum Schutz der Menschenrechte und Grundfreiheiten, in Kraft getreten am 03.09.1953, BGBl. II 1954, S. 14.

63 Vgl. Art. 52 Abs. 3 und 4 GRCh; *Maurer* in: Maurer/Waldhoff, § 2 Rn. 34; *Kingreen* in: Calliess/Ruffert, GRCh, Art. 52 Rn. 21 ff., 39 ff.; *Herdegen* in: Isensee/Kirchhof, HStR, Bd. X, § 211 Rn. 4 ff.

64 *Haratsch/Koenig/Pechstein*, Europarecht, Rn. 55; *Herdegen*, Europarecht, § 1 Rn. 19.

Ziel einer umfassenden Reform des Vertrags über die Europäische Atomgemeinschaft ausdrücklich festgehalten.[65]

Der Vertrag über die Europäische Atomgemeinschaft ist ein völkerrechtlicher Vertrag, der die Europäische Atomgemeinschaft mit eigener Rechtspersönlichkeit nach Art. 184 EAGV begründet und in den Art. 4 bis 207 EAGV mit eigenen Hoheitsbefugnissen ausstattet. Sie stellt wie die Europäische Union ein Rechtsgebilde „sui generis" dar.[66]

Im Unterschied zu der Europäischen Union ist das materielle Recht der Europäischen Atomgemeinschaft weitgehend aufgrund ihres begrenzten Aufgabenbereichs durch das Primärrecht geregelt.[67] Beide Organisationen sind jedoch institutionell dadurch verklammert, dass nach Art. 106a EAGV die Unionsorgane auch für die Europäische Atomgemeinschaft tätig sind.[68]

3. Der Begriff „Europäische Union"

Mit dem Begriff der „Union" haben die Mitgliedstaaten bewusst eine völker- und staatsrechtlich nicht vorfixierte Bezeichnung gewählt.[69] Da der „Unions"-Begriff historisch nicht eindeutig festgelegt ist, bleibt er zugleich auch entwicklungsoffen.[70] Insbesondere lässt er sowohl eine Verstärkung der supranationalen Elemente als auch eine Betonung der intergouvernementalen Strukturen der durch die Bezeichnung erfassten Organisation zu. In dieser inhaltlichen Offenheit ist der „Reiz" dieses Begriffes zu sehen. Die Prozesshaftigkeit des im Vertragswerk angelegten Gründungsgeschehens wird durch Art. 1 Abs. 2 EUV be-

65 Vgl. Erklärung Nr. 54 zur Schlussakte der Regierungskonferenz vom 13.12.2007 zur Unterzeichnung des Vertrags von Lissabon, ABl. 2010 C 83, S. 335 (356).

66 EuGH, Urt. v. 15.07.1964 – 6/64, Slg 10, 1251, 1269, *Costa/ENEL*.

67 *Indlekofer/Schwichtenberg* in: Vedder/Heintschel von Heinegg, Einführung: Euratom und Union, Rn. 8.

68 *Schroeder*, Europarecht, § 3 Rn. 5; *Rodi* in: Vedder/Heintschel von Heinegg, EAGV, Art. 106a Rn. 1 ff.; *Bergmann* in: Bergmann, Handlexikon der EU, „Atomgemeinschaft, Europäische (EURATOM/EAG)"; vgl. auch *Oppermann/Classen/Nettesheim*, Europarecht, § 23 Rn. 17.

69 *Ossenbühl*, DVBl 1993, 629; *Tomuschat*, DVBl 1996, 1073 (1076); *Nowak* in: Pechstein/Nowak/Häde, EUV, Art. 1 Rn. 9.

70 Vgl. *Klein*, VVDStRL 50 (1991), 56 (61).

tont, nach dem der Vertrag über die Europäische Union lediglich *eine neue Stufe bei der Verwirklichung einer immer engeren Union der Völker Europas* darstellen soll. Auch nach Gründung „einer" Europäischen Union durch den Vertrag über die Europäische Union bleibt das politische Ziel erhalten, die politische Einigung Europas auf eine weitere Ebene zu heben. Insofern stellt auch der Vertrag von Lissabon nur einen Zwischenschritt und kein Endstadium dar. Damit ist der inzwischen bestehende „Verband" im Sinne der Präambel und des Art. 1 Abs. 2 EUV auf die Weiterentwicklung einer *immer engeren Union* angelegt.[71] Das im Zuge einer solchen Weiterentwicklung entstehende, inhaltlich veränderte Gebilde kann nach allem durchaus weiterhin „Europäische Union" genannt werden.[72] Damit ist zwar eine Auslegung, die einen Bundesstaat eindeutig abweist und nur eine Kooperation eigenständiger Mitgliedstaaten zulassen will, abzulehnen. Aber auch der Umkehrschluss, die Festschreibung des Bundesstaates, ist zurückzuweisen. Insoweit ist die Bezeichnung „Europäische Union" weniger ein richtungsweisender Begriff denn vielmehr in erster Linie ein Name.[73]

4. Die Rechtsnatur der Europäischen Union

Im Hinblick auf den Stand der europäischen Integration enthalten sich die Verträge einer präzisen Charakterisierung. Seit dem Inkrafttreten des Vertrags von Lissabon ist jedoch – anders als dies zuvor noch der Fall war – deutlich, dass die Europäische Union als Ganzes zumindest in die Kategorie der rechtssubjektiven internationalen Organisationen fällt (vgl. Art. 47 EUV).[74] Über diese Klassifikation als (quasi) univer-

71 *Nowak* in: Pechstein/Nowak/Häde, EUV, Präambel, 1. Erwägungsgrund Rn. 7; *Heintschel von Heinegg* in: Vedder/Heintschel von Heinegg, EUV, Art. 1 Rn. 7.

72 *Pechstein* in: Streinz, EUV, Art. 1 Rn. 7 f.; *Nettesheim* in: Grabitz/Hilf/Nettesheim, EUV, Art. 1 Rn. 18; *Calliess* in: Calliess/Ruffert, EUV, Art. 1 Rn. 3 ff.

73 *Rüß*, Vereintes Europa – das unerreichbare Staatsziel?, S. 55; *Steinberger* in: Letzgus/Hill/Klein/Kleinert/Oschatz/de With, FS Helmrich, S. 431; *Isensee* in: Due/Lutter/Schwarze, FS Everling, S. 582.

74 Vgl. *Ruffert* in: Calliess/Ruffert, EUV, Art. 47 Rn. 1; *Haratsch/Koenig/Pechstein*, Europarecht, Rn. 73 f.; *Schroeder*, EuR-Beiheft 2012, 7 (9).

selle Völkerrechtspersönlichkeit[75] hinaus ist wegen ihrer unbestreitbaren Besonderheiten – insbesondere aufgrund ihrer außerordentlichen Kompetenzfülle – der Frage nach der Einordnung der Europäischen Union noch weiter nachzugehen.[76] Die Europäische Union unterscheidet sich daher in ihrem Aufbau und ihrer Organisationsweise sowohl von herkömmlichen internationalen Organisationen als auch von Staaten. Ihre im Verhältnis zu den Mitgliedstaaten besondere Autonomie zeigt sich an ihrer Rechts- und Geschäftsfähigkeit auf nationaler und internationaler Ebene, ihren eigenen Organen, ihren eigenen Gesetzgebungs-, Verwaltungs- und Rechtsschutzverfahren, ihren eigenen Kompetenzen sowie ihren eigenen Organisationsprinzipien.[77]

Alle diese vorgenannten Begriffe und Kategorien besitzen einen spezifischen europarechtlichen Inhalt. Sie formen das besondere „institutionelle System" der Europäischen Union, das mit gewöhnlichen Organisationsmodellen nur schwer zu vergleichen ist.[78]

a) Fehlende Staatsqualität der Europäischen Union

Obwohl die Mitgliedstaaten umfangreiche Kompetenzen auf die Europäische Union übertragen haben, konnte sich deren Verständnis als (Bundes-)Staat (bislang) nicht durchsetzen.[79] Keines der von der Allgemeinen Staatslehre vorgegebenen und von der Völkerrechtslehre übernommenen Staatlichkeits-elemente der sogenannten Drei-Elemente-Lehre – Staatsgebiet, Staatsvolk, Staatsgewalt – wurde trotz der nun-

---

75 *Kott* in: Streinz, EUV, Art. 47 Rn. 6; *Dörr* in: Grabitz/Hilf/Nettesheim, EUV, Art. 47 Rn. 11, 23.

76 *Pechstein* in: Streinz, EUV, Art. 1 Rn. 9, 13; *Nettesheim* in: Grabitz/Hilf/Nettesheim, EUV, Art. 1 Rn. 56 f., AEUV, Art. 1 Rn. 55.

77 EuGH, Urt. v. 05.02.1963 – 26/62, Slg 9, 1, 25, *Van Gend & Loos*; EuGH, Urt. v. 15.07.1964 – 6/64, Slg 10, 1251, 1269 f., *Costa/ENEL*.

78 EuGH, Urt. v. 07.02.1973 – 39/72, Slg 1973, 101, Rn. 22, *Kommission/Italien*; Art. 13 Abs. 1 EUV spricht hingegen vom „institutionellen Rahmen"; EuGH, Urt. v. 29.10.1980 – C-138/79, Slg 1980, 3333, *Roquette Frères/Rat*; *Schroeder*, Europarecht, § 3 Rn. 1.

79 *Pechstein* in: Streinz, EUV, Art. 1 Rn. 10; *Hilf* in: Grabitz/Hilf/Nettesheim, EUV, Art. 1 Rn. 39; *Calliess* in: Calliess/Ruffert, EUV, Art. 1 Rn. 29; *Nowak* in: Pechstein/Nowak/Häde, EUV, Art. 1 Rn. 10; ansatzweise a.A. *Ossenbühl*, DVBl 1993, 629 (631 f.); *Isensee* in: Due/Lutter/Schwarze, FS Everling, S. 567; *Rupp*, NJW 1993, 38 (40).

mehr gegebenen Völkerrechtsubjektivität der Union durch den Vertrag von Lissabon hinlänglich entwickelt.[80]

Der Europäischen Union fehlt es zunächst an einem gemeinsamen Staatsvolk. Ihr System verfügt noch nicht über ein eigenes unionsautonomes Staatsvolk, das als entscheidendes Zurechnungssubjekt einen europäischen (Bundes-)Staat anstelle der bisherigen Nationalstaaten anzuerkennen bereit wäre.[81] Neben Staatsgebiet und Staatsgewalt ist das jedoch unabdingbar. Nach dem Wortlaut des Art. 1 Abs. 2 EUV ist lediglich von den „Völkern Europas" die Rede. Eine europäische Staatsangehörigkeit besteht auch nicht aufgrund der Einführung einer Unionsbürgerschaft.[82] Diese leitet sich vielmehr aus der Staatsangehörigkeit eines Mitgliedstaates ab, über deren Erwerb und Verlust dieser grundsätzlich alleine bestimmt.[83] Inhaltlich erfasst der durch die Unionsbürgerschaft geregelte Status nicht die mit einer Staatsbürgerschaft verbundenen Rechte oder gar Pflichten. Vielmehr gewährt die Unionsbürgerschaft Rechte im Verhältnis zu anderen Mitgliedstaaten.[84] Die Unionsbürgerschaft ist mithin vertraglich derart konzipiert, dass sie zur jeweiligen Staatsangehörigkeit hinzutritt, diese aber nicht ersetzt.[85]

---

80 *G. Jellinek/W. Jellinek*, Allgemeine Staatslehre, S. 396 ff.; *Ipsen*, EG-Recht, S. 187; *Epping* in: K. Ipsen, Völkerrecht, 3. Aufl., S. 56 f.; *Nettesheim* in: Grabitz/Hilf/Nettesheim, AEUV, Art. 1 Rn. 55; *Griller* in: Schuppert/Pernice/Haltern, S. 220.

81 *Blanke*, DÖV 1993, 412 (415); *Bieber* in: von der Groeben/Theising/Ehlermann, Art. 173 Rn. 2; *Oppermann/Classen*, NJW 1993, 5 (8); *Herdegen*, Völkerrecht, § 8 Rn. 32; *Bleckmann*, JZ 1991, 900 (903); *Kirchhof* in: Kirchhof/Ehlermann, S. 14; *Violini* in: Müller-Graff/Riedel, S. 41.

82 *Pechstein* in: Streinz, EUV, Art. 1 Rn. 10; *Stumpf* in: Schwarze, EUV, Art. 1 Rn. 16; *Scholz* in: Maunz/Dürig, GG, Art. 23 Rn. 44.

83 So Art. 20 Abs. 1 S. 2 AEUV; *Kadelbach* in: Ehlers, § 26 Rn. 26; *Kirchhof* in: Isensee/Kirchhof, HStR, Bd. X, § 214 Rn. 13.

84 Dazu zählen u.a. das Kommunalwahlrecht im Aufenthaltsstaat, das Petitionsrecht beim Europäischen Parlament, konsularischer und diplomatischer Schutz in einem Drittstaat; *Hakenberg*, Europarecht, 4. Teil Rn. 280; *Kadelbach* in: Ehlers, § 26 Rn. 54 ff. 78 f.

85 *Pernice* in: Schuppert/Pernice/Haltern, S. 756 ff.; *Kadelbach* in: Ehlers, § 26 Rn. 34; vgl. auch Art. 9 S. 3 EUV sowie Art. 20 AEUV; vgl. aber zum Entzug der Staatsangehörigkeit EuGH, Urt. v. 02.03.2010 – C-135/08, Slg 2010, I-01449, *Rottmann*.

Überdies fehlt es der Europäischen Union an einem abschließend definierten Staatsgebiet.[86] Zwar besteht von Beginn an ein räumlicher Geltungsbereich des Unionsrechts und es hat sich auch zunehmend ein normierter Raumbezug entwickelt[87], jedoch hat die Europäische Union einen Anwendungsbereich ihrer Verträge, der sich auf das Territorium der Mitgliedstaaten bezieht. Das folgt aus dem Charakter als völkerrechtliche Verträge.[88] Darin begründet sich der Unterschied zu einem Bundesstaat im Sinne der Drei-Elemente-Lehre.

Des Weiteren ist der Europäischen Union keine selbstbestimmte Hoheitsgewalt zugewachsen. Der Europäischen Union fehlt es insbesondere an der für die Staatlichkeit erforderlichen Kompetenz-Kompetenz, also der Befugnis, sich alle für erforderlich gehaltenen Befugnisse selbst zu verschaffen.[89] Dies wird verdeutlicht, indem Art. 6 Abs. 4 EUV a.F. – wonach sich die Europäische Union mit den „Mitteln" ausstatten sollte, die zum Erreichen ihrer Ziele und zur Durchführung ihrer Politiken erforderlich sind – in die Vertragsfassung von Lissabon nicht wieder aufgenommen wurde. Zwar wurden für die Europäische

---

86 BVerfG, Urt. v. 30.06.2009 – 2 BvE 2/08, u.a., BVerfGE 123, 267, 403, *Lissabon*; anderes aus völkerrechtlicher Perspektive *Busse*, Die völkerrechtliche Einordnung der EU, S. 104 ff.

87 Vgl. Art. 3 Abs. 2 EUV, Art. 67 ff. AEUV „Raum der Freiheit, der Sicherheit und des Rechts ohne Binnengrenzen"; *Monar* in: von Bogdandy/Bast, S. 749 ff., *auf dem Keller*, Finalität der EU, S. 7.

88 Vgl. Art. 52 EUV, Art. 355 AEUV; *Kirchhof* in: Isensee/Kirchhof, HStR, Bd. X, § 214 Rn. 12; *Oppermann/Classen/Nettesheim*, Europarecht, § 12 Rn. 16; *Pechstein* in: Streinz, EUV, Art. 1 Rn. 10; *Hofstötter* in: von der Groeben/Schwarze/Hatje, EUV, Art. 52 Rn. 3; *Heintschel von Heinegg* in: Vedder/Heintschel von Heinegg, AEUV, Art. 355 Rn. 3; zudem spricht Art. 18 Abs. 1 AEUV vom „Anwendungsbereich" des AUEV und nicht vom „Staatsgebiet" der Europäischen Union.

89 Die EU verfügt nur über diejenigen Kompetenzen, welche ihr die Mitgliedstaaten durch die Gründungsverträge übertragen haben (Art. 4 Abs. 1, Art. 5 Abs. 2 Satz 2 EUV). Ohne vertragliche Einwilligung der Mitgliedstaaten kann die EU nicht von sich aus neue Kompetenzen an sich ziehen. Diese gegenständlich begrenzte Kompetenz und das Erfordernis einer spezifischen Ermächtigungsgrundlage für ein Tätigwerden der EU und ihrer Organe werden als Prinzip der begrenzten Einzelermächtigung („compétence d'attribution") bezeichnet; das begriffliche Gegenstück hierzu ist die sog. Kompetenz-Kompetenz, *Herdegen*, Europarecht, § 8 Rn. 74; BVerfGE 123, 267, 392, *Lissabon*; *Nettesheim* in: Grabitz/Hilf/Nettesheim, EUV, Art. 1 Rn. 18 ff.; *Kirchhof* in: Isensee/Kirchhof, HStR, Bd. X, § 214 Rn. 15; *Nettesheim*, in: von Bogdandy/Bast, S. 402; *Schilling*, AöR 1991, 32 (44); *Blanke*, DÖV 1993, 412 (415).

Union vertraglich eigene Hoheitsrechte begründet, wenn auch nicht in Form von Befugnissen zur Anwendung von „Gewalt" im Sinne der physischen Durchsetzung gegen Widerstrebende.[90] Diese Hoheitsrechte werden jedoch in ihrer Herkunft und Legitimation aus den von den Mitgliedstaaten in ihrer Gesamtheit abgeschlossenen Verträgen abgeleitet und gründen daher nicht auf eigener Souveränität der Europäischen Union.[91] Der Vertrag von Lissabon betont vielmehr vor dem Hintergrund der hiermit erfolgten weiteren Kompetenzübertragungen durch die Mitgliedstaaten in besonderer Weise das Prinzip der Einzelermächtigung.[92]

Daher hat die Europäische Union (bisher) nicht den Charakter eines Kernstaates in einem Bundesstaat erlangt, in dem den Mitgliedstaaten die Rolle von Gliedstaaten zukommen würde.[93] Letztendlich ändern auch Benennungen der Europäischen Union als „präföderalem Verband", „bundesstaatsähnlichem Gebilde" oder „parastaatliche Hoheitsstruktur" aus nicht-juristischen, politikwissenschaftlichen oder sozialtheoretischen Analysemethoden nichts an diesem Befund.[94]

b) Die Europäische Union ist kein Staatenbund

Die Europäische Union ist auch kein (bloßer) Staatenbund. Bei einem Staatenbund handelt es sich um einen auf Dauer angelegten Zusammenschluss von selbstständigen Staaten, dem mangels Staatsgewalt und Staatsvolk aber selbst keine Staatsqualität zukommt. Mithin umfasst ein Staatenbund zwei oder mehrere Staaten aufgrund eines völkerrechtlichen Vertrages, der dem Staatenbund die Wahrnehmung wesentlicher staatlicher Aufgaben zuweist und damit über die bloße Kooperation in eng umgrenztem Bereich hinausgeht. Ein Staatenbund kann – abhängig von der konkreten Ausgestaltung im Einzelfall – über

---

90 Vgl. *Müller-Graff* in: Dauses/Ludwigs, A. I., Rn. 45; *auf dem Keller*, Finalität der EU, S. 8; *Oppermann/Classen/Nettesheim*, Europarecht, § 12 Rn. 18.

91 Vgl. insbesondere mit Blick auf Deutschland *Badura*, ZSR 1990, 115 (120 f.); *Hillgruber*, JZ 2002, 1072 ff.

92 Vgl. Art. 3 Abs. 6, Art. 4 Abs. 1, Art. 5 Abs. 1 und 2 EUV; *U. Hufeld* in: Isensee/Kirchhof, HStR, Bd. X, § 215 Rn. 39 ff.; *Schroeder*, Europarecht, § 7 Rn. 5 ff.

93 *Seidel*, EuR 1992, 125 (129); *Herdegen*, Völkerrecht, § 8 Rn. 30.

94 So bereits zu den Europäischen Gemeinschaften *Scheuner*, VVDStRL 23 (1966), 106; *Hallstein*, Der unvollendete Bundesstaat, S. 34; *Seidel*, EuR 1992, 125 (129).

eigene Völkerrechtssubjektivität verfügen und nimmt die ihm zugewiesenen Aufgaben nach innen (das heißt gegenüber den Mitgliedern) und nach außen durch eigene Organe wahr. Die einzelnen Mitgliedstaaten behalten ihre ursprüngliche, unbeschränkte Völkerrechtssubjektivität. In der Regel verfügen die einzelnen Mitgliedstaaten über ein Austrittsrecht.[95] Die Fülle der Staatsgewalt liegt jedoch bei den einzelnen Mitgliedstaaten. Mit seinen Entscheidungen wendet sich der Staatenbund selbst vor allem an die Mitgliedstaaten. Zudem fehlt einem Staatenbund typischerweise die Durchgriffsbefugnis auf die Bürger der Mitgliedstaaten.[96]

Dieses Stadium zwischenstaatlicher Zusammenschlüsse hat die Europäische Union hinter sich gelassen. Als eigenständiges Rechtssubjekt mit einer Fülle an Kompetenzen, die zum Durchgriff auf den einzelnen Bürger ermächtigen, hat die Europäische Union ein historisch einzigartiges Stadium der Verdichtung zwischenstaatlicher Zusammenarbeit erreicht, das die Schwelle zur Staatlichkeit gleichwohl (noch) nicht überschritten hat.[97] Historisch bleibt darauf zu verweisen, dass sich Staatenbünde mehrfach als Zwischenschritt auf dem Weg zur Bundesstaatlichkeit erwiesen haben.[98]

---

95 *Weber* in: Creifelds, Rechtswörterbuch, „Staatenbund"; *Herdegen*, Völkerrecht, § 8 Rn. 29, vgl. auch *Schöbener/Knauff*, Allg. Staatslehre, Rn. 26 f., einen Staatenbund bildeten etwa der Deutsche Bund (1815–1866), die Vereinigten Staaten (1777–1787) sowie die Eidgenossenschaft (1815–1848). Ein modernes Beispiel bildet die GUS als Zusammenschluss von Nachfolgern der untergegangenen Sowjetunion; *Tomuschat*, DVBl 1996, 1073 (1075), der einen Staatenbund als einen Zusammenschluss, der über die Qualität der bloßen internationalen Organisation herausragt, charakterisiert; krit. *Schöbener/Knauff*, Allg. Staatslehre, § 8 Rn. 29; vgl. auch *Pechstein* in: Streinz, EUV, Art. 1 Rn. 11, wonach es einem Staatenbund selbst zumeist an der Völkerrechtssubjektivität fehlt.

96 *Pechstein* in: Streinz, EUV, Art. 1 Rn. 11; *Grzeszick* in: Maunz/Dürig, GG, Art. 20 Rn. 32.

97 Vgl. *Calliess* in: Calliess/Ruffert, EUV, Art. 1 Rn. 27; *Schönberger*, AöR 2004, 81 ff.; *Nettesheim* in: Grabitz/Hilf/Nettesheim, EUV, Art. 1 Rn. 59.

98 *Pechstein* in: Streinz, EUV, Art. 1 Rn. 11; *Schöbener/Knauff*, Allg. Staatslehre, § 8 Rn. 26; vgl. zur historischen Entwicklung von Staatenbund zum Bundesstaat u.a. *Bartlsperger* in: Isensee/Kirchhof, HStR, Bd. VI, § 128 Rn. 14 ff.; *Huster/Rux* in: Epping/Hillgruber, BeckOK GG, Art. 20 Rn. 1 ff.

c) Das System der Europäischen Union als Staatenverbund

Das deutsche Bundesverfassungsgericht hat die Staatsqualität der Europäischen Union in aller Deutlichkeit verneint.[99] Um die Stellung der Europäischen Union im Spektrum der Organisationsformen beim gegenwärtigen Integrationsstand zwischen dem bloßen Staatenbund und dem Bundesstaat zu umschreiben, hat das Bundesverfassungsgericht in seinem Urteil zum Maastrichter Unionsvertrag die Europäische Union als „Staatenverbund" umschrieben.[100] Diese Begriffsschöpfung ist bislang konzeptuell nicht durchformt und bietet auch keine klaren Abgrenzungsmerkmale gegenüber den bereits anerkannten Formen der Zusammenarbeit von Staaten.[101] Zudem lässt sich auch keine Aussage über die Einordnung des Staatenverbundes als staats- oder völkerrechtliche Staatenverbindung entnehmen.[102] Bei dieser Begriffswahl war für das Bundesverfassungsgericht vor allem die Herausstellung der Souveränität der intergouvernemental handelnden Mitgliedstaaten wesentlich.[103] In dem Begriff des „Verbundes" wird das unierte, also verbundhaft bzw. bündische Vorgehen der verschiedenen Kompetenzträger – die Mitgliedstaaten und die ehemaligen Europäischen Gemeinschaften – innerhalb der damaligen Europäischen Union eingefangen.[104]

Das Bundesverfassungsgericht begreift die Europäische Union wohl auch unter der Geltung des Vertrages von Lissabon als „Verbund" und führt hierzu aus:

> *„Der Verbund erfaßt eine enge, auf Dauer angelegte Verbindung souverän bleibender Staaten, die auf vertraglicher Grundlage öffentliche Gewalt ausübt, deren Grundordnung jedoch allein der Verfügung der Mitgliedstaaten*

99 BVerfGE 89, 155, 192 ff., *Maastricht*.

100 BVerfGE 89, 155, 181 ff., *Maastricht*; *Haratsch/Koenig/Pechstein*, Europarecht, Rn. 59; *Nettesheim* in: Grabitz/Hilf/Nettesheim, EUV, Art. 1 Rn. 59; *Herdegen*, Europarecht, § 5 Rn. 21; *Calliess* in: Calliess/Ruffert, EUV, Art. 1 Rn. 30.

101 *Isensee* in: Due/Lutter/Schwarze, FS Everling, S. 582; *Frowein*, ZaöRV 1994, 1 (6); *Kahl*, Der Staat 33 (1994), 241 ff., der sogar zu dem Ergebnis kommt, dass der neue Ausdruck „Staatenverbund" mit dem des „Staatenbundes" übereinstimmt.

102 Vgl. *Schöbener/Knauff*, Allg. Staatslehre, § 6 Rn. 51.

103 *Calliess* in: Calliess/Ruffert, EUV, Art. 1 Rn. 30; *Pechstein* in: Streinz, EUV, Art. 1 Rn. 12; *Klein* in: Hailbronner/Klein/Magiera/Müller-Graff, EUV, Art. A Rn. 12.

104 Vgl. *Koenig*, EuR-Beiheft 1998, 139 ff.

unterliegt und in der die Völker – das heißt die staatsangehörigen Bürger – der Mitgliedstaaten die Subjekte demokratischer Legitimation bleiben.“[105]

Mit dieser weiten Definition lassen sich sowohl das frühere Drei-Säulen-Modell der Maastrichter Union, als auch die nun rechtssubjektive Europäische Union als Staatenverbund beschreiben. Nachteil der dadurch erreichten begrifflichen Kontinuität ist allerdings ein geringer rechtlicher Erklärungswert. Der Begriff des Staatenverbundes ist erkennbar darauf zugeschnitten, die staatstheoretische Leitlinie des Lissabon-Urteils zu bekräftigen. Während die Souveränität der Mitgliedstaaten und ihre Angehörigen als Subjekte demokratischer Legitimation in aller Klarheit herausgestellt werden, zeigen sich die übrigen Begriffsmerkmale des Staatenverbundes betont unklar.[106] Dennoch ist diese Schöpfung vielfach aufgenommen worden und hat sich weitgehend (in der Rechtswissenschaft) durchgesetzt.[107]

Vereinfacht lässt sich sagen, dass nach dem Selbstverständnis der Mitgliedstaaten und nach der Konzeption der Unionsverträge die Mitgliedstaaten in der Europäischen Union enger verbunden sind als in der vertraglich vereinbarten Zusammenarbeit eines Staatenbundes, aber nicht den Willen haben und nicht die Voraussetzungen erfüllen, einen Staat zu bilden. Der Staatenverbund stellt mithin weniger dar als der Bundesstaat, aber mehr als ein bloßer Staatenbund. Gleichwohl besteht keine Staatsqualität.[108]

---

105 BVerfGE 123, 267, 348, *Lissabon*; *Kirchhof* in: Isensee/Kirchhof, HStR, Bd. X, § 214 Rn. 9.

106 *Pechstein* in: Streinz, EUV, Art. 1 Rn. 12; *Nettesheim* in: Grabitz/Hilf/Nettesheim, AEUV, Art. 1 Rn. 57; *Schöbener/Knauff*, Allg. Staatslehre, § 6 Rn. 51.

107 *Schröder*, DVBl 1994, 316 (320); *Tomuschat*, EuGRZ 1993, 489 (491); krit. *Ipsen*, EuR 1994, 1 (7); *Everling*, integration 1994, 165 (167); *Pernice*, EuZW 1993, 649; *Steindorff*, EWS 1993, 341 (344 ff.). In der politikwissenschaftlichen Diskussion hat sich der Begriff des Staatenverbundes hingegen nicht durchsetzen können, vgl. *Schmidt* in: Lauth, S. 133.

108 Vgl. *Kirchhof* in: Isensee/Kirchhof, HStR, Bd. X, § 214 Rn. 2; *Maurer*, Staatsrecht I, § 4 Rn. 21; *Schroeder*, Europarecht, § 3 Rn. 8.

d) Supranationale Organisation

Ein wesentliches Merkmal der Europarechtsordnung ist deren Supranationalität.[109] Supranationalität bedeutet „Überstaatlichkeit" und betrifft die Einwirkung der überstaatlichen Rechtsordnung auf die der Mitgliedstaaten.

Supranationale Organisationen bilden daher eine besondere Entwicklungsstufe internationaler Organisationen.[110] Die Supranationale Organisation als vergleichsweise neue Form der Staatenverbindung basiert zwar auf völkerrechtlicher Grundlage, ist ihrerseits jedoch nicht auf das völkerrechtliche Instrumentarium beschränkt.[111] Das besondere Charakteristikum Supranationaler Organisationen ist ihre Fähigkeit, Rechtsakte mit unmittelbarer Wirkung zu erlassen.[112]

Mit unmittelbarer Wirkung ist gemeint, dass supranationale Rechtsakte der Europäischen Union, nicht nur ihre Mitgliedstaaten binden, sondern geltendes Recht auch insoweit begründen, dass sich auch Einzelpersonen gegenüber dem jeweiligen Mitgliedstaat darauf berufen können.[113] Eines Umsetzungsaktes des nationalen Gesetzgebers in staatliches Recht bedarf es dafür nicht. Dies ist explizit für Verordnungen in Art. 288 Abs. 2 AEUV vorgesehen.[114] Darüber hinaus ist die unmittelbare Wirkung sowohl von europäischem Primärrecht als auch von Richtlinien nach Art. 288 Abs. 3 AEUV, die nach der normativen Konzeption eigentlich einer Umsetzung in nationales Recht bedürfen, unter bestimmten Voraussetzungen anerkannt.[115] Dadurch

---

109 *Streinz*, Europarecht, Rn. 129 ff.; *Nettesheim* in: Grabitz/Hilf/Nettesheim, AEUV, Art. 1 Rn. 65.

110 Vgl. *Weber* in: Creifelds, Rechtswörterbuch, „Internationale Organisationen".

111 *Hoppe* in: Bergmann, Handlexikon der EU, „Supranationalität"; *Stettner* in: Dauses/Ludwigs, A. IV., Rn. 6

112 Vgl. *von Bogdandy* in: von Bogdandy/Bast, S. 33; *Schroeder*, Europarecht, § 5 Rn. 3 ff.; *Nettesheim* in: Grabitz/Hilf/Nettesheim, AEUV, Art. 1 Rn. 65; *Ruffert* in: Calliess/Ruffert, AEUV, Art. 1 Rn. 25.

113 *Schroeder*, Europarecht, § 5 Rn. 10 f.; *Herdegen*, Europarecht, § 5 Rn. 9 ff.

114 *Ruffert* in: Calliess/Ruffert, AEUV, Art. 288 Rn. 16 ff.; *Biervert* in: Schwarze/Becker/Hatje/Schoo, Art. 288 Rn. 19 ff.

115 *Vedder* in: Vedder/Heintschel von Heinegg, AEUV, Art. 288 Rn. 23 ff.; *Geismann* in: von der Groeben/Schwarze/Hatje, AEUV, Art. 288 Rn. 40 ff.

wird die Souveränität der Mitgliedstaaten erheblich eingeschränkt.[116] Angesichts dessen gibt es neben der Europäischen Union keine Beispiele für Supranationale Organisationen mit einem vergleichbar hohen Integrationsgrad.[117]

Ebenso wie herkömmliche internationale Organisationen verfügt auch die Europäische Union als Supranationale Organisation über eigene Organe.[118] Die Funktion von Gesetzgebungsorganen wird im Wesentlichen von dem aus Regierungsvertretern der Mitgliedstaaten zusammengesetzten Rat (Art. 16 EUV) und dem die Bürgerinnen und Bürger der Mitgliedstaaten repräsentierenden Europäischen Parlament (Art. 14 Abs. 2 EUV) wahrgenommen.[119] Die Europäische Kommission als eigenständige Behörde (Art. 17 EUV) erarbeitet hierfür Vorschläge, kann aber auch zum Teil selbst Recht setzen.[120] Daneben ist die Kommission für bestimmte Verwaltungsaufgaben zuständig. Zudem obliegt nach Art. 19 EUV die Wahrung der gerichtlichen Kontrolle dem Gerichtshof der Europäischen Union.[121]

Trotz fehlender Kompetenz-Kompetenz, der Möglichkeit, ohne vorherige Ermächtigung eigenständig die Gebiete der Rechtssetzung zu

---

116 *Maurer*, Staatsrecht I, § 4 Rn. 12; *Weber* in: Creifelds, Rechtswörterbuch, „Supranationale Organisationen".

117 Erste Erscheinungsformen Supranationaler Organisationen waren der weitgehend im Deutschen Reich aufgegangene Deutsche Zollverein (1834) und die Zentrale Rheinkommission (1816). Obwohl von deutlich geringerer Bedeutung und auf niedrigerem Entwicklungsstand befindlich als die Europäische Union sind auch die Andengemeinschaft (CAN), die Karibische Gemeinschaft (CARICOM), die Afrikanische Union (AU) und der Verband Südostasiatischer Nationen (ASEAN) als Supranationale Organisationen zu qualifizieren, vgl. *Schöbener/Knauff*, Allg. Staatslehre, § 6 Rn. 38; *Herdegen*, Völkerrecht, § 44 Rn. 10 ff.

118 *Weber* in: Creifelds, Rechtswörterbuch, „Internationale Organisationen".

119 *Obwexer* in: Streinz, EUV, Art. 16 Rn. 14; *Ziegenhorn* in: Grabitz/Hilf/Nettesheim, EUV, Art. 16 Rn. 26; *Epping* in: Vedder/Heintschel von Heinegg, EUV, Art. 14 Rn. 2; *Schoo* in: Schwarze/Becker/Hatje/Schoo, EUV, Art. 14 Rn. 18.

120 *Ruffert* in: Calliess/Ruffert, EUV, Art. 17 Rn. 5; *Schmidt/Schmitt von Sydow* in: von der Groeben/Schwarze/Hatje, EUV, Art. 17 Rn. 75.

121 Das Gerichtssystem der EU umfasst gem. Art. 19 Abs. 1 UAbs. 1 Satz 1 EUV drei Ebenen: den Europäischen Gerichtshof, das Gericht der Europäischen Union, die Fachgerichte (bisher einziges Fachgericht war bis September 2016 das Gericht für den öffentlichen Dienst), *Mayer* in: Grabitz/Hilf/Nettesheim, EUV, Art. 19 Rn. 1 ff.; *Huber* in: Streinz, EUV, Art. 19 Rn. 5 ff.; *Böhmer* in: von Arnauld/Hufeld, § 17 Rn. 1.

bestimmen, weisen Supranationale Organisationen aufgrund der mit ihnen intendierten vertieften Integration zwischen den beteiligten Staaten tendenziell eine Fülle von Einzelzuständigkeiten auf. Das Verfahren der Rechtssetzung richtet sich nach den dafür in den völkerrechtlichen Gründungsdokumenten enthaltenen Vorgaben. Dabei ist die Notwendigkeit einstimmiger Entscheidungen auch in dem die Mitgliedstaaten repräsentierenden Organ nicht zwingend erforderlich. Fortgeschrittene Supranationale Organisationen zeichnen sich vielmehr gerade dadurch aus, dass Entscheidungen mit Mehrheit gefasst werden können. Das gilt auch für den Fall, dass das erlassene Recht unmittelbar in allen Mitgliedstaaten wirkt und nicht nur deren Verpflichtung zur Umsetzung in nationales Recht hervorruft.[122]

Die Europäische Union weist heute eine ausdifferenzierte Kompetenzordnung auf. Grundsätzlich ist nach Art. 2 ff. AEUV zwischen ausschließlichen und mit den Mitgliedstaaten geteilten Zuständigkeiten zu unterscheiden. Gemäß dem in Art. 5 Abs. 2 EUV normierten Grundsatz der begrenzten Einzelermächtigung verbleiben nicht davon erfasste Ordnungsbereiche jedoch in der (ausschließlichen) Zuständigkeit der Mitgliedstaaten.[123] Die Rechtsetzung der Europäischen Union ist an die in Art. 5 Abs. 3 und 4 EUV geregelten Prinzipien der Subsidiarität und der Verhältnismäßigkeit gebunden.[124] Es erfolgt grundsätzlich in einem Gesetzgebungsverfahren, an dem Rat und Europäisches Parlament gleichberechtigt teilnehmen und jeweils mit spezifischer Mehrheit entscheiden.[125]

Die große Kompetenzfülle und die unmittelbare Wirkung der Rechtsakte würden die Einordnung einer Supranationalen Organisation als völkerrechtliche Staatenverbindung fraglich erscheinen lassen und vielmehr eine Qualifikation als bundesstaatsähnlich nahelegen. Dies könnte aus Sicht des mitgliedstaatlichen Verfassungsrechts zu Schwierigkeiten führen, da danach die Mitgliedschaft in einer völkerrechtlichen Staatenverbindung grundsätzlich anders als in einer staatsrechtli-

---

122 *Schöbener/Knauff*, Allg. Staatslehre, § 6 Rn. 41.

123 *Lienbacher* in: Schwarze/Becker/Hatje/Schoo, EUV, Art. 5 Rn. 6; *von Danwitz* in: Dauses/Ludwigs, B. II., Rn. 3.

124 *Calliess* in: Calliess/Ruffert, EUV, Art. 5 Rn. 23, 44; *Streinz* in: Streinz, EUV, Art. 5 Rn. 20, 43.

125 Vgl. Art. 16 Abs. 3 bis 5 EUV; Art. 231, 238, 293 ff. AEUV.

chen zu beurteilen wäre und möglicherweise die Wahrung fundamentaler Prinzipien der nationalstaatlichen Verfassung in Frage gestellt werden. Mithin setzen die Verfassungen einzelner Mitgliedstaaten entweder der Supranationalität wesensfremde besondere Einfluss- und Entscheidungsmöglichkeiten der jeweiligen Mitgliedstaaten oder spezifische rechtliche Standards in der (supranationalen) Gemeinschaft voraus.

e) Die Europäische Union als Mehrebenensystem eigener Art

Der Begriff des Mehrebenensystems hat sich vornehmlich in der politikwissenschaftlichen Fachliteratur etabliert.[126] Zunächst standen klassische bundesstaatliche Strukturen im Vordergrund. Mittlerweile wird der Begriff jedoch genutzt, um das Zusammenwirken sub-staatlicher, staatlicher und zwischenstaatlicher Ebenen zu erfassen.[127] Der Charme des Begriffs liegt darin, dass er keine abstrakte und endgültige Aussage über das Wesen des Systems an sich trifft, sondern sich darauf beschränkt, die Komplexitäten und damit auch die Chancen und Risiken miteinander verflochtener politischer Entscheidungen auf unterschiedlichen Ebenen in den Blick zu nehmen. Daher erübrigt sich eine abstrakte und zumeist nicht weiterführende Diskussion über die Organisationsform der Europäischen Union als solche – etwa als Staatenverbund.[128] Die Charakterisierung als Mehrebenensystem[129] setzt vielmehr den Fokus sowohl auf die Gemeinsamkeiten als auch auf die Unterschiede zu einerseits klassisch völkerrechtlichen und andererseits staatlichen Organisationsformen.

Wie der Europäische Gerichtshof bereits frühzeitig das Europäische Gemeinschaftsrecht als eine Rechtsordnung „sui generis" bezeichnet hat,[130] um damit die Unterschiede zu völker- und staatsrechtlichen

---

126 Siehe u.a. *Schmidt* in: Lauth, S. 134. Zur rechtswissenschaftlichen Verwendung des Begriffs vgl. *Schwerdtfeger*, EuR 2015, 290 ff.; *Fromberger/Schmidt*, ZJS 2018, 29 ff.; *Hwang*, EuR 2015, 703 ff.

127 *Benz* in: Benz/Scharpf/Zintl, S. 147 ff.; *Luthardt* in: Dreier/Graf/Hesse, S. 293 ff.

128 Vgl. zur Schöpfung und weiteren Definition des Begriffs „Staatenverbund" BVerfGE 89, 155, 186, 188, *Maastricht*; BVerfGE 123, 267, 348, *Lissabon*.

129 Mit ähnlicher Tendenz *Calliess/Kahl/Puttler* in: Calliess/Ruffert, EUV, Art. 4 Rn. 34 ff.

130 EuGH, Urt. v. 15.07.1964 – 6/64, Slg 10, 1151, *Costa/ENEL*.

Verpflichtungsstrukturen zu verdeutlichen, so lässt sich die Organisations- und Verfassungsstruktur der Europäischen Union[131] – auch im Hinblick auf ihre offene Finalität[132] – durchaus passend als „Mehrebenensystem eigener Art" bezeichnen. Dieses System, das im Hinblick auf die Intensität des Zusammenwirkens der verschiedenen Ebenen zwischen einer herkömmlichen internationalen Organisation und einem traditionellen Bundesstaat anzusiedeln ist, bedarf zur Sicherung seiner Funktionsfähigkeit als Rechtsgemeinschaft spezifischer gegenseitiger Verpflichtungen der auf den unterschiedlichen Ebenen beteiligten Rechtssubjekte.[133] Die in Art. 26 WVRK niedergelegte allgemeine völkerrechtliche Pflicht zur Vertragserfüllung („pacta sunt servanda") ist dafür nicht ausreichend.[134] Die Intensität eines bundesstaatlichen Verpflichtungsgefüges muss auch nicht notwendigerweise erreicht sein, weil weder die Zuständigkeiten der Europäischen Union umfassend noch die Interdependenzen zwischen den Mitgliedstaaten vergleichbar dicht sind.[135]

f) Völkerrechtsfähigkeit und innerstaatliche Rechtsfähigkeit

Die Uneinigkeit, die in der Zeit zwischen dem Vertrag von Maastricht und dem Vertrag von Lissabon über die rechtliche Subjektqualität der Europäischen Union bestand, ist mit dem Inkrafttreten des Vertrages von Lissabon hinfällig.[136] Mit Art. 47 EUV wird der Europäischen Union nunmehr ausdrücklich Rechtsfähigkeit verliehen. Dies betrifft die Rechtsfähigkeit im völkerrechtlichen Sinne, die zunächst nur ge-

131 Vgl. unter Hervorhebung der unionalen Verfassungsstruktur EuGH, Urt. v. 06.03.2018 – C-284/16, ECLI:EU:C:2018:158, Rn. 33, *Achmea*, „*Nach […] ständiger Rechtsprechung des Gerichtshofs wird die Autonomie des Unionsrechts gegenüber sowohl dem Recht der Mitgliedstaaten als auch dem Völkerrecht durch die wesentlichen Merkmale der Union und ihres Rechts gerechtfertigt, die die Verfassungsstruktur der Union sowie das Wesen dieses Rechts selbst betreffen.*"

132 Vgl. *Haltern* in: von Bogdandy/Bast, S. 279, 291 ff.

133 Vgl. *Hatje/Schwarze*, EuR 2019, 153 (162).

134 *Streinz*, Europarecht, Rn. 166.

135 *Böhringer/Marauhn* in: Schulze/Janssen/Kadelbach, § 7 Rn. 3; vgl. auch insbesondere zur Kompetenzordnung zwischen EU und Mitgliedstaaten im Mehrebenensystem *Hakenberg*, Europarecht, 2. Teil Rn. 92 ff.

136 *Oppermann/Classen/Nettesheim*, Europarecht, § 3 Rn. 14; *Haratsch/Koenig/Pechstein*, Europarecht, Rn. 38.

genüber den Vertragsparteien wirkt. Mit dem Vertrag von Lissabon hat die Europäische Union als Rechtsnachfolgerin der Europäischen Gemeinschaft (Art. 1 Abs. 3 EUV) deren Rechtspersönlichkeit, die sich ursprünglich aus Art. 281 EGV ergab,[137] übernommen. Als auf der Grundlage eines völkerrechtlichen Vertrages errichtetes Gebilde mit eigenen Organen, die einen von den Mitgliedstaaten unabhängigen Willen bilden, ist die Europäische Union damit Trägerin eigener völkerrechtlicher Rechte und Pflichten.[138]

Die Völkerrechtssubjektivität der Europäischen Union ist jedoch funktional begrenzt. So ist die Rechtspersönlichkeit vielmehr abgeleiteter Qualität, da sie ausschließlich auf die Entscheidung der nach allgemeinem Völkerrecht hierfür zuständigen Mitgliedstaaten gründet. Diese könnten sie durch eine Änderung der Verträge auch wieder entziehen. Zudem ist die Rechtspersönlichkeit inhaltlich beschränkt, da sie sich nur auf die vom Vertrag eingeräumten Hoheitsbefugnisse erstreckt. Dies wird primär nicht in Art. 47 EUV normiert, sondern im Prinzip der begrenzten Einzelermächtigung nach Art. 5 Abs. 1 Satz 1, Abs. 2 EUV. Dementsprechend kann Art. 47 EUV keine Kompetenzen verleihen.[139]

Art. 47 EUV regelt somit zwar die Völkerrechtssubjektivität, nicht aber die Rechts- und Geschäftsfähigkeit im innerstaatlichen Bereich der Mitgliedstaaten. Diese ist in Art. 335 AEUV normiert. Beide Vorschriften regeln somit Teilaspekte der einen Rechtssubjektivität der Europäischen Union.[140]

Mit Art. 335 AEUV wurde unionsrechtlich festgelegt, dass die Europäische Union in den Mitgliedstaaten als juristische Person anzuerkennen ist. Indes verweist die Vorschrift hinsichtlich des Umfanges der Handlungsmöglichkeiten auf das jeweilige innerstaatliche Recht.

137 Vgl. zur Völkerrechtsfähigkeit der EG *Simma/Vedder* in: Grabitz/Hilf, EGV, Art. 281 Rn. 2 ff.

138 *Ruffert* in: Calliess/Ruffert, EUV, Art. 47 Rn. 5; *Pechstein* in: Streinz, EUV, Art. 47 Rn. 13 f.; *Herdegen*, Europarecht, § 5 Rn. 1; *Terhechte* in: Schwarze/Becker/Hatje/Schoo, EUV, Art. 47 Rn. 3 ff.

139 *Dörr* in: Grabitz/Hilf/Nettesheim, EUV, Art. 47 Rn. 6; *Meng* in: von der Groeben/Schwarze/Hatje, EUV, Art. 47 Rn. 5.

140 *Ipsen*, EG-Recht, S. 204; *Becker* in: Schwarze/Becker/Hatje/Schoo, AEUV, Art. 335 Rn. 1; *Hatje* in: von der Groeben/Hatje/Schoo, AEUV, Art. 335 Rn. 1.

Daher ist sie sowohl statusbegründende als auch verweisende Norm. Der Vorteil dieser dualen Konzeption liegt in der nahtlosen Integration der Europäischen Union in das jeweilige nationale Recht, ohne sie zu einem Fremdkörper unter den dort handelnden Rechtssubjekten zu machen. Gleichzeitig ist sichergestellt, dass die Europäische Union nicht insgesamt dem Recht eines bestimmten Mitgliedstaates unterstellt werden kann, wie es etwa in den Sitzstaaten der Organe denkbar wäre. Schließlich enthält die Bestimmung mit der Maßgabe, die weitestgehende Rechts- und Geschäftsfähigkeit nach dem jeweiligen Recht nutzen zu können, ein Optimierungsgebot, welches die Handlungsfähigkeit der Europäischen Union im Interesse ihrer Ziele insgesamt stärken soll.[141] Allerdings kommen als Referenztypen staatlicher Rechtssubjekte nur juristische Personen des öffentlichen Rechts in Betracht.[142]

g) Ergebnis

Die Europäische Union bildet ein außerordentlich komplexes Gebilde, das sich mit herkömmlichen Kategorien der Staatenverbindungen nicht recht erfassen lässt. So verfügt die Europäische Union über weitreichende Kompetenzen (insbesondere auf dem Gebiet der Wirtschafts- und Währungspolitik, Wettbewerbs- und Handelspolitik, Agrarpolitik und der Einwanderungspolitik) und nimmt in dem Bereich der Gemeinsamen Außen- und Sicherheitspolitik eine nicht unwesentliche Rolle ein. Trotz der von den Mitgliedstaaten übertrage-

---

141 *Hatje* in: von der Groeben/Hatje/Schoo, AEUV, Art. 335 Rn. 2; *Heintschel von Heinegg* in: Vedder/Heintschel von Heinegg, AEUV, Art. 335 Rn. 3 ff.; *Kokott* in: Streinz, AEUV, Art. 335 Rn. 3 f.

142 Vgl. EuGH, Urt. v. 15.07.1960 – 43/59 u.a., Slg 1960, 965, 986, *Lachmüller*, „*Diese Rechtspersönlichkeit ist angesichts der mit ihr verbundenen Befugnisse und Funktionen öffentlich-rechtlicher Natur. Somit sind die streitigen Verträge von einer juristischen Person des öffentlichen Rechts geschlossen worden.*"; EuGH, Urt. v. 16.12.1960 – 44/59, Slg 1960, 1115, 1133, *Fiddelaar*; *Hatje* in: von der Groeben/Schwarze/Hatje, AEUV, Art. 335 Rn. 2, 47 f. In Deutschland wird die EU überwiegend als Körperschaft des öffentlichen Rechts mit anstaltlichen Zügen eingeordnet, da sie durch einen völkerrechtlichen und damit öffentlich-rechtlichen Gründungsakt entstanden ist. Deshalb müssen bei einem rechtsgeschäftlichen Handeln der EU die Besonderheiten beachtet werden, die sich aus ihrer Natur als öffentlich-rechtliche Körperschaft ergeben.

nen, umfangreichen Kompetenzen ist die Europäische Union noch von der Angleichung an ein (bundes-) staatliches Gebilde entfernt. Die übertragenen Befugnisse sind bei aller Bedeutung gegenständlich beschränkt. Sie verdichten sich nicht zu einer grundsätzlich unbeschränkten Gebiets- und Personalhoheit, wie sie für die Staatsgewalt bezeichnend ist. Die Europäische Union verfügt noch nicht über ein eigenes europäisches Staatsvolk, das als entscheidendes Zurechnungssubjekt einen europäischen Gesamtstaat anstelle der bisherigen Nationalstaaten anzuerkennen bereit wäre.[143]

Inwiefern es sich bei der Europäischen Union nunmehr um eine klassische „Staatengemeinschaft“[144] handelt oder diese teilweise „staatsähnliche Züge“[145] aufweist, kann dahinstehen, weil daraus keine konkreten Rechtsfolgen abzuleiten sind. Die einschlägige Debatte ist insofern überwiegend ideologisch geprägt und für die Rechtsanwendung wenig hilfreich.

Die Charakterisierung des Europarechts als supranational versucht zugleich, die spezifische Besonderheit der Europäischen Union und ihres Rechts zum Ausdruck zu bringen, und besagt weiter, dass dem Europarecht gegenüber dem der Mitgliedstaaten generell Vorrang einzuräumen ist.[146] Jedoch sind in der Europäischen Union wesentliche Ordnungsbereiche nach wie vor intergouvernemental strukturiert, sodass eine Qualifizierung als Supranationale Organisation nicht uneingeschränkt möglich ist.[147]

---

143 *Herdegen*, Völkerrecht, § 8 Rn. 32; *Pechstein* in: Streinz, EUV, Art. 1 Rn. 10; vgl. auch *Schroeder*, Europarecht, § 2 Rn. 4 ff.

144 *Ipsen*, EuR 1994, 1, 8 f.

145 *Scholz*, NVwZ 1993, 818 f.

146 BVerfG, Beschl. v. 17.10.1967 – 1 BvR 760/64, BVerfGE 22, 292, 296; BVerfG, Beschl. v. 22.05.1979 – 2 BvR 193, 197/79, BVerfGE 51, 222, 233; *Schweitzer* in: Burkei/Polter, FS Armbruster, S. 75 f.; *Zuleeg*, integration 1988, 103 ff.; *Magiera* in: Fiedler/Ress, GS Geck, S. 521; *Bievert* in: Schwarze/Becker/Hatje/Schoo, AEUV, Art. 288 Rn. 10; *Classen*, EuR-Beiheft 1999, 83; *Knapp*, DÖV 2001, 12.

147 Trotz grundlegender Umstrukturierung der EU durch den Vertrag von Lissabon und der Aufgabe des „Drei-Säulen-Modells“ i.S.d. Maastrichter Vertrages sind innerhalb der Europarechtsordnung gleichwohl zwei Säulen, eine supranationale und eine intergouvernementale, identifizierbar. Dabei enthält nur der AEUV supranationales Recht im eigentlichen Sinne, wohingegen im EUV die nach wie vor intergouvernementalen Rechtsgrundlagen der GASP (Art. 21 ff. EUV) erfasst sind. Das Recht der GASP ist zwar auch in den Mitgliedstaaten verbindlich und ge-

Inhaltlich hat sich das deutsche Bundesverfassungsgericht dieser Einschätzung angeschlossen und die vertiefte europäische Integration als mit dem Grundgesetz vereinbar angesehen. Vor diesem Hintergrund beschreibt die damit einhergehende Begriffsschöpfung „Staatenverbund" die Entwicklungsstufe der Europäischen Union zwischen Staatenbund und Bundesstaat ohne eigene Staatsqualität zunächst zutreffend, bleibt aber gleichwohl dogmatisch wenig aussagekräftig. Die mit diesem Begriff verbundene alleinige Verortung der Verfügungsgewalt in den Händen der Mitgliedstaaten wird der komplexen Struktur der Europäischen Union jedoch nicht gerecht und vermag nicht zu überzeugen.[148]

Zum Zwecke der Beschreibung heutiger Hoheitsentfaltung ist daher die entwickelte Vorstellung vom Mehrebenensystem eigener Art, wonach sich die Europäische Union und die Mitgliedstaaten nebst ihren Untergliederungen die Ausübung öffentlicher Gewalt nach den Vorgaben der Unionsverträge und dementsprechend nach Art der zu bewältigenden Aufgabe teilen, gleichwohl am treffendsten. Der in dem Begriff des Mehrebenensystems zum Ausdruck kommende Ansatz versucht, die Bedeutung der unterschiedlichen staatlichen Ebenen im politischen Prozess sowie die unterschiedlichen Steuerungsmechanismen, die auf und zwischen diesen Ebenen eine Rolle spielen, zu erfassen.[149] Der Versuch, den bisher erreichten Zustand der europäischen Integra-

---

nießt Vorrang. Auf eine Übertragung von Hoheitsrechten wurde aber diesbezüglich verzichtet. Die Begründung von Rechten und Pflichten für einzelne Bürger ist in diesem Bereich bislang ebenfalls nicht möglich. Daher wird ihm teilweise ein rein völkerrechtlicher Charakter beigemessen. Dennoch bilden die Regelungen über die GASP einen untrennbaren Teil der einheitlichen Europarechtsordnung. Mangels unmittelbarer Wirkung ist ihm die Supranationalität im eigentlichen Sinne jedoch abzusprechen, sodass es bei einer Aufteilung der EU und ihres Rechts in supranationale und intergouvernementale Ordnungsbereiche bleibt, vgl. *Haratsch/Koenig/Pechstein*, Europarecht, Rn. 60 ff.; *Oppermann/Classen/Nettesheim*, Europarecht, § 3 Rn. 2 ff.; *Ruffert* in: Calliess/Ruffert, AEUV, Art. 1 Rn. 16; *Nettesheim* in: Grabitz/Hilf/Nettesheim, AEUV, Art. 1 Rn. 66.

148 BVerfGE 89, 155 ff., *Maastricht*; *Schöbener/Knauff*, Allg. Staatslehre, § 6 Rn. 42 f.; *Böhringer/Marauhn* in: Schulze/Janssen/Kadelbach, § 7 Rn. 2; *Maurer*, Staatsrecht I, § 10 Rn. 8.

149 *Ast* in: Bergmann, Handlexikon der EU, „Mehrebenenstruktur, Mehrebenensystem".

tion in der Europäischen Union begrifflich zu erfassen, hat jedoch bislang zu keinem allgemein akzeptierten Ergebnis geführt.

Überdies ist die Rechtspersönlichkeit der Europäischen Union lediglich abgeleiteter Qualität, da sie ausschließlich auf der Entscheidung der nach allgemeinem Völkerrecht hierfür zuständigen Mitgliedstaaten gründet. Diese könnten sie durch Änderung der Verträge auch wieder entziehen. Zudem ist die Rechtspersönlichkeit inhaltlich beschränkt, da sie sich nur auf die vom Vertrag eingeräumten Hoheitsbefugnisse erstreckt.

B. Untersuchungsgegenstand – Der Bundesstaat als Leitbild europäischer Finalität

Die Europäische Union ist noch nicht vollendet, sondern strebt erst noch einer Finalität zu, die allerdings in Umrissen bereits erkennbar ist. Seit Beginn des europäischen Integrationsprozesses stellt sich die Frage nach dessen Ziel und damit auch nach der endgültigen Gestalt der Europäischen Union sowie deren geografischer und politischer Finalität.[150]

I. Begriff der europäischen Finalität und Diskussionsstand

Im Kontext des europäischen Integrationsprozesses ist unter Finalität die endgültige Gestaltung der europäischen Einigung zu verstehen. Die bislang geführte Debatte über die Finalität bezieht sich sowohl auf die geografische Ausdehnung als auch auf das Endziel der politischen Ausgestaltung der europäischen Integration.[151]

Finalität als Erreichen eines statischen Endzustandes setzt eine räumliche und zeitliche Bestimmung des Integrationsprozesses voraus. Jedoch kann dieser Prozess auch als ein in jeder Beziehung offener Vorgang ohne Finalität gesehen werden, der in einer sich ständig verändernden Welt die Möglichkeit laufender Veränderungen und Anpassungen bietet. Im Verlauf des Integrationsprozesses wurden die Prognosen über die Finalität des europäischen Einigungsprojekts immer wieder abgeändert und damit selbst einem Prozess unterworfen. Während anfänglich die Alternativen „Bundesstaat“ oder „Staatenbund“ die Diskussion beherrschten, wurden mit der Zeit weitere

150 Vgl. Präambel des EUV; Präambel des AEUV.

151 Vgl. *Emmanoulidis* in: Große Hüttmann/Wehling, Europalexikon, „Finalität“; *Haltern* in: von Bogdandy/Bast, S. 279 ff.

mögliche Formen einer finalen Struktur entwickelt, die sich zum Teil von historischen Vorbildern völkerrechtlicher Zusammenschlüsse von Staaten unterscheiden und zu neuen Modellen des institutionellen Integrationsziels geführt haben. Im Rahmen der letzten Vertragsreform scheuten sich die Verfasser jedoch trotz der bisherigen Einigungserfolge den Zielpunkt der Integrationsentwicklung zu benennen.[152]

Im Hinblick auf eine finale geografische Ausdehnung der Europäischen Union stellt sich die Frage, welchen weiteren europäischen Staaten eine konkrete Beitrittsoption eingeräumt werden soll und wo die geografischen und kulturellen Grenzen eines vereinigten Europas verlaufen.

Im Zusammenhang mit der politischen Finalität der Europäischen Union favorisieren die Gegner einer föderalen politischen Union einen Staatenverbund oder Staatenbund, bei dem die Völkerrechtsubjektivität der einzelnen Mitgliedstaaten im Kern aufrechterhalten bleibt (bspw. „Europa der Vaterländer“[153]). Hingegen streben Befürworter eines föderalen Europas das Aufgehen der Mitgliedstaaten in einem europäischen Gesamtstaat (bspw. die „Vereinigten Staaten von Euro-

152 *P. Kirchhof* in: von Bogdandy/Bast, S. 1010; *Kadelbach* in: von der Groeben/Schwarze/Hatje, EUV, Präambel Rn. 6; *Grupp* in: Bergmann, Handlexikon der EU, „Finalität der europäischen Integration“.

153 Die Idee des „Europa(s) der Vaterländer“ bezieht sich auf eine enge Form der zwischenstaatlichen Kooperation europäischer Staaten, die jedoch die nationale Souveränität weitgehend unangetastet lässt und auf supranationale Einigungsschritte verzichtet. Sie wird historisch v.a. mit dem französischen Staatspräsidenten Charles de Gaulle in Verbindung gebracht, der die Formulierung zu einem Kernpunkt seiner Europapolitik in den 1960er-Jahren machte. Ziel war es, Frankreichs nationale Souveränität zu bewahren und ihm eine Führungsrolle in Europa zuzuordnen. De Gaulle schwebte dabei ein „karolingisches“ Kerneuropa vor, das Deutschland, Luxemburg und die Beneluxländer unter Führung Frankreichs verbinden sollte. Die Ausstrahlung dieses Europas der Vaterländer sollte die Blockgrenzen des Ost-West-Konfliktes dauerhaft lockern, sodass ein „Europa vom Atlantik bis zum Ural“ möglich würde. De Gaulles Ablehnung des Beitrittsgesuchs Großbritanniens und seine Skepsis gegenüber der „atlantischen Dimension“ der europäischen Einigung bildeten den Hintergrund der Debatte um das Europa der Vaterländer. Erst unter de Gaulles Nachfolger, George Pompidou, entwickelte Frankreich ein positiveres Verhältnis zu den supranationalen Elementen der europäischen Integration, vgl. Pressekonferenz Charles de Gaulles v. 15.05.1962; *Lucas*, Europa vom Atlantik bis zum Ural?; s. auch *Graf Vitzthum*, EuR 2002, 1 (8).

pa"[154]) an.[155] Unter Verweis auf das Fortschreiten und die Tiefe des bisherigen Integrationsprozesses erscheint es folgerichtig, dass für eine solche Staatsstrukturierung das Gebilde des Bundesstaates als „Blaupause" zum Erreichen der europäischen Finalität dient.

II. Das Leitbild „Bundesstaat"

Staaten können nicht nur – wie in völkerrechtlichen Beziehungen – nebeneinander, sondern auch ineinander existieren. Derartige Staatenverbindungen bilden das Gegenstück zum Gebilde des Einheitsstaates[156]. Die engste Form der Staatenverbindung ist ihre staatsrechtli-

154 Verallgemeinernd versteht man unter den „Vereinigte(n) Staaten von Europa" den föderalistischen Zusammenschluss der europäischen Länder unter einem supranationalen Dach, ähnlich den Vereinigten Staaten von Amerika. Die Forderung nach der Gründung der Vereinigten Staaten von Europa durchzieht die Geschichte der europäischen Einigung und gilt bis heute als Leitbild der zukünftigen Entwicklung Europas – früheste prominente Erwähnung durch Victor Hugo 1851; seit dem Ende des 1. Weltkrieges in unterschiedlichen politischen Kontexten zu finden, etwa in Coudenhove-Kalergis „Paneuropa" oder im Parteiprogramm der SPD von 1925, in den föderalistischen Nachkriegsplanungen der Résistance gegen die nationalsozialistische Besatzung in Europa oder in der europäischen Bewegung der Nachkriegszeit. In diesem Sinne nahm Winston Churchill in seiner berühmten „Züricher Rede" vom 19.09.1946 auf eine „Art Vereinigte Staaten von Europa" Bezug, *Conze* in: Große Hüttmann/Wehling, Europalexikon, „Vereinigte Staaten von Europa".

155 *Haltern* in: von Bogdandy/Bast, S. 279 ff.; *Emmanoulidis* in: Große Hüttmann/Wehling, Europalexikon, „Finalität"; *auf dem Keller*, Finalität der EU, S. 28; *Ambos*, Internationales Strafrecht, 3. Teil, § 9 Rn. 1, 4; *Van Meurs/De Bruin/Van de Grift/Hoentik/Van Leeuwen/Reijnen*, Die Unvollendete, S. 39 f.

156 Im Einheitsstaat gibt es nur eine Staatsgewalt und damit auch nur eine einheitliche staatliche Organisation (mit einem Parlament und einer Regierung). Das bedeutet nicht, dass alle staatlichen Aufgaben von einer Zentrale aus erledigt werden müssten. Es ist durchaus möglich und in größeren Staatswesen auch unverzichtbar, dass bestimmte staatliche Aufgaben auf nachgeordnete Behörden und Verwaltungseinrichtungen übertragen oder auf rechtliche selbstständige Körperschaften mit Selbstverwaltungsbefugnissen (Provinzen, Landkreise, Gemeinden) delegiert werden. Aber auch in diesen Fällen besteht eine einheitliche Staatsorganisation mit durchgreifenden weisungs- und Aufsichtsrechten. Beispiele für (dezentralisierte) Einheitsstaaten sind Frankreich, das Vereinigte Königreich, Italien, Spanien, die skandinavischen Staaten, *Maurer*, Staatsrecht I, § 10 Rn. 6; *Schöbener/Knauff*, Allg. Staatslehre, § 6 Rn. 2 ff.

che Erscheinungsform, der Bundesstaat. Ein Bundesstaat ist demnach ein völkerrechtlich anerkannter (Gesamt-)Staat, der wiederum selbst aus verschiedenen (Glied-)Staaten besteht.[157] Ein solcher Zusammenschluss ist jedoch nur dann möglich, wenn bereits bei den Gliedstaaten die drei wesentlichen Merkmale eines Staates nach der sogenannten Drei-Elemente-Lehre vorliegen: Staatsgebiet, Staatsvolk, Staatsgewalt.[158] Kennzeichnend für einen Bundesstaat ist somit, dass sowohl dem Gesamtstaat als auch den diesen bildenden Gliedstaaten jeweils eine eigene Staatsqualität zukommt.[159]

Die konkrete Ausgestaltung eines solchen Staatswesens kann sehr unterschiedlich sein und ist regelmäßig das Ergebnis langfristiger politischer und historischer Entwicklungen. Daher gibt es nicht schlechthin „den" Bundesstaat. Vielmehr ist jeder Bundesstaat ein Unikat.[160] Insofern hat sich das Bundesstaatsprinzip beim Aufbau, Umbau und Neubau von Staaten immer wieder als ein wichtiges Element der Staatsstrukturierung erwiesen und als Konfliktlösungsmodell bewährt. Daher findet man das Bundesstaatsprinzip zunehmend in neueren Staaten mit unterschiedlichen Traditionen, Bevölkerungsgruppen und sozialen Verhältnissen.[161]

---

157 Bundesstaat ist *„ein Gesamtstaat, körperschaftlich zusammengefügt aus einfachen Staaten, die einerseits ihm unterworfen, andererseits beteiligt sind bei der Bildung seines Willens"*, *Anschütz* in: Anschütz/Thoma, S. 295. So wurde bereits das alte Deutsche Reich in der zeitgenössischen Literatur als *„ein aus Staaten zusammengesetzter Staat"* bezeichnet, was somit die auch heute noch gängige Umschreibung des Bundesstaates ist, *Maurer*, Staatsrecht I, § 2 Rn. 23.

158 *G. Jellinek/W. Jellinek*, Allgemeine Staatslehre, S. 396 ff.; *Herdegen*, Völkerrecht, § 8 Rn. 5 ff.

159 *Jestaedt* in: Isensee/Kirchhof, HStR, Bd. II, § 29 Rn. 9; *Sodan/Ziekow*, Öffentliches Recht, § 8 Rn. 7 f; vgl. auch BVerfG, Beschl. v. 29.01.1974 – 2 BvN 1/69, BVerfGE 36, 342, 360 f.

160 Vgl. *Schöbener/Knauff*, Allg. Staatslehre, § 6 Rn. 5; *Sodan/Ziekow*, Öffentliches Recht, § 8 Rn. 1; *W. Rudolf* in: Isensee/Kirchhof, HStR, Bd. VI, § 141 Rn. 1; aktuelle Beispiele für Bundesstaaten sind Deutschland, Österreich, die Schweiz, USA, Mexiko, Kanada, Nigeria, Venezuela, Australien, Indien.

161 So wäre ohne starke Provinzen der Neubau Südafrikas (1944–1998) schwerlich gelungen. Ohne gewisse ethnische Autonomien für die Pashtunen, Tadschiken, Usbeken, etc. wird Afghanistan keine Stabilität erhalten. Ebenso ist ein halbwegs funktionstüchtiger Irak ohne Rechte der Sunniten, Schiiten und Kurden kaum vorstellbar. Außerdem war die Zusammenfügung Bosnien-Herzegowinas aus Teilen Jugoslawiens durch das Dayton/Paris-Abkommen v. 14.12.1995 nur möglich,

1. Struktur und Charakteristika des Bundesstaates

Historisch geht die Entstehung von Bundesstaaten regelmäßig entweder auf den Zusammenschluss bis dahin selbstständiger Einzelstaaten oder auf die Zerschlagung eines zuvor bestehenden Einheitsstaates unter Beibehaltung von dessen (Gesamt-) Staatlichkeit zurück.

Im ersten Fall geben die bisherigen Einzelstaaten einen Teil ihrer Hoheitsrechte ab, behalten aber die übrigen Hoheitsrechte und damit, wenn auch zumindest völkerrechtlich beschränkt,[162] ihre Staatlichkeit.[163] Alle staatlichen Kompetenzen und Befugnisse sind zwischen Gesamtstaat und Gliedstaaten aufgeteilt, wobei der Kompetenz- und Zuständigkeitsabgrenzung besondere Bedeutung zukommt. Diese „sowohl-als-auch“-Komponente erleichtert den Zusammenschluss, da die gemeinsamen Angelegenheiten (bspw. Außenpolitik, Sicherheits- und Verteidigungspolitik, Wirtschafts- und Währungspolitik) vom Gesamtstaat, die spezifischen Angelegenheiten (Bildungswesen, Kulturpolitik, Pflege regionaler Eigenheiten) nach wie vor von den Gliedstaaten geregelt werden können.[164]

Im zweiten Fall gibt der Einheitsstaat partikularistischen Tendenzen nach und gewährt den verschiedenen Regionen nicht nur Selbstverwaltungsrechte, sondern ein begrenztes staatliches Eigenleben. Auf diese Weise können innere Anspannungen oder sogar ein Auseinanderfallen eines Staates verhindert werden.[165]

---

indem das Bundesstaatsprinzip zugrunde gelegt wurde, *Karpen*, EuR 2003, 1111, *Maurer*, Staatsrecht I, § 10 Rn. 73.

162 Vgl. zum Begriff der souveränen Staatlichkeit im Völkerrecht *Herdegen*, Völkerrecht, § 28 Rn. 3 ff.

163 Vgl. bspw. zur Staatlichkeit der deutschen Bundesländer *Grzeszick* in: Maunz/Dürig, GG, Art. 20 Rn. 89 ff.; *Bethge* in: Görres-Gesellschaft, Staatslexikon, Bd. 1, „Bundesstaat“.

164 *Weber* in: Creifelds, Rechtswörterbuch, „Bundesstaat“; *Sodan/Ziekow*, Öffentliches Recht, § 8 Rn. 1; Beispiele für diese erste Alternative bilden die Schweiz (1848) und noch davor die USA (1787), die beide über einen Staatenbund als Vorstufe (Schweiz 1815, Nordamerika 1781) Bundesstaaten wurden, *Maurer*, Staatsrecht I, § 6 Rn. 10.

165 Beispiele für die zweite Alternative bietet Österreich (1920) und insbesondere Belgien (1993). Föderalistische oder zumindest regionale Tendenzen und Entwicklungen zeigen sich auch in traditionellen Einheitsstaaten, vor allem in Spanien und auch im Vereinigten Königreich (Bildung eines Parlaments mit Gesetz-

Die internen Beziehungen in einem Bundesstaat richten sich sowohl im Verhältnis von Gesamt- und Gliedstaaten als auch der Gliedstaaten untereinander nicht nach dem Völkerrecht, sondern nach innerstaatlichem Recht, insbesondere nach dem Staats- bzw. Verfassungsrecht in Form einer Bundesverfassung. Diese bedingt zugleich eine gewisse Homogenität der beteiligten Staaten.[166] Insbesondere ordnet die Bundesverfassung die Staatsgewalt im Rahmen einer Kompetenzordnung den einzelnen Ebenen zu.[167] In ihre ausschließliche Zuständigkeit fallende Ordnungsbereiche können die Gliedstaaten gemeinsam durch Staatsverträge regeln. Ein Tätigwerden des Gesamtstaats wäre insoweit nach dem Bundesverfassungsrecht regelmäßig ausgeschlossen.[168] Innerhalb des Bundesstaates ist einerseits der Bürger Adressat von Hoheitsakten beider staatlichen Ebenen, die andererseits wiederum denkbare Adressaten von subjektiven öffentlichen Rechten sind, die der Bürger gegenüber dem Staat geltend machen kann.[169]

Die konkrete Ausgestaltung der bundesstaatlichen Ordnung variiert erheblich. Sie kann einerseits durch starke Dezentralisierung und geringe Kompetenzen des Gesamtstaates gekennzeichnet sein. Ein solcher konföderaler und zugleich häufig durch Wettbewerb der Gliedstaaten untereinander gekennzeichneter Bundesstaat kann einem Staatenbund

---

gebungsbefugnissen in Schottland, ansatzweise, obwohl eher wenig ausgebildet in Frankreich und Italien.
Generell lässt sich im Hinblick auf die Entwicklung der politischen Gesamtlage sagen, dass in den Bundesstaaten unitaristische und in den Einheitsstaaten föderalistische Tendenzen sichtbar werden, was wohl den Schluss zulässt, dass eine austarierte Zwischenlösung – abhängig von der konkreten Situation – anzustreben ist, vgl. zur Rechtsvergleichung allgemein *Ossenbühl*, Föderalismus und Regionalismus in Europa; *Stern*, Staatsrecht, Bd. I, S. 648 ff.; *A. Kimmel/Ch. Kimmel*, Einführung, S. XXX.

166 Vgl. für die Verfassungslage in Deutschland Art. 28 Abs. 1 GG, mit der verpflichtenden Bezugnahme auf die Grundsätze des republikanischen, demokratischen und sozialen Rechtsstaats werden – für das Funktionieren des Bundesstaates unverzichtbare – Normativbestimmungen für die Verfassungsordnung der Länder gesetzt, die nicht in den Ländern, sondern für diese gelten und sie dem Bund gegenüber zu einer bestimmten Gestaltung des Landesverfassungsrechts verpflichten, *Wolff* in: Hömig/Wolff, GG, Art. 28. Rn. 2.

167 In Deutschland gem. Art. 30, 70 ff., 83 ff. GG; *W. Rudolf* in: Isensee/Kirchhof, HStR, Bd. VI, § 141 Rn. 5; *Sodan/Ziekow*, Öffentliches Recht, § 8 Rn. 14 f.

168 Vgl. *Schöbener/Knauff*, Allg. Staatslehre, § 6 Rn. 8.

169 *Grzeszick* in: Maunz/Dürig, GG, Art. 20 Rn. 33.

auf völkerrechtlicher Weise stark angenähert sein. Diese Erscheinungsform unterscheidet sich allerdings von einem Staatenbund durch die staatsrechtliche Grundlage des Zusammenwirkens der beteiligten Gliedstaaten und die dadurch bedingte Qualifizierung des Zusammenschlusses als Gesamtstaat.[170]

Andererseits kann ein Bundesstaat auch unitarisch mit einer starken Tendenz zur Zentralisierung und einer weitgehenden Uniformität der Gliedstaaten organisiert werden, die im Übrigen auch durch eine vielfältige Abstimmung der Gliedstaaten untereinander ohne Einbeziehung des Gesamtstaats erfolgen kann. In derartigen Gestaltungen besteht trotz Staatsqualität der Gliedstaaten eine Ähnlichkeit zum dezentralisierten Einheitsstaat.[171]

---

170 Konföderal geprägte Bundesstaaten sind etwa die Schweiz und die USA. Dabei ist der „konföderale Bundesstaat" bzw. „duale Föderalismus" von den Begriffen „unitarischer Bundesstaat" oder „kooperativer Föderalismus" abzugrenzen. In der Tat besteht zwischen beiden Konzepten ein ganz erheblicher Unterschied. Bspw. sind in der Schweiz und den USA die Kompetenzbereiche des Bundes und der Gliedstaaten deutlich strikter voneinander getrennt. Hier steht das Prinzip der Subsidiarität im Vordergrund, nach dem die Bundesebene grds. nur diejenigen Aufgaben wahrnehmen soll, die von den Gliedstaaten nicht aus eigener Kraft erledigt werden können. In gewissen Grenzen wird jedenfalls auch als notwendige Folge des Wettbewerbs zwischen den Gliedstaaten eine unterschiedliche Entwicklung der Lebensverhältnisse in den einzelnen Gliedstaaten gesehen. Die Korrektur erfolgt hierbei durch die Freizügigkeit, da es zumindest theoretisch jedem freisteht, einen Gliedstaat zu verlassen, in dem ihm die Lebensverhältnisse nicht behagen, vgl. *Huster/Rux* in: Epping/Hillgruber, BeckOK GG, Art. 20 Rn. 34.

171 Deutschland, das sich in eine seit 1867 mit dem Norddeutschen Bund einsetzende und nur während des Dritten Reichs unterbrochene Bundesstaatstradition einfügt, weist starke unitarische Elemente auf, die auch durch die Föderalismusreform in 2006 nur wenig eingeschränkt und zuletzt durch die Begründung einer zunehmenden Zahl von gemeinsamen und im Zusammenwirken wahrnehmbaren Aufgaben wieder gestärkt wurden. So steht im GG die gewaltenteilende Funktion der bundesstaatlichen Organisation im Vordergrund und die Befugnisse des Bundes und der Länder sind dementsprechend enger miteinander verflochten. Zudem bietet das GG nur wenige Möglichkeiten für einen echten Wettbewerb unter den Bundesländern. Vielmehr ist die Verfassungsordnung von dem letztendlich im Sozialstaatsprinzip begründeten Bestreben geprägt, die Gleichwertigkeit der Lebensverhältnisse im ganzen Bundesgebiet zu gewährleisten. Selbst in denjenigen Bereichen, in denen die Länder nach den Vorgaben des GG wirklich selbstständig agieren könnten, wird durch Staatsverträge, Verwaltungsabkommen und informelle Absprachen eine weitgehende Harmonisierung erreicht, vgl. allgemein *K. Hesse*, Der unitarische Bundesstaat; *Huster/Rux* in: Epping/Hillgruber,

Zwischen diesen beiden Extremtypen sind zahlreiche Erscheinungsformen eines Bundesstaates möglich. Gesamtstaat und Gliedstaaten können insbesondere in ihren Aufgaben und Ordnungsbereichen strikt voneinander abgegrenzt oder vielfältig miteinander verflochten sein. Jeder Bundesstaat weist daher eine individuelle Struktur und Prägung auf.

Obwohl es erhebliche Unterschiede gibt, weisen alle Realtypen des Bundesstaates einige wesentliche, diese spezifische Form der Staatenverbindung kennzeichnende Gemeinsamkeiten auf. Diese sind durch die Staatsqualität sowohl des Gesamtstaates als auch der Gliedstaaten bedingt. Besondere Bedeutung kommt dabei gegenseitigen Treu- und Rücksichtnahmepflichten zwischen dem Gesamtstaat und den Gliedstaaten zu.[172] Solche wechselseitigen Pflichten bestehen zwar auch bei völkerrechtlichen Staatenverbindungen, jedoch ist deren Intensität wesentlich geringer als in einem Bundesstaat, bei dem zum Beispiel ein Austritt eines Gliedstaats grundsätzlich nicht vorgesehen ist.[173] Dies zeigt sich nicht zuletzt in staatsorganisatorischen Vorkehrungen. So sind Bundesstaaten parlamentarisch regelmäßig durch ein Zwei-Kammern-System gekennzeichnet.[174] Dabei tritt neben die Volksvertretung als primäres Gesetzgebungsorgan des Gesamtstaates eine von Vertretern der Gliedstaaten gebildete Versammlung, die ebenfalls an der gesamtstaatlichen Gesetzgebung mitwirkt. Sowohl der Gesamtstaat als

---

BeckOK GG, Art. 20 Rn. 33; *Huber*, NVwZ 2019, 665 (671); *Schöbener/Knauff*, Allg. Staatslehre, § 6 Rn. 10.

172 Vgl. zum Grundsatz der sog. Bundestreue *Grzeszick* in: Maunz/Dürig, GG, Art. 20 Rn. 118 ff.; *Huster/Rux* in: Epping/Hillgruber, BeckOK GG, Art. 20 Rn. 36 ff; *Maurer*, Staatsrecht I, § 10 Rn. 50 ff.; *Sodan/Ziekow*, Öffentliches Recht, § 8 Rn. 31 ff.

173 Da alle Glieder eines Bundesstaates unlösbar miteinander verbunden sind, ist der Zwang zur Solidarität unbedingt. Sie bilden einen „ewigen Bund", wie es vormals die Reichsverfassung 1871 formulierte. Keines seiner Mitglieder kann ihn von sich aus aufkündigen. Der Bund kann sich keines Landes entledigen und kein Land hat das Recht zur Sezession. Doch auch die nationale Solidarität ist nicht unbegrenzt belastbar, zumal wenn der Patriotismus, von dem sie herkömmlich zehrt, schwindet. Sezessionistische Strebungen in Flandern, Norditalien und Katalonien zeigen, dass hoffnungslos einseitiger Transfer auf Dauer den staatlichen Zusammenhalt gefährden kann, *Isensee* in: Isensee/Kirchhof, HStR, Bd. VI, § 126 Rn. 159.

174 *Groß*, ZaöRV 2003, 29 (31); *R. Herzog*, Allg. Staatslehre, S. 250 f.

auch die Gliedstaaten verfügen über eigene Kompetenzen in Gesetzgebung und Verwaltung, die sie durch eigene Organe wahrnehmen.[175] Als Völkerechtsubjekt tritt vielfach, aber nicht zwingend, ausschließlich der Gesamtstaat in Erscheinung, der sich aber nicht über staatsrechtlich verankerte Interessen der Gliedstaaten hinwegsetzen darf.[176]

2. Zuweisung staatlicher Binnen- und Außenfunktionen

Die sich aus dem Bundesstaatsprinzip ergebende Doppelstaatlichkeit mit zwei Ebenen staatlicher Organisationen und staatlicher Funktionen begründet eine vertikale Gewaltenteilung, durch welche die horizontale Gewaltenteilung zwischen Legislative, Exekutive und Judikative ergänzt wird.[177] Dadurch ermöglicht das Bundesstaatsprinzip, was bereits im Gewaltenteilungsgedanken begründet ist, eine arbeitsteilige Erledigung staatlicher Aufgaben. Diese Aufteilung der staatlichen Kompetenzen und Befugnisse nach bestimmten Ordnungsbereichen zwischen dem Gesamtstaat und den Gliedstaaten bewirkt im Bundesstaat eine zusätzliche Differenzierung der Staatsgewalt. Sie dient, ebenso wie die horizontale Gewaltenteilung, vorrangig der Mäßigung und Begrenzung staatlicher Machtausübung und entfaltet somit eine freiheitsfördernde Wirkung, indem der Macht des Gesamtstaates Gegengewichte gegenübergestellt werden. Auf diese Weise lassen sich Einheitlichkeit und Vielfalt verwirklichen, die das Bundesstaatsprinzip wesentlich prägen.[178] Dies geschieht durch die möglichst eindeutige Zuweisung von Zuständigkeiten und Kompetenzen.

175 *W. Rudolf* in: Isensee/Kirchhof, HStR, Bd. VI, § 141 Rn. 6; vgl. auch zur Gewichtung des Bundesrates in Deutschland *K. Hesse*, Der unitarische Bundesstaat, S. 21 ff.

176 *Schöbener/Knauff*, Allg. Staatslehre, § 6 Rn. 11; vgl. zur Völkerrechtsubjektivität der Gliedstaaten *Herdegen*, Völkerrecht, § 8 Rn. 30.

177 Vgl. *Sodan/Ziekow*, Öffentliches Recht, § 7 Rn. 5 ff.; *Pietzcker* in: Isensee/Kirchhof, HStR, Bd. VI, § 134 Rn. 1.

178 *Maurer*, Staatsrecht I, § 10 Rn. 76; *Sodan/Ziekow*, Öffentliches Recht, § 8 Rn. 12.

a) Gesetzgebung

Diese Zuständigkeiten betreffen insbesondere die Gesetzgebung. Es wird jedoch selten gelingen, das Auftreten von Konflikten zwischen gesamt- und gliedstaatlichen Normen gänzlich auszuschließen. Daher bedarf es ergänzender Bestimmungen über deren Lösung. Im Hinblick auf diese Problemstellung lässt sich im Bundesstaat kein gleichsam automatischer Vorrang für die gesamt- oder gliedstaatliche Ebene feststellen. Vielmehr sind unterschiedliche Konzeptionen möglich.

Zwar ist ein unbeschränktes Gesetzgebungsrecht sowohl des Gesamtstaates als auch der Gliedstaaten im Bundesstaat grundsätzlich nicht ausgeschlossen. Angesichts des damit einhergehenden Konfliktpotentials erfolgt jedoch im Regelfall eine möglichst eindeutige Zuweisung von Regelungskompetenzen zum Gesamtstaat oder zu den Gliedstaaten.[179] In welchem Umfang den einzelnen Ebenen Kompetenzen und Befugnisse zugewiesen werden, ist wiederum vor allem Gegenstand verfassungspolitischer Entscheidungen.[180] Soweit Rechtsetzungskompetenzen eindeutig zugeordnet sind, besteht in dem Fall, dass kompetenzwidrig erlassenes Recht als nichtig anzusehen ist, nur ein geringer Bedarf nach weitergehenden Konfliktlösungsregeln.[181] Fehlt es hingegen an solchen Voraussetzungen, ist die Aufnahme verfassungsrechtlicher Konfliktlösungsmechanismen unverzichtbar, um Klarheit über das anwendbare Recht zu erlangen.[182]

b) Verwaltung

Neben der Zuweisung von Gesetzgebungskompetenzen bedarf es im Bundesstaat auch der Feststellung von Verwaltungszuständigkeiten.[183] Diese Feststellung muss nicht zwingend an den jeweiligen Gesetzge-

---

179 In Deutschland durch Art. 70 ff. GG, vgl. auch *Seiler* in: Epping/Hillgruber, BeckOK GG, Art. 70 Rn. 1.

180 *Sodan/Ziekow*, Öffentliches Recht, § 8 Rn. 14.

181 Bspw. kommt Art. 31 GG in Bezug auf einfaches Gesetzesrecht keine rechtspraktische Bedeutung zu.

182 *Schöbener/Knauff*, Allg. Staatslehre, § 6 Rn. 14.

183 Vgl. für Deutschland Art. 83 ff. GG, so erfolgt in Deutschland die Wahrnehmung von Verwaltungsaufgaben nahezu ausschließlich durch die Bundesländer (sog. Vollzugssystem), *Rengeling* in: Isensee/Kirchhof, HStR, Bd. VI, § 135 Rn. 5.

bungskompetenzen anknüpfen.[184] Das Bundesstaatsmodell schließt aus, dass ausschließlich eine Zentralverwaltung oder nur gliedstaatliche Verwaltungen bestehen, da jede staatliche Ebene im Bundesstaat zumindest über eine rudimentäre Eigenverwaltung verfügt, die ihre politische Funktionsfähigkeit sicherstellt. Darüber hinaus ist die Bündelung von Verwaltungszuständigkeiten aber ebenso möglich wie eine strikte Trennung entsprechend den Rechtsetzungskompetenzen.[185]

c) Staatliches Finanz- und Steuerwesen

Für die Schaffung eines stabilen und funktionsfähigen bundesstaatlichen Systems genügt es nicht, die allgemeinen Gesetzgebungs- und Verwaltungskompetenzen ausgewogen auf den Gesamtstaat und die Gliedstaaten zu verteilen. Ebenso bedeutsam ist die Frage nach der Einnahme und Verteilung staatlicher Finanzmittel im Bundesstaat. Grundsätzlich verfügen als traditionelles Kennzeichen von Staatlichkeit sowohl der Gesamtstaat als auch die Gliedstaaten über eine eigene Steuerhoheit.[186] Erst eine angemessene Finanzausstattung gewährleistet, dass der Gesamtstaat bzw. die Gliedstaaten ihre rechtlichen Kompetenzen auch tatsächlich wahrnehmen können. Deren Ausgestaltung und die Verteilung der Einnahmen können erheblich variieren. Dabei ist jedoch stets die Möglichkeit der Erfüllung der jeweils bundesverfassungsrechtlich vorgesehenen Aufgaben sicherzustellen. Hingegen ist nicht erforderlich, dass die Gliedstaaten innerhalb des bundesverfassungsrechtlich vorgegebenen Rahmens von ihrer Steuerhoheit in vergleichbarer Art und Weise Gebrauch machen. Insbesondere die

184 In rechtsvergleichender Hinsicht unterscheidet sich das Vollzugssystem Deutschlands von Trennsystemen wie bspw. dem der USA, in dem eine Parallelität von Gesetzgebungs- und Verwaltungszuständigkeiten besteht, jeder Kompetenzträger also auch für die Ausführung der von ihm selbst erlassenen Gesetze zuständig ist, vgl. *Suerbaum* in: Epping/Hillgruber, BeckOK GG, Art. 83 Rn. 4 f.; *Pietzcker* in: Isensee/Kirchhof, HStR, Bd. VI, § 134 Rn. 5.

185 *Schöbener/Knauff*, Allg. Staatslehre, § 6 Rn. 15 f.

186 Vgl. *Seiler* in: Maunz/Dürig, GG, Art. 105 Rn. 90 f.; *Kment* in: Jarass/Pieroth, GG, Art. 105 Rn. 31 ff.; zum Umkehrschluss *Voß* in: Grabitz/Hilf, EGV, Art. 90–93, Vorbem. Rn. 24.

Steuererhebung kann vielmehr als Instrument zur eigenständigen politischen Gestaltung genutzt werden.[187]

d) Außenkompetenzen

Neben den Regelungen, welche die innere Ordnung des Bundesstaates betreffen, bedarf es zur Absicherung der Zuständigkeiten der Gliedstaaten einer Bestimmung der nach außen gerichteten Kompetenzen. Da die Außenpolitik nahezu ausschließlich dem Gesamtstaat zugewiesen ist, auf internationaler Ebene die staatsorganisatorischen Besonderheiten von Bundesstaaten jedoch keine Rolle spielen, könnten grundsätzlich die Handlungsmöglichkeiten der Gliedstaaten durch vom Gesamtstaat abgeschlossene völkerrechtliche Verträge zunehmend begrenzt werden. Um dies zu verhindern, findet sich in der Bundesverfassung regelmäßig eine Regelung über die Beteiligung der Gliedstaaten mit Blick auf den Abschluss von in ihre Zuständigkeitsbereiche eingreifenden völkerrechtlichen Verträgen durch den Gesamtstaat.[188]

3. Zwischenergebnis

Der Bundesstaat ist im Vergleich mit anderen Kooperationsmodellen generell weder die bessere noch die schlechtere Staatsform. Welche Alternative den Vorzug verdient, hängt von den historischen, politischen, ethnischen, sozialen, wirtschaftlichen, geografischen und kulturellen

---

187 *Wendt* in: Isensee/Kirchhof, HStR, Bd. VI., § 139 Rn. 1 f.; *Maurer*, Staatsrecht I, § 21 Rn. 31 f.

188 Im Hinblick auf den Abschluss völkerrechtlicher Verträge ist in Deutschland das Zusammenwirken zwischen Bund und Ländern unter Art. 32 GG geregelt. Danach hat der Bund insbesondere dann das Einverständnis der Bundesländer einzuholen, wenn er auf einem Gebiet einen völkerrechtlichen Vertrag abschließen will, dessen Gegenstand innerstaatlich in die ausschließlichen Kompetenzen der Bundesländer fällt. Außerdem können die Bundesländer auf solchen Gebieten auch eigenständig völkerrechtliche Verträge mit Drittstaaten eingehen, müssen dabei aber Rücksicht auf die Belange des Bundes nehmen, vgl. *Nettesheim* in: Maunz/Dürig, GG, Art. 32 Rn. 31 ff., 103 ff.; *Calliess* in: Isensee/Kirchhof, HStR, Bd. IV, § 83 Rn. 52 ff.; *Vöneky* in: Isensee/Kirchhof, HStR, Bd. XI, § 236 Rn. 6.

Verhältnissen und Bedingungen des jeweiligen Staatswesens ab.[189] Aufgrund seiner komplizierten Bauart und seiner engen Bindung an wandelbare geschichtliche Gegebenheiten ist der Bundesstaat ein Staatsgebilde, dessen Wesen und Eigenart immer nur am konkreten Einzelfall wirklich erfasst werden kann. Jedes Mal, wenn sich verschiedene Staaten in der Geschichte zu einer größeren Einheit zusammenschlossen, war das Arrangement ein anderes.[190] Das Bild des Bundesstaates muss daher mehr von einer historisch-pragmatischen Betrachtung als von einer abstrakten Theorie her aufgebaut werden. Die Struktur des Bundesstaates ist dabei vielmehr beweglich und nicht so sehr theoretisch konstruiert.[191] Dementsprechend sind auch die einzelnen Bundesstaaten sehr unterschiedlich ausgestaltet. So ist das im Kontext der europäischen Finalität in Teilen womöglich unpassende Leitbild des Bundesstaates dennoch gerade zum Verständnis und zur Analyse des Vertrages von Lissabon sinnvoll, weil allgemein bekannt und gut vergleichbar.[192]

189 *Maurer*, Staatsrecht I, § 10 Rn. 73; *Rudolf* in: Isensee/Kirchhof, HStR, Bd. VI, § 141 Rn. 1.

190 Das Deutsche Kaiserreich, ein Fürstenbund, führte den 1. Weltkrieg zwar mit einem gemeinsamen Oberbefehl, aber ohne eigenes Heer. Auf dem Schweizer Großflughafen Zürich ist für die Sicherung der Außengrenze die Kantonspolizei zuständig. In den USA bleibt den Einzelstaaten die Regelung der Arbeitslosenversicherung überlassen, während ihnen aber zugleich Hilfskredite bei besonderen wirtschaftlichen Krisen gewährt werden.

191 *Scheuner*, DÖV 1962, 641; *Jestaedt* in: Isensee/Kirchhof, HStR, Bd. II, § 29 Rn. 7.

192 *Bergmann* in: Bergmann, Handlexikon der EU, „Bundesstaat, Europäischer unvollendeter"; vgl. auch *von Arnauld* in: von Arnauld/Hufeld, § 2 Rn. 47.

C. Prüfungsmaßstäbe und rechtliche Rahmenbedingungen

Der allgemeinen Darstellung von Struktur und Charakteristika der Staatsform „Bundesstaat" schließt sich vor dem Hintergrund der europäischen Finalität zunächst die Frage an, welche rechtlichen Rahmenbedingungen bestehen, auf deren Grundlage die Weiterentwicklung der Europäischen Union zu einem Bundesstaat als geografisches und politisches Endstadium erreicht werden könnte bzw. bereits erreicht worden ist. Das Unionsrecht sowie das Verfassungsrecht der Mitgliedstaaten sind hierbei als Prüfungsmaßstäbe maßgeblich.

I. Unionsrechtliche Rahmenbedingungen der Finalität

1. Rechtliche Rahmenbedingungen der geografischen Finalität

Die europäische Integration ist ein dynamisches und auf räumliche Erweiterung ausgerichtetes Projekt. Die derzeitigen Beitrittsbestimmungen erlauben die räumliche Erweiterung der Europäischen Union, die Geltungserstreckung ihrer Rechtsordnung und letztendlich die Ausdehnung des gemeinsamen Wirtschaftsraums in Gestalt des Binnenmarktes zwischen den Mitgliedstaaten.[193] In geopolitischer Perspektive zielt der Beitritt weiterer europäischer Staaten schließlich darauf, Frieden, Stabilität und Sicherheit in der Europäischen Union und auf dem europäischen Kontinent zu gewährleisten.[194]

---

193 *Knauff*, DÖV 2010, 631 (632).

194 So führte der Beitritt zur EU in vielen Fällen (Griechenland, Spanien, Portugal und osteuropäische Staaten) nachweisbar zu einer Stabilisierung der demokratischen Verhältnisse, *Giamouridis*, European Foreign Affairs Review 2007, 183 (184).

a) Erweiterung der Europäischen Union

Grundsätzlich sind die europäischen Verträge für die Aufnahme neuer Mitgliedstaaten offen.[195] Die für den Erwerb der Mitgliedschaft geltenden Regelungen enthält zum Teil Art. 49 EUV. Die Vorschrift regelt die Voraussetzungen und das Verfahren eines Beitritts zur Europäischen Union, begründet aber keinen Rechtsanspruch auf den Erwerb der Mitgliedschaft.[196] Daher kann jeder europäische Staat nach erfolgreichen Verhandlungen der Europäischen Union beitreten. Art. 49 EUV steuert durch inhaltliche Vorgaben als Türwächter die Zukunft der Europäischen Union. Gemäß den in seinem Absatz 1 genannten Beitrittsbedingungen kann zwar jeder europäische Staat einen Antrag auf Beitritt zur Europäischen Union stellen, eine Aufnahme erfolgt jedoch nur unter der Voraussetzung, dass der antragstellende Staat die in Art. 2 EUV genannten Grundwerte achtet und fördert und die als „Kopenhagener Kriterien“[197] bekannten Beitrittskriterien erfüllt.[198]

---

195 *Pechstein* in: Streinz, EUV, Art. 49 Rn. 1; *Vedder* in: Grabitz/Hilf, EUV, Art. 49 Rn. 8; *Blanke*, EuR 2005, 787; *Bach*, Die Erweiterungsdynamik der EU, bpb.

196 *Haratsch/Koenig/Pechstein*, Europarecht, Rn. 102 ff.; *Cremer* in: Calliess/Ruffert, EUV, Art. 49 Rn. 4; *Hanschel*, NVwZ 2012, 995 f. Fn. 3; *Herrnfeld* in: Schwarze/Becker/Hatje/Schoo, EUV, Art. 49 Rn. 3; teilw. a.A. *Šarcevic*, EuR 2002, 461 (479 ff.).

197 Angesichts der umfangreichen Beitrittswünsche in den 1990er Jahren legte die EU bei der Tagung des Europäischen Rates in Kopenhagen im Juni 1993 die „Politischen Kriterien“, die „Wirtschaftlichen Kriterien“ sowie die „Rechtlichen Kriterien“ „als Voraussetzung für die Mitgliedschaft“ in der EU fest. Inzwischen haben die erstmals in Kopenhagen festgelegten politischen Kriterien als zentrales Verfassungsprinzip Eingang in den EUV gefunden. In Art. 49 EUV heißt es entsprechend: *„Jeder europäische Staat, der die in Art. 2 genannten Grundsätze achtet und sich für ihre Förderung einsetzt, kann beantragen, Mitglied der Union zu werden.“* In der GRCh aus dem Jahr 2000 werden ähnlich formulierte Werte genannt, vgl. *Steppacher* in: Bergmann, Handlexikon der EU, „Beitrittskriterien (Kopenhagener Kriterien)“.

198 *Meng* in: von der Groeben/Schwarze/Hatje, EUV, Art. 49 Rn. 1; *Fastenroth/Nowak*, Lissabonner Reformvertrag, S. 259 ff.; *Tiede/Spiesberger/Bogedain*, EuR 2014, 129 (131); *Langenfeld*, ZRP 2005, 73. vgl. auch zu den grds. Voraussetzungen eines EU-Beitritts am Beispiel Serbiens *Falke/Czauderna*, WiRO 2014, 33 f.

aa) Das Kriterium „Europäischer Staat"

Voraussetzung des Beitritts zur Europäischen Union ist zunächst, dass es sich bei dem Anwärterstaat um einen europäischen Staat im Sinne von Art. 49 Abs. 1 EUV handelt. Ein von einem nicht-europäischen Staat gestellter Aufnahmeantrag wäre insofern als unzulässig anzusehen.[199] Eine Definition des Merkmals „europäischer Staat" ist bis heute nicht ausreichend gegeben worden. Zunächst ist festzustellen, dass der Begriff „Europa" in Art. 49 kein beliebiger Inklusions- oder Exklusionsbegriff ist, sondern ein Kriterium, das der unbeschränkten Ausdehnung der Europäischen Union Grenzen setzt.[200] Damit wird auch verdeutlicht, dass die Europäische Union ihrer Konzeption nach nur begrenzt offen ist, weil ihr Ziel die Förderung der europäischen Integration ist.[201]

Da die Grenzen Europas nicht eindeutig sind, bleibt die Bestimmung des Begriffs „europäisch" weiterhin problematisch. Der einfachste Anknüpfungspunkt für die Bestimmung der Grenzen Europas wäre geografischer Art.[202] Heute gilt eine gedachte Linie aus Uralgebirge und -fluss, aus Kaspischem Meer, Manytsch-Niederung, Asowschem Meer, Schwarzem Meer, Bosporus, Marmarameer und Dardanellen als geografische Süd-Ost-Grenze. Diese bilden die natürlichen Grenzen Europas, die sich primär auch zur politischen Rechtfertigung einer Aufnahme in die Europäische Union anbieten.[203] Jedoch scheint eine rein geografische Betrachtung allein nicht ausreichend, da neu aufgenommene Mitgliedstaaten in verfassungsstaatlicher Hinsicht einen annähernd gleichen Stand aufweisen sollten und sich so nicht als unüber-

---

199 *Ohler* in: Grabitz/Hilf/Nettesheim, EUV, Art. 49 Rn. 14; *Pechstein* in: Streinz, EUV, Art. 49 Rn. 3; *Langenfeld*, ZRP 2005, 73.

200 Dass nur europäische Staaten antragsberechtigt sind, gibt die schon in dem Begriff „Europäische Union" angelegte regionale Beschränkung der möglichen Mitgliedschaft wieder, vgl. *Pechstein* in: Streinz, EUV, Art. 49 Rn. 3; *Donath*, StudZR 2008, 235 (245 f.); *Münkler* in: Delgado/Lutz-Bachmann, S. 10.

201 Vgl. Abs. 2 Präambel EUV, Abs. 8 Präambel AEUV; *Meng* in: von der Groeben/Schwarze/Hatje, EUV, Art. 49 Rn. 11.

202 Vgl. *Dorau*, EuR 1999, 736 ff.

203 *Donath*, StudZR 2008, 235 (246); *Blanke*, EuR 2005, 787 (798); *Dorau*, EuR 1999, 736 (739); *Oppermann/Classen/Nettesheim*, Europarecht, § 42 Rn. 8; für die Zulässigkeit des Beitrittsantrags hält *Šarcevic*, EuR 2002, 461 (466) das Kriterium für ein geografisches.

windliches Hindernis im Prozess der vertikalen Vertiefung innerhalb der Europäischen Union erweisen dürfen.[204] Daher muss der geografische Ansatz um historische, kulturelle, religiöse und politische Aspekte ergänzt werden.[205] Diese Aspekte gliedern sich wiederum in zwei miteinander verknüpfte Abgrenzungskriterien, die geografisch-politischen und die kulturell-religiösen Merkmale des Begriffs „Europa".[206] Die zweigliedrige Zuordnung lehnt an die Unterscheidung zwischen einer Kultur- und Abstammungsnation (das Volk im ethnischen Sinne) und einer Staatsnation (das Volk als Staatsvolk) an.[207]

Die ethnozentrische Deutung einer Nation definiert Europa dabei vornehmlich durch das kulturelle Erbe der mittelalterlichen Einheit der Christenheit. Danach stellt die christliche Missionierung im Frühmittelalter die Basis der kulturell-europäischen Entwicklung dar und prägt bis heute die geistige Infrastruktur Europas, die in der christlichen Religion wurzelt und sich in einer Europa konstituierenden Determinante verdichtet.[208] Ein solches Europabild entspricht einer über die juristische Festlegung hinaus konstituierten Nation in Gestalt einer Völkergemeinschaft, die durch eine gemeinsame Abstammung, durch ein gemeinschaftlich tradiertes Schicksal oder zumindest durch eine von gemeinsamer Religion, Geschichte und Kultur geprägter Gemeinschaft gebildet wird.[209]

Die geografisch-politische Deutung hingegen definiert Europa als eine rechtlich statuierte Bürgerschaft, die auf der staatlichen Ebene dem Ideal der „Staatsbürgernation" entspricht. Der territorial-geografisch geprägte und durch das europäische Wertsystem gekennzeichnete Europabegriff beruht auf den rechtlich messbaren Loyalitäten der als Verfassungsstaaten organisierten Völker.[210]

---

204 Vgl. *Nettesheim*, EuR 2003, 36 (38).

205 *Cremer* in: Calliess/Ruffert, EUV, Art. 49 Rn. 8; *Herrnfeld* in: Schwarze/Becker/Hatje/Schoo, EUV, Art. 49 Rn. 3, *Ohler* in: Grabitz/Hilf/Nettesheim, EUV, Art. 49 Rn. 14; *Langenfeld*, ZRP 2005, 73; *Hanschel*, NVwZ 2012, 995 (996).

206 *Šarcevic*, EuR 2002, 461 (465); *Vedder* in: Grabitz/Hilf, EUV, Art. 49 Rn. 25.

207 *Heintze* in: K. Ipsen, Völkerrecht, 4. Aufl., § 28 Rn. 6 ff.; *Habermas* in: Habermas, S. 128 ff.; *Buchheim*, ZfP 1995, 60 ff.

208 *Isensee* in: Isensee, S. 103 ff.; *Šarcevic*, EuR 2002, 461 (465).

209 *Pechstein/Koenig*, Rn. 418; *Dorau*, EuR 1999, 736 (745 ff.).

210 *Bruha/Vogt*, VRÜ 30 (1997), 477 (480 f.); *Böckenförde*, Staat, Nation, Europa, S. 98 ff.

Im Ergebnis wird Europa als eine immer engere Union der Völker Europas[211] verstanden, soweit die Völker über eine der Grundstruktur der anderen Mitgliedstaaten entsprechende freiheitlich politische Verfassung verfügen.[212]

Das spezifische Merkmal des Europabegriffs besteht darin, dass er seine im Vertrag über die Europäische Union zum Ausdruck gebrachten Vorgaben einer menschlich-universellen Orientierung unterstellt. Europa in diesem Sinne erfasst die territorial und politisch definierten Bürger von Europa.[213] Es begnügt sich nicht mit einem Anspruch an die Loyalität im Hinblick auf die national-staatliche Gesinnung, sondern fordert die Anerkennung der menschlich-universellen Werte innerhalb und außerhalb des Prozesses der europäischen Integration.[214]

Im Rahmen der gängigen Dogmatik wird der Ausdruck „europäischer Staat" in Art. 49 Abs. 1 Satz 1 EUV anhand der Kombination aller vorhandenen geografischen, kulturellen, politischen und religiösen Kriterien interpretiert.[215]

Historisch betrachtet sollte das Beitrittskriterium „europäisch" nicht allzu restriktiv ausgelegt werden, da die Präambel des Vertrages über die Europäische Union eindeutig für eine Überwindung der Teilung des Kontinents spricht und die anderen europäischen Völker zum Beitritt auffordert.[216]

211 Präambel des EUV; vgl. auch *Nettesheim* in: Grabitz/Hilf/Nettesheim, EUV, Art. 1 Rn. 19

212 Als klassische, bis heute überzeugende Interpretation kann die Kommentierung zur Vorgängerbestimmung des Art. 237 EWGV angesehen werden: *„Der Ausdruck „europäischer Staat" ist nicht in einem engeren geographischen Sinne zu verstehen. Der aufzunehmende Staat muss aber in einer nahen räumlichen und wirtschaftlichen Beziehung zur Gemeinschaft stehen und vor allem eine der Grundstruktur der anderen Mitgliedstaaten entsprechende freiheitliche politische und wirtschaftliche Verfassung im Sinne der europäischen Tradition besitzen."*, *Wohlfahrt* in: Wohlfahrt/Everling/Glaesner/Sprung, EWGV, Art. 237 Rn. 2; *Richter*, Die Erweiterung der EU, S. 28.

213 *Meri* in: Heuser, Das neue Europa, S. 23 ff.

214 Vgl. *Šarcevic*, EuR 2002, 461 (466); *Böckenförde*, Staat, Nation, Europa, S. 98 ff.; *Dorath*, StudZR 2008, 235 (249 f.).

215 *Herrnfeld* in: Schwarze/Becker/Hatje/Schoo, EUV, Art. 49 Rn. 3; *Vedder* in: Grabitz/Hilf, EUV; Art. 49 Rn. 10; *Bruha/Vogt*, VRÜ 30 (1997), 477 (482).

216 *Terhechte* in: Grabitz/Hilf/Nettesheim, EUV, Präambel Rn. 20; vgl. Denkschrift zum EUV, BT-Drs. 12/3334, 84.

Im Hinblick auf die Zulässigkeit eines Beitrittsantrags bleibt jedoch das geografische Kriterium die maßgebliche Voraussetzung. Soweit der Anwärterstaat nur mit einem kleineren Teil seines Staatsgebiets geografisch in Europa liegt, wird es zunächst nicht möglich sein, dessen Beitrittsantrag aufgrund politisch-kulturell nur entfernt in Betracht kommender europäischer Eigenschaften abzulehnen.[217] Mithin stellt die Zugehörigkeit zum geografischen Europa eine Zulässigkeitsvoraussetzung des Beitrittsantrags mit Suspensivwirkung dar. Ihre Nichterfüllung führt zur Ablehnung des Antrags wegen der fehlenden formalen Voraussetzung „europäischer Staat". Wenngleich keine allgemeine Einigkeit über den zugrunde zu legenden Europabegriff besteht, so ist doch unbestritten, dass Staaten, die womöglich geografisch, jedoch nicht historisch-kulturell Europa zugeordnet werden können, die Zugehörigkeit zur Europäischen Union versagt bleiben muss.[218]

bb) Materielle Beitrittsvoraussetzungen

Die weiteren in Art. 49 Abs. 1 EUV ausdrücklich vorgeschriebenen und die darüber hinaus ungeschriebenen Beitrittsvoraussetzungen bilden die materiellen Maßstäbe der Eingliederungsfähigkeit und stellen die eigentlichen Beitrittsvoraussetzungen mit materiellem Gehalt dar.[219] Ein Beitritt zur Europäischen Union kann demnach erfolgen, wenn ein assoziierter Staat in der Lage ist, die erforderlichen politischen und wirtschaftlichen Voraussetzungen zu erfüllen. Materiell knüpft der Beitritt an bestimmte Anforderungen des politischen, wirtschaftlichen und gesellschaftlichen Systems an.[220]

---

217 *Cremer* in: Calliess/Ruffert, EUV, Art. 49 Rn. 8; *Meng* in: von der Groeben/Schwarze/Hatje, EUV, Art. 49 Rn. 11; *Geiger*, EUV, Art. 49 Rn. 4; *Vedder* in: Grabitz/Hilf, EUV, Art. 49 Rn. 11; *Bruha/Vogt*, VRÜ 30 (1997), 477 (483 f.); *Ehlermann*, EuR 1984, 112 (114); *Mosler*, ZaöRV 19 (1958), 275 (285); *auf dem Keller*, Finalität der EU, S. 32.

218 *Heintschel von Heinegg* in: Vedder/Heintschel von Heinegg, EUV, Art. 49 Rn. 3; so bereits die Rechtslage nach dem EUV a.F., vgl. *Vedder* in: Grabitz/Hilf, EUV, Art. 49 Rn. 10 ff.

219 *Šarcevic*, EuR 2002, 461 (467); *Cremer* in: Calliess/Ruffert, EUV, Art. 49 Rn. 9.

220 *Meng* in: von der Groeben/Schwarze/Hatje, EUV, Art. 49 Rn. 12 f; *Heintschel von Heinegg* in: Vedder/Heintschel von Heinegg, EUV, Art. 49 Rn. 4 f.; *Langenfeld*, ZRP 2005, 73.

(1) Beachtung und Förderung der europäischen Grundwerte

Nach Art. 49 Abs. 1 Satz 1 EUV kann jeder europäische Staat, der die im Katalog des Art. 2 EUV angeführten Werte achtet und sich für deren Förderung einsetzt, beantragen Mitglied der Europäischen Union zu werden.[221] Die Pflicht zur Achtung und Förderung der Grundwerte verlangt von jedem beitrittswilligen Kandidaten, seine eigene Rechts- und Verfassungsordnung so zu gestalten, dass sie diesen Prinzipien inhaltlich entspricht.[222] Durch den Vertrag von Lissabon wurden somit aus den ursprünglich in Art. 6 EUV a.F. genannten Grundsätzen nunmehr Werte entwickelt, auf die sich die Europäische Union gründet und die zugleich gegenüber den ehemaligen Grundsätzen ausgeweitet wurden.[223] Neben den Grundsätzen der Freiheit, Demokratie und Rechtstaatlichkeit wurden insbesondere die Achtung der Menschenwürde als konzeptioneller Bezugspunkt, die Gleichheit und Rechte der Angehörigen von Minderheiten sowie die Nennung bestimmter gesellschaftlicher Attribute zusätzlich aufgenommen.[224] Diese Aufwertung betont den Charakter der Europäischen Union als Wertegemeinschaft und stellt zugleich die Verantwortung der Mitgliedstaaten zur Wahrung dieser Werte heraus.[225] Damit wird ein Homogenitätsgebot zwischen der Europäischen Union und den Verfassungen der Mitgliedstaaten aufgestellt, das die Identitätsbildung innerhalb der Europäischen Union fördert, ihre Legitimation stärkt

---

221 *Herrnfeld* in: Schwarze/Becker/Hatje/Schoo, EUV, Art. 49 Rn. 4 f.; *Cremer* in: Calliess/Ruffert, EUV, Art. 49 Rn. 9; *Ohler* in: Grabitz/Hilf/Nettesheim, EUV, Art. 49 Rn. 15; *Pechstein* in: Streinz, EUV, Art. 49 Rn. 2.

222 *Heintschel von Heinegg* in: Vedder/Heintschel von Heinegg, EUV, Art. 49 Rn. 5; *Ohler* in: Grabitz/Hilf/Nettesheim, EUV, Art. 49 Rn. 15.

223 *Pechstein* in: Streinz, EUV, Art. 49 Rn. 4; *Herrnfeld* in: Schwarze/Becker/Hatje/Schoo, EUV, Art. 49 Rn. 4; *Jacqué* in: von der Groeben/Schwarze/Hatje, EUV, Art. 2 Rn. 1 ff.; *Heintschel von Heinegg* in: Vedder/Heintschel von Heinegg, EUV, Art. 2 Rn. 2 f.

224 Vgl. zur Bestimmung der einzelnen Werte *Hilf/Schorkopf* in: Grabitz/Hilf/Nettesheim, EUV, Art. 2 Rn. 22 ff.

225 Vgl. *Langenfeld*, ZRP 2005, 73 (74).

und ihre Funktionsfähigkeit erhöht.[226] Zudem wird die ausgeprägte Wertorientierung der Europäischen Union unterstrichen.[227]

Weiter bleibt auch nach erfolgtem Beitritt zur Europäischen Union das Gebot zur Achtung der in Art. 2 EUV aufgeführten Grundwerte aufrechterhalten.[228] Das zeigt nicht zuletzt die Möglichkeit der Vertragssuspendierung nach Art. 7 EUV, wonach der Rat im Falle einer schwerwiegenden und anhaltenden Verletzung dieser Werte bestimmte Rechte eines Mitgliedstaates aussetzen kann.[229] Damit sollen grundsätzliche Abweichungen vom Wertesystem der Europäischen Union verhindert werden.

(2) „Kopenhagener Kriterien"

Art. 49 Abs. 1 Satz 4 EUV sieht vor, dass die vom Europäischen Rat vereinbarten Kriterien berücksichtigt werden. Die Vorschrift enthält nicht nur eine Berücksichtigungspflicht, sondern impliziert auch die Ermächtigung an den Europäischen Rat, ohne vertragliche Vereinbarung mit künftigen Mitgliedstaaten die Bedingungen für deren Beitrittsfähigkeit festzulegen. Die Vorschrift bestätigt somit die Praxis vergangener Jahre und lässt zugleich Raum für die Entwicklung weiterer Kriterien.[230] Die inhaltlichen Kriterien, die ein Staat erfüllen muss, um die Mitgliedschaft in der Europäischen Union zu erlangen, wurden vom Europäischen Rat erstmals 1993 auf dem Gipfel in Kopenhagen

---

226 *Ohler* in: Grabitz/Hilf/Nettesheim, EUV, Art. 49 Rn. 15; *Terhechte*, EuR 2008, 143 (187); *Langenfeld*, ZRP 2005, 73 (75).

227 Vgl. *Speer*, DÖV 2001, 980 (983 f.); *Nettesheim*, EuR 2003, 36 ff.

228 *Herrnfeld* in: Schwarze/Becker/Hatje/Schoo, EUV, Art. 49 Rn. 4.

229 *Pechstein* in: Streinz, EUV, Art. 7 Rn. 2; *van Vormizeele* in: von der Groeben/Schwarze/Hatje, EUV, Art. 7 Rn. 2 ff.; *Pernthaler/Hilpold*, integration 2000, 105 (107); *Ruffert* in: Calliess/Ruffert, EUV, Art. 7 Rn. 8 ff.; *auf dem Keller*, Finalität der EU, S. 33.

230 *Heintschel von Heinegg* in: Vedder/Heintschel von Heinegg, EUV, Art. 49 Rn. 7; *Haratsch/Koenig/Pechstein*, Europarecht, Rn. 104; *Ohler* in: Grabitz/Hilf/Nettesheim, EUV, Art. 49 Rn. 17; *Knauff*, DÖV 2010, 61 (635); *Terhechte*, EuR 2008, 143 (150).

festgelegt.[231] Diese als „Kopenhagener Kriterien"[232] zusammengefassten Anforderungen werden in das „Politische-", „Wirtschaftliche-", „Acquis-" und „Aufnahmefähigkeits-Kriterium" gegliedert.[233] Nach Art. 49 Abs. 1 Satz 4 EUV ergibt sich ihre rechtliche Relevanz zwar erst zum Zeitpunkt des Beschlusses, den der Europäische Rat mit Zustimmung des Europäischen Parlaments bezüglich des Beitrittsantrags eines Staates fasst. Tatsächlich entfalten die Kriterien jedoch bereits eine Vorwirkung auf den Zeitraum der Antragstellung.[234] Schließlich wirken die „Kopenhagener Kriterien" auf die zumeist mehrjährige Phase nach Antragstellung und Abschluss des Beitrittsvertrages ein,

---

231 Auf dem Gipfel legte der Europäische Rat im Zusammenhang mit den Vorbereitungen für die EU-Osterweiterung erstmals die inhaltlichen Kriterien fest, die ein Beitrittskandidat erfüllen muss: *„Als Voraussetzung für die Mitgliedschaft muß der Beitrittskandidat eine institutionelle Stabilität als Garantie für demokratische und rechtsstaatliche Ordnung, für die Wahrung der Menschenrechte sowie die Achtung und den Schutz von Minderheiten verwirklicht haben; sie erfordert ferner eine funktionsfähige Marktwirtschaft sowie die Fähigkeit, dem Wettbewerbsdruck und den Marktkräften innerhalb der Union standzuhalten. Die Mitgliedschaft setzt außerdem voraus, daß die einzelnen Beitrittskandidaten die aus einer Mitgliedschaft erwachsenden Verpflichtungen übernehmen und sich auch die Ziele der politischen Union sowie der Wirtschafts- und Währungsunion zu eigen machen können. Die Fähigkeit der Union, neue Mitglieder aufzunehmen, dabei jedoch die Stoßkraft der europäischen Integration zu erhalten, stellt ebenfalls einen sowohl für die Union als auch für die Beitrittskandidaten wichtigen Gesichtspunkt dar."*, Europäischer Rat Kopenhagen, 21./22.06.1993, Schlussfolgerungen des Europäischen Rates von Kopenhagen, Bull. EG, 6–1993, I., S. 13.

232 Die „Kopenhagener Kriterien" wurden mit dem Vertrag von Lissabon in Art. 49 Abs. 1 Satz 4 EUV ausdrücklich primärrechtlich verankert und durch den Verweis *Die vom Europäischen Rat vereinbarten Kriterien werden berücksichtigt* formalisiert, vgl. *Knauff*, DÖV 2010, 631 (635).

233 *Ohler* in: Grabitz/Hilf/Nettesheim, EUV, Art. 49 Rn. 18 ff.; *Haratsch/Koenig/Pechstein*, Europarecht, Rn. 103; *Hanschel*, NVwZ 2012, 995 (997).

234 So ging die Kommission bei der Aufnahme der Beitrittsverhandlungen in der ersten Runde mit Polen, Ungarn, Tschechien, Slowenien und Estland von der Erfüllung der politischen Kriterien als einer Mindestvoraussetzung der Verhandlungseröffnung aus. Die Kommission empfahl zur Beurteilung der Frage, ob eine Eröffnung von Verhandlungen mit den ungenügend vorbereiteten Ländern noch als sinnvoll anzusehen sei, absolute Priorität den politischen „Kopenhagener Kriterien" vor Beginn bzw. vor Weiterführung der Beitrittsverhandlungen aufzuerlegen, vgl. Beitrittsstrategie, Agenda 2000, Erweiterung, Gesamtdokument 1999, Bull. EU Beil. 2/1999, Nr. 2.2., S. 27.

da sie die inhaltlichen Maßstäbe dafür bilden, ob ein Kandidat die Beitrittsreife erlangt hat oder nicht.[235]

Im Hinblick auf das „Politische Kriterium" gilt, dass es inhaltlich weitgehend mit Art. 2 EUV übereinstimmt.[236] Das begründet sich darin, dass Art. 2 EUV lediglich strukturelle Vorgaben aufstellt, aber kein detailliertes Prüfungskonzept vorsieht, wie die Verfassungsordnung eines Mitgliedstaates ausgestaltet sein muss.[237] Jenseits der Beachtung struktureller Anforderungen des Rechtsstaats- und Demokratieprinzips erfordert die Anwendung des „Politischen Kriteriums" die Einsicht, dass die Integration eines neuen Mitgliedstaates in die Europäische Union von Voraussetzungen abhängt, die nicht ausschließlich rechtlich garantiert werden können. Allein mit rechtlichen Kriterien lässt sich demnach nicht ermitteln, welches Maß an Pluralität in Parteien, Medien und anderen gesellschaftlichen Bereichen erforderlich ist, um langfristig die Grundordnung als stabil und tragfähig ansehen zu können. Ebenso ist für die Beitrittsperspektive die ausschließlich politische Einschätzung relevant, ob die Bevölkerung des antragstellenden Staates integrationsbereit ist und die mit der Unionsmitgliedschaft einhergehenden Veränderungen akzeptiert.[238] Im Bereich der Menschenrechte stellt die Europäische Union hingegen die unabdingbare Forderung, dass der Anwärterstaat der Europäischen Menschenrechtskonvention[239] beigetreten ist.[240]

Das „Wirtschaftliche Kriterium" stellt abstrakt gefasste Eingliederungsvoraussetzungen dar, die als ungeschriebene Beitrittsbedingungen gel-

---

235 Vgl. *Nettesheim*, EuR 2003, 36 (38 f.); *Šarcevic*, EuR 2002, 461 (469 f.).

236 *Pechstein* in: Streinz, EUV, Art. 49 Rn. 4; *Tiede/Spiesberger/Bogedain*, EuR 2014, 129 (131); vgl. zu den einzelnen Voraussetzungen *Cremer* in: Calliess/Ruffert, EUV, Art. 49 Rn. 10.

237 *Ohler* in: Grabitz/Hilf/Nettesheim, EUV, Art. 49 Rn. 18; vgl. *Hilf/Schorkopf* in: Grabitz/Hilf/Nettesheim, EUV, Art. 2 Rn. 18; *Knauff*, DÖV 2010, 631 (633 f.).

238 Vgl. *Ohler* in: Grabitz/Hilf/Nettesheim, EUV, Art. 49 Rn. 18; *auf dem Keller*, Finalität der EU, S. 34 f.

239 Konvention zum Schutze der Menschenrechte und Grundfreiheiten (*EMRK*), wurde bereits im Jahr 1950 vom Europarat verabschiedet und ist drei Jahre später, am 03.09.1953, in Kraft getreten, zuletzt geändert mit Wirkung zum 01.06.2010 durch das Protokoll Nr. 14 vom 13.05.2004.

240 Vgl. *Pechstein* in: Streinz; EUV, Art. 49 Rn. 4; *Herrnfeld* in: Schwarze/Becker/Hatje/Schoo, EUV, Art. 49 Rn. 5; *Vedder* in: Grabitz/Hilf, EUV, Art. 49 Rn. 15.

ten. Die Beurteilung der wirtschaftlichen Eingliederungsfähigkeit richtet sich dabei nach der Integrationswilligkeit und Binnenmarktfähigkeit des antragstellenden Staates.[241] Überprüft werden zahlreiche Bereiche des wirtschaftlichen Sektors, etwa der Stand der Preis-, Handels- und Währungsliberalität sowie der Stand der wirtschaftlichen Stabilisierung, des Strukturwandels, des Außenhandels, des Arbeitsmarktes, der öffentlichen Finanzen, der Privatisierung und der Umstrukturierung der Unternehmen und der Lage des Finanzsektors.[242] Alle Eckpunkte des „Wirtschaftlichen Kriteriums" zusammengenommen, führt dessen Erfüllung zu einer gewissen Homogenität der Wirtschaftspolitik der (bestehenden) Mitgliedstaaten und setzt eine funktionsfähige, ähnlich ausgerichtete Marktwirtschaft für eine erfolgreiche Eingliederung neuer Mitgliedstaaten voraus. Ihrer normativen Festlegung trägt Art. 119 Abs. 1 AEUV Rechnung, wonach die Mitgliedstaaten und die Europäische Union zu einer Wirtschaftspolitik[243] mit offener Marktwirtschaft und freiem Wettbewerb verpflichtet sind.[244] Die wirtschaftlichen Voraussetzungen entsprechen den Grundsätzen einer funktionierenden Wirtschaftsverfassung, ohne dabei Bezug auf ein konkretes Wirtschaftsmodell zu nehmen.[245] Dies soll zu einer marktpolitischen Teilnahme der Beitrittsländer am Binnenmarkt verhelfen und die Übernahme handelspolitischer Verpflichtungen der Europäischen Union insbesondere Drittstaaten gegenüber künftig gewährleis-

241 *Cremer* in: Calliess/Ruffert, EUV, Art. 49 Rn. 10; *Geiger*, EUV, Art. 49 Rn. 8; *Bruha/Vogt*, VRÜ 30 (1997), 477 (487 ff.).

242 Vgl. Stellungnahme der EU-Kommission zu den Anträgen, Ungarns, Polens, Rumäniens u.a. auf Beitritt zur EU v. 16.07.1997, Bull. EU, Beil. 6–15/1997, jeweils unter Vorbem., S. 9.

243 Der Begriff der Wirtschaftspolitik ist weit zu verstehen. Es geht dabei um eine Politik zur Einflussnahme auf den Wirtschaftsprozess, die Wirtschaftsstruktur, die Wirtschaftsordnung sowie die volkswirtschaftlichen Daten. Diese kann aber durchaus an einzelnen Feldern der Wirtschaftspolitik ansetzen, wenn und soweit hierfür nicht spezifische Kompetenzen nach dem AEUV bestehen. Wichtige Bestandteile der allgemeinen Wirtschaftspolitik sind die Beschäftigungspolitik, die Strukturpolitik, die Innovationspolitik sowie die Lohn- und Einkommenspolitik, *Rodi* in: Vedder/Heintschel von Heinegg, AEUV, Art. 119 Rn. 4, Art. 120 Rn. 3; *Kempen* in: Streinz, AEUV, Art. 119 Rn. 10 ff.

244 *Yoo* in: von der Groeben/Schwarze/Hatje, AEUV, Art. 119 Rn. 10; *Kahn/Richter* in: Geiger/Khan/Kotzur, AEUV, Art. 119 Rn. 5; *Müller-Graff*, EuR 1997, 433 (440).

245 Vgl. *Herrnfeld* in: Schwarze/Becker/Hatje/Schoo, EUV, Art. 49 Rn. 6; *Vedder* in: Grabitz/Hilf, EUV, Art. 49 Rn. 16.

ten. Gleichwohl sind diese Vorgaben lediglich als Strukturprinzipien zu verstehen, da Art. 120 AEUV, der den Grundsatz der Marktwirtschaft verankert, den Mitgliedsaaten erhebliche Spielräume lässt, wie diese ihre Wirtschaftspolitik tatsächlich gestalten.[246]

Zum „Acquis-Kriterium" zählt die Verpflichtung zur Übernahme des gemeinsamen Besitzstandes[247] der Europäischen Union („acquis communautaire"[248]). Der künftige Mitgliedstaat muss demnach die Fähigkeit besitzen, die aus einer Mitgliedschaft erwachsenden Verpflichtungen zu übernehmen und sich auch die Ziele der politischen Union sowie der Wirtschafts- und Währungsunion zu eigen zu machen, das heißt, er muss das gemeinsame Regelwerk übernehmen.[249] Die Fähigkeit zur Umsetzung des Europarechts soll sich nicht darin erschöpfen, dass der künftige Mitgliedstaat ein entsprechend lautendes innerstaatliches Recht verabschiedet hat. Vielmehr bedarf sie einer personellen, organisatorischen und verfahrensmäßigen Absicherung, die nach innen wirksam und nach außen glaubwürdig ist. Hierunter fallen unter anderem die Ausbildungsqualität der mit der Durchführung des Europarechts betrauten Personen, die rechtsstaatliche Verankerung der Verwaltungsbehörden, die Effizienz ihrer Entscheidungsabläufe, die Unabhängigkeit der Gerichte und die Wirksamkeit des gerichtlichen

---

246 *Pechstein* in: Streinz, EUV, Art. 49 Rn. 5; *Herrnfeld* in: Schwarze/Becker/Hatje/Schoo, EUV, Art. 49 Rn. 6; *Wittelsberger* in: von der Groeben/Schwarze/Hatje, AEUV, Art. 120 Rn. 6 f.; *Bandilla* in: Grabitz/Hilf/Nettesheim, AEUV, Art. 120 Rn. 2.

247 Insbesondere Art. 4 Abs. 2 der Beitrittsakte 2005, ABl. 2005 L 157, S. 204.

248 Die EU-Kommission hat den Begriff 1992 wie folgt umrissen: Inhalt, Grundsätze und politische Ziele der Verträge einschließlich des Vertrags von Maastricht; das Sekundärrecht und die Rechtsprechung des EuGH; die Erklärungen und Entschließungen der Union; die internationalen Abkommen und die Abkommen zwischen Mitgliedstaaten, die die Tätigkeit der Union betreffen. Bereits vor dem Inkrafttreten des Vertrages von Maastricht hatte die Kommission darauf hingewiesen, dass in der Zukunft weitere wesentliche Bereiche zu diesem Besitzstand gehören werden: die Wirtschafts- und Währungsunion, die Entwicklung von GASP und Maßnahmen im Rahmen der früheren PJZS vor Inkrafttreten des Vertrages von Lissabon und die Beseitigung der Grenzen in Europa, vgl. EG-Kommission, Die Erweiterung Europas: eine neue Herausforderung, Bull. EG, Beil. 3/92, S. 12; *Meng* in: von der Groeben/Schwarze/Hatje, EUV, Art. 49 Rn. 20 f.

249 *Haratsch/Koenig/Pechstein*, Europarecht, Rn. 103 f.; *Meng* in: Schwarze/Becker/Hatje/Schoo, EUV, Art. 49 Rn. 13.

Rechtsschutzes.[250] Weiter ergänzt worden sind diese Kriterien um die Voraussetzungen der Achtung der Grundsätze des Völkerrechts und die Verpflichtung, territoriale Streitigkeiten mit friedlichen Mitteln, insbesondere unter Zuhilfenahme des Internationalen Gerichtshofs zu lösen. Diese zusätzlichen Kriterien sind heute durch die Ermächtigung des Europäischen Rates nach Art. 49 Abs. 1 Satz 4 EUV gedeckt. Als sie von der Europäischen Union als Beitrittskriterien geltend gemacht wurden, bestand diese Ermächtigung zwar noch nicht, war aber europarechtlich jedenfalls durch die Bezugnahme des Art. 49 EUV auf die Ziele und Grundwerte der Europäischen Union gedeckt.[251] Nicht zu dem zu übernehmenden „acquis" gehören dagegen solche Maßnahmen, die im Rahmen einer Verstärkten Zusammenarbeit zwischen einzelnen Mitgliedstaaten angenommen worden sind. Diese Entscheidungen sind nicht Teil des für alle Mitgliedstaaten verbindlichen „Acquis-Kriteriums".[252]

Im Hinblick auf das „Aufnahmefähigkeits-Kriterium"[253] lassen sich den Verträgen keine Vorgaben entnehmen, wo die Grenzen der Aufnahmefähigkeit der Europäischen Union liegen.[254] Zwar bildet Art. 1 Abs. 2 EUV einen Anhaltspunkt, da die Europäische Union immer enger gestaltet werden soll, was nur verwirklicht werden kann, wenn unter den beteiligten Mitgliedstaaten ein hinreichendes Maß an rechtlicher, wirtschaftlicher und politischer Homogenität besteht. Diese Zielvorgabe ist juristisch bislang als ein im Einzelfall nicht subsumtionsfähiges Prinzip anzusehen. Faktisch bestehen jedoch solche Grenzen, um den Charakter der Europäischen Union als eng verflochtener

250 *Ohler* in: Grabitz/Hilf/Nettesheim, EUV, Art. 49 Rn. 20; *Herrnfeld* in: Schwarze/Becker/Hatje/Schoo, EUV, Art. 49 Rn. 11.

251 *Cremer* in: Calliess/Ruffert, EUV, Art. 49 Rn. 10; *Ohler* in: Grabitz/Hilf/Nettesheim, EUV, Art. 49 Rn. 21; *Šarcevic*, EuR 2002, 461(469).

252 *Herrnfeld* in: Schwarze/Becker/Hatje/Schoo, EUV, Art. 49 Rn. 15; *Pechstein* in: Streinz, EUV, Art. 49 Rn. 6; *Herrnfeld*, EuR 2000, 454 (461).

253 Im Dezember 2006 hat der Europäische Rat im Lichte der Beitrittsverhandlungen mit Kroatien und der Türkei als weitere Voraussetzung für den Beitritt auch die Aufnahmefähigkeit der EU genannt und betont, bei fortschreitender Erweiterung könne die europäische Integration nur erfolgreich sein, wenn die Organe der EU weiterhin effizient funktionieren und die Politik der EU auf nachhaltige Weise weiterentwickelt und finanziert wird, Rats-Drs. 16879/1/06 REV 1 v. 12.02.2007, Ziff. 9.

254 *Wägenbaur*, EuZW 2009, 353; *Langenfeld*, ZRP 2005, 73.

supranationaler Integrationsverband zu bewahren.[255] Die Beurteilung, wann die Leistungsfähigkeit der Unionsorgane und ihrer Verfahren aufgrund einer steigenden Anzahl an Mitgliedstaaten sowie zum Teil auch deren Größe (z.B. bei einem Beitritt Russlands) an ihre Grenzen stößt, kann daher nur auf der Grundlage politischer Einschätzungen und praktischer Erfahrungswerte mit dem bisherigen Integrationsprozess getroffen werden.[256]

Hat der Bewerberstaat alle Voraussetzungen erfüllt und liegt dessen Beitrittsgesuch vor, erwächst diesem dadurch dennoch kein Rechtsanspruch auf Aufnahme in die Europäische Union. Vielmehr verfügen der Europäische Rat und die Mitgliedstaaten über einen Beurteilungs- und Ermessensspielraum.[257]

b) Austritt

Der zunehmenden Stärkung der Beitrittskriterien im Sinne eines europäischen Werteverbunds steht die Möglichkeit zum Austritt aus der Europäischen Union gegenüber. Die Austrittsbedingungen bestimmen sich seit dem Vertrag von Lissabon nach Art. 50 EUV. Danach kann jeder Mitgliedstaat im Einklang mit seinen verfassungsrechtlichen Vorschriften beschließen, aus der Europäischen Union auszutreten.[258] Der Austritt unterliegt keinen weiteren Voraussetzungen und

255 Vgl. *Blanke*, EuR 2005, 787 (797); *Oppermann* in: Gaitanides/Kadelbach/Rodriguez Iglesisas, FS Zuleeg, S. 72, 77.

256 *Ohler* in: Grabitz/Hilf/Nettesheim, EUV, Art. 49 Rn. 22; *Vedder* in: Grabitz/Hilf, EUV, Art. 49 Rn. 4; *Bruha/Vogt*, VRÜ 30 (1997), 477 (490); *Langenfeld*, ZRP 2005, 73.

257 *Pechstein* in: Streinz, EUV, Art. 49 Rn. 2; *Haratsch/Koenig/Pechstein*, Europarecht, Rn. 104; *Tiede/Spiesberger/Bogedain*, EuR 2014, 129 (131); *auf dem Keller*, Finalität der EU, S. 37.

258 *Calliess* in: Calliess/Ruffert, EUV, Art. 50 Rn. 3; *Heintschel von Heinegg* in: Vedder/Heintschel von Heinegg, EUV, Art. 50 Rn. 3, *Haratsch/Koenig/Pechstein*, Europarecht, Rn. 111; *Terhechte*, EuR 2008, 143 (151); *Bruha/Nowak*, AVR 42 (2004), 1 (7); *Zeh*, ZEuS 2004, 173; *Pache/Rösch*, NVwZ 2008, 473 (479); vgl. auch die Untersuchung der mitgliedstaatlichen Verfassungen in Bezug auf eine Austrittsmöglichkeit aus der EU, *Waltemathe*, Austritt aus der EU, S. 102 ff.

muss nicht begründet werden.[259] Die Europäische Union wird nicht zur Festlegung von Austrittsbedingungen oder von Auflagen ermächtigt.[260] Außerdem fehlt es an einem Vorverfahren, im Zuge dessen der Austrittswunsch zu erörtern ist und Schlichtungsbemühungen erfolgen könnten.[261] Hingegen ergibt sich aus dem in Art. 4 Abs. 3 EUV normierten Grundsatz der Unionstreue eine gewisse Kooperationspflicht.[262] Nach der internen Beschlussfassung des austrittswilligen Staates und der Übermittlung seines Austrittsgesuchs an den Europäischen Rat ist gemäß Art. 50 Abs. 2 EUV ein Abkommen über die Einzelheiten des Austritts zu schließen. Damit soll ein rechtliches Vakuum vermieden und potentiellen Konflikten vorgebeugt werden, die aufgrund der komplizierten Rückstufung der engen Rechtsbeziehungen zwischen der Europäischen Union und dem (ehemaligen) Mitgliedstaat entstehen können.[263] Insbesondere gehört dazu die Loslösung aus der supranationalen Einbindung zu Gunsten einer loseren völkerrechtlichen Verknüpfung.[264] Im Rahmen dieser Verhandlungen über ein Austrittsabkommen sind zum einen die Regelungen über den Status des austretenden Staates auch im Hinblick auf die Fortgeltung bestehender Rechte zu treffen, zum anderen sind die komplexen Auswirkungen innerhalb der verbleibenden Europäischen Union zu bedenken.[265] Kommt ein Abkommen nicht zu Stande, wird der Austritt gemäß Art. 50 Abs. 3 EUV nach zwei Jahren wirksam. Allerdings kann die Frist im gegenseitigen Einvernehmen verlängert werden.[266] Das hat den Vorteil, dass langwierige Verhandlungsprozesse vermeintlich vermieden werden, bestätigt jedoch, dass ein Austritt im freien Er-

259 *Meng* in: von der Groeben/Schwarze/Hatje, EUV, Art. 50 Rn. 5; *Heintschel von Heinegg* in: Vedder/Heintschel von Heinegg, EUV, Art. 50 Rn. 4; *Dörr* in: Grabitz/Hilf/Nettesheim, EUV, Art. 50 Rn. 18; *Thiele*; EuR 2016, 281 (296 f.).

260 Vgl. *Bruha/Nowak*, AVR 42 (2004), 1 (7).

261 *Terhechte*, EuR 2008, 143 (152).

262 *Dörr* in: Grabitz/Hilf/Nettesheim, EUV, Art. 50 Rn. 33; *Zeh*, ZEuS 2004, 173 (199).

263 *Haratsch/Koenig/Pechstein*, Europarecht, Rn. 112; *Becker* in: Schwarze/Becker/Hatje/Schoo, EUV, Art. 50 Rn. 4 f.; *Calliess* in: Calliess/Ruffert, EUV, Art. 50 Rn. 7;

264 Vgl. *Zeh*, ZEuS 2004, 173 (205 f.).

265 *Heintschel von Heinegg* in: Vedder/Heintschel von Heinegg, EUV, Art. 50 Rn. 6; *Dörr* in: Grabitz/Hilf/Nettesheim, EUV, Art. 50 Rn. 28 ff.

266 *Calliess* in: Calliess/Ruffert, EUV, Ar. 50 Rn. 5; *Dörr* in: Grabitz/Hilf/Nettesheim, EUV, Art. 50 Rn. 34 ff; *Becker* in: Schwarze/Becker/Hatje/Schoo, EUV, Art. 50 Rn. 6.

messen des jeweiligen Mitgliedstaates liegt.[267] Hingegen bringt Art. 50 Abs. 5 EUV zum Ausdruck, dass auch der Austritt kein Austritt für die Ewigkeit sein muss. Dem ausgetretenen Mitgliedstaat steht es also frei, jederzeit wieder die Mitgliedschaft in der Europäischen Union zu beantragen. Was die Regelung in Art. 50 Abs. 5 EUV allerdings auch deutlich macht, ist, dass der ehemalige Mitgliedstaat insofern keine Sonderrechte beanspruchen kann. Er muss das gewöhnliche Beitrittsverfahren nach Art. 49 EUV durchlaufen und hat ebenso wie andere europäische Staaten damit insbesondere keinen Beitrittsanspruch. Daher kann auch nicht verlangt werden, dass die neue Mitgliedschaft – etwa im Hinblick auf bestehende Sonderrechte – in gleicher Weise ausgestaltet wird, wie das bei der ursprünglichen Mitgliedschaft der Fall war.[268]

Das Austrittsrecht des Art. 50 EUV wird allgemein unterschiedlich bewertet. Im Hinblick auf den europäischen Integrationsprozess ist es jedoch kritisch zu sehen.[269] Die Regelung wurde insbesondere von den neueren Mitgliedstaaten eingefordert. Bei einigen Beitrittskandidaten herrschte Unsicherheit über das Bestehen breiter politischer Unterstützung für einen Beitritt zur Europäischen Union, da befürchtet wurde, dass ihre erst kürzlich wiedererlangte Unabhängigkeit zu Gunsten einer anderen Bindung bereits wieder aufgegeben werden sollte.[270] Ferner wird argumentiert, dass Art. 50 EUV die bislang umstrittene Rechtslage klärt[271] und nunmehr normiert, was faktisch im Einzelfall ohnehin nicht verhindert werden kann.[272] Soweit andere Möglichkeiten der Konfliktlösung scheitern, kann der Austritt dazu beitragen,

267 *Calliess* in: Calliess/Ruffert, EUV, Art. 50 Rn. 5; vgl. *Streinz* in: Streinz, EUV; Art. 50 Rn. 8; *Bruha/Nowak*, AVR 42 (2004), 1 (7); krit. zu den knapp gehaltenen Verfahrensvorschriften *Zeh*, ZEuS 2004, 173 (205).

268 *Dörr* in: Grabitz/Hilf/Nettesheim, EUV, Art. 50 Rn. 42; *Streinz* in: Streinz, EUV, Art. 50 Rn. 16; *Thiele*, EuR 2016, 281 (301).

269 *Calliess* in: Calliess/Ruffert, EUV, Art. 50 Rn. 19; *Schwarze*, EuR 2003, 535 (558 f); *Bruha/Nowak*, AVR 42 (2004), 1 (21).

270 *Haratsch/Koenig/Pechstein*, Europarecht, Rn. 110; *Schwarze*, EuR-Beiheft 2009, 8 (26); *Schwarze*, EuR 2003, 535 (559); *Zeh*, ZEuS 2004, 173 (193 f).

271 Vgl. *Dörr* in: Grabitz/Hilf/Nettesheim, EUV, Art. 50 Rn. 47 ff.

272 *Meng* in: von der Groeben/Schwarze/Hatje, EUV, Art. 50 Rn. 4; *Calliess* in: Calliess/Ruffert, EUV, Art. 50 Rn. 22; *Zeh*, ZEuS 2004, 173 (201).

den inneren Frieden in der Europäischen Union wiederherzustellen.[273] Demgegenüber bleibt zu betonen, dass der Integrationscharakter der Europäischen Union und ihre besondere Stellung gegenüber gewöhnlichen Organisationen durch das Austrittsrecht beeinträchtigt werden könnte.[274] Damit wird das Spannungsverhältnis zum Postulat einer immer engeren Union der Völker Europas aus Art. 1 Abs. 2 EUV und zur unbegrenzten Geltung der Verträge in Art. 53 EUV sowie Art. 356 AEUV verdeutlicht.[275] Zudem birgt das Austrittsrecht die Gefahr des Missbrauchs in sich und könnte zu einer lässigeren Beitrittspraxis führen.[276] Das Austrittsrecht kann zwar nicht als vertragswidriges Recht bezeichnet werden,[277] es relativiert jedoch nicht nur die vorgenannten Normen sowie den Charakter der Europäischen Union als eine autonome, supranationale Rechtsordnung mit quasi-föderalen Zügen, sondern konterkariert auch den durch die Verträge gestärkten Prozess zur Herstellung eines europäischen Werteverbundes.[278] Der Beitritt zu diesem Werteverbund kann durch das voraussetzungslose Austrittsrecht graduell an Ernsthaftigkeit verlieren, weil er jederzeit umkehrbar ist, wodurch letztlich eine Fragmentierung der Europäischen Union drohen könnte. Das Austrittsrecht ermöglicht grundsätzlich jedem Mitgliedstaat, sich aus der Union zurückzuziehen, sobald die Europäische Union eine Politik verfolgt, die dieser womöglich aufgrund kurzfristiger innenpolitischer Erwägungen nicht mitzutragen bereit ist.[279] Austrittsdrohungen oder ein bewusstes Hinaustreiben aus der Europäischen Union wären somit nicht mehr auszuschließen, selbst wenn die politischen Prozesse komplex, die Rechtsbeziehungen eng

273 *Dörr* in: Grabitz/Hilf/Nettesheim, EUV, Art. 50 Rn. 49; *Calliess* in: Calliess/Ruffert, EUV, Art. 50 Rn. 21.

274 *Terhechte*, EuR 2008, 143 (153); *Zeh*, ZEuS 2004, 173 (198); *Bruha/Nowak*, AVR 42 (2004), 1 (8).

275 *Herrnfeld* in: Schwarze/Becker/Hatje/Schoo, EUV, Art. 53 Rn. 1 f.; *Becker* in: Schwarze/Becker/Hatje/Schoo, AEUV, Art. 356 Rn. 9; *Bruha/Nowak*, AVR 42 (2004), 1 (15 ff.).

276 Vgl. *Schwarze*, EuR 2003, 535 (558); *Zeh*, ZEuS 2004, 173 (204).

277 *Hanschel*, NVwZ 2012, 995 (998); *Zeh*, ZEuS 2004, 173 (209).

278 *Schorkopf* in: Grabitz/Hilf/Nettesheim, EUV, Art. 2 Rn. 11; *Calliess* in: Calliess/Ruffert, EUV, Art. 2 Rn. 10.

279 Vgl. *Haratsch/Koenig/Pechstein*, Europarecht, Rn. 110.

verflochten und die Kosten unverhältnismäßig hoch sind.[280] Ein Austritt kann das Risiko einer rückschreitend abgestuften Integration erhöhen. Umgekehrt könnte die Norm im Falle eines Stillstandes oder Rückschritts der Integration einen Weg für diejenigen Mitgliedstaaten weisen, die dennoch weiterhin eine vertiefte Integration wollen. Diese könnten mit diesem Ziel einzeln aus der heutigen Europäischen Union austreten, die blockierte Union einfach hinter sich lassen und – sozusagen als Extremfall des Kerneuropakonzepts – einen europäischen Bundesstaat, die „Vereinigten Staaten von Europa", gründen. Dementsprechend verwirklicht das Austrittsrecht einerseits die fortdauernde Souveränität der Mitgliedstaaten,[281] trennt jedoch andererseits das rechtliche Schicksal der Mitgliedstaaten und der Union voneinander, wodurch die rechtliche Verselbstständigung der Europäischen Union betont wird.[282] Nicht zuletzt verstärkt die Austrittsklausel auch die Legitimation künftiger Entscheidungen der Europäischen Union, da nunmehr kein Mitgliedstaat gegenüber seinen Bürgern behaupten kann, er habe keine andere Wahl gehabt.[283]

c) Ausschlussrecht?

Unbeantwortet bleibt zudem die wesentlich brisantere Frage, ob die Europäische Union rechtlich dazu in der Lage ist, den Ausschluss eines Mitgliedstaates – etwa bei schwerwiegenden Vertragsverletzungen – aus ihrem Staaten- und Verfassungsverbund zu erzwingen.[284]

Eine konkrete Norm über den Ausschluss aus der Europäischen Union findet sich in den Verträgen nicht.[285] Im Wege einer Vertragsrevision nach Art. 48 EUV kann ein Ausschluss eines Mitgliedstaates gegen

280 *Dörr* in: Grabitz/Hilf/Nettesheim, EUV, Art. 50 Rn. 50; *Zeh*, ZEUS 2004, 173 (210); *auf dem Keller*, Finalität der EU, S. 40.

281 Vgl. *Pache/Rösch*, NVwZ 2008, 473 (479); s. auch BVerfGE 123, 267, 395, *Lissabon*.

282 *Streinz/Ohler/Herrmann*, Vertrag von Lissabon, § 4 II. 3.

283 *Calliess* in: Calliess/Ruffert, EUV, Art. 50 Rn. 23.

284 *Pache/Rösch*, NVwZ 2008, 473 (479); *Weber*, EuZW 2008, 7 (13); *Kumin* in: Hummer/Obwexer, S. 317.

285 *Meng* in: von der Groeben/Schwarze/Hatje, EUV, Art. 50 Rn. 12; *Calliess* in: Calliess/Ruffert, EUV, Art. 50 Rn. 16; *Streinz*, Europarecht, § 3 Rn. 7; *Zeh*, ZEuS 2004, 173 (210).

dessen Willen ebenfalls nicht bewirkt werden, da eine Vertragsänderung die Zustimmung aller Mitgliedstaaten voraussetzt.[286] Ebenso sieht ihn die Sanktionsvorschrift des Art. 7 EUV oder das Vertragsverletzungsverfahren nach Art. 258 bis 260 AEUV nicht vor.[287]

Allenfalls bliebe der Rückgriff auf das Völkerrecht. Im Falle von beharrlichen und außergewöhnlich schwerwiegenden Vertragsverletzungen eines Mitgliedstaates kann ein Rückgriff auf das in Art. 60 Abs. 2 lit. a) WVRK vorgesehene Instrumentarium in Betracht kommen. Danach wäre die Auflösung der Europäischen Union mit der Option der anschließenden Neugründung unter Ausschluss des vertragsbrüchigen Mitgliedstaates vorgesehen. Das setzt jedoch voraus, dass das Völkerrecht innerhalb der Europäischen Union zur Anwendung kommt.[288] Das Europarecht hat sich inzwischen jedoch weitgehend als eine supranationale und autonome Rechtsordnung etabliert, die mit herkömmlichen völkerrechtlichen Kategorien nicht mehr vollständig zu erfassen ist.[289] Allerdings zeigt das Ratifikationsbedürfnis bei Vertragsänderungen, dass diese Rechtsordnung in grundsätzlichen Fragen nicht ohne Rückgriff auf völkerrechtliche Souveränitätskautelen auskommt.[290] Das kann insbesondere für Fragen des Beitritts oder Austritts gelten, da sie sich im Schnittfeld supranationaler Integration

---

286 *Haratsch/Koenig/Pechstein*, Europarecht, Rn. 116; *Herrnfeld* in: Schwarze/Becker/Hatje/Schoo, EUV, Art. 48 Rn. 17; *Streinz*, Europarecht, § 3 Rn. 109

287 *Jaeckel* in: Grabitz/Hilf/Nettesheim, AEUV, Art. 356 Rn. 19; *Bergmann* in: Bergmann, Handlexikon der EU, „Austritt/Ausschluss aus der EU".

288 *Meng* in: von der Groeben/Schwarze/Hatje, EUV, Art. 50 Rn. 12; *Ruffert* in: Calliess/Ruffert, AEUV, Art. 1 Rn. 12; *Geiger* in: Geiger/Khan/Kotzur, EUV; Art. 53 Rn. 2; *Geiger*, EGV, Art. 312 Rn. 2 ff.; *Schwarze*, EuR 1983, 1; *Bleckmann*, DÖV 1978, 391 (392).

289 Bereits in der Frühphase der Entwicklung hat der EuGH das auf europäischer Ebene bestehende Recht als eine Rechtsmaterie eigener Art zwischen dem Völkerrecht und dem staatlichen Recht der Mitgliedstaaten angesehen. Diesbezüglich spricht der EuGH schon lange davon, dass es im Prozess der Übertragung von Hoheitsrechten auf die EU zur Entstehung einer autonomen Rechtsordnung gekommen ist. Die Regeln des allgemeinen Völkerrechts finden innerhalb des europäischen Rechtsraums nur dann Anwendung, wenn das Europarecht konkret darauf verweist, EuGH, Urt. v. 05.02.1963 – 26/62, Slg 9, 1, 25, *Van Gend & Loos*; EuGH, Urt. v. 15.07.1964, Slg 10, 1251, Rn. 8, 12, *Costa/ENEL*; *Ruffert* in: Calliess/Ruffert, EUV, Art. 1 Rn. 12; *Bleckmann*, DÖV 1978, 391 f.; *Schwarze*, EuR 1983, 1.

290 Vgl. *Kempen*, AVR 35 (1997), 273 (283).

und völkerrechtlicher Staatensouveränität befinden. Soweit die Regelungen europarechtlicher Konfliktmechanismen diesbezüglich noch unvollständig sind, sollte eine den Integrationscharakter wahrende Ergänzung durch das Völkerrecht nicht entgegenstehen.[291] Bestärkt wird diese Annahme dadurch, dass sich das allgemeine Völkerrecht bei Vorliegen speziellerer völkerrechtlicher Vertragsregelungen selbst für nicht anwendbar erklärt. Ein derartiger „Subsidiaritätsvorbehalt" findet sich in Art. 60 Abs. 4 WVRK, wonach Vertragsbestimmungen unberührt bleiben, die bei einer Verletzung des Vertrages anwendbar sind. Die Unionsverträge enthalten Instrumentarien der Konfliktlösung, wodurch für die Anwendung des allgemeinen Völkerrechts wenig Raum bleibt.[292] So ist zu berücksichtigen, dass das Europarecht in Art. 7 EUV und Art. 354 AEUV[293] spezielle Sanktionsmechanismen für den Fall einer schwerwiegenden und anhaltenden Verletzung der Werte der Europäischen Union bereithält, welche die Aussetzung bestimmter Rechte, einschließlich des Stimmrechts des Vertreters der Regierung dieses Mitgliedstaates im Rat ermöglichen.[294] Mit diesen Bestimmungen hat die Europäische Union zusammen mit den Vertragsverletzungsverfahren nach Art. 258 bis 260 AEUV und dem vertraglichen Notstandsregime nach Art. 346 bis 348 AEUV ein System spezieller Reaktionsmöglichkeiten geschaffen, die einem unbesehenen Rückgriff auf allgemeine völkerrechtliche Regelungen entgegenstehen.[295] Die Vorschriften ermöglichen ein differenziertes, dem Schweregrad der Vertragsverletzung angemessenes Vorgehen, das sich über die Aussetzung von Stimm- und Teilnahmerechten sowie die Nichtgewährung

---

291 *Hanschel*, NVwZ 2012, 995 (999); teilw. a.A. *Jaeckel* in: Grabitz/Hilf/Nettesheim, AEUV, Art. 356 Rn. 19.

292 *Becker* in: Schwarze/Becker/Hatje/Schoo, AEUV, Art. 356 Rn. 7; *Zeh*, ZEuS 2004, 173 (185); *Schwarze*, EuR 1983, 1 (18).

293 Vgl. zur entsprechenden Geltung des Art. 7 EUV für den EAGV auch Art. 106a Abs. 1 EAGV.

294 *Haratsch/Koenig/Pechstein*, Europarecht, Rn. 117 ff.; *Nowak* in: Pechstein/Nowak/Häde, EUV, Art. 7 Rn. 1 ff.; *van Vormizeele* in: von der Groeben/Schwarze/Hatje, EUV, Art. 7 Rn. 6 ff.

295 *Schmalenbach* in: Calliess/Ruffert, AEUV, Art. 356 Rn. 3; *Kokott* in: Streinz, AEUV, Art. 356 Rn. 6; *Hofstötter* in: von der Groeben/Schwarze/Hatje, AEUV, Art. 356 Rn. 5; *Jaeckel* in: Grabitz/Hilf/Nettesheim, AEUV, Art. 356 Rn. 19; *Frowein*, EuR 1983, 301 (315); *Schwarze*, EuR 1983, 1 (31); *Streinz*, Europarecht, Rn. 108; *Meier*, NJW 1974, 391 (393 f.).

von Finanzmitteln erstrecken und bei entsprechend schwerwiegenden Rechtsverstößen bis zur vollständigen Suspendierung der mitgliedschaftlichen Rechte reichen kann.[296] Reichen diese explizit vorgesehenen Sanktionsverfahren dennoch nicht aus, könnte ein Ausschluss unter Umständen als „ultima ratio" aus Art. 60 Abs. 2 WVRK abgeleitet werden, falls gravierende Rechtsverstöße anhalten.[297] Allerdings dürfte es sich dabei um Extrem- oder Ausnahmefälle ohne größere praktische Relevanz handeln.[298] Im Ergebnis erscheint daher der Ausschluss eines Mitgliedstaates aus der Europäischen Union eher als unwahrscheinlich.

2. Rechtliche Rahmenbedingungen der politischen Finalität

Neben der geografischen Finalität und der damit verbundenen Definition und Bestimmung eines europäischen Bundesstaatsgebiets muss sich die Europäische Union zur Erlangung der Staatlichkeit auch zu einer politischen Union weiterentwickeln. Mit „politischer Union" verbanden und verbinden sich recht unterschiedliche Vorstellungen einer politischen Einigung Europas oder von Teilen davon. Gemeinsam ist allen Entwürfen und Plänen, dass die angestrebte Integration über wirtschaftliche Kooperationen oder eine Wirtschaftsgemeinschaft in Richtung auf eine supranationale europäische politische Gemeinschaft hinausgehen sollte. Die politische Union ist ein dynamischer Prozess, in dem auf verschiedenen Stufen Integrationselemente jeweils zusammengeführt und bis hin zu einem voll ausgeprägten Endstadium weiterentwickelt werden sollen.[299]

---

296 *Jaeckel* in: Grabitz/Hilf/Nettesheim, AEUV, Art. 356 Rn. 19; *Schorkopf* in: Grabitz/Hilf/Nettesheim, EUV, Art. 7 Rn. 43 ff.

297 *Kempen*, AVR 35 (1997), 273 (283); *Bergmann* in: Bergmann, Handlexikon der EU, „Austritt/Ausschluss aus der EU"; krit. *Schwarze*, EuR 1983, 1 (36).

298 *Hanschel*, NVwZ 2012, 995 (999); *Bergmann* in: Bergmann, Handlexikon der EU, „Austritt/Ausschluss aus der EU"; *auf dem Keller*, Finalität der EU, S. 42.

299 *Margedant* in: Bergmann, Handlexikon der EU, „Politische Union"; *Möller* in: Große Hüttmann/Wehling, Europalexikon, „Politische Union".

a) Die Unionsverträge als funktionale Verfassung

Im Vertrag von Lissabon wurde bewusst jede Verwendung des Begriffs „Verfassung" vermieden.[300] Kann hieraus bereits geschlossen werden, dass damit auch in rechtlicher Hinsicht nicht mehr von einer Verfassung gesprochen werden kann?[301] Um diese Frage zu beantworten, kommt es offensichtlich darauf an, wie der Begriff „Verfassung" inhaltlich zu füllen ist, wie die Unionsverträge heute gesehen werden und letztlich auch auf die Gesamtausrichtung des Vertrages von Lissabon.[302] Die Vermutung liegt nahe, dass eine rein semantische Bezeichnung noch nicht viel darüber aussagt, ob man es mit einer Verfassung zu tun hat oder nicht.[303]

Die Diskussion um die Frage, wie sich die europäischen Verträge qualifizieren lassen, ist so alt wie die Verträge selbst. Während früher ein eher pragmatisch orientierter Ansatz vorherrschte,[304] haben sich insbesondere seit Mitte der 90er Jahre des letzten Jahrhunderts recht unterschiedliche Positionen herausgebildet, die vornehmlich den „Verfassungsbegriff" im Fokus hatten.[305] Diese Diskussion blieb lange Zeit aktuell, zumal es letztlich um schwer in Ausgleich zu bringende Positionen ging.[306] Während Skeptiker den Verfassungsbegriff gewissermaßen exklusiv für „Staatsverfassungen" reserviert wissen wollten,[307]

---

300 *Nettesheim* in: Grabitz/Hilf/Nettesheim, EUV, Art. 1 Rn. 75.

301 *Möllers* in: von Bogdandy/Bast, S. 227; *Calliess*, JZ 2004, 1033 ff.; *Schwarze*, EuZW 2004, 135 ff.; *Einem*, EuR 2004, 202 ff.; *Nettesheim*, EuR 2004, 511 ff.; *Oppermann*, DVBl 2004, 1264 ff.; *Schröder*, JZ 2004, 8 ff.; *Wichard*, EuGRZ 2004, 556 ff.; *von Danwitz*, JZ 2003, 1125 ff.; *Epping*, JZ 2003, 821 ff.; *Pache*, EuR 2002, 767ff.; *Weber*, NJW 2000, 537 ff.

302 *Terhechte*, EuR 2008, 143 (176).

303 Vgl. zu der ähnlich geführten Diskussion über das deutsche „Grundgesetz" *Starck*, in: von Mangoldt/Klein/Starck, GG, Bd. 1, Präambel Rn. 1 ff.; vgl. auch *Petersen*, ZaöRV 64 (2004), 429 ff.

304 So etwa die Idee des „Zweckverbandes funktionaler Integration", vgl. *Ipsen*, EG-Recht, § 8 Rn. 24 ff.,

305 Vgl. *Pernice*, S. 13 ff.; *Grimm*, JZ 1995, 581 ff.; *Möllers* in: von Bogdandy/Bast, S. 1 ff.; *Müller-Graff* in: Dauses/Ludwigs, A. I., Rn. 67.

306 *Möllers* in: von Bogdandy/Bast, S. 1 ff.; *Haltern* in: von Bogdandy/Bast, S. 803 ff.

307 Insbesondere *Kirchhof* in: von Bogdandy/Bast, S. 893 ff.

schlug die Seite der europarechtlichen Pragmatiker eine Adaption des Verfassungsbegriffs auch für die Unionsverträge vor.[308]

Der Europäische Gerichtshof hat bereits vor längerer Zeit die Auffassung vertreten, dass es sich bei den europäischen Verträgen um Dokumente mit Verfassungsqualität handelt. Danach stellte bereits der Vertrag über die Europäische Wirtschaftsgemeinschaft eine Verfassungsurkunde einer Rechtsgemeinschaft dar, obgleich es sich um einen, in der Form einer völkerrechtlichen Übereinkunft geschlossenen Vertrag handelte.[309] Derartige Versuche einer Einordnung der Verträge finden sich allerdings nur beiläufig. Ihnen kommt keine weitgehende und tragende Bedeutung zu. Es sind integrationspolitische Vorstöße, die der Europäische Gerichtshof in diesem Zusammenhang unternimmt.

Der Begriff „Verfassung" wird in der Europarechtswissenschaft weithin zur Bezeichnung der Unionsverträge verwendet.[310] Im Verlauf der Verfassungsdiskussion hat sich das methodische Bewusstsein um die Bedeutung dieses Begriffseinsatzes, seiner Voraussetzungen und

---

308 *Mayer*, ZaöRV 2003, 59 (61 ff.); *Pernice*, S. 13 ff.; *Pernice*, VVDStRL 60 (2001), 148 ff.; *Häberle*, Europäische Verfassungslehre, S. 187 ff.

309 Die französische Partei Les Verts – Parti Ecologiste erhob 1983 Nichtigkeitsklage gegen eine Entscheidung des EP über die Erstattung von Geldern an Parteien, die an den Wahlen zum EP teilnehmen. Nach Art. 173 EWGV (heute Art. 263 AEUV) war eine Nichtigkeitsklage nur gegen Maßnahmen von Rat und Kommission, nicht aber gegen die des EP möglich. Der EuGH erklärte jedoch im Widerspruch zum Wortlaut des Vertrages die Klage der Partei Les Verts für zulässig. Die EWG sei *„eine Rechtsgemeinschaft der Art, dass weder die Mitgliedstaaten noch die Unionsorgane der Kontrolle darüber entzogen sind, ob ihre Handlungen im Einklang mit der Verfassungsurkunde der (Union), dem Vertrag, stehen"*. Mit dem E(W)GV sei *„ein umfassendes Rechtsschutzsystem geschaffen worden, innerhalb dessen dem Gerichtshof die Überprüfung der Rechtmäßigkeit der Handlungen der Organe übertragen ist"*. Die verfassungsrechtliche Argumentation steht demnach in einem unmittelbaren Zusammenhang mit einem rechtsstaatlichen Verständnis vom Unionsrecht und hilft dem EuGH, das unionsrechtliche Gebot eines umfassenden und effektiven Rechtsschutzes zu begründen, EuGH, Urt. v. 23.04.1986 – 294/83, Slg 1986, 1339, Rn. 23; siehe auch EuGH, Gutachten v. 14.12.1991 – 1/91, Slg 1991, I-6079, Rn. 21; *Calliess* in: Calliess/Ruffert, EUV, Art. 1 Rn. 53; *Piris*, EuR 2000, 311.

310 *Streinz* in: Görres-Gesellschaft, Staatslexikon, „Europäische Union (EU)", wonach EUV und AEUV sowie die über Art. 6 Abs. 1 EUV einbezogene GRCh als „Grundlage der Union" auch deren Verfassung sind, vgl. auch *Ruffert*, EuR 2004, 165 (199); *Peters*, S. 372; *Oeter*, ZaöRV 1995, 659 (689).

Folgewirkungen allgemein erhöht.[311] Im Zuge der wissenschaftlichen Sachdiskussion zur Verwendbarkeit des Verfassungsbegriff für die Verträge kommt die Frage auf, ob dieser allein auf staatliche Herrschaft anzuwenden ist.[312] Vielfach wurde bezweifelt, dass die Grundordnung der Europäischen Union als Verfassung bezeichnet werden kann, da der Begriff „Verfassung" der Grundordnung eines Staates vorbehalten sei.[313] Diese Sichtweise begründet sich einerseits auf historischen Vorstellungen. Die Genese moderner Verfassungsstaatlichkeit im 19. Jahrhundert belege danach, dass zwischen Herausbildung von Staatlichkeit und deren Einbindung durch eine Verfassung ein untrennbarer Zusammenhang besteht.[314] Allerdings wird dabei nicht hinreichend berücksichtigt, dass zwischen der Konstitutionalisierungsbewegung und der Nationalstaatsbildung trotz enger Zusammenhänge ein zwingender Konnex aber nicht nachgewiesen werden kann.[315] Andererseits basiert diese Vorstellung auf einer demokratietheoretischen Deutung des Verfassungsbegriffs.[316] Danach ist das Institut der Verfassung untrennbar mit einer Manifestation der verfassungsgebenden Gewalt des Volkes verknüpft.[317] In der Verfassung drückt sich der Wille des Volkes aus, wie es sich selbst unter einer neuen Hoheitsgewalt organisieren will. Diese Vorstellung ist eng an den historischen Gegebenheiten der Französischen Revolution[318] angelehnt und stilisiert diese besondere Form der Verfassungsgebung zur begriffsbildenden Notwendigkeit. Mit Blick auf die Entstehungsgeschichte vieler anderer Verfassungsdo-

311 *Hufeld* in: Beckmann/Dieringer/Hufeld, S. 473; *Giegerich* in: Hofmann/Zimmermann, S. 13; *Loth*, Entwürfe einer Europäischen Verfassung; *Lindner*, BayVBl 2008, 421; *Heinig*, JZ 2007, 905 ff.; *Haack*, EuR 2004, 785 ff.; *Oppermann*, DVBl 2004, 1264 ff.; *Hobe*, EuR 2003, 1 ff.; *Grimm*, JZ 1995, 581 ff.

312 *Calliess* in: Calliess/Ruffert, EUV, Art. 1 Rn. 56; *Peters*, S. 93, 163; *Dorau*, Die Verfassungsfrage der EU, S. 45 ff., 60 ff.; *Hertel*, Supranationalität als Verfassungsprinzip, S. 92.

313 *P. Kirchhof* in: von Bogdandy/Bast, S. 1014 ff.; *Koenig*, DÖV 1998, 268; *Koenig*, NVwZ 1996, 549 (551); *Grimm*, JZ 1995, 581 (584 f.).

314 Vgl. *Murswiek*, Der Staat 32 (1993), 161; *Schöbener/Knauff*, Allg. Staatslehre, § 2 Rn. 8 ff.

315 *Nettesheim* in: Grabitz/Hilf/Nettesheim, AEUV, Art. 1 Rn. 46.

316 *Schöbener/Knauff*, Allg. Staatslehre, § 5 Rn. 17 ff.; *Grimm*, JZ 1995, 581 (586); *Grimm* in: Schuppert/Pernice/Haltern, S. 177.

317 *Calliess* in: Calliess/Ruffert, EUV, Art. 1 Rn. 56.

318 Vgl. *Ziller* in: von Bogdandy/Huber, IPE, Bd. VIII, § 130 Rn. 3; *Starck*, JZ 1989, 601 ff.

kumente lässt sich jedoch darlegen, dass es sich hierbei um eine mögliche, nicht aber um eine notwendige Entstehungsbedingung handelt.[319]

Im Rahmen einer anders gelagerten Verfassungsdiskussion wird der Frage nachgegangen, ob es nicht funktionale Gegebenheiten oder inhaltliche Elemente gibt, die mit dem Bedeutungsgehalt des Begriffs Verfassung derart eng zusammenhängen, dass zweckmäßigerweise darauf verzichtet werden kann. Liegen derartige Bedingungen vor, würde das nicht bedeuten, dass es unmöglich wäre, den Verfassungsbegriff in einem anderen Zusammenhang zu verwenden. Mithin könnte sich eine entsprechende Bestimmung der Begriffsverwendung schnell herausbilden. Dagegen wäre zu befürchten, dass der Begriff seinen Sinngehalt verlöre, der für die Beschreibung oder normative Bewertung von rechtlichen Gegebenheiten wesentlich ist. Unter Zugrundelegung einer funktional-zweckorientierten Betrachtung erscheint es jedenfalls zweckmäßig, den Verfassungsbegriff der Grundordnung eines Verbandes vorzubehalten, der öffentliche Hoheitsgewalt ausübt.[320] Maßgeblich ist dabei nicht, ob die Verfassung als Ordnung angenommen wird, die diese Hoheitsgewalt erst einsetzt, oder als lediglich begrenzte und ausrichtende Ordnung für eine bereits existierende Hoheitsgewalt. Soweit auf die Verknüpfung von Verfassung und Macht verzichtet wird, ist eine Entgrenzung des Verfassungsbegriffs zu befürchten.[321] Daran schließt sich die Frage an, ob es sinnvoll ist, den Verfassungsbegriff der Bezeichnung von Ordnungen vorzuenthalten, die eine bestimmte funktionale Leistung oder eine normative Qualität – besonders mit Blick auf eine demokratische Legitimation – aufweisen.

Bekanntermaßen formulierte Art. 16 der französischen Erklärung der Menschen- und Bürgerrechte von 1789, dass eine Gesellschaft, in der die Verbürgung der Rechte nicht gesichert und die Gewaltenteilung nicht festgelegt ist, keine Verfassung hat.[322] Diese Formulierung prägt bist heute den verfassungstheoretischen Begriffsdiskurs. Ihr liegt die

---

319 *Peters*, S. 98 ff.; *Zumbansen*, KJ 2001, 46 (61 ff.); *Schwarze*, EuR-Beiheft 2000, 7 (16 ff.); *Walter*, DVBl 2000, 1 (5 ff.).

320 *Calliess* in: Calliess/Ruffert, EUV, Art. 1 Rn. 64; *Piris*, EuR 2000, 311 (324); *Terhechte*, EuR 2008, 143 (179).

321 *Nettesheim* in: Grabitz/Hilf/Nettesheim, AEUV, Art. 1 Rn. 48.

322 Siehe Erklärung der Menschen- und Bürgerrechte vom 26. August 1789 (*Déclaration des Droits de l'Homme et du Citoyen de 1789*), Conseil Constitutionnel,

Vorstellung zugrunde, dass eine Verfassung nur dann vorliegt, wenn sie bestimmte Legitimitätsanforderungen erfüllt. Vielfach dient diese Vorstellung als Ansatzpunkt, um die revolutionäre Tradition der Verfassungsgebung von anderen Formen der Verfassungsgebung abzugrenzen. Manche folgen dabei unmittelbar aus dem Zusammenhang von Verfassung und Macht im Sinne der Organisationsaufgabe von Verfassungen oder deren Funktion der Steuerung der Handlungen von Hoheitsträgern. Ein entsprechendes Näheverhältnis besteht auch zwischen dem Konzept der Urkundlichkeit und dem Verfassungsbegriff. Andere behaupten Verfassungsfunktionen bedürften einer näheren Herleitung und Verdeutlichung, wie der Formulierung von Anforderungen an die Legitimationskraft von Verfassungen oder die Erwartung, dass Verfassungen nicht nur Hoheitsgewalt, sondern zugleich auch das Gemeinwesen konstituieren.[323] Nach jüngeren Positionen im Rahmen des Verfassungsdiskurses kann eine Verfassung ihre Sinnstiftungsfunktion nur einlösen, wenn ihr ein Entstehungsprozess vorangeht, der aufgrund seiner Gewalthaltigkeit eine Art Mythos begründen könnte.[324]

Die Diskussion der letzten Jahre verdeutlicht, dass die inhaltliche Konturschärfe des Verfassungsbegriffs nicht vollständig ausgebildet ist. Die Befürchtung, dass die Anwendung des Verfassungsbegriffs auf die Grundordnung der Europäischen Union eine „De-Normativierung des Verfassungsbegriffs" und „theoretische Beschreibungsverluste" zur Folge habe, bedarf vor diesem Hintergrund einer Relativierung, die sich mit einzelnen Verfassungsfunktionen befasst.[325] Die Annahme, der voranschreitende Integrationsprozess ließe sich durch eine Verständigung über verfassungstheoretische Begriffe oder Ideen steuern, bedeutet womöglich eine Überschätzung derartiger Theorie-

abrufbar unter: https://www.conseil-constitutionnel.fr/sites/default/files/2019-02/20190218Erkl%C3%A4rung_der_Menschen.pdf (Abruf: 27.03.2021).

323 Vgl. *Nettesheim* in: Grabitz/Hilf/Nettesheim, AEUV, Art. 1 Rn. 49.

324 *Calliess* in: Calliess/Ruffert, EUV, Art. 1 Rn. 57; *Haltern* in: von Bogdandy/Bast, S. 296 ff.; *von Bogdandy* in: Schuppert/Pernice/Haltern, S. 345 f.; *Roellecke* in: Depenheuer, S. 173 ff.; *Haltern*, AöR 128 (2003), 511 (545 ff.); *Petersen*, ZaöRV 64 (2004), 429 (442 f.).

325 Vgl. *Möllers* in: von Bogdandy/Bast, S. 244 ff.

elemente.[326] Vielmehr wird sich diese Theorie den sich herauskristallisierenden Gegebenheiten anpassen und diese aufnehmen müssen.[327]

Der Entwurf und das Scheitern des Vertrages über die Verfassung für Europa[328] machen deutlich, wie sehr sich mit der Wahl des Verfassungsbegriffs im Kontext der Integrationsentwicklung Hoffnungen und zugleich auch Befürchtungen über den weiteren Weg der Integration verbinden.[329] Andererseits jedoch wurde für die Unionsverträge inhaltlich die Substanz des Verfassungsvertrages unter äußerlicher „Vervölkerrechtlichung" übernommen.[330]

Gleichwohl ist die Europäische Union ein Hoheitsträger, der die Mitgliedstaaten und auch die Unionsbürger unmittelbar rechtlich verpflichten kann. Die Union übt damit Hoheitsgewalt aus und bedarf daher – nicht bloß begrifflich – einer „Verfassung", welche die Kompetenzen ihrer Organe, ihre Beziehungen untereinander, Rechtssetzungs- und Rechtsschutzverfahren regelt und über ein System von Zielen und Prinzipien eine materielle Verfassungsgrundlage formuliert. Deutlich wird dies in Art. 2 Satz 1 EUV, der darauf hinweist, dass die

326 *Wahl*, JZ 2005, 916.

327 *Hobe*, Der offene Verfassungsstaat, S. 499 ff.; *Di Fabio*, Das Recht offener Staaten, S. 139 ff.; *Badura* in: Kästner/Nörr/Schlaich, FS Henkel, S. 700; *Häberle* in: Dörr/Fink/Hillgruber/Kempen/Murswiek, FS Schiedermair, S. 770 ff.; *Jacqué*, EuGRZ 2004, 551; *Pache*, EuR 2002, 767 (770 ff.); *Di Fabio*, JZ 2000, 737; *Walter*, DVBl 2000, 1.

328 Der Vertrag über eine Verfassung für Europa wurde vom Verfassungskonvent zwischen Februar 2002 und Juli 2003 erarbeitet, i.R.e. Regierungskonferenz leicht modifiziert, im Juni 2004 verabschiedet, und am 29.10.2004 in Rom unterzeichnet. Der Verfassungsvertrag führte alle bis dahin bestehenden Verträge (EGV, EUV sowie Protokolle und Erklärungen) in ein neues Grundlagendokument zusammen. Der Verfassungsvertrag sollte ursprünglich am 01.11.2006 in Kraft treten. Hierfür musste er in allen Mitgliedstaaten entweder durch die nationalen Parlamente oder in Volksabstimmungen ratifiziert werden. Obwohl der Verfassungsvertrag in einer Mehrheit von Mitgliedstaaten bereits verabschiedet worden war, scheiterte der Ratifizierungsprozess, nachdem die Volksabstimmungen in Frankreich und in den Niederlanden im Mai/Juni 2005 negativ ausgegangen waren und folglich die Ratifizierung in mehreren Ländern ausgesetzt wurde, *Emmanouilidis* in: Große Hüttmann/Wehling, Europalexikon, „Verfassungsvertrag der EU".

329 *Nettesheim* in: Grabitz/Hilf/Nettesheim, EUV, Art. 1 Rn. 75; *Starck* in: Hendler/Ibler/Martinez Soria, FS Götz, S. 73.

330 *Dörr* in: Grabitz/Hilf/Nettesheim, EUV, Art. 47 Rn. 1 ff.; vgl. *Höreth* in: Große Hüttmann/Wehling, Europalexikon, „Rechtspersönlichkeit der EG/EU".

Europäische Union auf den verfassungsrechtlich bedeutsamen Werten der Menschenwürde, der Freiheit, der Demokratie, der Gleichheit, der Rechtstaatlichkeit und der Wahrung der Menschenrechte einschließlich der Rechte der Minderheiten beruht.[331]

Berücksichtigt man das Charakteristikum von Verfassungsnormen in der Qualität rechtsverbindlicher Grundregeln zur Legitimation, Ausübung und Kontrolle von Hoheitsrechten, kommt den entsprechenden Bestimmungen der Unionsverträge daher „funktionaler" Verfassungscharakter zu.[332] Der gescheiterte Verfassungsvertrag brachte diese Verbindung von vertraglicher Legitimation und verfassungsrechtlichem Inhalt semantisch treffend zum Ausdruck.

Dass Verträge zugleich Verfassungen sein können, trifft sich ideengeschichtlich mit einem vertraglichen Legitimationsmodell öffentlicher Gewalt, findet aber in den Verträgen, auf denen die Europäische Union beruht, eine spezifische Variante. Die Unterschiede zwischen der derart verstandenen Unionsverfassung und den Staatsverfassungen dürfen durch den terminologischen Gleichklang jedoch nicht überspielt werden.[333] Vorzugswürdig wäre daher womöglich die Bezeichnung als Verfassungsvertragsrecht. Darin kommt sowohl die Verwandtschaft der Erfordernisse der rechtlichen Legitimation, Bindung und Begrenzung von Hoheitsrechten der Europäischen Union und Mitgliedstaaten zum Ausdruck als auch der wechselseitige Einfluss zwischen unionalem und mitgliedstaatlichem Verfassungsdenken in Einzelfragen.[334] In

---

331 *Jacqué* in: von der Groeben/Schwarze/Hatje, EUV, Art. 2 Rn. 1 ff.; *Pechstein* in: Streinz, EUV, Art. 2 Rn. 2 ff.; *Hilf/Schorkopf* in: Grabitz/Hilf/Nettesheim, EUV, Art. 2 Rn. 22 ff.

332 Vgl. *Ipsen*, EG-Recht, S. 64; *Bieber* in: Wildenmann, S. 396; *Steinberger*, VVDStRL 50 (1991), 18 f.; *Pernice*, VVDStRL 60 (2001), 148 ff.

333 Vgl. dazu *Schwarze* in: Schwarze/Bieber, S. 3 f., 26 ff., mit konsequenter Aussprache für eine eigene auf die Gemeinschaft zugeschnittene Verfassungskonzeption „sui generis" unter Hinweis auf die gleichwohl bestehenden Zusammenhänge zwischen europäischer Verfassungsentwicklung und nationalem Verfassungsrecht und die Aufgabe der Verfassungsrechtsvergleichung für die Entwicklung des Gemeinschaftsrechts und die europäische Verfassungsentwicklung.

334 *Schwarze* in: Schwarze/Bieber, S. 26; *Pernice*, VVDStRL 60 (2001), 148 ff.; *Frowein*, EuR 1992, 63 (65); *Steinberger*, VVDStRL 50 (1991), 18 ff.; *Pernice*, NJW 1990, 2409 (2411); *Frowein*, EuR 1983, 315 ff.

diesem Sinne sind die Vertragsziele der Union Verfassungsvertragsziele.[335]

In der Sache bildet der Vertrag von Lissabon daher folgerichtig die verfassungsmäßige Grundordnung der Europäischen Union.[336] Infolgedessen wird bei der Bezeichnung des europäischen Primärrechts inzwischen der Verfassungsbegriff routinemäßig verwendet und der Prozess der vertraglichen Fortentwicklung als konstitutioneller Prozess verstanden.[337]

Während der Diskussion über den Verfassungsvertrag zeigte sich nicht zuletzt, dass für einige Mitgliedstaaten die Umwandlung der Unionsverträge in eine europäische Verfassung auch im 21. Jahrhundert nicht akzeptabel ist, da sie damit den Verlust ihrer Souveränität verbinden – auch wenn diese „Verfassung" die Rechtsform eines völkerrechtlichen Vertrages hat.[338] Ein weiterer Grundlagenvertrag für die Europäische Union ist nach den Querelen um den Verfassungsvertrag und dem Vertrag von Lissabon daher zunächst nicht zu erwarten. Ob ein solcher Vertrag dann als Verfassung oder als Rechtstext „sui generis" mit verfassungsrechtlichem Einschlag oder lediglich als völkerrechtlicher Vertrag bezeichnet würde, hätte letztlich keine praktischen Folgen. Zwar könnte er die bereits bestehenden Verfassungsgrundlagen der Europäischen Union neu kodifizieren, würde jedoch nichts an der Geltungsgrundlage des Unionsrechts ändern.[339]

---

335 Vgl. *Müller-Graff* in: Dauses/Ludwigs, A. I., Rn. 78 f.

336 *Schwarze/Wunderlich* in: Schwarze/Becker/Hatje/Schoo, EUV, Art. 1 Rn. 1; *Oppermann/Classen/Nettesheim*, Europarecht, § 3 Rn. 14, § 5 II Rn. 4; *von Bogdandy*, EuR 2009, 749 (750 f.); krit. *Scholz* in: Maunz/Dürig, GG, Art. 23 Rn. 48.

337 Nach dem EuGH stellt bereits der EWGV eine grundlegende Verfassungsurkunde einer Rechtsgemeinschaft dar, EuGH, Gutachten v. 14.12.1991 – 1/91, Slg 1991, I-6079; ebenso die deutschen amtl. Begründungen zur Ratifizierung des EGKSV/EWGV, BT-Drucks. 2401/1, Anl. 3, S. 4; BT-Drucks. 3440/2, Anl. C, S. 108; selbst das BVerfG spricht inzwischen von den Verträgen als „Verfassung", BVerfGE 123, 267, 349, *Lissabon*; *Oppermann/Classen/Nettesheim*, Europarecht, § 10 Rn. 7; *Oeter*, ZaöRV 1999, 901 (903); *auf dem Keller*, Finalität der EU, S. 47.

338 Vgl. *Schroeder*, Europarecht, § 2 Rn. 28.

339 *Schroeder*, Europarecht, § 2 Rn. 30; *Müller-Graff* in: Dauses/Ludwigs, A. I., Rn. 80 ff.

b) Die Ziele der Union als Integrationsprogramm

Der Charakter der Europäischen Union als Mehrebenensystem eigener Art wird nicht nur in seiner Organisationsstruktur, sondern ebenso in den Zielen ersichtlich. Nach Art. 3 EUV ist es Ziel der Union, den Frieden, ihre Werte und das Wohlergehen ihrer Völker zu fördern, den Bürgern einen Raum der Freiheit, der Sicherheit und des Rechts ohne Binnengrenzen zu bieten, einen Binnenmarkt zu errichten und eine Wirtschafts- und Währungsunion zu schaffen, deren Währung der Euro ist. Alle diese Ziele verdeutlichen, dass die Mitgliedstaaten sich in Gemeinschaft begegnen, sie sich aber nicht einer fremden Macht unterwerfen oder gar sich auflösen wollen. Der Zusammenhalt der Europäischen Union gründet sich bis heute auf die Überzeugungskraft ihres Rechts, den Erfolg der Friedenspolitik, die Verlässlichkeit ihrer Werte, die Förderung von Wohlergehen und Wohlstand, das Erlebnis eines Raums der Freiheit, der Sicherheit und des Binnenmarktes.[340]

Mithin sind die Ziele der Europäischen Union seit jeher Dreh- und Angelpunkt des gesamten Integrationsprozesses. Mit der Bestimmung der Ziele wurde der europäischen Integration ein Strukturplan zugrunde gelegt, der auf einen fortschreitenden Prozess ausgerichtet ist. In der Vergangenheit wurden für die Erfüllung der Ziele zum Teil feste Zeitlinien in den Verträgen festgeschrieben, wodurch deren Bedeutung hervorgehoben wurde.[341] Mitunter wurden die Verträge daher auch als sogenannte Planverfassungen bezeichnet.[342] Das Charakteristikum der Planverfassungen ist mit zunehmender Verdichtung des europäischen Verfassungsrahmens immer weiter in den Hintergrund getreten, was heute am Kompetenzkatalog der Art. 2 bis 6 AEUV festgemacht werden kann.[343]

340 *Kirchhof* in: Isensee/Kirchhof, HStR, Bd. X, § 214 Rn. 19.

341 Vgl. *Ipsen*, EG-Recht, S. 1022; *Hatje*, Die gemeinschaftsrechtliche Steuerung der Wirtschaftsverwaltung, S. 224 ff.; allg. dazu *Haeckel*, Der Faktor Zeit in der Verwirklichung der Europäischen Gemeinschaftsverträge.

342 *Ophüls* in: Kaiser, Planung, S. 229; *Terhechte* in: Blanke/Scherzberg/Wegner, S. 311 ff.

343 *Terhechte* in Grabitz/Hilf/Nettesheim, EUV, Art. 3 Rn. 9; *Streinz* in: Streinz, AEUV, Art. 2 Rn. 1 ff.

Obwohl die Unionsziele in den Verträgen verankert sind, verfügt die Europäische Union im Unterschied zu einem souveränen Staat[344] bislang weder über eine Allzuständigkeit noch über die Mittel, eine solche Zuständigkeit herbeizuführen oder auszufüllen. Insofern muss sich auch das der Europäischen Union zugrundeliegende Integrationsprogramm von staatlichen Mustern unterscheiden. Zwar arbeitet auch das staatliche Verfassungsrecht mit Zielbestimmungen, was die steigende Bedeutung der finalen Gesetzgebung unterstreicht,[345] jedoch haben Zielbestimmungen im europäischen Kontext eine grundlegend andere Bedeutung als im staatlichen Bereich.[346] Den unionsverfassungsrechtlichen Zielbestimmungen kommt innerhalb des europäischen Verfassungsgefüges allerdings eine größere Bedeutung zu als den Staatszielbestimmungen staatlicher Verfassungen, da sie dem Integrationsprozess eine bestimmte Richtung verleihen. Hingegen sind Staatsziele und -zwecke grundsätzlich offen.[347]

Die einzelnen Ziele der Europäischen Union sind in Art. 3 EUV definiert.[348] Die Vorschrift knüpft an Art. 1 Abs. 1 EUV an, wonach die Europäische Union und die Mitgliedstaaten ihre gemeinsamen Ziele verwirklichen. Sie umschreibt aber, anders als Art. 2 EUV hinsichtlich der Werte der Union, nicht das Gemeinsame,[349] sondern das, worauf das Handeln der Europäischen Union gerichtet sein soll. Dennoch richtet sich Art. 3 EUV auch an die Mitgliedstaaten, da die-

344 Hierzu *Ruffert*, EuR 2004, 165 (200).

345 Vgl. *Reimer*, Verfassungsprinzipien, S. 193 ff.; *Breuer*, AöR 127 (2002), 523.

346 *Terhechte* in: Grabitz/Hilf/Nettesheim, EUV, Art. 3 Rn. 18; *Sommermann*, Staatszielbestimmungen, S. 280.

347 *Ruffert* in: Calliess/Ruffert, EUV, Art. 3 Rn. 2.

348 Die Ziele der EU sind von deren Mitgliedstaaten vertraglich mit funktionalem Verfassungscharakter fundiert, gliedern sich vertragspositiviert in eine Leitzieltrias (Förderung des Friedens, der Werte und des Wohlergehens ihrer Völker) und vier operative Hauptziele (Raum der Freiheit, der Sicherheit und des Rechts, Binnenmarkt und ergänzende Politiken, Wirtschafts- und Währungsunion, Gemeinsames auswärtiges Handeln) auf und zeigen verschiedene rechtliche Wirkungen für das Unionsrecht und das mitgliedstaatliche Recht, *Müller-Graff* in: Dauses/Ludwigs, A. I., Rn. 1, 90 ff., 114 ff.; *Müller-Graff* in: Bergmann, Handlexikon der EU, „Welche Zukunft für die Europäische Union 2051? – aus der Sicht des Jahres 2014"; *Müller-Graff* in: Pechstein/Nowak/Häde, EUV, Art. 3 Rn. 4 ff., 24 f.; *Ruffert* in: Calliess/Ruffert, EUV, Art. 3 Rn. 15 ff.

349 Vgl. *Terhechte* in: Pechstein/Nowak/Häde, EUV, Art. 2 Rn. 5 ff.; *Geiger* in: Geiger/Khan/Kotzur, Art. 2 Rn. 6 ff.

se nach Art. 4 Abs. 3 UAbs. 3 EUV die Europäische Union bei der Erfüllung ihrer Aufgaben zu unterstützen und alle Maßnahmen zu unterlassen haben, welche die Verwirklichung der Unionsziele gefährden könnten.[350] Außerdem müssen die Mitgliedstaaten im Rahmen der Verstärkten Zusammenarbeit nach Art. 20 Abs. 1 EUV die Ziele der Europäischen Union achten.[351]

Die sich in den Unionszielen ausdrückende Finalität des Integrationsprozesses[352] wird durch den Vertrag von Lissabon nicht in Frage gestellt. Es trifft zwar zu, dass der Verfassungszustand der Europäischen Union durch den Lissabonner Vertrag nachhaltig konsolidiert wurde. Gleichwohl bleibt die Europäische Union auf klare Zielvorgaben angewiesen. Ohne ein vorgegebenes Integrationsprogramm wäre die Union aus der Sicht der Mitgliedstaaten[353] nicht legitimierbar.[354]

Der Begriff „Ziel“[355] ist allerdings nur schwer eindeutig zu bestimmen. Nach allgemeinem Sprachgebrauch umschreibt ein „Ziel“ einen in der Zukunft liegenden, gegenüber dem gegenwärtigen veränderten, optimierten oder erstrebenswerten Zustand. Es geht bei Zielbestimmungen also insbesondere darum, im Vergleich zu den aktuellen Umständen eine Veränderung herbeizuführen. Damit ist ihnen einen materiell-prospektives Element gemein.[356] Letztlich geht es um einen Zustand, den die Europäische Union in den Grenzen ihrer Zuständigkeiten im

350 Sog. Sachwalterschaft der Mitgliedstaaten im Unionsinteresse, *Streinz* in: Streinz, EUV, Art. 4 Rn. 45; *Hatje* in: Schwarze/Becker/Hatje/Schoo, EUV, Art. 4 Rn. 73 f.

351 *Becker* in: Schwarze/Becker/Hatje/Schoo, EUV, Art. 3 Rn. 10, Art. 20 Rn. 14 ff., 28 ff.; *Blanke* in: Grabitz/Hilf/Nettesheim, EUV, Art. 20 Rn. 38.

352 *Pernice* in: Schuppert/Pernice/Haltern, S. 743; *Haltern* in: von Bogdandy/Bast, S. 279.

353 So etwa aus der Perspektive des Art. 23 GG.

354 So benennt das BVerfG in seinem Lissabon-Urteil ausdrücklich Bereiche, die als Gestaltungsaufgaben dem (Mitglied-)Staat erhalten bleiben müssen, vgl. BVerfGE 123, 267, *Lissabon*; *Voßkuhle*, NVwZ-Beilage 2013, 27; *Nettesheim*, Der Staat 51 (2012), 313 (318 ff.); *Tomuschat*, ZaöRV 2010, 251 (256); *Terhechte*, EuZW 2009, 724 (731); *Gärditz/Hillgruber*, JZ 2009, 872.

355 In der englischen Sprachfassung ist hier zumeist von „aims“ (Art. 3 Abs. 1 EUV) oder „objectives“ (Art. 29 Abs. 1 AEUV) die Rede, wobei es sich auch hier im Kern um dasselbe handeln dürfte. Auf ähnliche Weise spricht die französische Sprachfassung von „but“ (Art. 3 Abs. 1 EUV, Art. 29 Abs. 1 AEUV) bzw. „objectifs“ (Art. 90 AEUV), vgl. *Pechstein* in: Streinz, EUV, Art. 3 Rn. 2.

356 Vgl. *Reimer*, EuR 2003, 992 (995);

Sinne von Art. 3 Abs. 6 EUV für die Zukunft herbeiführen will.[357] Vor diesem Hintergrund wird auch der Verweis der Europäischen Union auf Ziele deutlich. Ein supranationaler Integrationsprozess kann ohne Richtungsgeber, die sowohl Ausrichtung als auch Geschwindigkeit der Integration vorgeben, nicht auskommen.[358]

Inhaltlich sind die Ziele der Europäischen Union im Verlauf der Geschichte stark ausgeweitet worden.[359] Das ist auf die gestiegene Bedeutung der europäischen Ebene in der Politikgestaltung zurückzuführen. Insbesondere die sozial-, umwelt- und kulturpolitischen[360] Zielsetzungen haben die Gewichtung innerhalb der ursprünglich fast ausschließlich ökonomisch ausgerichteten Integration verschoben.[361] Die Vielfalt der Unionsziele des Art. 3 EUV spricht dafür, von ihrer Exklusivität auszugehen, wodurch die Konstruktion impliziter Vertragsziele nun nicht mehr nötig ist.[362]

Der Europäischen Union wird es auch künftig schwer möglich sein, alle in Art. 3 EUV niedergelegten Ziele gleichberechtigt zu verfolgen.[363] Soweit die Unionsverträge von den Organen der Europäischen Union verlangen, diese Ziele zu verwirklichen, wird künftig das Aufgreifer-

357 *Pechstein* in: Streinz, EUV, Art. 3 Rn. 13; *Müller-Graff* in: Pechstein/Nowak/Häde, EUV, Art. 3 Rn. 39; *Heintschel von Heinegg* in: Vedder/Heintschel von Heinegg, Art. 3 Rn. 30.

358 *Terhechte* in: Grabitz/Hilf/Nettesheim, EUV, Art. 3 Rn. 19 (vgl. zur zeitlichen Dimension der Unionsziele Rn. 9).

359 Vgl. bereits *Ukrow* in: Calliess/Ruffert, 2. Aufl., EGV, Art. 2 Rn. 11 f.; *Ruffert* in: Calliess/Ruffert, EUV, Art. 3 Rn. 6.

360 Neu ist u.a. das Ziel, den Reichtum der kulturellen und sprachlichen Vielfalt in Europa zu wahren und die Entwicklung des kulturellen Erbes in Europa zu schützen (Art. 3 UAbs. 5 EUV). Der Verweis auf die kulturelle Vielfalt verdeutlicht, dass nicht an die Herstellung einer europäischen „Einheitskultur" gedacht ist. Die Vielfalt der Kulturen macht die Stärke Europas im Verhältnis zu anderen Integrationsräumen aus, *Ruffert* in: Calliess/Ruffert, EUV, Art. 3 Rn. 42; EuGH, Urt. v. 12.05.2011 – C-391/09, Slg 2011, I-3787, Rn. 86, *Runevič-Vardyn und Wardyn*; EuGH, Urt. v. 16.04.2013 – C-202/11, ECLI:EU:C:2013:239, Rn. 26, *Las*.

361 Vgl. *Calliess*, Die neue Europäische Union, S. 89; hierzu ausführlich *Luczak*, Die Europäische Wirtschaftsverfassung als Legitimationselement europäischer Integration.

362 *Ruffert* in: Calliess/Ruffert, EUV, Art. 3 Rn. 6; *auf dem Keller*, Finalität der EU, S. 58.

363 *Ruffert* in: Calliess/Ruffert, EUV, Art. 3 Rn. 41.

messen[364] eine zentralere Rolle spielen. Die Rolle des Einzelnen ist spätestens durch den Vertrag von Lissabon in einer bis dahin unbekannten Art und Weise in den Vordergrund gerückt worden, was sich im Hinblick auf die Zielbestimmungen der Verträge insofern ausdrückt, als dass wesentliche Integrationsziele nunmehr durch eigenständige Garantien der Charta der Grundrechte der Europäischen Union flankiert werden. Der Lissabonner Vertrag hat außerdem eine Anreicherung der Unionsverträge um soziale Zielsetzungen mit sich gebracht, deren Auswirkungen nicht in Gänze abgeschätzt werden können. Hierbei wird es künftig darauf ankommen, die liberal ausgerichtete Wirtschaftsverfassung der Europäischen Union in Einklang mit diesen Zielsetzungen zu bringen. Auffällig ist auch, dass obwohl die Verträge keine Hierarchien der Ziele zueinander vorsehen, je nach Lage durchaus politische Priorisierungen ausgemacht werden können.[365] Das wird allerdings die einzige Möglichkeit sein, überhaupt mit der unübersichtlichen Gemengelage unterschiedlicher Zielsetzungen umgehen zu können.[366]

Insgesamt wäre eine weitere Zielaufladung des Integrationsprozesses nicht zu empfehlen. Potenziell könnte dadurch das Leistungsvermögen der Unionsinstanzen an seine Grenzen geraten, denen eine Prioritätssetzung umso schwerer fallen muss, je mehr Ziele zeitgleich zu verfolgen sind.[367] Nach wie vor kann nicht von den Zielen auf die Kompetenzen der Europäischen Union geschlossen werden.[368] Eine

---

364 *Terhechte* in: Grabitz/Hilf/Nettesheim, EUV, Art. 3 Rn. 11; vgl. auch *Heintschel von Heinegg*, in: Vedder/Heintschel von Heinegg, EUV, Art. 3 Rn. 3.

365 Vgl. zum Zielverfolgungsmechanismus in Art. 3 Abs. 6 EUV, *Müller-Graff* in: Pechstein/Nowak/Häde, EUV, Art. 3 Rn. 45; *Pechstein* in: Streinz, EUV, Art. 3 Rn. 12; *Becker* in: Schwarze/Becker/Hatje/Schoo, EUV, Art. 3 Rn. 9 f.

366 *Terhechte* in: Grabitz/Hilf/Nettesheim, EUV, Art. 3 Rn. 67.

367 Vgl. *Schwarze*, Europäisches Wirtschaftsrecht, Rn. 808.

368 Aus juristischer Perspektive ist die Bemühung des Prinzips der begrenzten Einzelermächtigung, das eigentlich in Art. 5 Abs. 2 EUV niedergelegt ist, redundant und weist keinen Mehrwert auf. Den alten Zielkatalogen des Art. 2 EUV a.F. (Nizza) bzw. Art. 2 und 3 EGV (Nizza) wurde eine entsprechende Bestimmung nicht beigefügt. Sie ist im Zuge der Verhandlungen über den VVE an den dem heutigen Art. 3 EUV entsprechenden Art. I-3 VVE angehängt worden, was letztlich politisch motiviert gewesen sein dürfte. Es ist ein grundlegender Charakterzug des Lissabonner Vertrages, die – an sich selbstverständliche – Bindung der EU an dieses Prinzip an mehreren Stellen ins Gedächtnis zu rufen, *Terhechte* in: Grabitz/

Grunderkenntnis des Integrationsprozesses ist allerdings, dass einmal abgesteckte Ziele durchaus Kompetenzen nach sich ziehen können, etwa wenn es zu Vertragsrevisionen kommt.[369]

c) Föderales Prinzip als europäischer Föderalismus

Zu den Merkmalen der Europäischen Union gehört, dass sie mit ihren Mitgliedstaaten in einem einzigartigen Verbund steht (sogenannter Mehrebenenverbund). Mithin ist die Union föderal organisiert und beruht – ähnlich wie ein Bundesstaat – auf einem mehrstufigen System geteilter Herrschaft zwischen einer Zentralgewalt und regional organisierten Einheiten.[370] Zwar ist die föderale Eigenschaft der Europäischen Union in Art. 2 EUV nicht ausdrücklich als Verfassungswert genannt. Es handelt sich dabei auch nicht um einen allgemeinen Rechtsgrundsatz, da schließlich nicht alle Mitgliedstaaten föderal organisiert sind. Jedoch wird der Föderalismus des Unionsrechts in Art. 4 Abs. 1 EUV betont, der eine Zuständigkeitsvermutung zugunsten der Mitgliedstaaten enthält,[371] sowie in Art. 4 Abs. 2 EUV, der die grundlegenden politischen und verfassungsmäßigen Strukturen einschließlich der regionalen und kommunalen Selbstverwaltung als Teil der nationalen Identität der Mitgliedstaaten anerkennt.[372] Es ist

---

Hilf/Nettesheim, EUV, Art. 3 Rn. 26; *ders.*, EuR 2008, 143 (147 f.); *K. Fischer*, Europäischer Verfassungsvertrag, S. 126.

369 Vgl. *Terhechte* in: Grabitz/Hilf/Nettesheim, EUV, Art. 3 Rn. 69.

370 *Hatje* in: Schwarze/Becker/Hatje/Schoo, EUV, Art. 4 Rn. 3.

371 Diese explizite Verankerung der Vermutung der Zuständigkeit unterstreicht jedoch die Sorge der Mitgliedstaaten über den Verlust von Zuständigkeiten durch eine expansive Auslegung der Kompetenzen durch die Unionsorgane. Daher wird in Art. 4 Abs. 1 EUV der Grundsatz der begrenzten Einzelermächtigung (Art. 5 EUV) als Grundlage einer Kompetenzordnung bekräftigt, welche die Mitgliedstaaten als autonome und originäre Kompetenzträger begreift, vgl. *Calliess/Kahl/Puttler* in: Calliess/Ruffert, EUV, Art. 4 Rn. 2 ff.; *Obwexer* in: von der Groeben/Schwarze/Hatje, EUV, Art. 4 Rn. 12 ff., *Wieland*, NJW 2009, 1841; *Ruffert*, ZSE 2009, 381 (385 ff.); *Jahn*, NJW 2008, 1788; *Mayer*, ZaöRV 2007, 1141 (1165); *von Bogdandy/Schill*, ZaöRV 2010, 701 (709).

372 *Puttler* in: Calliess/Ruffert, EUV, Art. 4 Rn. 10; *Streinz* in: Streinz, EUV, Art. 4 Rn. 11 ff.; *Haratsch*, EuR 2016, 131 (132 ff.).

daher gerechtfertigt, das föderale Prinzip als Verfassungsgrundsatz[373] der Europäischen Union zu bezeichnen.[374]

In der föderal ausgerichteten Europäischen Union kommt den Mitgliedstaaten bzw. den für diese handelnden Organen eine zentrale Funktion bei der Willensbildung, der Gesetzgebung, deren Umsetzung und Rechtsprechung zu. Sie werden daher häufig auch als „Träger" der Europäischen Union bezeichnet[375] und sind praktisch Verfassungsorgane der Union. Ihre Bedeutung im institutionellen System der Europäischen Union zeigt sich daran, dass die Mitgliedstaaten im Rat vertreten,[376] sie grundsätzlich für die Vollziehung des Unionsrechts verantwortlich, ihre Gerichte neben dem Gerichtshof der Europäischen Union für die Anwendung und Auslegung des Unionsrechts zuständig, sie wie die Unionsorgane privilegiert klagebefugt in den Verfahren gemäß Art. 263 Abs. 2 und Art. 265 Abs. 1 AEUV sind[377] und sie

---

373 Art. 4 Abs. 2 Satz 1 EUV korrespondiert in Deutschland mit Art. 23 Abs. 1 Satz 1 GG. Die Struktursicherungsklausel statuiert die Anforderungen, denen die EU zu genügen hat: Demokratie, Rechtsstaatlichkeit, Sozialstaatlichkeit, föderative Grundsätze und Subsidiarität sowie einem dem deutschen GG im Wesentlichen vergleichbaren Grundrechtsschutz. Diese Klausel kodifiziert, was sich schon aus Art. 20 i.V.m. Art. 79 Abs. 3 GG ergibt. Indem die Struktursicherungsklausel des Art. 23 Abs. 1 Satz 1 GG verfassungsrechtlich die EU auf wesentliche Verfassungsprinzipien einschwört, zu denen sich die EU in Art. 2 EUV unionsrechtlich verpflichtet und diese als allen Mitgliedstaaten gemeinsam statuiert und einfordert, wird ein sich unionsrechtlich und verfassungsrechtlich gegenseitig verstärkender und absichernder harter Kern änderungsfesten gemeineuropäischen Verfassungsrechts geschaffen. Dieses bekräftigt Art. 4 Abs. 2 Satz 1 EUV, *Vedder* in: Vedder/Heintschel von Heinegg, EUV, Art. 4 Rn. 12.

374 Innerstaatlich werden die föderalen Strukturen der Mitgliedstaaten in der EU durch die nationalen Verfassungen geschützt. So beugen in Deutschland Art. 23 Abs. 4 – 6 GG sowie das entsprechende Ausführungsgesetz einer integrationsbedingten Aushöhlung des Föderalismus durch Beteiligung der im Bundesrat vertretenen Länder an der Willensbildung des Bundes in Unionsangelegenheiten vor. Im Detail wird die Beteiligung der Länder durch das EUZBLG (BGBl. I 2009, S. 3031) geregelt, hierzu *Sodan/Ziekow*, Öffentliches Recht, § 8 Rn. 14 ff.; in Österreich ist eine noch weitergehende Beteiligung der Länder nach Art. 23d und 23e B-VG vorgesehen, vgl. *Schroeder*, Europarecht, § 4 Rn. 20.

375 *Streinz* in: Streinz, EUV, Art. 4 Rn. 10; *Streinz*, Europarecht, S. 165 ff.

376 *Obwexer* in: Streinz, EUV, Art. 16 Rn. 21 Art. 16, 83; *Jacqué* in: von der Groeben/Schwarze/Hatje, EUV, Art. 16 Rn. 6 ff., 56.

377 *Gaitanides* in: von der Groeben/Schwarze/Hatje, AEUV, Art. 263 Rn. 37 ff.; *Dörr* in: Grabitz/Hilf/Nettesheim, AEUV, Art. 263 Rn. 52; *Cremer* in: Calliess/Ruffert,

letztlich über die Änderung der Verträge nach Art. 48 EUV und den Beitritt neuer Mitgliedstaaten nach Art. 49 EUV entscheiden. Daraus wurde zum Teil geschlossen, dass die Mitgliedstaaten als „Herren der Verträge" anzusehen sind, auch unter Hinweis darauf, dass sie die Verträge, auf denen die Europäische Union beruht, abgeschlossen haben.[378] Allerdings können sie Änderungen am Unionssystem nur einvernehmlich und unter Mitwirkung der Unionsorgane durchführen, sodass ihre Herrschaft eingeschränkt ist.[379]

Die föderale Ausrichtung der Europäischen Union zeigt sich außerdem in der (vertikalen) Kompetenzverteilung im Verhältnis zwischen der Union und den Mitgliedstaaten. Diese ist geprägt von der Zuständigkeitsvermutung zugunsten der Mitgliedstaaten,[380] die sich Art. 4 Abs. 1 EUV sowie dem Prinzip der begrenzten Einzelermächtigung in Art. 5 Abs. 2 EUV entnehmen lässt. Demnach muss sich die Europäische Union beim Erlass einer rechtlichen Maßnahme auf eine konkrete

AEUV, Art. 265 Rn. 3 ff.; *Schwarze/Voet van Vormizeele* in: Schwarze/Becker/Hatje/Schoo, AEUV, Art. 265 Rn. 18.

378 Dies betont vor allem das deutsche BVerfG, vgl. Beschl. v. 08.04.1987 – 2 BvR 687/85, BVerfGE 75, 223, 242 f., *Kloppenburg* („im Rahmen des allgemeinen Völkervertragsrechts die Herren der Gemeinschaftsverträge"); BVerfGE 89, 155, 190, *Maastricht*; BVerfGE 123, 267, 349 f., 368, 381, 398, *Lissabon*; zustimmend *Puttler* in: Calliess/Ruffert, EUV, Art. 4 Rn. 9; *Cremer* in: Calliess/Ruffert, EUV, Art. 48 Rn. 19 f.; *Meng* in: von der Groeben/Schwarze, EUV, Art. 48 Rn. 8 ff.; *Herdegen*, Europarecht, § 6 Rn. 2 ff.; *Hobe*, Europarecht, § 7 Rn. 188; damit wird allein ausgesagt, dass die Begründung und Änderung der vertraglichen Grundlagen der EU vom übereinstimmenden Willen der Mitgliedstaaten abhing und weiterhin abhängt. Die Bindung der Mitgliedstaaten an die geschlossenen und geänderten Verträge bleibt davon unberührt.

379 Nach wie vor ist strittig, ob es änderungsfeste Bereiche des Unionsrechts gibt, die dem Zugriff der Mitgliedstaaten entzogen sind, vgl. EuGH, Gutachten v. 14.12.1991 – 1/91, Slg 1991, I-6079 Rn. 46, 71 unter Hinweis auf die „Grundlagen der (EU) selbst", zu denen die Autonomie des EuGH gehört; *Herrnfeld* in: Schwarze/Becker/Hatje/Schoo, EUV, Art. 48 Rn. 4, wonach darauf verwiesen wird, dass zwingend eine Beteiligung bestimmter Unionsorgane vorgesehen ist, wodurch diesen Gelegenheit gegeben wird, Interessen der EU bzw. Sachpositionen des jeweiligen Organs in die Verhandlungen einzubringen.

380 Vgl. für Deutschland Art. 30, 70, 83 GG, die eine Zuständigkeitsvermutung zugunsten der Bundesländer enthalten; ähnlich für die Republik Österreich Art. 15 B-VG.

Bestimmung in den Verträgen stützen. Existiert eine solche Vorschrift nicht, sind die Mitgliedstaaten zuständig.[381]

Föderaler Natur ist auch das in Art. 5 Abs. 3 EUV enthaltene Subsidiaritätsprinzip, demzufolge die Europäische Union die zugewiesenen Kompetenzen nur ausüben darf, wenn die mit der von ihr in Betracht gezogenen Maßnahme verfolgten Ziele auf nationaler Ebene nicht und auf Unionsebene besser erreicht werden können.[382] Dieser doppelte „Test"[383] fordert von der Europäischen Union eine besondere Begründung, wenn sie eine geteilte bzw. konkurrierende Regelungskompetenz in Anspruch nehmen und damit die bisherige Zuständigkeit der Mitgliedstaaten auf diesem Gebiet beenden will.[384] Zudem ist durch Einbindung der nationalen Parlamente in Art. 5 Abs. 3 UAbs. 2 EUV eine politische, aber auch eine gerichtliche Kontrolle des Subsidiaritätsprinzips zu erwarten. Details sind im Protokoll Nr. 2 über die Anwendung der Grundsätze der Subsidiarität und Verhältnismäßigkeit festgelegt.[385]

---

381 Die Art der Kompetenzen, welche die EU besitzt, kann sich je nach Politikfeld unterscheiden (vgl. Art. 2 AEUV). Die Formen von Zuständigkeiten orientieren sich dabei grob an den verschiedenen Formen von Gesetzgebungskompetenzen zwischen Bund und Ländern im deutschen GG, vgl. *Vedder* in: Vedder/Heintschel von Heinegg, AEUV, Art. 2 Rn. 11 ff. (ausschließliche Unionskompetenzen); *Nettesheim* in: Grabitz/Hilf/Nettesheim, AEUV, Art. 2 Rn. 23 ff. (geteilte Unionskompetenzen).

382 *Lienbacher* in: Schwarze/Becker/Hatje/Schoo, EUV, Art. 5 Rn. 19 ff.; *Streinz* in: Streinz, EUV, Art. 5 Rn. 22 ff.

383 *Streinz* in: Streinz, EUV, Art. 5 Rn. 26; *Langguth* in: Lenz/Borchardt, EUV, Art. 5 Rn. 30 ff.

384 *Calliess* in: Calliess/Ruffert, AEUV, Art. 296 Rn. 7 ff.; *Vedder* in: Vedder/Heintschel von Heinegg, AEUV, Art. 296 Rn. 6 ff.; *Kotzur* in: Geiger/Khan/Kotzur, AEUV, Art. 296 Rn. 2 f.

385 Die Protokolle (Nr. 1 und 2) über die Rolle der nationalen Parlamente und über die Anwendung der Grundsätze der Subsidiarität und der Verhältnismäßigkeit zum Vertrag von Lissabon sehen vor, dass die an das EP und den Rat gerichteten Entwürfe von Gesetzgebungsakten den nationalen Parlamenten zugeleitet werden (Art. 2 Parlamentsprotokoll). Das nationale Parlament oder die Kammer dieses Parlaments haben dann das Recht, in einer begründeten Stellungnahme darzulegen, weshalb sie den Entwurf eines Gesetzgebungsaktes als Verstoß gegen das Subsidiaritätsprinzip ansehen (Art. 6 SubsProt). Diese Stellungnahmen sind von den zuständigen Unionsorganen zu berücksichtigen und führen bei Erreichen eines bestimmten Quorums zur Überprüfung des Entwurfes (Art. 7 SubsProt). Auf Veranlassung eines Parlaments oder einer Kammer hat der jeweilige Mit-

Zusätzlich wird die föderale Mitwirkung der Mitgliedstaaten nach Maßgabe des in Art. 4 Abs. 3 EUV genannten Loyalitätsprinzips organisiert, das auch als Prinzip der „Unionstreue"[386] bezeichnet wird.[387] Die Mitgliedstaaten sind verpflichtet, an der Durchsetzung des Unionsrechts und der Verwirklichung der Ziele der Europäischen Union mitzuwirken und zu diesem Zweck mit den Unionsorganen loyal zusammenzuarbeiten.[388] Der Europäische Gerichtshof hat aus dem Prinzip verschiedene Pflichten der Mitgliedstaaten abgeleitet, insbesondere die Pflicht, die praktische Wirksamkeit des Unionsrechts, z. B. durch Anerkennung dessen Vorrangs, zu gewährleisten, oder die Pflicht zur Umsetzung von Richtlinien und zur ordnungsgemäßen Anwendung

---

gliedstaat angebliche Verstöße gegen das Subsidiaritätsprinzip durch einen Legislativakt der EU mit der Nichtigkeitsklage geltend zu machen (Art. 8 SubsProt). In Deutschland haben der Deutsche Bundestag und der Bundesrat das Recht, eine solche Klage vor dem EuGH zu erheben (Art. 23 Abs. 1a Satz 1 GG). Der Bundestag ist hierzu auf Antrag eines Viertels seiner Mitglieder verpflichtet (Art. 23 Abs. 1a Satz 2 GG), vgl. *Lienbacher* in: Schwarze/Becker/Hatje/Schoo, EUV, Art. 5 Rn. 28 ff.; *Bast* in: Grabitz/Hilf/Nettesheim, EUV, Art. 5 Rn. 60 ff.; *Herdegen*, Europarecht, § 6 Rn. 29.

386 Vorbild des Verfassungsstrukturprinzips „Unionstreue" sind überkommene Treueverpflichtungen in föderalen Verbänden. Derartige Verpflichtungen lassen sich nicht nur in Nationalstaaten, sondern auch in zwischenstaatlichen Bündnissystemen nachweisen. Sie existieren auf der Grundlage sowohl geschriebener als auch ungeschriebener Verfassungsnormen. Im bundesstaatlichen Verfassungsrecht Deutschlands hat die Bundestreue in erster Linie eine Lücken schließende Funktion, ohne dass sie das bundestaatliche Konfliktpotential auf null reduzieren würde. Als Verfassungsstrukturprinzip generiert sie Rechtspflichten, ist also gleichermaßen Rechtsquelle wie Rechtsnorm, ein Prinzip, aber keine Regel. Neuere Überlegungen präzisieren dies i.S.e. institutionell-telelogischen Auslegung des Bundesstaatsbegriffs unter Rückgriff auf die Funktion der Bundestreue im Bundesstaat: „*Wer den Bundesstaat will, der muss seine Funktionsfähigkeit wollen und damit zugleich den Grundsatz der Bundestreue anerkennen*". Ähnliches gilt für das Verfassungsrecht der EU., vgl. *Böhringer/Marauhn* in: Schulze/Janssen/Kadelbach, § 7 Rn. 4 ff.; *Unruh*, EuR 2002, 41 (53); *Bergmann* in: Bergmann, Handlexikon der EU, „Unionstreue".

387 *Böhringer/Marauhn* in: Schulze/Janssen/Kadelbach, § 7 Rn. 27 ff.; *Vedder* in: Vedder/Heintschel von Heinegg, EUV, Art. 4 Rn. 22 ff.; vgl. auch BVerfG, Urt. v. 22.03.1995 – 2 BvG 1/89, BVerfGE 92, 203, 230 f., *FernsehRL*.

388 *Böhringer/Marauhn* in: Schulze/Janssen/Kadelbach, § 7 Rn. 8; im Hinblick auf das Prinzip der Bundestreue in Deutschland als Beispiel ähnlicher Loyalitätspflichten auf verschiedenen Ebenen der Staatsgewalt in staatlichen föderalen Systemen, vgl. *Sodan/Ziekow*, Öffentliches Recht, § 8 Rn. 31 ff.

des Unionsrechts durch nationale Einrichtungen.[389] Das Loyalitätsprinzip wird als wechselseitige Verpflichtung zur Zusammenarbeit interpretiert, die auch für die Unionsorgane gegenüber den Mitgliedstaaten gilt.[390] In den Verträgen wird der gegenseitige Charakter des Loyalitätsprinzips in verschiedenen Bestimmungen konkretisiert.[391] Außerdem postuliert Art. 4 Abs. 2 EUV eine Verpflichtung der Europäischen Union zur Rücksichtnahme auf die nationale Identität, einschließlich

389 In einem Fall hatte die Kommission über längere Zeit beobachtet, dass der Handel mit landwirtschaftlichen Produkten in der EU durch gewaltsame Proteste französischer Bauern massiv gestört wird. Lastwagen mit importiertem Gemüse und Obst werden auf französischen Landstraßen gestoppt und ihre Ladung vernichtet. Die französischen Behörden stehen derartigen Aktionen passiv gegenüber. Nach Aufsichtsklage der Kommission gemäß Art. 258 AEUV stellt der EuGH fest, dass Art. 34 AEUV i.V.m. Art. 4 Abs. 2 EUV die französischen Behörden verpflichtet, gegen solche Störungen des freien Warenverkehrs durch Privatpersonen einzuschreiten. Ziel der Vorschriften sei eine effektive Durchsetzung des freien innerunionalen Handels, weshalb jede Beeinträchtigung der Handelsströme untersagt ist. Es spiele keine Rolle, von welcher Stelle diese ausgehe. Nach Art. 4 Abs. 3 EUV sind die Mitgliedstaaten verpflichtet, alle erforderlichen und geeigneten Maßnahmen zu ergreifen, um die Beachtung der Grundfreiheiten sicherzustellen. Dabei verfügen sie zwar über ein Ermessen. Die von französischer Seite angeführten Maßnahmen reichten angesichts der Häufigkeit und Schwere der Eingriffe jedoch offenkundig nicht aus, so dass ein Ermessensfehler vorliege. Es ist zwar grds. denkbar, dass Rechtfertigungsgründe wie etwa Gründe der öffentlichen Sicherheit und Ordnung nach Art. 36 AEUV oder *„zwingende Erfordernisse des Allgemeininteresses“* bestehen. Dies ist hier jedoch nicht der Fall, da wirtschaftliche Gründe keinesfalls Beeinträchtigungen, die nach Art. 34 AEUV verboten sind, rechtfertigen können, EuGH, Urt. v. 09.12.1997 – C-265/95, Slg 1997, I-6959; vgl. aber auch EuGH, Urt. v. 12.06.2003 – C-112/00, Slg 2003, I-5659, Rn. 65 ff.

390 *Obwexer* in: von der Groeben/Schwarze/Hatje, EUV, Art. 4 Rn. 64; EuGH, Urt. v. 10.02.1983 – 230/81, Slg 1983, 255, Rn. 37; EuGH, Urt. v. 06.12.1990 – C-2/88 Imm., Slg 1990, I-3365, Rn. 23, *Zwartveld*.

391 So in Art. 222 AEUV (Solidarität bei Terroranschlägen und Katastrophen) und Art 42 Abs. 7 EUV (Beistandspflicht bei militärischem Angriff).

der verfassungsrechtlichen Strukturen der Mitgliedstaaten,[392] woraus sich jedoch keine Grenze für den Vorrang des Unionsrechts ergibt.[393]

An dieser Stelle wäre zu bedenken, dass das Zusammenspiel von Europäischer Union und Mitgliedstaaten aufgrund der engen Verflechtungen miteinander über die normierten föderativen Grundstrukturen hinausgeht und bereits von Prinzipien eines europäischen Föderalismus erfasst ist.[394]

Der Föderalismus war im Laufe des europäischen Integrationsprozesses die Grundlage einer Bewegung mit dem Ziel der Gründung eines europäischen Bundesstaates.[395] Grundsätzlich ist Föderalismus als ein politisches Ordnungsprinzip zu verstehen, das darauf abzielt, die Existenz und Selbstständigkeit einer Mehrheit politischer Einheiten mit der Zusammenfassung dieser Einheiten in ein höheres Ganzes zu verbinden. Föderalistische Ordnungen bilden mehrstufige politische Systeme ab, in denen an die Seite der politischen Einheit der Glieder die politische Gesamtexistenz tritt. Damit ist Föderalismus die Bildung eines Ganzen unter gleichzeitiger Bewahrung der Freiheit der engeren territorialen und personellen Gemeinschaften.[396] Er dient der

---

392 Zuweilen wird der Gedanke wechselseitiger Loyalität im Verhältnis von EU und Mitgliedstaaten i.S.e. Rücksichtnahme der Unionsorgane auf die besondere verfassungsrechtliche Situation einzelner Mitgliedstaaten gedeutet. Nach Art. 4 Abs. 2 Satz 1 EUV achtet die EU die *„grundlegenden politischen und verfassungsmäßigen Strukturen"* der Mitgliedstaaten. Jedoch trägt dieses Bekenntnis keine allzu hohen Erwartungen. Denn verfassungsrechtliche Besonderheiten eines Mitgliedstaates rechtfertigen grds. keine privilegierte Behandlung im Hinblick auf unionsrechtliche Verpflichtungen. Dies gilt insbesondere im Hinblick auf die Ausgestaltung der innerstaatlichen Kompetenzordnung. So ist es ausschließlich Aufgabe der zuständigen deutschen Bundesorgane (insbesondere des deutschen Vertreters im Rat der EU) – und nicht etwa der Unionsorgane –, Länderinteressen auf Unionsebene zur Geltung zu bringen, vgl. *Herdegen*, Europarecht, § 6 Rn. 15.

393 *Haratsch*, EuR 2016, 131 (132 ff.); *Schill/Krenn* in: Grabitz/Hilf/Nettesheim, EUV, Art. 4 Rn. 14 ff.; *Herdegen*, Europarecht, § 6 Rn. 14.

394 *Calliess* in: Calliess/Ruffert, EUV, Art. 1 Rn. 45 ff.; *Dann* in: von Bogdandy/Bast, S. 343; *Kämmerer*, NVwZ 2015, 1321 (1324); *Nettesheim*, ZEuS 2002, 507; *Everling* in: Hailbronner/Rees/Stein, FS Doehring, S. 179.

395 Vgl. zu dem Vorschlag von Winston Churchill zur Bildung der „Vereinigten Staaten von Europa", *Müller-Armack*, S. 59.

396 *Ast* in: Bergmann, Handlexikon der EU, „Föderalismus"; *Große Hüttmann/Fischer* in: Große Hüttmann/Wehling, Europalexikon, „Föderalismus und EU".

Selbstbehauptung der Eigenart und der Anerkennung des Eigenrechtes dieser Eigenart. In der Existenz einer politischen Gesamtheit unterscheiden sich föderalistische Ordnungen vom bloßen vertraglichen Zusammenwirken einzelner Staaten. Der Unterschied zwischen Föderalismus und bloßer Dezentralisation liegt dabei im Fortbestand und der Erhaltung der politischen Einheit der Glieder. Föderalismus dient der Einheitsbildung in Verschiedenheit und wirkt auf die Integration des Unterschiedlichen im Gemeinsamen hin.[397]

Obwohl die Begriffe Bundesstaat und Föderalismus häufig synonym verwendet werden, erscheint eine Differenzierung an dieser Stelle sinnvoll. Beim Föderalismus handelt es sich um eine politikwissenschaftliche Kategorie zur Beschreibung eines Verbundes von Gliedstaaten, wobei es nicht darauf ankommt, ob es sich um einen Staatenbund, also um einen Verbund souveräner Gliedstaaten handelt, oder ob diese Gliedstaaten ihre Souveränität auf den Bund übertragen haben, der insbesondere das Recht hat, über die Verteilung der Zuständigkeiten zwischen dem Bund und den Ländern zu entscheiden. Im Grundsatz unterscheidet sich ein Bundesstaat von einem Staatenbund auch dadurch, dass die Gliedstaaten keine Möglichkeit haben, die Verbindung aufzukündigen und aus eigener Initiative wieder aus dem Verbund auszutreten.[398] Indes darf nicht übersehen werden, dass der Bundesstaat gleichermaßen auf föderativen wie unitarischen Elementen aufbaut, er also ein Harmoniemodell von Föderalismus und Unitarismus markiert.[399]

Vor dem Hintergrund des Umstandes, dass die politische Theorie eine Vielzahl föderaler Typen mit jeweils unterschiedlicher Prägung kennt, ist dabei eine nähere Präzisierung des Typs föderalistischer Verbundenheit geboten, der die Europäische Union und die Mitgliedstaaten kennzeichnet. Die Kräfteverteilung im europäischen Verfassungsver-

397 *Nettesheim* in: Grabitz/Hilf/Nettesheim, EUV, Art. 1 Rn. 62; vgl. auch zur Rechtfertigung der föderalistischen Struktur in Deutschland, *Maurer*, Staatsrecht I, § 10 Rn. 71 ff.

398 *Huster/Rux* in: Epping/Hillgruber, BeckOK GG, Art. 20 Rn. 5.

399 *„Ohne das föderale Element kein Bundesstaat, ohne das unitarische kein Staat.“*, vgl. *Jestaedt* in: Isensee/Kirchhof, HStR, Bd. II, § 29 Rn. 9; vgl. auch *Lehmbruch*, Der unitarische Bundesstaat in Deutschland, S. 5 ff. sowie allgemein *K. Hesse*, Der unitarische Bundesstaat.

bund ist weiterhin bündisch, wodurch sich europäischer Föderalismus insofern als sogenannter konsoziativer Föderalismus bezeichnen lässt.[400] Im konsoziativen Föderalismus fließt die verfassunggebende Gewalt der Glieder nicht aus der Verfassung des übergreifenden Verbandes. Außerdem wird im konsoziativen Föderalismus die Souveränität der Mitgliedstaaten weiterhin bewahrt und ihnen verbleibt im Entscheidungsprozess eine bestimmende Rolle. Mit der Bezeichnung des Verbundes von Europäischer Union und Mitgliedstaaten als konsoziativem Föderalismus kann zum einen deutlich gemacht werden, dass die im 19. Jahrhundert erfolgte Verengung des Föderalismuskonzepts auf die Form der typischen Bundesstaatlichkeit begrifflich nicht zwingend ist.[401] Durch die Begrifflichkeit des konsoziativen Föderalismus werden insofern antiföderalistische Effekte vermieden. Andererseits bietet die Begrifflichkeit eine Grundlage, auf der die verfassungsrechtlichen Probleme des Zusammenspiels von Europäischer Union und Mitgliedstaaten adäquat bearbeitet werden können.[402]

Mithin weist das Konzept des konsoziativen Föderalismus erhebliche Überschneidungen mit dem Begriff des „Verbunds" auf. Föderale Ansätze sind in diesem Zusammenhang erkenntnisstiftend, wenn darauf verzichtet wird, eine Schwebelage der Souveränität zu behaupten.[403] Eine entwickelte „bündische Theorie" lässt es zu, die Letztentscheidung einer der beiden Seiten zuzuordnen und zugleich herauszuarbeiten, dass in der Normallage vielfältige und wechselseitige Steuerungsmöglichkeiten und Einwirkungsbefugnisse bestehen.[404] Nicht die Aufhebung der Hierarchie, sondern die Pluralisierung bildet die Eigenheit eines solchen Denkansatzes.[405]

---

400 *Nettesheim*, EuR-Beiheft 2004, 7 (34 ff.); *Schneider*, integration 2000, 171; *Fischer*, integration 2000, 149 ff.; *Oeter*, in: von Bogdandy/Bast, S. 73 ff.; *Benz* in: Tsatsos, Die Unionsgrundordnung, S. 319 ff.

401 *Nettesheim* in: Grabitz/Hilf/Nettesheim, EUV, Art. 1 Rn. 63.

402 *Pernice*, VVDStRL 60 (2001), 148; *Huber*, VVDStRL 60 (2001), 194; *Lübbe-Wolff*, VVDStRL 60 (2001), 246; *Grabenwarter*, VVDStRL 60 (2001), 290.

403 *Beaud* in: Pernice/Otto, S. 59 ff.; *Beaud*, Theorié de la Fédération; *Martenczuk*, EuR 2000, 351 (355).

404 *Schönberger*, AöR 2004, 81; *Nettesheim*, ZEuS 2002, 507.

405 *Möllers* in: von Bogdandy/Bast, S. 243; *Peters*, S. 253 ff.; *Everling*, DVBl 1993, 936 (942 f.); *Höreth*, S. 125 f., *auf dem Keller*, Finalität der EU, S. 50; *Schliesky*, S. 529 ff.

d) Verstärkte Zusammenarbeit als differenzierte Integration

Die Vorstellungen davon, wie sich das Gebilde der Europäischen Union weiterentwickeln soll, streben in den einzelnen Mitgliedstaaten zunehmend auseinander.[406] Eine Vertiefung der Integration im Gleichschritt aller Mitgliedstaaten wird womöglich immer schwieriger umzusetzen sein. Dabei ist wesentlich, diese Tatsache nicht allein als Problem, sondern auch als strategische Chance für die Zukunft der Europäischen Union zu verstehen. Diese Chance beruht auf dem Konzept der abgestuften, flexiblen oder differenzierten Integration.[407] Anlass dafür war die bereits mit der ersten Erweiterung im Jahre 1973 absehbare Divergenz in den Zielvorstellungen der Mitgliedstaaten über die politische Finalität der damaligen Gemeinschaften.[408] Im Rahmen dieses Konzepts sind in unterschiedlichen Politikbereichen Integrationsschritte erfolgt, an denen sich nicht alle Mitgliedstaaten der Europäischen Union beteiligen. Durch den Vertrag von Lissabon erfuhr die differenzierte Integration in Form der Verstärkten Zusammenarbeit mit Art. 20 EUV und den Art. 326 bis 334 AEUV[409] eine geänderte Normierung unter Einführung konkreter Voraussetzungen.[410] Im Zuge einer Verstärkten Zusammenarbeit zwischen einigen integrationswilligeren Mitgliedstaaten können diese die Unionsorgane sowie die vertraglich vorgegebenen Verfahren und Mechanismen für die Zusammenarbeit in Anspruch nehmen.[411] Wichtig bleibt jedoch, dass die Verstärkte Zusammenarbeit nicht als Instrumentarium zur Abkehr von der einheitlichen Integration verstanden wird.

---

406 Bspw. in der Wirtschafts- und Währungspolitik, der Sozialpolitik oder der GASP, *Schroeder*, Europarecht, § 7 Rn. 39.

407 *Pechstein* in: Streinz, EUV, Art. 20 Rn. 3; *Hatje* in: Schwarze/Becker/Hatje/Schoo, EUV, Art. 20 Rn. 5; *Bender*, ZaöRV 1997, 729 (732 f.); *Ehlermann*, EuR 1997, 362 (366 ff.);

408 *Ruffert* in: Calliess/Ruffert, EUV, Art. 20 Rn. 1 f.

409 Vormals Art. 40, 43–45 EUV a.F.; Art. 11 EGV.

410 *Becker* in: von der Groeben/Schwarze/Hatje, EUV, Art. 20 Rn. 7; *Heintschel von Heinegg* in: Vedder/Heintschel von Heinegg, EUV, Art. 20 Rn. 1 ff.

411 *Bieber/Haag* in: Schulze/Janssen/Kadelbach, § 1 Rn. 20; *Ruffert* in: Calliess/Ruffert, EUV, Art. 20 Rn. 14 ff.; *Häberle/Kotzur*, Europäische Verfassungslehre, S. 465.

aa) Theoretische Eingrenzung der differenzierten Integration

Der Begriff „differenzierte Integration" ist als ein Zustand zu definieren, in dem die bislang systembildende Einheitlichkeit und Gleichzeitigkeit des Integrationsniveaus in allen Mitgliedstaaten durch zum Teil umfangreiche, zeitlich befristete oder dauerhafte Durchbrechungen relativiert wird.[412] Die Verstärkte Zusammenarbeit stellt dabei als besonderes Verfahren zur Einführung von partikular geltendem Sekundärrecht den wichtigsten Unterfall der differenzierten Integration dar.[413] Daneben finden sich zahlreiche weitere Spezialfälle der differenzierten Integration.[414]

Die Definition des Begriffs „differenzierte Integration" umschreibt damit deren vertragliche Erscheinungsformen, ohne diese zunächst einer integrationspolitischen Bewertung zu unterziehen. Diese kommt hingegen in einer Reihe integrationspolitischer Konzepte zum Ausdruck, welche die Frage nach der richtigen Europa- bzw. Integrationspolitik aufwerfen und unabhängig von einer juristischen Systematisierung bestehen.[415] Die integrationspolitischen Konzepte erscheinen in verschiedenen Ausprägungen und lassen sich vor allem danach unterscheiden,

---

412 *Becker* in: von der Groeben/Schwarze/Hatje, EUV, Art. 20 Rn. 14; *ders.*, EuR-Beiheft 1998, 29 (31 ff.); *Wessels/Jantz* in: Hrbek, S. 349; *Martenczuk*, ZEuS 1998, 447 (450); *Huber*, EuR 1996, 347 ff.

413 *Becker* in: von der Groeben/Schwarze/Hatje, EUV, Art. 20 Rn. 15 f.; *Thym*, EuR 2006, 637 (644); *Martenczuk*, ZEuS 1998, 447 (450); *Schroeder*, Europarecht, § 7 Rn. 41.

414 Wichtigste vertragliche Erscheinungsformen der differenzierten Integration sind neben den Bestimmungen über die Verstärkte Zusammenarbeit zum einen die Regelungen über den Schengen-Besitzstand, zum anderen die Regelungen über die Wirtschafts- und Währungsunion. Außerdem gehören dazu die Möglichkeiten zum Erlass von Schutz- bzw. Schutzverstärkungsklauseln, insbesondere gemäß Art. 114 Abs. 4–10 AEUV sowie die vorübergehende Differenzierung bei der Herstellung des Binnenmarktes gemäß Art. 27 AEUV. Im Bereich der GASP existiert mit der sog. Ständigen Strukturierten Zusammenarbeit gemäß Art. 42 Abs. 2, 46 EUV nach wie vor eine spezielle Form der vertraglichen differenzierten Integration. Keine Verstärkte Zusammenarbeit stellt die sog. Visegrád-Gruppe dar – eine Bühne der Information und Zusammenarbeit bzw. politischer Koordinierung zwischen Polen, Tschechien, Slowakei und Ungarn, vgl. *Becker* in: von der Groeben/Schwarze/Hatje, EUV, Art. 20 Rn. 16; *Hatje* in: Schwarze/Becker/Hatje/Schoo, EUV, Art. 20 Rn. 14 ff.; *Becker*, EuR-Beiheft 1998, 29 (37 ff.); *Hakenberg*, Europarecht, 4. Teil Rn. 214 Fn. 2.

415 *Wessels/Jantz* in Hrbek, S. 348 f.; *Wessels* in: Jopp/Maurer/Schmuck, S. 189.

ob sie an dem bisherigen Integrationskonzept grundsätzlich festhalten und auf die Erreichung gemeinsamer Ziele ausgerichtet sind oder ob sie eine Alternative zum Postulat der Einheitlichkeit bieten sollen.

Ein „Europa der unterschiedlichen Geschwindigkeiten" bedeutet danach lediglich eine zeitlich differenzierte Integration in bestimmten Bereichen.[416] Das gestaffelte Voranschreiten basiert auf gemeinsamen Zielsetzungen, über deren Erreichen grundsätzlich Einigkeit besteht.[417] Anwendbare Instrumente sind jedenfalls zeitlich begrenzte Übergangsvorschriften und Schutzklauseln.[418] Über eine zeitlich verzögerte Integration hinaus kann es auch zu Differenzen über die zu integrierenden Politik- und Ordnungsbereiche kommen. Anhand des Ausmaßes der Unstimmigkeiten ist die differenzierte Integration in verschiedene Erscheinungsformen zu unterscheiden.[419]

Die sogenannte variable Geometrie („géométrie variable") bezeichnet dabei die differenzierte Integration in Politikbereichen, in denen es mittelfristig keine Möglichkeit oder Bereitschaft zur vollständigen Integration gibt.[420] Es kommt daher zu zeitlich unbefristeten Ausnahmeregelungen.[421] Jedoch bleibt ein fester Kanon von Unionsbereichen unberührt, bei denen am Prinzip der einheitlichen Integration festgehalten wird.[422]

Als besonders ausgeprägte Form differenzierter Integration wäre ein „Europa à la carte"[423] denkbar. Hierbei gibt es keinen festen Integrationskern mehr. Stattdessen beteiligt sich jeder Mitgliedstaat nach

416 Vgl. *Pechstein* in: Streinz, EUV, Art. 20 Rn. 4; *Hatje* in: Schwarze/Becker/Hatje/Schoo, EUV, Art. 20 Rn. 6; *Schneider*, JRP 2004, 136 ff.; *Martenczuk*, ZEuS 1998, 447 (451).

417 *Ruffert* in: Calliess/Ruffert, EUV, Art. 20 Rn. 5; *Stubb*, JCMS 1996, 283 (287).

418 Vgl. *Martenczuk*, ZEuS 1998, 447 (451 ff.).

419 *Hofmann*, EuR 1999, 713 (718); *Ehlermann*, EuR 1997, 362 (364); *Stubb*, JCMS 1996, 283 (289).

420 Negativ belegt ist die planlose, äußerste Variante der „géométrie variable": Europa à la carte, vgl. *Ruffert* in: Calliess/Ruffert, EUV, Art. 20 Rn. 6; *Krämer* in: Randelzhofer/Scholz/Wilke, GS Grabitz, S. 320; *Ost*, DÖV 1997, 495 f.

421 *Martenczuk*, EuR 2000, 351 (353).

422 *Ehlermann*, EuR 1997, 362 (364).

423 Alternativ „Kerneuropa", intergouvernementales „Direktorium" oder Europa der „konzentrischen Kreise". In diese Kategorie gehört etwa auch die Selbstbezeichnung des ehemaligen britischen Premierministers Cameron als „Eurorealist". Politisch-ökonomische Faktoren und/oder nationale Interessen bestimmen, welche

dem Prinzip des „Rosinenpickens", wodurch der Grundsatz der einheitlichen Wahrung des „acquis communautaire" aufgegeben wird.[424] Ebenso kann der einheitliche institutionelle Rahmen durch neue Institutionen ersetzt werden.[425] In diese Kategorie fällt das Konzept des „funktionalen Föderalismus", in dem sich aufgabenbedingt zugeschnittene, für neue Mitglieder offene, sich funktional überschneidende wirtschaftliche Zweckverbände auf der Grundlage marktwirtschaftlicher Effizienzgesichtspunkte bilden.[426]

bb) Voraussetzungen der Verstärkten Zusammenarbeit

Den vorgenannten integrations- und rechtspolitischen Spannungen versucht das unionale Primärrecht zunächst durch verschiedene ausdrückliche Anforderungen für die differenzierte Integration in Form der Verstärkten Zusammenarbeit beizukommen.[427] Mithin folgt aus dem einschlägigen Regime der Unionsverträge der pragmatische Charakter der Verstärkten Zusammenarbeit als ein Instrument zur Realisierung konkreter Integrationsvorgaben in Form einzelner Rechtsakte oder Maßnahmenbündel. Allgemein erlaubt die Verstärkte Zusammenarbeit seit ihrer Einführung die Setzung von regulärem Sekundärrecht mit Wirkung für einige Mitgliedstaaten.[428] Seit dem Vertrag von Lissabon normiert Art. 20 EUV nur fünf Voraussetzungen, die

---

Staaten an welchen Integrationsprojekten teilnehmen, vgl. *Abels* in: Bergmann, Handlexikon der EU, „Integrationskonzepte, Europa à la carte".

424 *Ruffert* in: Calliess/Ruffert, EUV, Art. 20 Rn. 6; *Pechstein* in: Streinz, EUV, Art. 20 Rn. 4; *Beck*, S. 42; *Thym*, EuR 2006, 637 (643).

425 Vgl. *Bieber/Kahil-Wolff/Kallmayer*, S. 89.

426 Ausführlich zu den Besonderheiten des funktionalen Föderalismus *Straubhaar*, S. 185 ff.

427 Zum ersten Mal auf dem Gebiet der Ehescheidung, vgl. Beschluss des Rates v. 12.07.2010 über die Ermächtigung zu einer Verstärkten Zusammenarbeit im Bereich des auf die Ehescheidung und Trennung ohne Auflösung des Ehebandes anzuwendenden Rechts, 2010/405/EU, ABl. 2010, L 189, S. 12. Weiteres Beispiel ist die Verordnung (EU) Nr. 1257/2012 des Europäischen Parlaments und des Rates v. 17.12.2012 über die Umsetzung der Verstärkten Zusammenarbeit im Bereich der Schaffung eines einheitlichen Patentschutzes, ABl. 2012 L 361, S. 1.

428 Vgl. *auf dem Keller*, Finalität der EU, S. 53.

jede Verstärkte Zusammenarbeit beachten muss. Die übrigen Voraussetzungen sind in den Art. 326 bis 334 AEUV genannt.[429]

Zu den Voraussetzungen gehört nach Art. 20 Abs. 1 UAbs. 2 Satz 1 EUV vornehmlich die Pflicht zur Förderung der Ziele der Europäischen Union und der Stärkung des Integrationsprozesses.[430] Dieses finale Erfordernis enthält zugleich ein Rückschrittsverbot.[431] Gleiches gilt für den Vorrang des Primärrechts gegenüber dem Sekundärrecht, die Verpflichtung zur Beachtung der vertraglichen Verfahren und den Respekt für das geltende Europarecht in Bezug auf alle Mitgliedstaaten, welches einige untereinander nicht außer Kraft setzen können.[432] Selbstverständlich ist aus Sicht des geltenden Vertragsrechts die Begrenzung auf den Grundsatz der begrenzten Einzelermächtigung unter Ausschluss ausschließlicher Kompetenzen der Europäischen Union.[433] Die Union muss zwar zuständig sein, darf aber zugleich nicht ausschließlich zuständig sein.[434] Entgegen der Sonderregelungen für die sogenannte Ständige Strukturierte Zusammenarbeit nach Art. 329 Abs. 2 AEUV sowie nach Art. 42 Abs. 6 i.V.m. Art. 46 Abs. 1 EUV enthalten Art. 20 EUV sowie Art. 326 ff. AEUV keine Vorgaben für eine Verstärkte Zusammenarbeit im Rahmen der Außen- und Sicherheitskompetenzen.[435] Die Verstärkte Zusammenarbeit soll somit weder zu einer schleichenden Übertragung von Kompetenzen der Mitgliedstaa-

429 Nach Art. 20 EUV und Art. 326 ff. AEUV darf eine (i) Gruppe von mindestens neun Mitgliedstaaten in (ii) Kompetenzbereichen der EU, die nicht zu deren ausschließlichen Kompetenzen gehören, eine Verstärkte Zusammenarbeit begründen, ohne dass alle Mitgliedstaaten zustimmen müssen, sofern (iii) der Rat sie nach Art. 329 AEUV hierzu ermächtigt und das EP zustimmt, (iv) diese Zusammenarbeit den Zielen der EU dient und (v) eine „ultima ratio" darstellt, weil die Unionsziele nicht anders erreicht werden können, vgl. *Ruffert* in: Calliess/Ruffert, EUV, Art. 20 Rn. 15 ff.; *Schroeder*, Europarecht, § 7 Rn. 40.

430 *Blanke* in: Grabitz/Hilf/Nettesheim, EUV, Art. 20 Rn. 38; *Hatje* in: Schwarze/Becker/Hatje/Schoo, EUV, Art. 20 Rn. 23.

431 Vgl. *Pechstein* in: Streinz, EUV, Art. 20 Rn. 12; *Ruffert* in: Calliess/Ruffert, EUV, Art. 20 Rn. 17; *Cach*, EuR 2014, 716 (723); *Ehlermann*, EuR 1997, 362 (372).

432 *Pechstein* in: Streinz, EUV, Art. 20 Rn. 16.

433 *Becker* in: von der Groeben/Schwarze/Hatje, EUV, Art. 20 Rn. 42.

434 EuGH, Urt. v. 27.11.2012 – C-370/12, ABl. 2013 C 26, S. 15–16, Rn. 167, *Pringle*; *Ruffert* in: Calliess/Ruffert, EUV, Art. 20 Rn. 15.

435 Für die GASP bestehen Sonderregelungen nach Art. 329 Abs. 2 AEUV sowie nach Art. 42 Abs. 6 i.V.m. Art. 46 Abs. 1 EUV in Form der Ständigen Strukturierten Zusammenarbeit von Mitgliedstaaten mit hohem militärischen Potential.

ten auf die Europäische Union führen, noch umgekehrt ausschließliche Unionskompetenzen an die Mitgliedstaaten rückverlagern.[436]

Schließlich verweist Art. 20 Abs. 1 UAbs. 2 EUV auf das Prinzip der Offenheit in Art. 238 Abs. 1 AEUV. Das macht deutlich, dass eine Verstärkte Zusammenarbeit nur begründet werden kann, wenn sie unter Beachtung der Teilnahmevoraussetzungen allen Mitgliedstaaten offensteht.[437]

Gemäß Art. 20 Abs. 2 Satz 1 EUV soll die Verstärkte Zusammenarbeit jedoch nur als letztes Mittel aufgenommen werden, wenn der Rat zu dem Schluss gelangt ist, dass die dadurch angestrebten Ziele unter Anwendung der einschlägigen Bestimmungen der Verträge nicht in einem vertretbaren Zeitraum verwirklicht werden können. Damit wird gesichert, dass die Verstärkte Zusammenarbeit nur als „ultima ratio" herangezogen wird, wenn die Realisierung eines Projekts unter Beteiligung aller Mitgliedstaaten nicht zu erreichen ist. Bei der Beurteilung der Frage, ob die Unionsziele mit den in den Verträgen vorgesehenen Verfahren erreichbar sind, ist den Unionsorganen gleichwohl ein weiter Spielräum einzuräumen.[438]

Soweit außerdem sichergestellt ist, dass nur neue Integrationsvorhaben mittels der Verstärkten Zusammenarbeit realisiert werden können und ein nachträgliches Ausscheren grundsätzlich ausgeschlossen ist,[439] un-

---

436 Vgl. *Blanke* in: Grabitz/Hilf/Nettesheim, EUV, Art. 20 Rn. 36; *Becker* in: von der Groeben/Schwarze/Hatje, EUV, Art. 20 Rn. 41 ff.

437 *Ruffert* in: Calliess/Ruffert, EUV, Art. 20 Rn. 18, AEUV, Art. 238 Rn. 1; *Pechstein* in: Streinz, AEUV, Art. 238 Rn. 1.

438 Diesbezüglich bleibt immer noch die Frage unbeantwortet, auf welche Kriterien der Rat die Feststellung stützen soll, dass die mit der Verstärkten Zusammenarbeit *„angestrebten Ziele von der Union in ihrer Gesamtheit nicht innerhalb eines vertretbaren Zeitraums verwirklicht werden können"*. Letztlich bleibt daher nur die Feststellung, dass der Rat einen weiten Beurteilungsspielraum hat, so dass seine Entscheidung in nur eingeschränktem Maße justitiabel ist, vgl. *Heintschel von Heinegg* in: Vedder/Heintschel von Heinegg, EUV, Art. 20 Rn. 6; EuGH, Urt. v. 16.04.2013 – C-274/11, C-295/11, ECLI:EU:C:2013:240, Rn. 36, 53 f., *Spanien und Italien/Rat*; *von Buttlar*, ZEuS 2001, 649 (665 f.); *Hofmann*, EuR 1999, 713 (723); *Becker*, EuR-Beiheft 1998, 29 (48).

439 Im Gegensatz zu den vorgestellten Errichtungs- und Teilnahmeverfahren ist ein nachträglicher Austritt eines Mitgliedstaates aus eine bestehenden Verstärkten Zusammenarbeit gerade nicht vorgesehen, vgl. *Blanke* in: Grabitz/Hilf/Nettesheim, EUV, Art. 20 Rn. 61.

terstreicht das zudem den ergänzenden Charakter der Verstärkten Zusammenarbeit.[440] Diese stellt als Rechtsinstitut den Grundsatz der Rechtsetzung für alle Mitgliedstaten nicht infrage, sondern verbindet ihn mit Rücksicht auf die ablehnende Haltung einzelner Mitgliedstaaten, welche die Ausrichtung eines europäischen Vorhabens nicht teilen oder aus allgemeinen Erwägungen die europäische Regelung einer Sachmaterie ablehnen.[441]

Das Prinzip der differenzierten Integration lässt sich vor diesem Hintergrund eher als Ausnahme vom Prinzip der einheitlichen Integration beschreiben. Mithin kann nur in den Bereichen von differenzierter Integration gesprochen werden, in denen die Europäische Union ansonsten geschlossen voranschreitet.[442] Dennoch ist angesichts der Vielfalt der europäischen Wirklichkeit eine Verstärkte Zusammenarbeit innerhalb der Europäischen Union sowie eine flexibilisierte Kooperation außerhalb der Union mittlerweile unabdingbar und rechtlich geboten.[443] Der Wunsch nach Einheitlichkeit darf nicht die Akzeptanz des Stillstands der Integration rechtfertigen.[444] Bei einer wachsenden Zahl von Mitgliedern und dem bereits erreichten Integrationsstand der Europäischen Union wird ein Konsens aller Mitgliedstaaten zunehmend schwieriger zu erreichen sein, weshalb Formen differenzierter Integration in einzelnen Bereichen unvermeidlich waren und bleiben.[445] Projekte wie die „Schengener Abkommen",[446] die Kooperation in der Sozialpolitik

440 *Thym*, EuR 2006, 637 (645); krit. *Huber*, EuR 1996, 347 (361).

441 Vgl. auch zum Verhältnis der beteiligten Mitgliedstaaten zu den nicht beteiligten Mitgliedstaaten einer Verstärkten Zusammenarbeit, *Hatje* in: Schwarze/Becker/Hatje/Schoo, EUV, Art. 20 Rn. 32.

442 *Blanke* in: Grabitz/Hilf/Nettesheim, EUV, Art. 20 Rn. 6; *Bender*, ZaöRV 2001, 729 (735); *Giering/Janning*, integration 2001, 146 (153).

443 *Ruffert* in: Calliess/Ruffert, EUV, Art. 20 Rn. 2 ff.; *Blanke* in: Grabitz/Hilf/Nettesheim, EUV, Art. 20 Rn. 66; *Arndt* in: Scholz, Europa als Union des Rechts, S. 186; *Hofmann*, EuR 1999, 713 (733).

444 Vgl. *Ost*, DÖV 1997, 495 (502); krit. *Blanke* in: Grabitz/Hilf/Nettesheim, EUV, Art. 20 Rn. 76.

445 *Bender*, ZaöRV 2001, 729 (737 ff.); krit. *Ruffert* in: Calliess/Ruffert, EUV, Art. 20 Rn. 25.

446 Die Schengener Abkommen sind internationale Übereinkommen, insbesondere zur Abschaffung der stationären Grenzkontrollen an den Binnengrenzen der teilnehmenden Staaten. Dies sind im Kern die Mitglieder der EU, jedoch ohne Irland

und insbesondere der Wirtschafts- und Währungsunion[447] haben gezeigt, dass die differenzierte Integration bzw. Verstärkte Zusammenarbeit einzelner Staaten ein erhebliches Integrationspotential bei sonst eher zögerlichen Mitgliedstaaten freilegen und damit zum wirksamen Integrationsmotor für die gesamte Europäische Union werden kann.[448] Die Option für eine Verstärkte Zusammenarbeit innerhalb der Europäischen Union kann sich daher als realistische Chance erweisen, das den Verträgen innewohnende Integrationspotential tatsächlich auszuschöpfen. In einer kleineren homogenen Gruppe von Mitgliedstaaten ist es wahrscheinlicher, dass notwenige Integrationsentscheidungen schneller und zweckdienlicher getroffen und generell auch akzeptiert werden. Effiziente Entscheidungen werden die Überzeugung stärken, dass die Europäische Union die richtige Handlungsebene für zahlreiche Aktivitäten und Projekte bildet, die bislang national oder regional vorgenommen wurden.[449] Punktuelle Maßnahmen differenzierter Integration können somit neben dem Subsidiaritätsprinzip dazu beitragen, die richtige Problemlösungsebene zu finden und letztlich damit die föderale Idee der Einheit in Vielfalt unterstützen.[450]

(eingeschränkte Teilnahme), Kroatien, Rumänien, Bulgarien und Zypern (Teilanwenderstaaten). Durch Zusatzabkommen mit der EU wurde der Anwendungsbereich auf Island, Liechtenstein, Norwegen und die Schweiz ausgedehnt. Schengen ist ein kleiner Ort in Luxemburg, direkt am Dreiländereck von Luxemburg, Deutschland und Frankreich. Der Vertrag wurde auf einem Schiff unterzeichnet, welches dort auf der Mosel kreuzte (auf welchem Hoheitsgebiet ließ sich nicht feststellen!), *Hakenberg*, Europarecht, 2. Teil Rn. 56, 6. Teil Rn. 484; *Herdegen*, Europarecht, § 20 Rn. 15 ff.; *Funke-Kaiser* in: Bergmann, Handlexikon der EU, „Schengener Abkommen, Schengener Übereinkommen"; *Breitenmoser/Weyeneth*, EuZW 2012, 854 ff.

447 Da bereits das erste Schengener Abkommen sowie die Wirtschafts- und Währungsunion vor dem Lissabonner Vertrag in Kraft getreten bzw. umgesetzt worden sind, sind diese nicht nach den Bestimmungen für die Verstärkte Zusammenarbeit gemäß EUV und AEUV zustande gekommen. Beide bilden aber jeweils ein bedeutendes Beispiel differenzierter Integration, *Herdegen*, Europarecht, § 20 Rn. 15 ff., § 23 Rn. 63 ff.; *Heise* in: Bergmann, Handlexikon der EU, „Wirtschafts- und Währungsunion (WWU)".

448 *Arndt* in: Scholz, Europa als Union des Rechts, S. 186; *Bender*, ZaöRV, 729 (742 ff.).

449 Vgl. *Krämer* in: Randelzhofer/Scholz/Wilke, GS Grabitz, S. 323; teilw. krit. *Blanke* in: Grabitz/Hilf/Nettesheim, EUV, Art. 20 Rn. 78; *Giering/Janning*, integration 2001, 146 (152 f.).

450 Vgl. bereits *Blanke* in: Grabitz/Hilf, EUV a.F., Art. 43–45, Vorbem. Rn. 23; *Ost*, DÖV 1997, 495 (502 f.); *Martenczuk* in: Scholz, Europa als Union des Rechts, S. 196; *auf dem Keller*, Finalität der EU, S. 56.

II. Verfassungsrechtliche Vorgaben der Mitgliedstaaten

Um den Mitgliedstaaten durch die Übertragung von Hoheitsrechten die verfassungsstaatlichen Gewährleistungen nicht völlig zu entziehen, gehört es zum Selbstverständnis der Mitgliedstaaten, dass die Europäische Union bei der Ausübung ihrer Kompetenzen zumindest ähnlichen Beschränkungen unterliegen muss wie sie selbst bei der Wahrnehmung staatlicher Hoheitsbefugnisse. Aufgrund ihrer Besonderheiten im Vergleich zu einem Staat ist es hingegen nicht erforderlich, dass die Union die verfassungsstaatlichen Grundprinzipien völlig identisch umsetzt. Dies ist schon allein deshalb nicht möglich, weil auch die einzelnen Staaten sowohl nach ihrer konkreten Verfassungsordnung als auch nach ihrer Verfassungstradition erheblich voneinander abweichen. Die Öffnung der Staaten für den europäischen Integrationsprozess geht deshalb einher mit der Forderung, dass auch die zwischenstaatliche Einrichtung gewisse verfassungsstaatliche Mindesterfordernisse erfüllen muss („Grundsatz der strukturellen Homogenität“[451]). In den Verfassungen einzelner Mitgliedstaaten finden sich deshalb sogenannte Struktursicherungsklauseln[452], in denen die Bedingungen für eine Beteiligung des jeweiligen Staates am europäischen Integrationsprozess niedergelegt sind.[453]

---

451 Seinen Ausdruck findet der Grundsatz der strukturellen Homogenität zudem in Art. 2 EUV, in dem die Grundprinzipien der EU, die zugleich die verfassungsstaatlichen Fundamentalprinzipien widerspiegeln, explizit niedergelegt sind, vgl. *Schöbener/Knauff*, Allg. Staatslehre, § 5 Rn. 237.

452 Vgl. BT-Drucks. 12/3896, S. 17; BVerfGE 123, 267, 363 ff., *Lissabon*.

453 Besonders deutlich sind diese Bedingungen in Art. 23 Abs. 1 Satz 1 GG formuliert: *„Zur Verwirklichung eines vereinten Europas wirkt die Bundesrepublik Deutschland bei der Entwicklung der Europäischen Union mit, die demokratischen, rechtsstaatlichen, sozialen und föderativen Grundsätzen und dem Grundsatz der Subsidiarität verpflichtet ist und einen diesem Grundgesetz im wesentlichen vergleichbaren Grundrechtsschutz gewährleistet."* Art. 7 Abs. 6 der portugiesischen Verfassung enthält eine ähnliche Klausel, die jedoch über die verfassungsstaatlichen Grundprinzipen hinaus auch einzelne Politikbereiche benennt, die besonders souveränitätssensibel sind: *„Portugal ist ermächtigt, nach dem Grundsatz der Gegenseitigkeit und unter Beachtung der fundamentalen Prinzipien des demokratischen Rechtsstaats und des Subsidiaritätsprinzips sowie im Hinblick auf die Verwirklichung des wirtschaftlichen, sozialen und territorialen Zusammenhalts, eines Freiheits-, Sicherheits- und Justizraumes und zur Festlegung und Ausführung einer gemeinsamen Außen-, Sicherheits- und Verteidigungspolitik Vereinbarungen über die gemeinschaftliche, in Zusammen-*

Zwar ist in der Mehrzahl der mitgliedstaatlichen Verfassungen eine explizite Struktursicherungsklausel nicht vorgesehen, doch enthalten sie regelmäßig zumindest eine Öffnungs- oder Integrationsklausel, die eine Teilnahme am europäischen Integrationsprozess erlaubt und besondere verfahrensrechtliche Regelungen zur nationalen Kontrolle der Handlungen der Unionsorgane aufweist.[454]

1. Voraussetzungen nach deutschem Verfassungsrecht

In der Bundesrepublik Deutschland ist das Grundgesetz die allgemeine Handlungsanleitung, an dessen Anfang Europa steht. Aus der Präambel und Art. 23 Abs. 1 GG folgt der Verfassungsauftrag zur Verwirklichung eines vereinten Europas. Das deutsche Grundgesetz will daher die europäische Integration.

a) Das vereinte Europa als deutsches Staatsziel

Zur staatsrechtlichen Entwicklung der Bundesrepublik Deutschland seit 1949 gehört auch die europäische Integration,[455] d. h. der kontinu-

arbeit mit den Organen der EU oder durch diese zu erfolgende Ausübung der zur Bildung oder Festigung der Europäischen Union erforderlichen Befugnisse zu treffen. " Und Kapitel 10, Art. 5 Abs. 1 S. 1 und 2 der schwedischen Verfassung lautet: „*Der Reichstag kann im Rahmen der Zusammenarbeit in der Europäischen Union Beschlussrechte übertragen, soweit sie die Grundsätze der Staatsform nicht berühren. Eine solche Übertragung setzt voraus, dass der Freiheits- und Rechtsschutz in dem Bereich der Zusammenarbeit, in dem die Beschlussrechte übertragen werden, demjenigen dieser Verfassung und der Europäischen Konvention zum Schutz der Menschenrechte und Grundfreiheiten entspricht.*", vgl. *Schöbener/Knauff*, Allg. Staatslehre, § 5 Rn. 234; *Wolff* in: Hömig/Wolff, GG, Art. 23 Rn. 9.

454 Bspw. Art. 88-4 der französischen Verfassung, § 96 der finnischen Verfassung.

455 Wenn von der europäischen Integration die Rede ist, so sind damit üblicherweise die ehemaligen EGen und die EU gemeint. Sie sind jedoch nicht die einzigen europäischen Organisationen, denen Deutschland im Laufe der Zeit beigetreten ist. Im militärischen Bereich wurde schon 1948 durch den Brüsseler Vertrag zwischen England, Frankreich und den Benelux-Staaten die Westunion geschaffen und 1954 unter Einschluss Deutschlands zur WEU erweitert. Sie ist eng mit der 1949 gegründeten NATO verflochten, der Deutschland seit 1955 angehört. Im wirtschaftlichen Bereich kam es ebenfalls 1948 zur Gründung der OEEC, die 1960 zur OECD umgewandelt wurde. Während sich diese Organisationen auf den militärischen bzw. wirtschaftlichen Bereich beschränken, zielt der 1950

ierliche Prozess der Eingliederung Deutschlands in die europäische Staatengemeinschaft. Deshalb ist auch in diesem Zusammenhang darauf einzugehen.

Bereits die ursprüngliche Fassung der Präambel des Grundgesetzes von 1949 hatte die europäische Integration – neben der Wiedervereinigung[456] – als Staatsziel benannt, indem sie den Willen des deutschen Volkes bekundete, als gleichberechtigtes Glied in einem vereinten Europa dem Frieden der Welt zu dienen.[457] Sowohl die Wiedervereinigung als auch die europäische Integration standen beide als Staatsziele gleichrangig nebeneinander. Sie bildeten keine Gegensätze, sondern ergänzten sich vielmehr. Historisch-politisch betrachtet war die Einbeziehung Gesamtdeutschlands in ein vereintes Europa eine wesentliche Voraussetzung, um die Wiedervereinigung zu erreichen.[458]

Die ursprüngliche Fassung des Grundgesetzes regelte das Staatsziel der Wiedervereinigung in Art. 23 Satz 2 GG a.F. und Art. 146 GG a.F. und das Staatsziel der Mitwirkung an einem vereinten Europa in dem weiter gefassten Art. 24 Abs. 1 GG a.F.[459] Mit der Wiedervereini-

---

gegründete Europarat auf eine umfassende Zusammenarbeit. Da er nur wenige Kompetenzen erhielt, bleibt freilich sein Aktionsradius gering. Seine wesentlichen Aufgaben bestehen im Grundrechtsschutz, der durch den Ausbau des EGMR in Straßburg zunehmend verstärkt worden ist, vgl. *Maurer*, Staatsrecht I, § 4 Rn. 4.

456 So regelte in seiner ursprünglichen, bis zum 02.10.1990 gültigen Fassung Art. 146 GG die Ablösung des GG durch eine vom deutschen Volk frei beschlossene gesamtdeutsche Verfassung. Er eröffnete somit die Möglichkeit, die Wiedervereinigung auch um den Preis einer Aufgabe des GG und seiner Ersetzung durch eine andere demokratisch-rechtsstaatliche Verfassung zu erreichen, vgl. *Hillgruber* in: Epping/Hillgruber, BeckOK, GG, Art. 146 Rn. 1 ff.

457 Die Präambel ist nicht nur pathetischer Vorspruch, sondern hat auch rechtliche Bedeutung. Vielmehr enthält sie rechtlich erhebliche Feststellungen, Bewertungen, Rechtsverwahrungen und Ansprüche zugleich. Die Präambel charakterisiert das Wesen des GGs und des mit ihm verfassten Staates. Es drückt sich darin das verfassungsrechtliche Selbstverständnis Deutschlands aus. Zugleich zeichnet die Präambel in prägnanter Form ein zielgerichtetes Gesamtpanorama der angestrebten Stellung Deutschlands in der europäischen Gemeinschaft, vgl. BVerfG, Urt. v. 17.08.1956 – 1 BvB 2/51, BVerfGE 5, 85, 127 f.; BVerfG, Beschl. v. 20.12.1960 – 1 BvL 21/60, BVerfGE 12, 45, 51; BVerfG, Beschl. v. 21.10.1987 – 2 BvR 373/83, BVerfGE 77, 137, 149; *Eichenhofer*, S. 51.

458 *Maurer*, Staatsrecht I, § 4 Rn. 2.

459 Nach dem Wortlaut dieser Verfassungsnorm kann der Bund *„durch Gesetz Hoheitsrechte auf zwischenstaatliche Einrichtungen übertragen"*. Damit hat das GG von Anfang an die Abkehr von der Idee des „geschlossenen" Nationalstaats voll-

gung am 3. Oktober 1990 war das erste Staatsziel erreicht,[460] was zu einer entsprechenden Änderung der Präambel und zur Aufhebung des Art. 23 GG führte. Das zweite Staatsziel – die Mitwirkung in einem vereinten Europa – blieb in der Präambel unverändert als fortlaufende Aufgabe bestehen. Die ursprüngliche Ermächtigung des Art. 24 Abs. 1 GG zur Übertragung von Hoheitsrechten auf zwischenstaatliche Einrichtungen durch einfaches Bundesgesetz zielte insbesondere auf die europäische Integration. Mithin stützten sich die Gründungsverträge ursprünglich auf Art. 24 Abs. 1 GG.[461] Im Hinblick auf die Integrationsfortschritte und die beabsichtigte Gründung einer Europäischen Union durch den Vertrag von Maastricht wurde jedoch zunehmend angezweifelt, ob diese einfache Ermächtigungsnorm eine noch tragfähige verfassungsrechtliche Grundlage bildet,[462] zumal die Übertragung von Hoheitsrechten auf europäische Einrichtungen nicht nur zu Kompetenzverlusten auf Bundesebene, sondern auch zu bundesinternen Kompetenzverschiebungen führen musste. Deshalb wurde ein eigner sogenannter Europa-Artikel geschaffen und in den durch die Wiedervereinigung freigewordenen Art. 23 GG aufgenommen.[463] Seitdem bildet Art. 23 GG die Brücke zwischen dem Verfassungsrecht der Bundesrepublik Deutschland und der Europäischen Union.[464] Demnach enthält Art. 23 Abs. 1 Satz 1 GG zunächst ein klares Bekenntnis des Grundgesetzes zur Europäischen Union und damit auch zur (damaligen) Europäischen Gemeinschaft. Er berechtigt und verpflichtet die Bundesrepublik Deutschland, das heißt alle Staatsorgane des Bundes und der Bundesländer, zur Verwirklichung der Europäischen Union beizutragen. Er enthält jedoch keine Blankovollmacht. Der Euro-

zogen. In der Staatsrechtslehre ist insofern von einer „besonders gearteten Integrationsgewalt", der „Öffnung der deutschen Staatlichkeit" und einem „Integrationshebel", einer „Verfassungsentscheidung für die internationale Zusammenarbeit" sowie von einer „supranationalen Option des Grundgesetzes" gesprochen worden. Die damaligen EGen konnten problemlos als „zwischenstaatliche Einrichtungen" i.S.d. Art. 24 Abs. 1 GG qualifiziert werden, vgl. *Breuer*, NVwZ 1994, 417.

460 Vgl. *Weber* in: Creifelds, Rechtswörterbuch, „Wiedervereinigung".

461 *Sommermann* in: von Bogdandy/Huber, IPE, Bd. II, § 14 Rn. 11 ff.; *Maurer*, Staatsrecht I, § 4 Rn. 3.

462 *Heintschel von Heinegg/Frau* in: Epping/Hillgruber, BeckOK, GG, Art. 23 Rn. 1.

463 Gesetz zur Änderung des Grundgesetzes v. 21.12.1992, BGBl. I 1992, S. 2086; *Scholz*, NVwZ 1993, 817.

464 *Breuer*, NVwZ 1994, 417; *Maurer*, Staatsrecht I, § 4 Rn. 3.

pa-Artikel legt nämlich auch zugleich die Grenzen der Übertragung von Hoheitsrechten fest und stärkt die Stellung des Bundestages, des Bundesrates und der Bundesländer bei der innerstaatlichen Willensbildung in europarelevanten Angelegenheiten.[465] Die Übertragung von (weiteren) Hoheitsrechten auf die Europäische Union muss in diesem Zusammenhang sowohl formelle als auch materielle Voraussetzungen beachten.

In formeller Hinsicht erfordert Art. 23 Abs. 1 Satz 2 und 3 GG zumindest ein Bundesgesetz mit Zustimmung des Bundesrates, in besonderen Fällen, wenn nämlich die vertraglichen Grundlagen der Europäischen Union betroffen oder inhaltliche Änderungen des Grundgesetzes bewirkt werden, ein Gesetz, das den Anforderungen des Art. 79 Abs. 2 GG entspricht (Zweidrittelmehrheit im Bundestag und im Bundesrat).[466]

In materieller Hinsicht ist die Übertragung nur dann zulässig, wenn und soweit auf der Unionsebene (i) die demokratischen, rechtsstaatlichen, sozialen und föderativen Grundsätze beachtet sind,[467] (ii) das Prinzip der Subsidiarität eingehalten wird[468] und (iii) ein den Grund-

465 Vgl. *Streinz* in: Sachs, GG, Art. 23 Rn. 14; *Wolff* in: Hömig/Wolff, GG, Art. 23 Rn. 24.

466 Jedoch findet Art. 23 Abs. 1 Satz 3 i.V.m. Art. 79 Abs. 2 und 3 GG nicht auf jede Übertragung von Hoheitsrechten Anwendung, sondern nur dann, wenn sie verfassungsänderndes Gewicht besitzt. Aber auch dann gilt Art. 79 Abs. 1 GG nicht, *Streinz* in: Sachs, GG, Art. 23 Rn. 71 ff.; *Heintschel von Heinegg/Frau* in: Epping/Hillgruber, BeckOK, GG, Art. 23 Rn. 25; *Herdegen* in: Maunz/Dürig, GG, Art. 79 Rn. 43.

467 *Heintschel von Heinegg/Frau* in: Epping/Hillgruber, BeckOK, GG, Art. 23 Rn. 12 ff.; *Streinz* in: Sachs, GG, Art. 23 Rn. 32 ff.

468 Auf Unionsebene beansprucht das Subsidiaritätsprinzip nach Maßgabe von Art. 5 Abs. 3 EUV Geltung. Zudem ist auf die Interinstitutionelle Vereinbarung zwischen dem Europäischen Parlament, dem Rat und der Kommission über die Verfahren zur Anwendung des Subsidiaritätsprinzips (abgedr. EuGRZ 1993, 603 f.) hinzuweisen, sowie auf das Protokoll Nr. 2 zum EUV über die Anwendung der Grundsätze der Subsidiarität und der Verhältnismäßigkeit. Im Hinblick auf die Ausübung der Unionskompetenzen folgt daraus, u.a., dass auf das Regelungsinstrument der Verordnung dann zu verzichten ist, wenn der gleiche Regelungszweck auch mit einer bloßen Richtlinie erreichbar ist. Jedoch werden dem Subsidiaritätsprinzip in der europäischen Rechtsetzungspraxis in aller Regel vornehmlich nur „Lippenbekenntnisse" gezollt, indem der EuGH trotz der vollen Justiziabilität der Einhaltung des Prinzips dem Rat einen weiten Beurteilungs-

rechten des Grundgesetzes im wesentlichen vergleichbarer Grundrechtsschutz gewährleistet ist.[469] Damit sollen zugleich die Grenzen der Integration in bundesdeutscher Sicht aufgezeigt werden.[470] Der im Zusammenhang mit dem Zustimmungsgesetz zum Maastrichter Vertrag eingefügte Europa-Artikel wirkt damit nicht nur integrationsöffnend, sondern auch stark integrationssteuernd.[471]

b) Deutsche Verfassungsgerichtsbarkeit und europäische Integration

Zumeist fällt den Verfassungsgerichten bzw. Obersten Gerichten der Mitgliedstaaten die Aufgabe zu, die nationalen Verfassungsordnungen zu bewahren und das nationale Recht nicht überall dem unbedingten Vorranganspruch des Unionrechts zu unterwerfen.[472] Mit den Konflikten, die zwischen dem unbedingten Vorranganspruch des Gerichtshofs der Europäischen Union[473] und den Vorbehalten nationaler Gerichte entstehen, ist pragmatisch und in gegenseitiger Loyalität umzugehen.[474]

---

spielraum hinsichtlich der Voraussetzungen von Art. 5 Abs. 3 EUV zuerkennt. Das hat bereits zu krit. Diskussionen geführt, ob eine Verpflichtung der EU auf den Subsidiaritätsgrundsatz faktisch noch gewährleistet ist, vgl. *Scholz* in: Maunz/Dürig, GG, Art. 23 Rn. 99 ff.; *Streinz* in: Sachs, GG, Art. 23 Rn 40; *Heintschel von Heinegg/Frau* in: Epping/Hillgruber, BeckOK, GG, Art. 23 Rn. 16.

469 *Wolff* in: Hömig/Wolff, GG, Art. 23 Rn. 20; *Heintschel von Heinegg/Frau* in: Epping/Hillgruber, BeckOK, GG, Art. 23 Rn. 18 ff.;

470 *Herdegen*, Europarecht, § 10 Rn. 19 ff.; *Mauer*, Staatsrecht I, § 4 Rn. 23 ff.; *Sodan/Ziekow*, Öffentliches Recht, § 5 Rn. 2.

471 Insbesondere in der „*Wechselbezüglichkeit der internationalen Überformung des verfassungsstaatlichen Binnenprofils und der verfassungsstaatlichen Vorgaben für die Ausformung des internationalen Organisationsprofils*" ist ein konstitutives Merkmal des „offenen" Verfassungsstaates zu erkennen, so *Hobe*, Der offene Verfassungsstaat, S. 422; vgl. zum Prinzip der offenen Staatlichkeit auch *Scholz* in: Maunz/Dürig, GG, Art. 23 Rn. 3 f.; *Sommermann* in: von Bogdandy/Huber, IPE, Bd. II, § 14 Rn. 34.

472 *Von Bogdandy/Schill*, ZaöRV 2010, 701 (702 ff.).

473 EuGH, Urt. v. 17.12.1970 – 11/70, Slg 1970, 1125, 1135, *Internationale Handelsgesellschaft*; EuGH, Urt. v. 09.03.1978 – 106/77, Slg 1978, 629, 644 ff., *Simmenthal*.

474 *Nettesheim* in: Grabitz/Hilf/Nettesheim, AEUV, Art. 1 Rn. 77; *Voßkuhle*, NVwZ 2010, 1; *Kumm*, ELJ 2005, 262; *Oppermann/Classen/Nettesheim*, Europarecht, § 10 Rn. 14.

Tatsächlich zeigt das deutsche Bundesverfassungsgericht bisweilen Schranken der Integration auf.[475] Seit jeher schwankt die Rechtsprechung des Bundesverfassungsgerichts mehrfach zwischen einer weitgehenden Bereitschaft, den eigenständigen Charakter des Unionsrechts zu respektieren, und dem Rückgriff auf eine Betrachtungsweise, die den Mitgliedstaaten die Herrschaft über die Verträge sichern soll. Während zunächst Fragen des Grundrechtsschutzes ganz im Vordergrund standen, geht es inzwischen auch um Kompetenz- und Strukturfragen.[476]

Zum einen kann in Deutschland der verfassungsrechtliche Rechtsschutz am Akt der Vertragsschließung nach Art. 23 Abs. 1 GG ansetzen. In diesem Fall ist der angegriffene Akt ein Zustimmungsgesetz zu einer Vertragsänderung.[477] Prüfungsmaßstab ist jeweils, inwieweit sich die Zustimmung nach Art. 23 GG in den Grenzen des Art. 23 GG bewegt und sonstige, vom Bundesverfassungsgericht entwickelte Anforderungen respektiert.[478]

Zum anderen kann Rechtsschutz gegen Beachtung und Anwendung von Unionsrecht durch deutsche Staatsorgane begehrt werden. Prüfungsmaßstab ist dabei die Einhaltung der Kompetenzgrenzen seitens der Europäischen Union, darüber hinaus aber auch die Beachtung der verfügbaren Anforderungen, die das Grundgesetz an die Ausübung europäischer Hoheitsgewalt in seinem Geltungsbereich stellt.[479]

aa) Schutz der Grundrechte

Nach Auffassung des Bundesverfassungsgerichts stellen sich Rechtsfragen des Grundrechtsschutzes vor allem bei der Überprüfung der Ausübung von Hoheitsgewalt der Europäischen Union. So definierte das Bundesverfassungsgericht nach einer zunächst europafreundlichen Sichtweise später eine Reihe von Bedingungen. Bereits Ende der sech-

475 Vgl. *Voßkuhle*, NVwZ-Beilage 2013, 27.

476 *Polzin*, JuS 2012, 1.

477 Vgl. BVerfGE 89, 155 ff., *Maastricht*; BVerfGE 123, 267 ff., *Lissabon*.

478 „Verfassungsidentität", BVerfGE 123, 267, *Lissabon*; „Budgethoheit", BVerfG, Urt. v. 07.09.2011 – 2 BvR 987/10 u.a., BVerfGE 129, 124, *Euro-Rettungsschirm*.

479 Vgl. BVerfG, Beschl. v. 14.01.2014 – 2 BvR 2728/13 u.a., BVerfGE 134, 366, *Vorlage OMT*.

ziger Jahre bekannte es sich zur Grundkonzeption des Unionsrechts als autonomer und grundsätzlich vorrangiger Rechtsordnung.[480] Seither war auch anerkannt, dass das Bundesverfassungsgericht zwar die deutsche Hoheitsgewalt überwacht, nicht aber unmittelbar Akte der Europäischen Union überprüft. Nach diversen wechselvollen Entscheidungen[481] übt das Bundesverfassungsgericht im Bereich des Grundrechtsschutzes seine Gerichtsbarkeit mithin nur dann aus, wenn nicht mehr sichergestellt ist, dass im Hoheitsbereich der Europäischen Union ein dem Standard des Grundgesetzes im Wesentlichen vergleichbarer Grundrechtsschutz gewährleistet ist.[482]

Aufgrund des erreichten Grundrechtsstandards in der Europäischen Union und der Charta der Grundrechte der Europäischen Union handelt es sich hierbei mittlerweile eher um eine theoretische Option der verfassungsrechtlichen Kontrolle.

Außerdem hat das Bundesverfassungsgericht zwischenzeitlich mit den beiden „Recht auf Vergessen"-Beschlüssen[483] eine Entwicklung seiner

---

480 Vgl. BVerfG, Beschl. v. 18.10.1967 – 1 BvR 248/63, BVerfGE 22, 293.

481 Vgl. ursprünglich BVerfG, Beschl. v. 29.05.1974 – 2 BvL 52/71, BVerfGE 37, 271, *Solange I.*

482 *„Solange die Europäischen Gemeinschaften, insbesondere die Rechtsprechung des Gerichtshofs der Gemeinschaften einen wirksamen Schutz der Grundrechte gegenüber der Hoheitsgewalt der Gemeinschaften generell gewährleisten, der dem vom Grundgesetz unabdingbar gebotenen Grundrechtsschutz im Wesentlichen gleich zu achten ist, zumal den Wesensgehalt der Grundrechte generell verbürgt, wird das Bundesverfassungsgericht seine Gerichtsbarkeit über die Anwendbarkeit von abgeleitetem Gemeinschaftsrecht, das als Rechtsgrundlage für ein Verhalten deutscher Gerichte und Behörden im Hoheitsbereich der Bundesrepublik Deutschland in Anspruch genommen wird, nicht mehr ausüben und dieses Recht mithin nicht mehr am Maßstab der Grundrechte des Grundgesetzes überprüfen; entsprechende Vorlagen nach Art. 100 Abs. 1 GG sind somit unzulässig.*", BVerfG, Beschl. v. 22.10.1986 – 2 BvR 197/83, BVerfGE 73, 339, 387, *Solange II*; siehe auch BVerfGE 89, 155, 174 f., *Maastricht*; BVerfG, Beschl. v. 07.06.2000 – 2 BvL 1/97, BVerfGE 102, 147, 167, *Bananenmarktordnung*; BVerfGE 123, 267, 335, *Lissabon*; vgl. *Herdegen*, Europarecht, § 10 Rn. 40.

483 BVerfG, Beschl. v. 06.11.2019 – 1 BvR 16/33, BVerfGE 152, 152, *Recht auf Vergessen I*; BVerfG, Beschl. v. 06.11.2019 – 1 BvR 276/17, BVerfGE 152, 216, *Recht auf Vergessen II*; vgl. *Graßhof* in: Graßhof, Nachschlagewerk der Rechtsprechung des BVerfG, BVerfGG § 90, Jedermannsrechte, Nr. 229; *Kühling*, NJW 2020, 275 ff.; *Wendel*, JZ 2020, 157 ff.; *Hoffmann*, NVwZ 2020, 33 ff. Beide Beschlüsse ergingen in Verfassungsbeschwerdeverfahren, die inhaltlich jeweils das „Recht auf Vergessen" (vgl. die amtliche Überschrift zu Art. 17 DS-GVO) betrafen,

Rechtsprechung vollzogen, wodurch sich die Grundrechtsarchitektur sehr deutlich verändert hat.

So hat das Bundesverfassungsgericht mit seinem „Recht auf Vergessen I"-Beschluss seine These von der Trennung der Grundrechtssphären, wonach eine unionale Grundrechtsbindung nationaler Hoheitsgewalt nur dann angenommen werden kann, wenn letztere unionsrechtlich determiniert ist,[484] aufgegeben.[485] Im Ausganspunkt bleibt es allerdings dabei, dass die nationalen Grundrechte bei der Durchführung von Unionsrecht Anwendung finden, sofern das Unionsrecht den Mitgliedstaaten Gestaltungsspielräume belässt. Wenn das Unionsrecht der mitgliedstaatlichen Gestaltung jedoch einen *„hinreichend gehaltvollen Rahmen setzt, der erkennbar auch unter Beachtung der Unionsgrundrechte konkretisiert werden soll"*, treten die Unionsgrundrechte zu den Grundrechtsgewährleistungen des Grundgesetzes hinzu.[486] Gleichwohl bilden auch in einem solchen Fall die grundgesetzlichen Grundrechte den primären Prüfungsmaßstab des Bundesverfassungsgerichts. Dabei sind die Grundrechte des Grundgesetzes im Sinne der Charta der Grundrechte der Europäischen Union auszulegen.[487]

---

genauer eine mögliche Verletzung der Persönlichkeitsrechte der Beschwerdeführer aufgrund der Verknüpfung ihrer Namen mit unliebsamer Berichterstattung bzw. der fortwährenden einfachen Auffindbarkeit der Berichte bei Nutzung einer Internet-Suchmaschine. Hierbei ist von Bedeutung, dass es in einem Ausgangsverfahren um die Berichte selbst als journalistische Leistung ging, während das andere auf Löschung der Suchergebnisse durch den Suchmaschinenbetreiber gerichtet war. Die unionsrechtlichen Datenschutzvorschriften sehen in Art. 9 Datenschutz-RL (RL 95/46/EG) bzw. Art. 85 DS-GVO (VO (EU) 2016/679) das sog. Medienprivileg vor, in dessen Anwendungsbereich den Mitgliedstaaten ein Umsetzungsspielraum eingeräumt ist. Hinsichtlich der sonstigen vorliegend relevanten datenschutzrechtlichen Vorschriften geht das BVerfG vom Fehlen etwaiger Spielräume der Mitgliedstaaten aus. Anhand dieses Unterschieds entfaltet das BVerfG dann die grundrechtlichen Maßstäbe im Verfassungsbeschwerdeverfahren, wie sie dann auch im fachgerichtlichen Verfahren wirken.

484 Vgl. zur sog. Trennungsthese das BVerfG, Urt. v. 24.04.2013 – 1 BvR 1215/07, BVerfGE 133, 277, *Antiterrordatei*; *Ludwigs/Sikora*, JuS 2017, 385 (390).

485 BVerfGE 152, 152, *Recht auf Vergessen I.*

486 BVerfGE 152, 152, 169 f., *Recht auf Vergessen I.*

487 BVerfGE 152, 152, 170, 177, *Recht auf Vergessen I*; vgl. auch *Meyer* in: von Münch/Kunig, GG, Art. 93 Rn. 36 ff.; *Haratsch/Koenig/Pechstein*, Europarecht, Rn. 711 ff.

Unproblematisch besteht eine Bindung an Unionsgrundrechte, wenn die Mitgliedstaaten Durchführungsmaßnahmen in einem Bereich ergreifen, der unionsrechtlich vollständig vereinheitlicht ist. So gehen die Verfassungsrichter in ihrem „Recht auf Vergessen II"-Beschluss davon aus, dass in dieser Konstellation allein die Unionsgrundrechte maßgeblich sind.[488] Die grundgesetzlichen Grundrechte werden aufgrund des Anwendungsvorrangs, den das Unionsrecht genießt, durch die unionalen Grundrechte insoweit verdrängt und sind nicht anwendbar.[489] Die Nichtanwendung der nationalen Grundrechte gründet auf dem Umstand, dass das Unionsrecht in der gesamten Europäischen Union gilt und einheitlich angewendet wird. Dabei muss auch der bei der Anwendung des Unionsrechts zu gewährleistende Grundrechtsschutz einheitlich sein. Dieser wird durch die Charta der Grundrechte der Europäischen Union gewährleistet.[490]

Künftig wird das Bundesverfassungsgericht also die Charta der Grundrechte der Europäischen Union unter bestimmten Voraussetzungen als unmittelbaren Prüfungsmaßstab in Verfassungsbeschwerdeverfahren heranziehen und deutsche Hoheitsakte an den Unionsgrundrechten messen.[491] Damit wird auch das Bundesverfassungsgericht partiell-funktional zu einem Unionsgericht.[492]

bb) Ausbrechende Rechtsakte – „ultra vires"-Kontrolle

Eine weitere Konstellation, in der es zur Infragestellung des Vorranganspruchs der Unionsrechts kommen kann, betrifft den Anspruch des Bundesverfassungsgerichts, Hoheitsakte der Europäischen Union,

488 BVerfGE 152, 216, 233, *Recht auf Vergessen II.*

489 BVerfGE 152, 216, 233, 235, *Recht auf Vergessen II*; *Kühling*, NJW 2020, 275 (277).

490 BVerfGE 152, 216, 233 f., *Recht auf Vergessen II*; *Haratsch/Koenig/Pechstein*, Europarecht, Rn. 701; *Meyer* in: von Münch/Kunig, GG, Art. 93 Rn. 39.

491 BVerfGE 152, 152, 183, *Recht auf Vergessen I*; BVerfGE 152, 216, 236, *Recht auf Vergessen II*; *Remien* in: Schulze/Janssen/Kadelbach, § 14 Rn. 51; *Lenz/Hansel*, BVerfGG, § 90 Rn. 231 ff. Nach a.A. ist es nicht gänzlich unproblematisch, dass das BVerfG damit die Unionsgrundrechte zu seinem unmittelbaren Prüfungsmaßstab erklärt. Demnach kann darin eine eigenmächtige und rechtswidrige Ausdehnung eigener Kompetenzen durch das BVerfG selbst gesehen werden, vgl. *Klein*, DÖV 2020, 341 ff.

492 *Haratsch/Koenig/Pechstein*, Europarecht, Rn. 717; *Meyer* in: von Münch/Kunig, GG, Art. 93 Rn. 38; ähnlich *Kühling*, NJW 2020, 275 (279 f.).

die sich nicht innerhalb der, der Union eingeräumten Kompetenzen bewegen, für in Deutschland unanwendbar zu erklären („ultra vires"-Kontrolle).[493]

In diesem Zusammenhang vertritt das Bundesverfassungsgericht die Ansicht, dass den Anforderungen des Grundgesetzes an eine Kompetenzübertragung nur dann entsprochen wird, wenn das Zustimmungsgesetz ein hinreichend klar umschriebenes Integrationsprogramm fixiert.[494] Zudem finden konkrete Hoheitsakte der Europäischen Union, die außerhalb der Unionskompetenzen zustande gekommen und daher nicht vom jeweiligen nationalen Zustimmungsgesetz gedeckt sind, im Geltungsbereich des Grundgesetzes keine Anwendung. Das Bundesverfassungsgericht beansprucht damit prospektiv, die Bestimmtheit des Zustimmungsgesetzes zu prüfen und retrospektiv sicherzustellen, ob sich Rechtsakte der Unionsorgane und -einrichtungen in den Grenzen der ihnen eingeräumten Hoheitsrechte halten.[495]

Nach Auffassung der deutschen Verfassungsrichter darf die „ultra vires"-Kontrolle jedoch nur europarechtsfreundlich ausgeübt werden. Das Gebot der Europarechtsfreundlichkeit wurde durch das Bundesverfassungsgericht zunehmend präzisiert.[496] Danach ist die Erklärung eines Unionsaktes zum „ultra vires"-Akt nur möglich, wenn ein Kompetenzverstoß der europäischen Institutionen hinreichend qualifiziert ist. Eine solche Qualifikation liegt vor, wenn die Kompetenzüberschreitung offensichtlich ist und der angegriffene Rechtsakt im Kompetenzgefüge zu einer strukturell bedeutsamen Verschiebung zu Lasten der Mitgliedstaaten führt.[497] Das Bundesverfassungsgericht

493 Bereits nach der Maastricht-Rechtsprechung des BVerfG können Rechtsakte der Gemeinschaftsorgane (heute Unionsorgane) im innerstaatlichen Recht Deutschlands keine Anerkennung beanspruchen, wenn sie die übertragenen Kompetenzen der Gemeinschaften überschreiten, die handelnden Organe also „ultra vires" handeln, vgl. BVerfGE 89, 155, 188, 210, *Maastricht*.

494 BVerfGE 89, 155, 188 ff., *Maastricht*; krit. *Zuleeg*, JZ 1994, 1 (3 ff.).

495 Vgl. BVerfG, Beschl. v. 31.03.1998 – 2 BvR 1877/97 u.a., BVerfGE 97, 350, *Euro*.

496 BVerfGE 123, 267, 354, *Lissabon*; BVerfG, Beschl. v. 06.07.2010 – 2 BvR 2661/06, BVerfGE 126, 286, *Honeywell*.

497 Für den Maßstab der Kontrolle des EuGH bedeutet die Europarechtsfreundlichkeit, dass sein Auslegungs- und Rechtsfortbildungsspielraum aus Art. 19 Abs. 1 UAbs. 1 Satz 2 EUV *„erst bei einer offensichtlich schlechterdings nicht mehr nachvollziehbaren und daher objektiv willkürlichen Auslegung der Verträge"* endet,

nimmt seinen materiellen Prüfungsanspruch damit deutlich zurück.[498] Jedenfalls muss das Bundesverfassungsgericht nach Art. 267 AEUV einen Rechtsakt, der womöglich kompetenzwidrig erlassen wurde, zunächst dem Europäischen Gerichtshof vorlegen, bevor es selbst seine Unanwendbarkeit erklären kann.[499] Dabei konzediert das Bundesverfassungsgericht dem Europäischen Gerichtshof bei der Auslegung und auch bei der Fortbildung des Unionsrechts ausdrücklich einen „Anspruch auf Fehlertoleranz".[500]

Nach diesen Maßstäben qualifizierte das Bundesverfassungsgericht in seinem Urteil vom 5. Mai 2020[501] jedoch erstmals ein Urteil des Europäischen Gerichtshofs[502] als kompetenzwidrig und anschließend die in dessen Urteil als kompetenzkonform eingeordneten Rechtsakte der Europäischen Zentralbank als unionsrechtswidrig.[503] So hatte

BVerfG, Urt. v. 21.06.2016 – 2 BvR 2728/13, 2 BvR 2729/13, u.a., BVerfGE 142, 123, 201, *Schlussurteil OMT*; BVerfGE 126, 286, 303 ff., *Honeywell*; *Voßkuhle*, NVwZ-Beilage 2013, 27 (29).

498 *Nettesheim*, JZ 2014, 585; *Herdegen*, Europarecht, § 10 Rn. 34.

499 *Ehricke* in: Streinz, AEUV, Art. 267 Rn. 41 ff.; *Wegener* in: Calliess/Ruffert, AEUV, Art. 267 Rn. 27.

500 In diesem Zusammenhang führt das BVerfG aus: „*Daher ist es nicht Aufgabe des Bundesverfassungsgerichts, bei Auslegungsfragen des Unionsrechts, die bei methodischer Gesetzesauslegung im üblichen rechtswissenschaftlichen Diskussionsrahmen zu verschiedenen Ergebnissen führen können, seine Auslegung an die Stelle derjenigen des Gerichtshofs zu setzen. Hinzunehmen sind auch Interpretationen der vertraglichen Grundlagen, die sich ohne gewichtige Verschiebung im Kompetenzgefüge auf Einzelfälle beschränken und belastende Wirkungen auf Grundrechte entweder nicht entstehen lassen oder einem innerstaatlichen Ausgleich solcher Belastungen nicht entgegenstehen.*", BVerfGE 126, 286, 307, *Honeywell.*

501 BVerfG, Urt. v. 05.05.2020 – 2 BvR 859/15 u.a., BVerfGE 154, 17, *PSPP*.

502 Vgl. EuGH, Urt. v. 11.12.2018 – C-493/17, ECLI:EU:C:2018:1000, *Weiss*.

503 Diese Entscheidung war die erste, bei der sich das BVerfG offen gegen den EuGH stellte. In einer Mitteilung des EuGH hieß es dazu, dass Urteile nationaler Gerichte grds. nicht kommentiert werden. Ganz generell wurde seitens der EuGH auf dessen ständige Rechtsprechung hingewiesen, wonach ein im Vorabentscheidungsverfahren ergangenes Urteil für das vorlegende Gericht bindend ist. Um die einheitliche Anwendung des Unionsrechts zu wahren, ist nur der zu diesem Zweck von den Mitgliedstaaten geschaffene EuGH befugt, festzustellen, dass eine Handlung eines Unionsorgans gegen Unionsrecht verstößt. Nur so wird gemäß EuGH die einheitliche Anwendung des Unionsrechts gewahrt. Meinungsverschiedenheiten der mitgliedstaatlichen Gerichte über die Gültigkeit einer solchen Handlung wären nämlich geeignet, die Einheit der Unionsrechtsordnung aufs Spiel zu setzen und die Rechtssicherheit zu beeinträchtigen. Nationale Gerichte

das Bundesverfassungsgericht entschieden, dass sowohl das Ankaufprogramm der Europäischen Zentralbank bzw. des Eurosystems für Staatsanleihen („Public Sector Purchase Programme“[504]) als auch das dazu ergangene Urteil des Europäischen Gerichtshofs *„offensichtlich“* den Rahmen des Unionsrechts sprengten und somit unter Überschreitung der Kompetenzen des Europäischen Gerichtshofs und der Europäischen Zentralbank, also „ultra vires“, ergangen sind.[505]

Die Rechtsfolgen eines solchen „ultra vires“-Akts ergeben sich aus der Integrationsverantwortung. Konkret verlangte das Bundesverfassungsgericht in seinem PSPP-Urteil, dass Bundesregierung und Bundestag auf eine Verhältnismäßigkeitsprüfung durch die Europäische Zentralbank hinwirken. Außerdem ist ein „ultra vires“-Akt in Deutschland unanwendbar und entfaltet für deutsche Verfassungsorgane, Behörden und Gerichte keine Wirkung. Daher wäre es der Deutschen Bundesbank untersagt, am Public Sector Purchase Programme, z.B. durch bestandserweiternde Ankäufe oder die Beteiligung an einer weiteren Ausweitung des Anleihevolumens, mitzuwirken. Sie hätte zudem für eine abgestimmte und gegebenenfalls langfristige Rückführung der Bestände an Staatsanleihen Sorge tragen müssen. Für beides formulierte das Bundesverfassungsgericht eine dreimonatige Übergangsfrist.[506]

---

sind laut EuGH dazu verpflichtet, die volle Wirksamkeit des Unionsrechts zu garantieren, vgl. Pressemitteilung des EuGH Nr. 58/2020 v. 08.05.2020.

504 Das PSPP ist Teil des EAPP, eines Rahmenprogramms des Eurosystems zum Ankauf von Vermögenswerten. Ausweislich seiner Begründung zielt das EAPP auf eine Ausweitung der Geldmenge. Dadurch sollen Konsum und Investitionen gefördert und die Inflationsrate in der Euro-Zone auf knapp unter 2 % erhöht werden. Das PSPP wurde durch Beschluss der EZB aufgelegt, der in der Folgezeit durch fünf weitere Beschlüsse geändert wurde. Mit dem PSPP werden, unter im Einzelnen in den Beschlüssen der EZB festgelegten Rahmenbedingungen, Staatsanleihen und ähnliche marktfähige Schuldtitel erworben, die von der Zentralregierung eines Euro-Mitgliedstaates, anerkannten Organen, internationalen Organisationen und multilateralen Entwicklungsbanken mit Sitz im Euro-Währungsgebiet begeben werden. Bis Ende 2019 hatte das Eurosystem i.R.d. EAPP Wertpapiere im Gesamtwert von EUR 2.557.800 erworben, wovon EUR 2.088.100 auf das PSPP entfielen; Details abrufbar unter: www.ecb.europa.eu/mopo/implement/omt/html/index.en.html (Abruf: 17.09.2020).

505 BVerfGE 154, 17, 95 f., *PSPP*.

506 BVerfGE 154, 17, 150 ff., *PSPP*; *Herdegen*, Europarecht, § 23 Rn. 49 ff.

In der rechtspolitischen Kritik an diesem viel beachteten Urteil ist vor allem die negative Vorbildwirkung für solche Gerichte hervorgehoben worden, die sich dem Europäischen Gerichtshof widersetzen könnten, um den Abbau des Rechtsstaats in ihren Mitgliedstaaten voranzutreiben. Das ist ein schwerwiegendes Problem, dessen sich das Bundesverfassungsgericht sicherlich bewusst war. Die Entscheidung des Bundesverfassungsgerichts war scheinbar von dem Willen beseelt, die europäische Kompetenzordnung und damit auch die grundlegenden Werte Demokratie und Rechtsstaatlichkeit zu verteidigen. So haben die deutschen Verfassungsrichter nicht darauf verzichtet, auf eine notwendige Korrektur in der gerichtlichen Kontrolldichte für das Handeln der Europäischen Zentralbank hinzuwirken. Gleichwohl kann die verfassungsgerichtliche Überprüfung geldpolitischer Entscheidungen nicht überzeugen, da die konkret applizierte Kontrolldichte den Handlungsspielraum der Europäischen Zentralbank empfindlich einschränkt und damit zugleich das Stabilitätsprimat konterkariert.[507] Solche Kontrolle kann womöglich aber auch mit Blick auf zunehmend europakritische Stimmen vertrauenssichernd wirken und eine juristisch resilientere Wahrnehmung des Mandats der Europäischen Zentralbank schaffen.[508]

cc) Wahrung nationaler Verfassungsidentität

Ferner postuliert das Bundesverfassungsgericht, dass die Teilnahme der Bundesrepublik Deutschland am europäischen Integrationsprozess nicht zu einer Aushöhlung ihrer Verfassungsidentität[509] führen darf. Vielmehr würde das Grundgesetz den Beitritt zu einem europäischen

507 Vgl. *Gentzsch*, BKR 2020, 567 (585); zur Preisstabilität als Primat der Währungspolitik *Palm* in: Grabitz/Hilf/Nettesheim, AEUV, Art. 282 Rn. 27 ff.

508 *Nettesheim*, NJW 2020, 1631 (1634); *Ruffert*, JuS 2020, 574 (577); vgl. auch *Kirchhof*, NJW 2020, 2057 ff.; *Kainer*, EuZW 2020, 533 ff.; *Herdegen*, Europarecht, § 23 Rn. 20, 49 ff.; *Möllers*, EuZW 2020, 503 ff.

509 Die Verfassungsidentität ist zugleich die nationale Identität Deutschlands i.S.d. Art. 4 Abs. 2 EUV, wodurch das GG und das Unionsrecht insoweit „Hand in Hand“ gehen. Es bleibt allerdings zweifelhaft, ob alles zur Verfassungsidentität gehört, was das BVerfG dafür hält, vgl. BVerfGE 123, 267, 354, *Lissabon*; *Vedder* in: Vedder/Heintschel von Heinegg, AEUV, Art. 288 Rn. 88; *Schöbener/Knauff*, Allg. Staatslehre, § 5 Rn. 246; vgl. insbesondere zur Ungenauigkeit des Begriffs „Verfassungsidentität“ *Rademacher*, EuR 2018, 140 (147 ff.).

Bundesstaat nicht erlauben.[510] Nach dem Verständnis des Bundesverfassungsgerichts ermächtigt das Grundgesetz die für Deutschland handelnden Organe demnach nicht, durch einen Eintritt in einen Bundesstaat das Selbstbestimmungsrecht des Deutschen Volkes in Gestalt der völkerrechtlichen Souveränität Deutschlands aufzugeben, so dass ein Aufgehen Deutschlands in einem europäischen Bundesstaat unzulässig ist. So wie die Bundesländer als Staaten der Herrschaft des ungeteilten (gesamtstaatlichen) Souveräns – des deutschen Volkes – unterstellt sind, müsste ein Gliedstaat Deutschland dann dem europäischen (gesamtstaatlichen) Souverän unterworfen sein, der nicht mehr mit dem deutschen Volk identisch ist. Die Errichtung eines europäischen Bundesstaates wäre somit für den Gliedstaat Deutschland mit einem Austausch des Souveräns – des Verfassungsgebers – verbunden. Der Austausch des Verfassungsgebers ist aber eine Verfassungsvernichtung, wozu die durch das Grundgesetz verfassten staatlichen Organe naturgemäß keine Befugnis besitzen. Ferner ergibt sich die Unzulässigkeit der Schaffung eines europäischen Bundesstaates daraus, dass Art. 79 Abs. 3 GG ausdrücklich die Gliederung des Bundes in Länder garantiert. Letztere könnten in einem europäischen Bundesstaat ihre Staatlichkeit nicht behaupten. *„Das Grundgesetz setzt damit die souveräne Staatlichkeit Deutschlands nicht nur voraus, sondern garantiert sie auch“*.[511]

Somit ist eine sogenannte Identitätskontrolle, das heißt eine Kontrolle am Maßstab des identitätsprägenden Verfassungskerns geboten. Dieses Konzept schützt den Kern deutscher Staatlichkeit vor dem Integrationsprozess. Nur auf der Grundlage von Art. 146 GG soll eine weitergehende Integration der Bundesrepublik Deutschland – bis hin zum Beitritt zu einem europäischen Bundesstaat – möglich sein. Für einen solchen Akt wäre in Deutschland indessen eine Verfassungsneuschöpfung notwendig, mit der ein erklärter Verzicht auf die von

510 BVerfGE 123, 267, 332, *Lissabon*; BVerfGE 134, 366, *Vorlage OMT*; *Voßkuhle*, NVwZ-Beilage 2013, 27; *Voßkuhle*, EuZW 2011, 814 f.; *Streinz* in: Stumpf/Kainer/Baldus, FS Müller-Graff, S. 1993; *Schöbener/Knauff*, Allg. Staatslehre, § 5 Rn. 236.

511 BVerfGE 123, 267, 343, 347 f., *Lissabon*; vgl. zur Diskussion im Schrifttum *Dreier* in: Dreier, GG, Art. 79 Abs. 3 Rn. 55 ff.; *Sodan/Ziekow*, Öffentliches Recht, § 5 Rn. 6 ff.; *Haratsch* in: Breuer/Epiney/Haratsch/Schmahl/Weiß, FS Klein, S. 80.

der sogenannten Ewigkeitsgarantie des Art. 79 Abs. 3 GG[512] gesicherte souveräne Staatlichkeit der Bundesrepublik einherginge.[513]

Nach Ansicht der deutschen Verfassungsrichter ist der Vertrag von Lissabon auch nicht als „verdeckter“ Beitritt zu einem europäischen Bundesstaat zu qualifizieren, sondern hält im Grundsatz die Konzeption der Europäischen Union als supranationaler Organisation und völkerrechtlich begründeten Herrschaftsverband fest, der dauerhaft vom Vertragswillen souverän verbleibender Staaten getragen wird. Weiter betont das Bundesverfassungsgericht, dass zwar keine bestimmte Summe oder bestimmte Art von Hoheitsrechten in der Hand der Mitgliedstaaten verbleiben muss, jedoch den souveränen Mitgliedstaaten ausreichend Raum zur politischen Gestaltung der wirtschaftlichen, kulturellen und sozialen Lebensverhältnisse bleiben muss. Dies gilt insbesondere für Ordnungsbereiche, welche die Lebensumstände der Bürger, vor allem ihren von den Grundrechten geschützten privaten Raum der Eigenverantwortung und der persönlichen Sicherheit prägen,[514] sowie für solche politische Entscheidungen, die in besonderer Weise auf kulturelle, his-

512 Die sog. Ewigkeitsgarantie verbietet Verfassungsänderungen, welche die verfassungsrechtlichen Grundentscheidungen und damit die prägenden Elemente der grundgesetzlichen Ordnung beeinträchtigen oder beseitigen. Zu den durch Art. 79 Abs. 3 GG geschützten Grundsätzen gehören zum einen die Garantie der Menschenwürde in Art. 1 Abs. 1 GG und zum anderen die in Art. 20 GG aufgeführten Verfassungsprinzipien einschließlich des Rechtsstaatsprinzips. Die Bezeichnung „Ewigkeitsgarantie” darf nicht irreführen. Ganz abgesehen davon, dass in der irdischen Welt nichts ewig bestehen wird, gilt Art. 79 Abs. 3 GG nur solange, wie das GG besteht. Die verfassunggebende Gewalt ist daran rechtlich nicht gebunden. Der Erlass einer völlig neuen Verfassung unterliegt daher nicht den Bindungen des Art. 79 Abs. 3 GG, vgl. *Maurer*, Staatsrecht I, § 22 Rn. 17 ff.; a.A. *Herdegen* in: Maunz/Dürig, GG, Art. 79 Rn. 9 ff., 60 ff.

513 *Wolff* in: Hömig/Wolff, GG, Art. 146 Rn. 4; *Hillgruber* in: Epping/Hillgruber, BeckOK, GG, Art. 146 Rn. 9 ff.; *Haratsch/Koenig/Pechstein*, Europarecht, Rn. 147; *Nettesheim*, Der Staat 51 (2012), 313 (318 ff.); *Sommermann*, DÖV 2013, 708 ff.; *Herbst*, ZRP 2012, 33.

514 Das Lissabon-Urteil zählt insgesamt fünf Sachbereiche auf, die besonders sensibel für die demokratische Selbstgestaltung des Verfassungsstaates sind (Strafrecht, polizeiliches und militärisches Gewaltmonopol, Budgetrecht, Sozialstaatsprinzip, kulturell besonders bedeutsame Entscheidungen, wonach die Bereiche Familie, Schule, Bildung, Religion, Sprache und Medien von besonderer Bedeutung sind), BVerfGE 123, 267, 358 ff., *Lissabon*. In der Fachliteratur wurde im Hinblick auf die aufgezählten Sachbereiche eine gewisse Beliebigkeit angemerkt, vgl. *Schönberger*, Der Staat 48 (2009), 535 (554 f.); *Thym*, Der Staat 48 (2009), 559 (562 f.); *Haratsch* in:

torische und sprachliche Vorverständnisse angewiesen sind und die sich im parteipolitisch und parlamentarisch organisierten Raum einer politischen Öffentlichkeit diskursiv entfalten.[515] Die primäre Integrationsverantwortung liegt daher weiterhin in der Hand der für die Völker handelnden nationalen Verfassungsorgane. Sie, die Völker, das heißt die staatsangehörigen Bürger der Mitgliedstaaten, bleiben die Subjekte demokratischer Legitimation.[516]

Die grundsätzliche Ermächtigung zur Übertragung von Hoheitsrechten auf die Europäische Union findet eine weitere Schranke in dem von der Ewigkeitsgarantie des Art. 79 Abs. 3 GG geschützten materiellen Identitätskern des Grundgesetzes.[517] Neben der souveränen Staatlichkeit und dem Staatsstrukturprinzip des Art. 20 GG, wie dem Demokratieprinzip, der Rechts- und Sozialstaatlichkeit, der Republik und Bundesstaatlichkeit, umfasst dieser Identitätskern auch die für die Achtung der Menschenwürde unentbehrliche Substanz elementarer Grundrechte.[518] Das Bundesverfassungsgericht konkretisiert außerdem das Budgetrecht des Parlaments als Teil des durch Art. 79 Abs. 3 GG geschützten Identitätskerns dahingehend, dass der Haushaltsgesetzgeber frei von Fremdbestimmung entscheiden kann und dauerhaft Herr seiner Beschlüsse bleibt.[519] Das bedeutet nach Auslegung der deutschen Verfassungsrichter, dass der Deutsche Bundestag seine Budgetverantwortung nicht durch unbestimmte haushalspolitische Ermächtigungen auf andere Akteure übertragen darf. Insbesondere darf er sich keinen, auch nicht durch Gesetz, finanzwirksamen Mechanismen ausliefern, die zu nicht überschaubaren haushaltsbedeutsamen Belastungen ohne vorherige konsti-

Breuer/Epiney/Haratsch/Schmahl/Weiß, FS Klein, S. 90; *Grimm*, Der Staat 48 (2009), 475 (490); *Ruffert*, DVBl 2009, 1197 (1202 ff.); *ders.*, ZSE 2009, 381 (390 ff.).

515 BVerfGE 123, 267, 347 f., 359 ff., 364 ff., 406 ff., *Lissabon*; *Rademacher*, EuR 2018, 140 (142 ff.); *Oppermann/Classen/Nettesheim*, Europarecht, § 10 Rn. 26.

516 BVerfGE 123, 267, 348, *Lissabon*; *Herbst*, ZRP 2012, 33.

517 Vgl. *Hillgruber* in: Epping/Hillgruber, BeckOK, GG, Art. 146 Rn. 9 ff.

518 BVerfG, Beschl. v. 15.12.2015 – 2 BvR 2735/14, BVerfGE 140, 317, 341, *Europäischer Haftbefehl*; *Herdegen* in: Maunz/Dürig, GG, Art. 79 Rn. 167 ff.; *Schnapauff* in: Hömig/Wolff, GG, Art. 79 Rn. 4; *Kment* in: Jarass/Pieroth, GG, Art. 79 Rn. 12 ff.

519 BVerfGE 129, 124, *Euro-Rettungsschirm*; BVerfG, Urt. v. 12.09.2012 – 2 BvR 1390/12 u.a., BVerfGE 132, 195, 244, *ESM-Fiskalpakt I*; *Wolff* in: Hömig/Wolff, GG, Art. 79 Rn. 4; *Herbst*, ZRP 2012, 33.

tutive Zustimmung führen können.[520] Vor diesem Hintergrund gilt nach Maßgabe des Bundesverfassungsgerichts, dass das, was für den verfassungsändernden Gesetzgeber unverfügbar, auch weiterhin integrationsfest ist.[521]

Dass mit dem Vertrag von Lissabon, der den Charakter der Europäischen Union als von den Verfassungsrichtern bezeichneter „Staatenverbund" nicht verändert hat, die äußerste Grenze der nach geltendem Verfassungsrecht zulässigen europäischen Integration schon erreicht ist, lässt sich allerdings schwer begründen. Eine neue Verfassung kann zwar – wie vom Bundesverfassungsgericht zwingend vorgesehen – jederzeit nach Maßgabe des Art. 146 GG angestrebt werden, ist jedoch keinesfalls Voraussetzung für die Errichtung eines europäischen Bundesstaates.[522]

2. Verfassungsrecht und -gerichtsbarkeit anderer Mitgliedstaaten

Im Hinblick auf eine verfassungsrechtliche Kontrolle fällt die Rechtslage bzw. Rechtsprechung in den anderen Mitgliedstaaten uneinheitlich aus. Es lassen sich drei Gruppierungen ausmachen.

In einigen Mitgliedstaaten der Europäischen Union ist der Vorranganspruch des Unionsrechts in vollem oder doch weitgehendem Umfang anerkannt. Das gilt etwa für die Niederlande und in Teilen begrenzt für Österreich.[523] Der Österreichische Verfassungsgerichtshof hat in diesem Zusammenhang, wie auch das Bundesverfassungsgericht,[524] der Charta der Grundrechte der Europäischen Union den Status verfassungsrechtlich gewährleisteter Rechte zugeschrieben und somit unmittelbar in die nationale Rechtsordnung integriert.[525]

---

520 BVerfGE 132, 195, *ESM-Fiskalpakt I*; *Nettesheim*, EuR 2011, 765 (771); *Ruffert*, EuR 2011, 842 (857 ff.).

521 Vgl. *Voßkuhle*, NVwZ-Beilage 2013, 27; krit. *Rademacher*, EuR 2018, 140 (152 ff.).

522 Vgl. auch *Schmahl* in: Sodan, GG, Art. 146 Rn. 5; *Rademacher*, EuR 2018, 140 (159); *Grimm*, S. 201; *Laas* in: von Arnauld/Hufeld, § 3 Rn. 102 ff.

523 Raad van State (*Staatsrat*), Entscheidung v. 07.07.1995, NJB-katern 1995, 426; Österr. VfGH, VfSlg. 15427/1999; *Griller* in: Kellermann/de Zwaan/Czuczai, EU Enlargement, S. 147.

524 BVerfGE 152, 152, *Recht auf Vergessen I*; BVerfGE 152, 216, *Recht auf Vergessen II*.

525 Österr. VfGH, Urt. v. 14.03.2012 – U 466/11–18, u.a., VfSlg. 19632/2012; vgl. auch Conseil Constitutionnel (Frankreich), Ent. v. 26.07.2018 – Nr. 2018–768 DC, Rn. 10,

In einer weiteren Gruppe von Mitgliedstaaten wird der Vorrang des Unionsrechts zwar grundsätzlich anerkannt. Jedoch werden dabei im Sinne einer qualifizierten Anerkennung des Vorrangs auch Grenzen gezogen. Vor dem Hintergrund der Rechtsprechung des Bundesverfassungsgerichts zählt auch die Bundesrepublik Deutschland zu dieser Gruppe von Mitgliedstaaten. Die Verfassungsgerichte oder Obersten Gerichte von Belgien, Dänemark, Irland, Italien, Schweden, Spanien, Tschechien, dem Vereinigten Königreich und Frankreich räumen dem Unionsrecht weitgehend Vorrang vor den eigenen Rechtsordnungen ein. Manche der mitgliedstaatlichen Gerichte begründen einen solchen Vorrang des Unionsrechts mit Integrationsbestimmungen in der jeweiligen nationalen Verfassung. Der überwiegende Teil der Gerichte behält sich außerdem die vorrangige Geltung der nationalen Verfassung vor und entwickelt dazu verfassungsrechtliche Prüfungsmaßstäbe.[526]

112, 38; Corte Costituzionale, Ent. v. 23.01.2019 – Nr. 20/2019, IT:COST:2019:20, Rn. 2.1, 2.3; Conseil Constitutionnelle (Belgien), Ent. v. 15.03.2018 – Nr. 29/2018, B.9., B.10.5., B.15. ff.

526 ***Belgien***: In Belgien ist die frühe vorrangfreundliche Rechtsprechung des Cour de Cassation (*Kassationshof*) inzwischen von dem Cour d'Abitrage (*Schiedshof*; heute Cour Constitutionnelle – *Verfassungsgerichtshof*) korrigiert worden. Danach kann die materielle Verfassungskonformität von Bestimmungen internationaler Verträge überprüft werden, Cour de Cassation, Ent. v. 27.05.1971, Journal des Tribunaux 1971, 460; Cour d'Arbitrage, Ent. v. 16.10.1991, Journal des Tribunaux 1991, 6670; ***Dänemark***: In Dänemark hat das Højesteret (*Höchstes Gericht*) Überprüfungsbefugnisse der nationalen Gerichte postuliert, vgl. Højesteret, Urt. v. 06.04.1998 – I 361/1997, EuGRZ 1999, 49; ***Irland***: Die irische Verfassung bestimmt, dass kein Verstoß eines bestehenden oder zukünftigen Bestandteils des EU-Rechts gegen das irische Grundgesetz festgestellt werden darf. Das EU-Recht wird so weitgehend immunisiert. Allerdings ist der Entscheidung des Supreme Court (*Oberster Gerichtshof*) zu entnehmen, dass im Fall des Verstoßes gegen Menschenrechtsgarantien der Verfassung Ausnahmen bestehen können, Supreme Court, Society for the Protection of Unborn Children/Grogan, 1989, IR 753; ***Italien***: In Italien wurde in Entscheidungen des Corte Costituzionale (*Verfassungsgerichtshofs*) in der 1970er und 1980er Jahren die Vorrangthese grds. akzeptiert. Jedoch werden hier Grenzen des Vorrangs postuliert, Corte Costituzionale, Ent. v. 27.12.1973, EuR 1974, 259; Corte Costituzionale, Ent. v. 08.07.1984, Il Foro Italiano 1984 I, 2062, vgl. auch *Panara* in: von Bogdandy/Huber, IPE, Bd. II, § 18 Rn. 20 ff.; ***Schweden***: Die schwedische Verfassung sieht – ähnlich wie Art. 23 GG – materielle Anforderungen an die EU vor (vgl. Kapitel 10 § 5 Schwedische Verfassung). In der Folge wird davon ausgegangen, dass der grds. anerkannte Vorrang auf Grenzen stößt. Größere Konflikte sind bislang jedoch nicht aufgetreten, vgl. Regeringsrätten (*Oberstes Verwaltungsgericht*; seit 2011 Högsta förvaltningsdomstolen), Ent. v. 25.11.1997, RÅ

So handelt es sich bei der Sorge vor Kompetenzüberschreitungen nicht

1997 ref. 65; ***Spanien***: In Spanien hat das Tribunal Constitucional (*Verfassungsgericht*) die Prüfung der Verfassungskonformität von EU-Recht schon früh in Anspruch genommen. In seiner Entscheidung von 2004 hat das Gericht die Verfassungsbestimmung des Art. 93 Spanische Verfassung als Öffnungsklausel begriffen, welche die spanische Rechtsordnung der Einwirkung des EU-Rechts öffne, zugleich aber auch Grenzen ziehe, Tribunal Constitucional, Ent. v. 01.07.1992, EuGRZ 1993, 285; Tribunal Constitucional, Ent. v. 13.12.2004, EuR 2005, 339; ***Tschechien***: Der tschechische Ústavní soud České republiky (*Verfassungsgerichtshof der Tschechischen Republik*) hat in seiner Entscheidung zum Lissabon-Vertrag verfassungsrechtliche Prüfungsmaßstäbe entwickelt, im Ergebnis aber keine Einwände gegen den Vertrag von Lissabon erhoben. Inzwischen liegt vom Verfassungsgerichtshof eine „ultra vires"-Entscheidung vor, die allerdings nicht zu Verwerfungen geführt hat, Ústavní soud České republiky, Ent. v. 26.11.2008, Pl. ÚS 19/08; Ústavní soud České republiky, Ent. v. 03.11.2009, ÚS Pl. 29/09, EuGRZ 2009, 209; ***Vereinigtes Königreich***: Im Vereinigten Königreich lässt sich die Rechtslage mangels geschriebener Verfassung nur erschwert beurteilen. Das galt selbst in dem Fall, in dem das EU-Recht die Parlamentssouveränität überspielte. Insofern war ein weites Zurückweichen der verfassungsrechtlichen Bestimmungen – auch im menschenrechtlichen Bereich – zu beobachten. Umstritten war jedoch, ob sich die Souveränität des Parlaments nicht doch in einem Grenzfall gegen EU-Recht durchgesetzt hätte. Die tatsächliche Beurteilung eines solchen Falls ist aufgrund des Austritts des Vereinigten Königreichs aus der EU hinfällig, House of Lords (*Britisches Oberhaus*), Factortame/Secretary of State, 1991, 1 AC 603; ***Frankreich***: Die Situation in Frankreich war über Jahrzehnte dadurch gekennzeichnet, dass der Conseil Constitutionnel (*Verfassungsrat*) auf eine „A priori"-Kontrolle (zeitlich vor der Ratifikation von Änderungen der EU-Verträge) beschränkt war. Konflikte konnten durch rechtzeitige Änderungen der französischen Verfassung im Interesse ihrer EU-Konformität vermieden werden. Inzwischen ist durch die Verfassungsreform von 2008 allerdings auch eine nachträgliche Kontrollmöglichkeit eingeführt worden („question prioritaire de constitutionnalité", Art. 61 Französische Verfassung), nach welcher der Vorranganspruch zumindest in zeitlicher Hinsicht in Frage gestellt wird, da für den (bestimmten) Fall der Zweifel an Verfassungs- und Vertragskonformität eines nationalen Gesetzes ausdrücklich der verfassungsrechtlichen Klärung dieser Frage durch den Conseil Constitutionnel der Vorrang eingeräumt wird. In der Sache hatte die Cour de Cassation (*Kassationshof*) den Vorrang des damaligen EG-Rechts vor dem einfachen Recht aus der Eigenart der Gemeinschaftsordnung erklärt. Dem EU-Recht wird ein Rang zwischen Verfassung und dem einfachen Gesetz zuerkannt. Der Conseil d'Etat (*Staatsrat*) hat sich angeschlossen, allerdings immer wieder Vorbehalte gezeigt. Immer wieder hat sich auch der Conseil Constitutionnel (im Kontext der Kontrolle von EU-Richtlinien umsetzenden Gesetzen) zu dieser Frage geäußert und 2006 formuliert, dass der Kernbestand der französischen Verfassung nicht in Frage gestellt werden dürfe. Zugleich betont er aber auch die aus Art. 88–1 Französische Verfassung abgeleitete verfassungsrechtliche Verpflichtung zur Umsetzung des EU-Rechts, Cour de Cassation, Ent. v. 24.05.1975, EuR 1975, 326; Conseil d'Etat, Ent. v. 20.10.1989, EuGRZ 1990, 99; Conseil d'Etat, Ent. v. 08.02.2007, EuR 2008, 57; ***Griechenland***: Nachdem man in Griechenland zunächst von einem

nur um eine spezielle „deutsche" Empfindlichkeit. Das dänische Höchste Gericht („Højesteret") hat in seinem Maastricht-Urteil betont, dass bei Kompetenzüberschreitung einem Rechtsakt der Europäischen Gemeinschaft die Anwendung versagt werden kann.[527] Jedoch soll eine solche Unanwendbarkeitserklärung durch ein dänisches Gericht voraussetzen, dass vorher der Europäische Gerichtshof im Wege der Vorabentscheidung die Gültigkeit des Sekundärrechtsaktes nach Gemeinschaftsrecht (heute Unionsrecht) klären kann, und dass sich im Lichte der Entscheidung des Europäischen Gerichtshofs die Kompetenzüberschreitung mit der erforderlichen Sicherheit diagnostizieren lässt. Ein solches Szenario hält das Höchste Gericht Dänemarks für eine *außergewöhnliche Situation*.[528]

Ein weiteres wesentliches Beispiel für die Judikatur dieser europäischen Verfassungsgerichte ist die Rechtsprechung des Verfassungsgerichts der Tschechischen Republik („Ústavní soud České republiky"). Dieses hat in seinen beiden Entscheidungen zum Vertrag von Lissabon zu der Frage der Identitätswahrung bei zeitgleicher Integrationsförderung eine ähnliche Ansicht vertreten wie das deutsche Bundesverfassungsgericht und die Verfassungsmäßigkeit des Vertrages von Lissabon grundsätzlich anerkannt.[529] Das tschechische Verfassungsgericht betont den Vorrang des Unionsrechts und behält sich zugleich unter Bezugnahme auf die Rechtsprechung des Bundesverfassungsgerichts[530] als „ultima ratio" vor, Akte der Unionsorgane daraufhin zu überprüfen, ob sie von der Kompetenzordnung der Europäischen Union gedeckt sind bzw. ob sie mit der Werteidentität der tschechischen Verfassung

---

Vorrang der Verfassung ausgegangen war (vgl. Art. 28 Abs. 1 Griechische Verfassung), ist heute der Vorrang des EU-Rechts grds. anerkannt, *Evrigenis*, CMLR 1980, 157.

527 Højesteret, Urt. v. 06.04.1998, UfR 1998, 800 und Nordisk Domssamling 1999, 187 ff., auszugsweise Übersetzung ins Deutsche, ZaöRV 1998, 901 ff.

528 Vgl. *F. Thomas*, ZaöRV 1998, 879 ff.; *Hofmann*, EuGRZ 1999, 1 ff.; *Ring/Olsen-Ring*, EuZW 1998, 589 ff.; *Herdegen*, Europarecht, § 10 Rn. 33.

529 Ústavní soud České republiky, Ent. v. 26.11.2008, Pl. ÚS 19/08, *Treaty of Lisbon I*; Ústavní soud České republiky, Ent. v. 03.11.2009, Pl. ÚS 29/09, EuGRZ 2009, 209, *Treaty of Lisbon II*; *M. Hofmann*, EuGRZ 2010, 153 ff.

530 Vgl. BVerfGE 89, 155, 188, *Maastricht*.

unvereinbar sind.[531] In seinen Entscheidungen zum Vertrag von Lissabon hat das tschechische Verfassungsgericht darauf verzichtet, einen nicht übertragbaren Kerngehalt der Verfassung zu definieren und damit die Grenzen der europäischen Integration für die Zukunft festzulegen.[532] Dass das Gericht den Integrationsprozess gleichwohl kritisch begleiten will, verdeutlichten die tschechischen Verfassungsrichter in ihrem Urteil zur Berechnung von Altersrenten. Darin stufte das tschechische Verfassungsgericht die aus seiner Sicht fehlerhafte Auslegung und Anwendung einer Verordnung der Europäischen Union durch den Europäischen Gerichtshof[533] in einem Vorabentscheidungsverfahren als „ultra vires"-Akt ein.[534] Damit war zum ersten Mal ein offener Konflikt zwischen einem nationalen Verfassungsgericht und dem Europäischen Gerichtshof aufgebrochen. Jedoch hat diese Entscheidung rückblickend zu keinen Verwerfungen geführt.

Eine dritte Gruppe von Mitgliedstaaten ist dadurch gekennzeichnet, dass sie der nationalen Verfassung Vorrang vor dem Unionsrecht zuerkennt. Das gilt insbesondere für das Mitglied Polen. Der Verfassungsgerichtshof der Republik Polen („Trybunal Konstytucyjny") hat zunächst die polnische Verfassung und das Unionsrecht als gleichwertige Rechtsordnungen verstanden, deren Friktionen durch eine integrationsfreundliche Auslegung vermieden werden sollen. Später hat der polnische Verfassungsgerichtshof der polnischen Verfassung Vorrang vor dem Unionsrecht eingeräumt und eine Konfliktbewältigung auf prozeduralem Weg gesucht.[535] Seit „Entmachtung" der polnischen

---

531 Ústavní soud České republiky, Ent. v. 26.11.2008, Pl. ÚS 19/08, Rn. 119 ff., *Treaty of Lisbon I.*

532 Ústavní soud České republiky, Ent. v. 26.11.2008, Pl. ÚS 19/08, Rn. 109, *Treaty of Lisbon I*; Ústavní soud České republiky, Ent. v. 03.11.2009, Pl. ÚS 29/09, EuGRZ 2009, 209 (222 f.), *Treaty of Lisbon II.*

533 Zur Auslegung der Verordnung (EWG) Nr. 1408/71 des Rates v. 14.06.1971 zur Anwendung der Systeme der sozialen Sicherheit auf Arbeitsnehmer und deren Familien, die innerhalb der Gemeinschaft zu- und abwandern, ABl. 1971 L 149, S. 2.

534 Ústavní soud České republiky, Ent. v. 31.01.2012, Pl. ÚS 5/12, EuGRZ 2012, 597; *Herdegen*, Europarecht, § 10 Rn. 33.

535 Trybunal Konstytucyjny, Ent. v. 11.05.2005, K 18/04, EuR 2006, 236; *Bainczyk/Ernst*, EuR 2006, 236 (247); *Brandt*, EuR 2009, 131; *Biernat* in: von Bogdandy/Cruz Villalón/Huber, § 21 Rn. 41 ff.; *Kirchhof* in: Isensee/Kirchhof, HStR, Bd. X, § 214 Rn. 178; *Mayer* in: Grabitz/Hilf/Nettesheim, EUV, Art. 19 Rn. 101.

Verfassungsrichter durch die rechtspopulistische Regierung ab 2015 ist der Verfassungsgerichtshof als europaverfassungsrechtlicher Akteur nicht mehr von Bedeutung.[536]

Im Regelfall begreifen sich die mitgliedstaatlichen Rechtsordnungen zunächst als geschlossen. Ein überwiegender Teil der Mitgliedstaaten behält sich die Entscheidung darüber vor, welche Rechtssätze und -akte von außen im innerstaatlichen Bereich Geltung erlangen. Das erklärt auch, warum die Verfassungsgerichte und Obersten Gerichte der Mitgliedstaaten weiterhin den Geltungsgrund für den Vorrang des Unionsrechts vorwiegend in den Integrationsbestimmungen der jeweiligen Verfassung suchen.[537] Nach Auffassung des Bundesverfassungsgerichts ist daher ein, in den jeweiligen Zustimmungsgesetzen zu den Integrationsverträgen nach Art. 23 Abs. 1 Satz 2 GG enthaltener, nationaler Rechtsanwendungsbefehl die Grundlage für die Geltung des Unionsrechts in der Bundesrepublik Deutschland. Hierin liegt nach wie vor der dogmatische Ansatzpunkt für die Annahme von Grenzen des unionalen Vorrangs.[538]

Insgesamt gesehen erscheint die Rechtsgemeinschaft der Europäischen Union durch eine mittlerweile hinreichende Akzeptanz der Vorrangthese in Praxis und Theorie einigermaßen gesichert.[539]

536 Im Einzelnen zur Entwicklung in Polen vgl. *de Vries*, WiRO 2018, Teil 1, 105 ff., *dies.*, WiRO 2018, Teil 2, 129 ff.

537 Vgl. zu Frankreich: allg. *Gundel*, Die Einordnung des Gemeinschaftsrechts in die französische Rechtsordnung; *Scheffler*, ZaöRV 2007, 43 (59); *Walter*, EuGRZ 2005, 77 (79); *Spiegels*, EuR 2003, 119 ff.; zum Vereinigten Königreich: *Schmidt-Steinhäuser*, Geltung und Anwendung von Europäischem Gemeinschaftsrecht im Vereinigten Königreich; zu Italien: *La Pergola* in: Fürst/Herzog/Umbach, FS Zeidler, S. 1685; *di Martino* in: Haratsch, S. 35 ff.

538 BVerfGE 73, 339, 374, *Solange II*; *Nettesheim* in: Grabitz/Hilf/Nettesheim, AEUV, Art. 1 Rn. 69.

539 *Oppermann/Classen/Nettesheim*, Europarecht, § 10 Rn. 31; *auf dem Keller*, Finalität der EU, S. 69.

D. Europäischer Bundesstaat im Werden

Die europäische Integration beruhte zwar von Beginn an auf der Gründung einer Wirtschafts- und Rechtsgemeinschaft, sie ist jedoch bis heute zugleich ein im Kern zutiefst politischer Prozess geblieben, in dem unterschiedliche soziale, demokratische, kulturelle und wirtschaftliche Konzeptionen miteinander konkurrieren. Die Tragweite dieses Wettbewerbs politischer Leitbilder wird vor allem darin sichtbar, dass der angestrebte Endzustand in dem – wie die Präambel des Vertrages über die Europäische Union formuliert – Prozess der Schaffung *einer immer engeren Union der Völker Europas* bewusst unfixiert bleibt und somit Raum für sehr unterschiedliche Zielvorstellungen und Entwicklungsperspektiven belässt.[540]

Dass allerdings jede Stufe der europäischen Einigung stets auf Weiterentwicklung ausgerichtet war, zeigte sich auch beim Vertrag von Amsterdam[541] sowie beim Vertrag von Nizza[542], da diese bereits mit Abschluss des vorherigen Vertrages angekündigt wurden. Dies hatte einerseits mit den ungelösten Fragen, die nach jeder Verhandlung übrigblieben, zu tun und war andererseits symptomatisch für die Art und Weise, wie die europäischen Politiker in den Jahren bis nach der Jahrtausendwende über Integration dachten: als ein Prozess, der typbedingt immer „work in progress“ bleiben würde. Europäische Zusammenarbeit wurde als ein zukunftsorientiertes Projekt gesehen. Wie die Verträge deutlich vor Augen führen, hieß das nicht, dass die

---

540 *Durner* in: Isensee/Kirchhof, HStR, Bd. X, § 216 Rn. 1.

541 Vertrag von Amsterdam zur Änderung des Vertrags über die Europäische Union, der Verträge zur Gründung der Europäischen Gemeinschaften sowie einiger damit zusammenhängender Rechtsakte, in Kraft getreten am 01.05.1999, ABl. 1997 C 340, S. 1, *Vertrag von Amsterdam.*

542 Vertrag von Nizza zur Änderung des Vertrags über die Europäische Union, der Verträge zur Gründung der Europäischen Gemeinschaften sowie einiger damit zusammenhängender Rechtsakte, in Kraft getreten am 01.02.2003, ABl. 2001 C 80, S. 1, *Vertrag von Nizza.*

europäischen Mitgliedstaaten nach immer mehr Integration strebten. Es hieß aber schon, dass fast jeder die Europäische Wirtschaftsgemeinschaft und später die Europäische Union als ein unvollendetes Projekt betrachtete.[543] Die Europäische Union ist darum kein starres, sondern ein dynamisches Gebilde, sowohl im Hinblick auf die Öffnung neuen Mitgliedstaaten gegenüber als auch im Hinblick auf neue Inhalte und Ziele und deren Verwirklichung. Insbesondere die Überwindung der Maastrichter Säulenstruktur durch den Lissabonner Vertrag hat dies deutlich gezeigt.[544]

Nicht von ungefähr bestehen daher zur Frage der Finalität der Europäischen Union höchst unterschiedliche Auffassungen. Seit Beginn des Integrationsprozesses, insbesondere seit der Gründung der Maastrichter Union und der damit verbundenen Entwicklung einer, über eine reine Wirtschaftsgemeinschaft hinausgehenden politischen Union, wurde – zumindest in Deutschland[545] – mit Vehemenz die Frage diskutiert, ob der Übergang zu einer Art europäischem Bundesstaat womöglich bereits vollzogen sei[546] und nach dem Verfassungsrecht überhaupt vollzogen werden darf.[547]

---

543 *Van Meurs/De Bruin/Van de Grift/Hoentik/Van Leeuwen/Reijnen*, Die Unvollendete, S. 161 f.; vgl. auch zu den Ergebnissen bzgl. des Erweiterungsprozesses des Vertrages von Nizza die Erklärung (Nr. 23) zur Zukunft der Europäischen Union, Ziff. 2. u. 3.; *Hatje*, EuR 2001, 143 ff.; *Herdegen*, Europarecht, § 4 Rn. 23 f.

544 *Hakenberg*, Europarecht, 2. Teil Rn. 80.

545 Es mag sich hier um eine typisch deutsche und zudem wissenschaftliche Debatte handeln, die freilich den Vorzug hat, dass man sich überhaupt mit dieser Frage befasst, sich ein Bild von der EU zu verschaffen versucht und nicht vor lauter Pragmatismus die „Staatswerdung" der EU verpasst; vgl. auch *von Bogdandy*, Der Staat 40 (2001), 3 ff.

546 *Ress*, JuS 1992, 985; *Tomuschat*, DVBl 1996, 1073 (1075 f.); *Pernice*, Die Verwaltung 26 (1993), 449 ff.; *Blanke*, DÖV 1993, 412 ff.; *Scholz*, in: Maunz/Dürig, GG, Art. 23 Rn. 26 ff., 33 f.; *Isensee* in: Due/Lutter/Schwarze, FS Everling, S. 567 ff.; *Ossenbühl*, DVBl 1993, 629 (631 f.); *Murswiek*, Der Staat 32 (1993), 161 ff.; *Schachtschneider* in: Blomeyer/Schachtschneider, S. 75 ff.; *Huber*, Maastricht – Ein Staatsstreich?, S. 49 f.

547 *Sommermann*, DÖV 2013, 708 (710 ff.); *Calliess* in: Calliess/Ruffert, EUV, Art. 1 Rn. 28; *Nettesheim*, Der Staat 51 (2012), 313 (318 ff.); *Schilling*, Der Staat 53 (2014), 97 ff.; *Schönberger*, Der Staat 48 (2009), 535 (542); *Grimm*, Der Staat 48 (2009), 475 ff.

I. Staatswerdung der Europäischen Union

Trotz diverser Weiterentwicklungsansätze zur Finalität der europäischen Integration steht außer Frage, dass die Europäische Union im Hinblick auf den rechtlichen und politischen Stand bislang kein Staat ist.[548] Es ist allerdings nicht zu verkennen, dass neben einer geografischen auch eine politische Finalität der Europäischen Union – losgelöst von den Schritten hin zu einer klassischen Staatswerdung – auf der Grundlage des geltenden Unionsrechts erreicht werden kann.

Zur Zeit des Vertrages von Maastricht konnte angenommen werden, dass die Entfernung zu einem europäischen Staat noch groß ist.[549] Seither ist der Grad einer potentiellen Staatswerdung der Europäischen Union strittig, wobei die Frage danach überwiegend negativ beantwortet wird.[550] Jedoch wurde sie im Ausbau der europäischen Integration von Zeit zu Zeit wieder aufgegriffen.[551] Seit dem Inkrafttreten des Vertrages von Lissabon scheint auf Seite der Mitgliedstaaten die Sorge um den Erhalt und den Schutz der nationalen Staatlichkeit gewachsen zu sein. Ebenso verstärkte sich insbesondere im Zuge der Finanz- und Schuldenkrise die Einschätzung, dass der Wendepunkt auf dem Weg in eine europäische Bundesstaatlichkeit bereits näher gekommen ist.[552]

Vielfach wird der Umstand, dass die Europäische Union noch kein Staat ist, damit begründet, dass sie nach wie vor weder über ein eigenständiges Staatsgebiet noch über ein eigenes europäisches Staatsvolk verfügt. Sowohl das Gebiet der Europäischen Union als auch die

548 A.A. *Schachtschneider*, Verfassungsrecht der EU, S. 263.

549 Vgl. BVerfGE 89, 155, 182 ff, *Maastricht*.

550 *Pernice*, Die Verwaltung 26 (1993), 449 ff.; *Ress*, JuS 1992, 985; *Blanke*, DÖV 1993, 412 ff.; *Tomuschat*, DVBl 1996, 1073 (1075 f.); *Isensee* in: Due/Lutter/Schwarze, FS Everling, S. 567 ff.; *Huber*, S. 49 f.; a.A. *Schachtschneider* in: Blomeyer/Schachtschneider, S. 75; *Ossenbühl*, DVBl 1993, 629 (631 ff.); *Grams*, Zur Gesetzgebung der Europäischen Union, S. 25 ff.

551 *Nettesheim*, EuR-Beiheft 2004, 7 (28 f.); *Dorau*, Die Verfassungsfrage der EU, S. 29 f.; *Schmitz*, Integration in der Supranationalen Union, S. 198 ff.; *Murswiek*, NVwZ 2009, 481 f.

552 *Hallstein*, Der unvollendete Bundesstaat, S. 19; *Voßkuhle*, NVwZ-Beilage 2013, 27; *Hallstein*, Die Europäische Gemeinschaft, S. 21 f.; *Calliess* in: Calliess/Ruffert, EUV, Art. 1 Rn. 28; *Nettesheim*, Der Staat 51 (2012), 313 ff.; *Hobe*, Der offene Verfassungsstaat, S. 132 ff., 330 ff., 380 ff.

Unionsbürgerschaft hängen vielmehr von den Staatsgebieten und -angehörigkeiten der Mitgliedstaaten ab.[553] In Anbetracht der Ungenauigkeit des Staatsbegriffs und verfassungshistorischer Präzedenzfälle wäre es allerdings durchaus möglich, diese Gegebenheiten für das Vorliegen von Staatlichkeit ausreichen zu lassen.[554]

Entscheidend ist vielmehr die Betrachtungsweise, die auf die Verteilung der substanziellen Zuständigkeiten und Befugnisse (Grundebene) bzw. die Zuständigkeit zur Entscheidung über diese Verteilung (Metaebene) abstellt. Auf der sogenannten Grundebene kann herausgestellt werden, dass die Europäische Union bisher nicht über wesentliche substanzielle Merkmale der Staatlichkeit verfügt. Dies gilt insbesondere für das Gewaltmonopol, die Verfügung über die polizeiliche und militärische Macht und das Recht, aus eigener Befugnis Steuern zu erheben.[555] Hingegen ist der Europäischen Union im Bereich der Währungshoheit eine wesentliche Befugnis hinzugewachsen.[556] Die anderen Merkmale sind für sich graduell abzustufen. Somit lässt sich keine

553 *Calliess* in: Calliess/Ruffert, EUV, Art. 1 Rn. 29; *Kadelbach* in: von Bogdandy/Bast, S. 621 f.; *Häberle/Kotzur*, Europäische Verfassungslehre, S. 630 ff.; *Giegerich* in: Schulze/Janssen/Kadelbach, § 9 Rn. 19; *Augustin*, Das Volk der EU, S. 62, 110 f.

554 *Callies*, JZ 2004, 1033 ff.; *auf dem Keller*, Finalität der EU, S. 59; *Schmitz*, EuR 2003, 217 (219 ff.); krit. *Cremer*, EuR 1995, 21 (42).

555 *Von Bogdandy* in: von Bogdandy/Bast, S. 39, 54; *Thym* in: von Bogdandy/Bast, S. 475; *Bieber/Haag* in: Schulze/Janssen/Kadelbach, § 1 Rn. 63 ff.; *Kadelbach* in: Schulze/Janssen/Kadelbach, § 8 Rn. 10; *Wernsmann* in: Schulze/Janssen/Kadelbach, § 31 Rn. 1 ff.; *Oppermann/Classen/Nettesheim*, Europarecht, § 4 Rn. 21.

556 So ist der EURO gegenwärtig die gemeinsame Währung von 19 Mitgliedstaaten der EU: Belgien, Deutschland, Estland, Finnland, Frankreich, Griechenland, Irland, Italien, Lettland, Litauen, Luxemburg, Malta, die Niederlande, Österreich, Portugal, die Slowakei, Slowenien, Spanien und die Republik Zypern. Die Zielvorstellung des Art. 3 Abs. 4 EUV ist, dass langfristig alle Mitgliedstaaten der EU den EURO einführen. Ausnahmen bestanden bzw. bestehen auch weiterhin für das Vereinigte Königreich, Dänemark und Schweden, vgl. das Protokoll Nr. 15 über einige Bestimmungen betreffend das Vereinigte Königreich Großbritannien und Nordirland, ABl. 1992 C 191, S. 87 i.d.F. des Vertrags von Lissabon, ABl. 2007, C 306 und Protokoll Nr. 16 über einige Bestimmungen betreffend Dänemark, ABl. 1992, C 191, S. 89 i.d.F. des Vertrags von Lissabon, ABl. 2007, C 306; vgl. zur Rechtslage bezüglich Schweden *Oppermann/Classen/Nettesheim*, Europarecht, § 19 Rn. 22; siehe auch *Terhechte* in: Grabitz/Hilf/Nettesheim, EUV, Art. 3 Rn. 60; *Herdegen*, Internationales Wirtschaftsrecht, § 5 Rn. 9 ff.; *Müller-Graff* in: Dauses/Ludwigs, A. I., Rn. 65; *Grabenwarter* in: von Bogdandy/Bast, S. 137.

feste Grenze bezeichnen, wann die Europäische Union die Qualität eines Staates erreichen würde.[557]

Dieselbe Feststellung gilt auch für die sogenannte Metaebene. Bislang verfügen die Unionsorgane nicht über die Befugnis, der Europäischen Union ohne Mitwirkung der Mitgliedstaaten Kompetenzen zu verschaffen (Kompetenz-Kompetenz).[558] Die Befugnis zur Verfügung über die und zur Fortentwicklung der vertraglichen Grundlagen liegt nicht bei den Organen der Union, sondern bleibt weiterhin den Organen der Mitgliedstaaten zugeordnet. Dabei ist nicht entscheidend, dass die Europäische Union gemäß Art. 5 EUV an das Prinzip der begrenzten Einzelermächtigung gebunden ist, da auch im Verfassungsstaat ein Kompetenzerfordernis gilt.[559] Vielmehr ist maßgebend, dass die Mitgliedstaaten sich dem Ansinnen, die Befugnis zur Vertragsveränderung den Unionsorganen zu überlassen, weitgehend versperrt haben. Sie beanspruchen weiterhin, „Herren der Verträge" zu sein.[560]

Den vorbezeichneten Feststellungen ist zu entnehmen, dass es sich bei dem Merkmal der sogenannten Kompetenz-Kompetenz um ein gradualisierbares Kriterium handelt.

Einerseits kann die Befugnis zur Änderung und Fortschreibung der Verfassung eines Gemeinwesens teils auf dieser, teils auch auf einer anderen Ebene liegen.[561] Inzwischen sind auch auf europäischer Ebene Bereiche auszumachen, in denen die Ausübung der Kompetenz-Kom-

557 *Nettesheim* in: Grabitz/Hilf/Nettesheim, EUV, Art. 1 Rn. 68.

558 *Kirchhof* in: Isensee/Kirchhof, HStR, Bd. X, § 214 Rn. 15; *Ehlers* in: Schulze/Janssen/Kadelbach, § 11 Rn. 25; *Nettesheim* in: von Bogdandy/Bast, S. 402; *Häberle/Kotzur*, Europäische Verfassungslehre, S. 454.

559 *Kirchner* in: Pernice/Schuppert/Haltern, S. 398; *Calliess* in: Calliess/Ruffert, EUV, Art. 1 Rn. 29; *Ehlers* in: Schulze/Janssen/Kadelbach, § 11 Rn. 25.

560 *Von Bogdandy* in: von Bogdandy/Bast, S. 46; *Everling* in: Bernard/Geck/Jaenicke/Steinberger, FS Mosler, S. 189; *Häberle/Kotzur*, Europäische Verfassungslehre, S. 93; *Oppermann/Classen/Nettesheim*, Europarecht, § 4 Rn. 22; *Maurer*, Staatsrecht I, § 4 Rn. 13; *Doehring*, ZRP 1993, 98; *Ress* in: Haller/Kopetzki/Novak/Paulson/Raschauer/Ress/Wiederin, FS Winkler, S. 901.

561 Vgl. dazu bspw. auch das Verfahren zur Änderung der U.S.-amerikanischen Verfassung, das eine Beteiligung der Organe des Bundes, zugleich aber ein Zustimmungsbedürfnis von drei Vierteln der Bundesstaaten vorsieht. Man kann hier weder sagen, dass die Kompetenz-Kompetenz auf der Ebene des Bundes liegt, noch können die Staaten diese Befugnis allein für sich beanspruchen, *Nettesheim* in: Grabitz/Hilf/Nettesheim, EUV, Art. 1 Rn. 70.

petenz zu einer Verschränkung der Ebenen führt. Schon das ordentliche Vertragsänderungsverfahren nach Art. 48 EUV wird nicht nur auf mitgliedstaatlicher Ebene vollzogen, da den Institutionen der Europäischen Union insbesondere in Fällen der Einberufung eines Konvents wesentliche Bedeutung zukommt.[562]

Anderseits ist Kompetenz-Kompetenz auch insofern gradualisierbar, als sich ihre Ausgestaltung in verschiedenen Bereichen unterschiedlich darstellen kann. Demnach lassen sich horizontale Differenzierungen vornehmen, wodurch das Zusammenspiel der verschiedenen Ebenen, wie insbesondere die sogenannte Brückenklausel[563] des Vertrages über die Arbeitsweise der Europäischen Union zeigt, sehr unterschiedlich aussehen kann.[564]

Im Prozess des Übergangs von einem Staatenverbund zu einem europäischen Bundesstaat sind damit auf zwei Ebenen gradualisierbare Merkmale relevant. Die Festlegung des Wendepunkts bedarf indessen einer wertenden Entscheidung, die ohne wesentliche staats- oder integrationstheoretische Anleitung vorzunehmen ist. Soweit inzwischen angenommen wird, dass die Europäische Union „zwischenstaatlichen Charakter“ oder eine „para-staatliche Natur“[565] aufweist, wird dadurch verdeutlicht, dass wenige Schritte der Vertiefung der Integration eine finale Weiterentwicklung möglich erscheinen lassen.[566]

---

562 *Herrnfeld* in: Schwarze/Becker/Hatje/Schoo, EUV, Art. 48 Rn. 4 f.; *Cremer* in: Calliess/Ruffert, EUV, Art. 48 Rn. 5; *Meng* in: von der Groeben/Schwarze/Hatje, EUV, Art. 48 Rn. 14.

563 Vgl. Art. 48 Abs. 7 EUV, der im Verfahren der Änderung der Verträge im Lissabonner Vertrag eingeführt wurde. Danach kann der Europäische Rat einstimmig beschließen, in einem bestimmten Bereich, für den eigentlich Einstimmigkeit im Rat vorgesehen ist, auf eine Beschlussfassung mit qualifizierter Mehrheit „umzustellen“.

564 *Pechstein* in: Streinz, AEUV, Art. 333 Rn. 1 ff.; *Blanke* in: Grabitz/Hilf/Nettesheim, AEUV, Art. 333 Rn. 1 ff.; *Hatje* in: Schwarze/Becker/Haje/Schoo, AEUV, Art. 333 Rn. 1 ff.; *Becker* in: von der Groeben/Schwarze/Hatje, AEUV, Art. 333 Rn. 2 ff.; *Nettesheim/Grabitz/Hilf* in: Grabitz/Hilf/Nettesheim, AEUV, Art. 238 Rn. 44; vgl. auch *Kaufmann-Bühler/Meyer-Landrut* in: Grabitz/Hilf/Nettesheim, EUV, Art. 31 Rn. 37 ff.

565 Vgl. *Lübbe-Wolff*, VVDStRL 60 (2001), 246.

566 *Nettesheim* in: Grabitz/Hilf/Nettesheim, EUV, Art. 1 Rn. 72; *Scholz* in: Maunz/Dürig, GG, Art. 23 Rn. 46; *Di Fabio*, Der Staat 32 (1993), 191 (197); *Scholz*, NVwZ 1993, 817 (818); *Oeter*, ZaöRV 2015, 733 (737).

Die bislang geführte Diskussion über die verfassungsrechtlichen Grenzen der Integration[567] macht indes deutlich, dass nur noch eine Minderheit der Beobachter davon ausgeht, dass der Integrationsprozess auf einer Stufe zwischen Staatenverbund und Bundesstaatlichkeit enden und so langfristig ein neuer Typ von Herrschaftsgewalt entstehen könnte.[568] Das führt zu der Auffassung, dass der Weg – so es angesichts der aktuellen Umstände nicht zu einem katastrophalen Scheitern kommt – nur in einem Zustand enden kann, der als europäische (Bundes-)Staatlichkeit zu bezeichnen ist. Ein Drittes oder Eigenständiges wird es (allem Anschein nach) nicht geben.

II. Entstaatlichung der Mitgliedstaaten

Die souveräne Staatlichkeit ist rechtlich (bislang) bei den Mitgliedstaaten verblieben. Der Versuch einer Verwischung des Souveränitätsbegriffs im Sinne einer „geteilten Souveränität" ändert daran zunächst nichts und beruht vornehmlich auf europapolitischen Motiven. In der souveränen Staatlichkeit der Mitgliedstaaten liegt der Anspruch begründet, die letzte Entscheidung über den Weg und die Ziele des europäischen Gemeinwesens zu treffen. Das schließt grundsätzlich ein Aufgehen der Mitgliedstaaten in einer europäischen Staatlichkeit unter grenzen- und vorbehaltloser Anerkennung des Vorrangs des Unionsrechts aus. Wenn die Mitgliedstaaten diesem Vorranganspruch nämlich nachgeben, wäre diesen womöglich die im völkerrechtlichen Sinne verstandene Souveränität kaum mehr zuzuschreiben.[569] Insofern besteht zwischen der europäischen Ordnung und den nationalen Ordnungen eine politische Schwebelage.[570]

---

567 BVerfGE 89, 155, *Maastricht*; BVerfGE 123, 267, *Lissabon*; BVerfGE 154, 17, *PSPP*; allgemein zu den demokratietheoretischen und rechtlichen Grenzen *Kaufmann*, Europäische Integration und Demokratieprinzip; *Grimm*, JZ 1995, 581 (587 ff.); *Oeter*, ZaöRV 1995, 659 (661 f.); *Di Fabio*, Der Verfassungsstaat, S. 87 ff., 100 ff.; *Nettesheim*, Der Staat 51 (2012), 313 ff.

568 Vgl. *von Bogdandy*, Supranationaler Föderalismus, S. 9 ff., 61 ff.; *ders.* in: Brenner/Huber/Möstl, FS Badura, S. 1033 ff.

569 *Nettesheim* in: Grabitz/Hilf/Nettesheim, AEUV, Art. 1 Rn. 78.

570 Vgl. *Oppermann/Classen/Nettesheim*, Europarecht, § 10 Rn. 14; *Wahl*, Der Staat 48 (2009), 587.

Letztlich stellt sich daher für sämtliche Mitgliedstaaten die Frage nach den Voraussetzungen, Bedingungen, Zielen und Grenzen ihrer Mitwirkung an einem Staatswerdungsprozess und den diesbezüglichen Vorgaben des nationalen Verfassungsrechts.[571]

1. Staatsqualität und Völkerrechtssubjektivität

Seit alters her wird die mit der Eigenstaatlichkeit verbundene Position gerne mit dem Begriff der Souveränität assoziiert. Souveränität gilt dabei als notwendiges Attribut der Staaten. Mangelnde Souveränität erscheint als Defizit der Staatsgewalt, welches die Staatsqualität eines Herrschaftsgebildes in Frage stellt. Aus dieser traditionellen Sichtweise sind nur souveräne Staaten vollwertige Mitglieder der Völkergemeinschaft und können sich auf das Prinzip der souveränen Gleichheit (Art. 2 Nr. 1 UN-Charta) berufen.[572]

Unter Zugrundelegung dieses staatlichen Souveränitätsgedankens bleiben vielfältige Möglichkeiten der staats- und verfassungsrechtlichen Ausgestaltung eines (europäischen) Bundesstaates. Grundsätzlich entscheidet die spezifische Kombination der jeweiligen Elemente über das Gewicht der einzelnen staatlichen Ebenen innerhalb des Bundesstaates und gibt diesem sein besonderes Gepräge.

Gleichwohl setzt das bundesstaatliche Modell den Möglichkeiten der Kompetenzzuweisung auch Grenzen, bei deren Überschreitung nicht mehr von einem Bundesstaat gesprochen werden kann. Insbesondere wäre die Bewahrung der Staatlichkeit sowohl des Gesamtstaates als auch der Mitgliedstaaten erforderlich.[573] Selbst wenn sich gesamt- und gliedstaatliches Recht im Bundesstaat grundsätzlich zu einer einheitlichen Rechtsordnung zusammenfügen und die Funktionsfähigkeit des Bundesstaates eine gewisse Übereinstimmung seiner Glieder zumindest in wesentlichen staatsorganisatorischen Aspekten vorrausetzt (so-

571 *Durner* in: Isensee/Kirchhof, HStR, Bd. X, § 216 Rn. 1.

572 *Herdegen*, Völkerrecht, § 28 Rn. 1 ff.; *Randelzhofer* in: Isensee/Kirchhof, HStR, Bd. II, § 17 Rn. 1 ff.; *Maurer*, Staatsrecht I, § 1 Rn. 7.

573 *Uerpmann-Wittzack* in: von Münch/Kunig, GG, Art. 23 Rn. 105; ähnlich mit Blick auf die Bewahrung der Staatlichkeit der Mitgliedstaaten i.R.d. europäischen Integration *Haratsch* in: Breuer/Epiney/Haratsch/Schmahl/Weiß, FS Klein, S. 94.

genannter Homogenitätsgrundsatz), muss die Verfassungsautonomie der staatlichen Ebenen gewahrt bleiben. Die Verfassungsautonomie der Gliedstaaten ist auch insoweit Ausdruck innerer Souveränität,[574] die im Bundesstaat jedoch notwendig beschränkt ist durch die verbindlichen Vorgaben der Bundesverfassung.[575]

Schließlich müssen den einzelnen Ebenen über Verfassungsfragen hinaus grundlegende politische Gestaltungsspielräume verbleiben. In diesem Zusammenhang befürchten viele Mitgliedstaaten, dass sie bei der Gestaltung der Europäischen Union zum Bundesstaat sodann als Gliedstaaten Gefahr laufen, durch weitreichende Gesetzgebung des Gesamtstaates in ihren Kompetenzen erheblich beeinträchtigt zu werden, und dadurch letztlich ihre staatliche Souveränität und auch Völkerrechtssubjektivität einbüßen.[576] Im Hinblick auf den möglichen Umfang von Rechten und Pflichten nach dem Völkerrecht unterliegen nämlich nur souveräne Staaten keinen gegenständlichen Beschränkungen. Hingegen können (bloße) Gliedstaaten von Bundesstaaten auf völkerrechtlicher Ebene nur insoweit agieren, als dies der Bundesstaat gestattet. Die originäre, unbeschränkte Völkerrechtssubjektivität liegt beim Gesamtstaat. Die Gliedstaaten verfügen insoweit „nur" über eine (partielle und abgeleitete) Völkerrechtssubjektivität, als ihnen durch

574 *Schöbener/Knauff*, Allg. Staatslehre, § 6 Rn. 3, 56 ff.

575 Bspw. setzt Art. 28 Abs. 1 GG mit der verpflichtenden Bezugnahme auf die Grundsätze des republikanischen, demokratischen und sozialen Rechtsstaats – für das Funktionieren des Bundesstaates unverzichtbare – Normativbestimmungen für die Verfassungsordnung der Bundesländer, die nicht in den Ländern, sondern für diese gelten und sie dem Bund gegenüber zu einer bestimmten Gestaltung des Landesverfassungsrechts verpflichten. Grds. sind die Länder, deren Staatsqualität in Art. 28 Abs. 1 GG vorausgesetzt und anerkannt wird, in der Ausgestaltung ihrer Verfassungen allerdings frei. Die Verfassungsräume des Bundes und der Länder stehen prinzipiell selbständig nebeneinander, *Wolff* in: Hömig/Wolff, GG, Art. 28 Rn. 2; zur Staatsqualität der Bundesländer vgl. *Antoni* in: Hömig/Wolff, GG, Art. 20 Rn. 6.

576 Vgl. zur Beibehaltung der Staatsqualität der deutschen Bundesländer im bundesstaatlichen Gefüge Deutschlands, *Herdegen* in: Maunz/Dürig, GG, Art. 79 Rn. 91; BVerfG, Urt. v. 26.07.1972 – 2 BvF 1/71, BVerfGE 34, 9, 19, *Hausgut der Länder*; *Sodan/Ziekow*, Öffentliches Recht, § 8 Rn. 7 ff.; *Schöbener/Knauff*, Allg. Staatslehre, § 6 Rn. 20 f.

die Bundesverfassung Kompetenzen in auswärtigen Angelegenheiten (etwa durch den Abschluss von Verträgen) eingeräumt werden.[577]

Indessen zwingt der europäische Integrationsprozess dazu, sich von herkömmlichen Souveränitätsvorstellungen zu lösen. Mit der zunehmenden Vergemeinschaftung von Politikbereichen bis hin zur Übertragung der Währungshoheit auf die Europäische Union haben die Mitgliedstaaten elementare Kompetenzen aufgegeben. Der die Mitgliedstaaten umgebende Souveränitätspanzer wurde geöffnet und deren „Unabhängigkeit" ist mehr und mehr zu einem bloßen Torso geschrumpft.[578] Darüber hilft auch nicht die Formel hinweg, dass die Mitgliedstaaten „Herren der Verträge" geblieben seien.[579] Dennoch begreift die gesamte Staatenwelt die Mitgliedstaaten der Europäischen Union auch nach dem Vertrag von Lissabon weiterhin als souveräne Staaten. Dies legt eine Betrachtungsweise nahe, in der es nicht mehr auf die Alleinzuständigkeit eines Staates in bestimmten wesentlichen Politikbereichen ankommt. Vielmehr muss im Sinne einer bilanzierenden Gesamtbetrachtung auch der Machtzuwachs berücksichtigt werden, der mit der gesamthänderischen Teilhabe des einzelnen Staates an vergemeinschafteten Kompetenzen auf europäischer Ebene verbunden ist. Dieser kompensatorische Ausgleich unterscheidet die Kompetenzverschiebungen im europäischen Integrationsprozess von einer schlichten Amputation der staatlichen Hoheitsrechte. Hier zeigt sich auch eine beachtliche Elastizität des völkerrechtlichen Souveränitätsbegriffes. Jedoch kann auch bei dieser Betrachtungsweise nur dann von einem Mindestmaß an Souveränität die Rede sein, wenn wesent-

577 Das deutsche GG begründet eine solche abgeleitete Völkerrechtssubjektivität für den Abschluss von Verträgen in Art. 32 Abs. 3 GG: „*Soweit die Länder für die Gesetzgebung zuständig sind, können sie mit Zustimmung der Bundesregierung mit auswärtigen Staaten Verträge abschließen*", vgl. *Herdegen*, Völkerrecht, § 7 Rn. 9, § 8 Rn. 30; *Heintschel von Heinegg/Frau* in: Epping/Hillgruber, BeckOK GG, Art. 32 Rn. 19 ff.; *Vöneky* in: Isensee/Kirchhof, HStR, Bd. XI, § 236 Rn. 6.

578 Vgl. zu „integrierter Staatlichkeit" als Staatsstrukturprinzip, *Kaufmann*, JZ 1999, 814 ff.; weiter *Haratsch* in: Breuer/Epiney/Haratsch/Schmahl/Weiß, FS Klein, S. 81 ff., der in diesem Zusammenhang auf ein „Integrationsstaatsprinzip" schließt. Danach bricht das Integrationsstaatsprinzip die anderen prägenden Strukturelemente moderner Staatlichkeit auf und öffnet sie für die Integrationswirkungen.

579 BVerfGE 89, 155, 190, *Maastricht*; BVerfGE 123, 267, 348 f., *Lissabon*.

liche Kompetenzbereiche noch weithin dem eigenen Gestaltungswillen der einzelnen Mitgliedstaaten überlassen bleiben und wenn die Europäische Union nicht einseitig ihre Hoheitsrechte auf Kosten der Mitgliedstaaten ausweiten darf.[580]

2. Nationale Verfassungsschranken

In keinem anderen Mitgliedstaat der Europäischen Union dürfte die Vorstellung derart ausgeprägt sein wie in Deutschland, die maßgeblichen Vorgaben und Grenzen der europäischen Integration seien im Kern durch nationales Verfassungsrecht vorgegeben oder ließen sich mit den Mitteln des Rechts bändigen.[581] Zwar haben auch Verfassungsgerichte anderer Mitgliedstaaten – wenngleich mit zurückhaltenderem Kontrollanspruch – immer wieder Vorbehalte gegenüber der Preisgabe des Kerns ihrer Verfassungsordnungen, der Geltungsmacht ihrer Parlamente sowie gegenüber der Praxis stillschweigender Vertragsausweitungen formuliert.[582] Dennoch ist die Dominanz der dritten Gewalt in den integrationspolitischen Willensbildungsprozessen in Deutschland unverkennbar.[583]

---

580 Neuere Völkerrechtsentwicklungen nagen mittlerweile auch an der verfassungsrechtlichen Autonomie als konstituierendem Element staatlicher Souveränität. Die Verfassungsordnung von Bosnien-Herzegowina und anderer Staaten ist auf der Grundlage völkerrechtlicher Vereinbarungen so stark „internationalisiert", dass Verfassungsverstöße auf die völkerrechtliche Ebene durchschlagen und verfassungsrechtliche Strukturen nur in einem völkerrechtlichen Prozess neu geordnet werden können; *Herdegen*, Völkerrecht, § 22 Rn. 22 f., § 28 Rn. 7.

581 *Classen*, JZ 2009, 881 (889); *Ley*, JZ 2010, 165; *Durner* in: Isensee/Kirchhof, HStR, Bd. X, § 216 Rn. 2.

582 *Mayer*, Kompetenzabgrenzung und Letztentscheidung, S. 143 ff.; *Weber*, JZ 2010, 157 ff.; *Scheffler*, ZaöRV 2007, 43 (55 ff.).

583 So konnten die Ratifikationen der zahlreichen Änderungen des Primärrechts in verschiedenen Mitgliedstaaten nur unter großen Mühen die erforderlichen demokratischen Hürden nehmen, führten dann jedoch bspw. in Frankreich reibungslos zur Anpassung des französischen Verfassungsrechts. Dieselben Reformpakte finden dagegen in Deutschland zwar unschwer die erforderlichen parlamentarischen Mehrheiten, liefern jedoch regelmäßig Anlass für detaillierte Vorbehalte des BVerfG, die zwar keine große praktische Wirkung haben, jedoch politisch gesehen als europafeindliche Warnungen empfunden werden, *Fromont*, DÖV 2011, 457 (464).

Die verfassungsrechtliche Vorgabe, dass sich das Bundesverfassungsgericht letztlich mit seiner Rechtsauffassung immer durchsetzen wird, bedeutet jedoch nicht, dass es damit inhaltlich auch Recht haben muss. Die bisherige Rechtsprechung des Bundesverfassungsgerichts zwingt die Politik in eine Situation, in der sie sich entweder unabhängig von der Zustimmung der Wähler gegen eine weitere Übertragung von Hoheitsrechten auf die Europäische Union entscheiden oder für eine neue Verfassung werben muss.[584] Die geforderte Verfassungsneugebung über Art. 146 GG als einziger Weg zu einem europäischen Bundesstaat treibt Kritikern eines „positivistischen Konstitutionalismus"[585] in der Tat einen „kalten Schauer über den Rücken"[586]. Die Leichtigkeit, mit der die deutschen Verfassungsrichter einen Akt neuer Verfassungsgebung voraussetzen, verkennt die immensen Risiken eines solchen Vorhabens. Es herrscht Einigkeit dahingehend, dass Art. 146 GG nur innerhalb einer noch gültigen und durchsetzbaren Verfassungsordnung den Rahmen vorgeben kann, in dem eine neue Ordnung entwickelt wird.[587] Die Norm beschreibt damit das Szenario eines Idealfalls, in dem eine voll funktionstüchtige Verfassung in einem Moment gilt und dann innerhalb einer juristischen Sekunde von der Geltung einer nach Art. 146 GG legitimen Verfassung abgelöst wird. Eine unter solchen Laborbedingungen entwickelte Verfassung würde mit überwiegender Wahrscheinlichkeit Art. 79 Abs. 3 und Art. 1 sowie Art. 20 Abs. 1 und 2 GG beachten und damit den Idealvorstellungen an einen demokratischen Rechtsstaat erneut sehr nahekommen. Nur eine solche idealistische Betrachtung von Verfassungsgebung oder ein übergroßer Respekt vor der Deutungshoheit des Bundesverfassungsgerichts können erklären, dass mittlerweile die Möglichkeit zur Gestaltung eines europäischen Bundesstaates durch einen „atypi-

584 Vgl. *Laas* in: von Arnauld/Hufeld, § 3 Rn. 103; *Calliess*, ZEuS 2009, 559 (560).

585 So benennt *Nettesheim*, Der Staat 51 (2012), 313 (340) die Überzeugung, nach der die Entscheidung des *pouvoir constituant* immer der konstruktive Ausgangspunkt einer neuen Ordnung ist, die immer nur besser als die bisherige Ordnung sein kann.

586 Vgl. *Cramer*, Artikel 146 Grundgesetz zwischen offener Staatlichkeit und Identitätsbewahrung, S. 224.

587 Vgl. zu den Anforderungen des Art. 146 GG an den Prozess der Verfassungsgebung *Haug*, AöR 2013, 435 (448 ff.).

schen Fall der Verfassungsgebung" diskutiert wird.[588] Dabei ist heftig umstritten, ob die Vorgaben des Art. 79 Abs. 3 GG auch für die nach Art. 146 GG zustande kommende Verfassung gelten.[589] Eine Anwendung des Art. 79 Abs. 3 GG ist jedenfalls dann schwerlich akzeptabel, wenn man Art. 79 Abs. 3 GG mit dem Bundesverfassungsgericht[590] extensiv versteht. Denn das Bundesverfassungsgericht diskutiert die freie Entscheidung des deutschen Volkes über eine neue Verfassung im Rahmen fortschreitender Integration nur im Zusammenhang mit Rechtskontinuität und nie als revolutionären Bruch.[591] Der Erlass einer völlig neuen Verfassung sollte nicht den Bindungen des Art. 79 Abs. 3 GG unterliegen müssen.[592]

Indessen ist jede Verfassung das Ergebnis eines politischen Prozesses, über dessen Zustandekommen und konkrete Ausgestaltung komplexe historische Zusammenhänge, kollektive Befindlichkeiten und Machtstrukturen zu einem bestimmten Zeitpunkt entscheiden. Mithin kann Verfassungsgebung auch scheitern oder zivilisatorische Errungenschaften in Frage stellen.[593]

Vor diesem Hintergrund stellt sich weiter die Frage, wie die Weiterentwicklung der Europäischen Union zu einem Bundesstaat aus der Sicht des deutschen Verfassungsrechts zu beurteilen wäre, ob die Bun-

588 *Schilling*, Der Staat 53 (2014), 95 (98); *Cramer*, Artikel 146 Grundgesetz zwischen offener Staatlichkeit und Identitätsbewahrung, S. 225 f. mit dem Vorschlag einer einfachen Ergänzung des GG um einen Passus nach dem Vorbild von Art. 178 der Verfassung des Freistaates Bayern v. 08.12.1946: *Bayern wird einem künftigen deutschen demokratischen Bundesstaat beitreten. Er soll auf einem freiwilligen Zusammenschluß der deutschen Einzelstaaten beruhen, deren staatsrechtliches Eigenleben zu sichern ist.*

589 Zustimmend *Isensee* in: Isensee/Kirchhof, HStR, Bd. XII, § 258 Rn. 81 f.; *Herdegen* in: Maunz/Dürig, GG, Art. 146 Rn. 49, 57 ff.; a.A. *Dreier* in: Dreier, GG, Art. 146 Rn. 33, 50; *Wolff* in: Hömig/Wolff, GG, Art. 146 Rn. 4; *Huber* in: Sachs, GG, Art. 146 Rn. 10; offenlassend BVerfG, Urt. v. 17.01.2017 – 2 BvB 1/13, BVerfGE 144, 20, 197 f.

590 Vgl. BVerfGE 123, 267, 343 ff., *Lissabon*; *Herdegen* in: Maunz/Dürig, GG, Art. 146 Rn. 49.

591 *Stern*, Staatsrecht, Bd. I, S. 152, 167; *Herdegen* in: Maunz/Dürig, GG, Art. 79 Rn. 8; anders *Bryde* in: von Münch/Kunig, GG, Art. 79 Rn. 4.

592 Vgl. *Herdegen* in: Maunz/Dürig, GG, Art. 146 Rn. 49, Art. 79 Rn. 9; *Jarass* in: Jarass/Pieroth, GG, Art. 146 Rn. 5; *Maurer*, Staatsrecht I, § 22 Rn. 17 ff.

593 *Rademacher*, EuR 2018, 140 (146 f.); *Nettesheim*, Der Staat 51 (2012), 313 (338); *Isensee*, Das Volk als Grund der Verfassung, S. 43 ff.

desrepublik Deutschland mit verfassungsändernder Mehrheit einem europäischen Bundesstaat beitreten bzw. einem dahingehenden Vertrag zustimmen könnte.[594]

a) Präambel

Für die Möglichkeit eines Beitritts der Bundesrepublik Deutschland zu einem europäischen Bundesstaat wäre hinsichtlich der Staatsqualität und der daran gebundenen Völkerrechtsubjektivität zunächst auf die Staatszielbestimmung der Präambel des Grundgesetzes zu verweisen. Darin heißt es:

> *Im Bewusstsein seiner Verantwortung vor Gott und den Menschen, von dem Willen beseelt, seine nationale und staatliche Einheit zu wahren und als gleichberechtigtes Glied in einem vereinten Europa dem Frieden der Welt zu dienen, hat sich das Deutsche Volk kraft seiner verfassungsgebenden Gewalt dieses Grundgesetz der Bundesrepublik Deutschland gegeben.*[595]

Ob mit der Präambel des Grundgesetzes Schritte zu einem europäischen Bundesstaat vereinbar sind, könnte aus dem Begriff *gleichberechtigtes Glied* geschlossen werden. Aus der Formulierung wird abgeleitet, die Bundesrepublik Deutschland müsse als selbstständiger Staat erhalten bleiben, der als souveränes Völkerrechtssubjekt gleichberechtigt mit anderen Staaten ist.[596] Es ist jedoch zweifelhaft, ob unter dem Begriff *gleichberechtigtes Glied* tatsächlich ein vollkommen souveräner Staat zu verstehen ist. Im allgemeinen Sprachgebrauch wird unter *Glied* ein Teil bzw. die funktionelle Einheit eines anderen, größeren Ganzen verstanden. Grundsätzlich wird auch juristisch dieser Terminus im Zusammenhang mit Bundesstaaten verwendet.[597] Das deutet

594 Das BVerfG hat diese Frage in seinem Maastricht-Urteil noch offen gelassen, aber im Lissabon-Urteil den Weg der bloßen Grundgesetzänderung nunmehr verneint. Die Literatur ist unterschiedlicher Meinung, z.B. einerseits zustimmend *Pernice* in: Dreier, GG, Art. 23 Rn. 36f., andererseits ablehnend *Streinz* in: Sachs, GG, Art. 23 Rn. 84.

595 In der Originalfassung heißt es, das Deutsche Volk habe das GG *beschlossen* und nicht, es habe sich das GG *gegeben*, was gewisse Zweifel an der Figur der verfassunggebenden Gewalt des Volkes zum Ausdruck gebracht haben mag, *Franzius*, EuR 2019, 365 (366) Fn. 2.

596 Vgl. *Murswiek*, Der Staat 32 (1993), 161 (163).

597 *Weber* in: Creifelds, Rechtswörterbuch, „Bundesstaat"; *Maurer*, Staatsrecht I, § 16 Rn. 29.

auf einen bundesstaatstypischen Begriff hin.[598] Vielmehr lässt sich daraus eher die gegenteilige Auslegung ableiten, die Forderung nach einem europäischen Bundesstaat, in dem Deutschland ein Gliedstaat ist.

Jedoch formuliert das Grundgesetz wiederum nicht eindeutig als Glied eines „Bundesstaates", wodurch die Zweifel am angestrebten Endzustand behoben worden wären. Somit bleiben Unklarheiten, wobei sich allerdings zweifelsfrei ableiten lässt, dass ein Einheitsstaat ausgeschlossen ist. Bei einer völligen Auflösung Deutschland in einem europäischen Einheitsstaat könnte nicht mehr von einem *gleichberechtigten Glied* gesprochen werden. Es gäbe keinen Rechtsträger mehr, der gleichberechtigt die Rechte und Pflichten wahrnehmen könnte. Zumindest als Teilstaat, als Einheit in einem Bundesstaat, müsste Deutschland erhalten bleiben.[599]

In diese Auslegung ist weiter der Begriff *gleichberechtigt* einzubeziehen. Gleichberechtigt ist dabei im Hinblick auf den eigenen und den Gliedcharakter der anderen Staaten zu verstehen und nicht auf das Verhältnis zu einer weiteren Ebene.[600] Wenn somit die Bundesrepublik Deutschland und alle anderen Glieder Europas die gleichen Rechte haben sollen, bedeutet das zugleich nicht, dass es keine übergeordnete Instanz geben darf, sondern fordert nur die Gleichbehandlung der Glieder untereinander. Das Wort *gleichberechtigt* ist mithin kein Synonym für selbständig oder autonom. Uneingeschränkte Souveränität verlangt diese Formulierung damit nicht. Das Ziel, Glied in einem vereinten Europa zu sein, bekundet vielmehr den Verzicht auf allei-

---

598 Vgl. *Hallstein*, Der unvollendete Bundesstaat, S. 11; *Ress* in: Fiedler/Ress, GS Geck, S. 675.

599 *Rüß*, Vereintes Europa – das unerreichbare Staatsziel?, S. 25.

600 Der Begriff *gleichberechtigt* drückt den in der Zeit der Verabschiedung des GG vordinglichen Wunsch der Verfassungsgeber aus, nach dem verlorenen Krieg wieder unabhängig und gleichrangig in der internationalen Politik teilnehmen zu können. Dazu war man auch zu Einschränkungen der Souveränität bereit. Gleichberechtigt war Deutschland damals noch nicht. Zu einer Verfassung mit innerer und äußerer souveräner Staatlichkeit entwickelte sich das GG erst langsam, *Badura* in: Hengstschläger/Köck/Korinek/Stern/Truyol y Serra, FS Schambeck, S. 887; *Ipsen*, DÖV 1974, 289 (290); *Giese*, Grundgesetz für die Bundesrepublik Deutschland, S. 2.

nige Souveränität und ein Legitimationsvermittlungsmonopol.[601] Die Bundesrepublik Deutschland lässt sich demnach auch als Teil eines europäischen Bundesstaates als gleichberechtigt in einem vereinten Europa denken.[602]

Es bleibt daher festzuhalten, dass ein europäischer Einheitsstaat nach der Präambel des Grundgesetzes ausgeschlossen ist. Gegenüber einem europäischen Bundesstaat wäre deren Formulierung hingegen offen.[603]

b) Integrationsklausel

Seit der Grundgesetzänderung von 1992 ist Art. 23 GG n.F.[604] die entscheidende Grundlage für die Mitwirkung der Bundesrepublik Deutschland an der Fortentwicklung der Europäischen Union, wobei Art. 23 Abs. 1 GG das Herzstück des Europäischen Verfassungsrechts darstellt.[605] Er war nicht nur Grundlage für die Annahme der Verträge von Maastricht, Amsterdam und Nizza, sondern hat auch nach dem Scheitern des Verfassungsvertrages die Möglichkeit der Weiterentwicklung der Europäischen Union durch den Vertrag von Lissabon eröffnet, indem dieser an dem Prinzip der begrenzten Einzelermächtigung festhält. Wie seinerzeit bei Art. 24 Abs. 1 GG, der späteren Verfassungen als Vorbild diente, handelt es sich bei Art. 23 GG um einen in rechtsvergleichender Perspektive ungewöhnlichen Integrationsartikel, der an Regelungsdichte nur – allerdings erheblich – von der österreichischen Verfassung übertroffen wird.[606]

601 *Klein*, VVDStRL 50 (1991), 56 (59).

602 Vgl. *Hilf*, VVDStRL 53 (1994), 7 (22 f.); *Hilf* in: Randelzhofer/Scholz/Wilke, GS Grabitz, S. 164 f.; *Kirchner/Haas*, JZ 1993, 760 (762); *Oppermann/Classen*, APuZ 1993, 11 (19); *Stern*, Staatsrecht, Bd. I, S. 521; *Ruppert*, Die Integrationsgewalt, S. 250 ff.; *Badura* in: Kästner/Nörr/Schlaich, FS Heckel, S. 697.

603 *Tomuschat*, DVBl 1996, 1073 (1074 f.); *Kirchner/Haas*, JZ 1993, 760 (762); *Rüß*, Vereintes Europa – das unerreichbare Staatsziel?, S. 26.

604 Aufhebung des die Wiedervereinigung durch Beitritt regelnden Art. 23 GG, der mit der Wiedervereinigung obsolet geworden ist und an dessen Stelle Einfügung des sog. Europa-Artikels, 38. Gesetz zur Änderung des Grundgesetzes v. 21.12.1992, BGBl. I 1992, S. 2086.

605 *Dreier* in: von Bogdandy/Huber, IPE, Bd. I, § 1 Rn. 64; *Franzius*, EuR 2019, 365 (366 f.); *Grabenwarter* in: von Bogdandy/Bast, S. 121.

606 Vgl. Art. 23a-23f Österreichische Verfassung. Die österreichische Verfassung enthält trotz ausführlicher Detailregelungen keine Struktursicherungsklausel, vgl.

aa) Inhaltliche Steuerung der Integration und Struktursicherung

Die in Art. 23 Abs. 1 GG statuierten inhaltlichen Direktiven für eine Beteiligung der Bundesrepublik an weiteren Integrationsschritten sind keine unbekannten Schranken, welche durch die in der Rechtsprechung des Bundesverfassungsgerichts sowie in der verfassungsrechtlichen Fachliteratur herausgearbeiteten verfassungsimmanenten Beschränkungen positiviert werden. Die Verpflichtung der deutschen Verfassungsorgane, nur dann an einer Entwicklung der Europäischen Union mitzuwirken, wenn dabei einer dem Grundgesetz im Wesentlichen vergleichbarer Grundrechtsschutz gewährleistet wird, knüpft unverkennbar an den „Solange I"-Beschluss des Bundesverfassungsgerichts[607] an.

Zur verfassungsrechtlichen Essenz des Grundgesetzes zählen auch die in Art. 20 GG verankerten Prinzipien. An sie anknüpfend fordert Art. 23 Abs. 1 Satz 1 GG die Weiterentwicklung einer Union, die demokratischen, rechtsstaatlichen, sozialen und föderativen Grundsätzen verpflichtet ist.[608] Die Verpflichtung auf demokratische Grundsätze ist insbesondere im Lichte des Monitums des Bundesverfassungsgerichts zu interpretieren. Danach muss die Vermittlung demokratischer Legitimation durch das Europäische Parlament schritthaltend mit der Integration ausgebaut werden und dem Deutschen Bundestag müssen angesichts der Tatsache, dass der Europäischen Union über die nationalen Parlamente demokratische Legitimation vermittelt werde, Aufgaben und Befugnisse von substantiellem Gewicht verbleiben.[609] Zum Kern der rechtsstaatlichen Prinzipien gehören neben den Freiheitsrechten das Recht auf effektiven Rechtsschutz sowie die Gewaltentei-

---

Huber, VVDStRL 60 (2001), S. 225 f., auch zu den Öffnungsklauseln der anderen Mitgliedstaaten.

607 BVerfGE 73, 339, 387, *Solange I.*

608 *Heintschel von Heinegg/Frau* in: Epping/Hillgruber, BeckOK GG, Art. 23 Rn. 10 ff.; *Scholz* in: Maunz/Dürig, GG, Art. 23 Rn. 70 ff.; *Haratsch* in: Breuer/Epiney/Haratsch/Schmahl/Weiß, FS Klein, S. 82.

609 Vgl. BVerfGE 89, 155, 185 f., *Maastricht*; *Scholz* in: Maunz/Dürig, GG, Art. 23 Rn. 73.

lung, die Rechtsbindung der Verwaltung und die Rechtssicherheit.[610] Bei den sozialen Grundsätzen stehen die soziale Sicherheit und die Förderung der Chancengleichheit im Vordergrund.[611]

Einigkeit herrscht darin, dass die genannten Grundsätze nicht eine strukturelle Kongruenz oder Homogenität fordern,[612] sondern dass es nur darum gehen kann, funktional vergleichbare Ziele und Strukturen auf Unionsebene sicherzustellen.[613] Insbesondere kann die Verpflichtung auf föderative Grundsätze nicht bedeuten, das deutsche Bundesstaatsmodell auf die Europäische Union zu übertragen. Vielmehr geht es darum, die Vielfalt in Einheit, die vertikale Gliederung und damit die Gewaltenteilung als Strukturprinzip der Union zu wahren und weiterzuentwickeln.[614] In Anbetracht der bisherigen Entwicklung des Unionsrechts, insbesondere der vom Europäischen Gerichtshof herausgearbeiteten allgemeinen Rechtsgrundsätze und Prinzipienbestimmungen, lassen sich nicht nur eine funktionale Vergleichbarkeit, sondern sogar eine weitgehende Kongruenz der maßgeblichen Prinzipien des deutschen Rechts einerseits und des Unionsrechts andererseits finden.[615] So waren bereits im Verfassungsvertrag an prägnanter Stelle die mittlerweile zum europäischen Gemeingut zählenden Werte bzw. Verfassungsgrundsätze niedergelegt (Art. I-2 VVE), was das spanische Verfassungsgericht zu der Feststellung veranlasste, dass damit den von den verschiedenen mitgliedstaatlichen Verfassungsgerichten und

---

610 Diese Grundsätze gehören heute auch zum gemeineuropäischen Verfassungsbestand, *Sommermann* in: von Mangoldt/Klein/Starck, GG, Bd. 2, Art. 20 Rn. 242 ff.; *Grzeszick* in: Maunz/Dürig, GG, Art. 20, Teil VII. Rn. 161 ff.

611 Vgl. *Grzeszick* in: Maunz/Dürig, GG, Art. 20, Teil VIII Rn. 36 ff.; *Sommermann* in: von Mangoldt/Klein/Starck, GG, Bd. 2, Art. 20 Rn. 103 ff.; *Haratsch* in: Breuer/Epiney/Haratsch/Schmahl/Weiß, FS Klein, S. 83.

612 *Streinz* in: Sachs, GG, Art. 23 Rn. 20 ff.

613 Zu den Vorstellungen, die im Rahmen der Diskussion zum Art. 23 GG aufkamen vgl. *Schmalenbach*, Der neue Europaartikel, S. 58 ff.

614 Vgl. *Sommermann* in: von Mangoldt/Klein/Starck, GG, Bd. 2, Art. 20 Rn. 197 ff.; *Grzeszick* in: Maunz/Dürig, GG, Art. 20, Teil V. Rn. 114 ff.; *Sodan/Ziekow*, Öffentliches Recht, § 8 Rn. 12 ff.

615 Zu Herleitung und Inhalt der Gemeinschaftsprinzipien, vgl. *von Bogdandy* in: von Bogdandy/Bast, S. 163 ff.

Obersten Gerichten erklärten inhaltlichen Integrationsvorbehalten in vollem Umfang Rechnung getragen werde.[616]

Erstmals im Grundgesetz erwähnt findet sich der Grundsatz der Subsidiarität. Mit der in Art. 23 Abs. 1 Satz 1 GG genannten Verpflichtung der Integrationsgewalt auf diesen Grundsatz wird zum einen eine Leitlinie für die Regelung der Kompetenzverteilung von der supranationalen bis zur kommunalen Ebene in den zu verhandelnden neuen Integrationsverträgen gegeben, zum anderen eine Direktive für die vertraglich vorzusehende Kompetenzausübung der Europäischen Union[617] und damit zugleich der insbesondere auf Betreiben Deutschlands in das Primärrecht eingeführte Subsidiaritätsgrundsatz als aus deutscher Sicht unverzichtbarer Besitzstand festgeschrieben.[618]

---

616 Declaración del Pleno del Tribunal Constitucional 1/2004 v. 13.12.2004, Boletín Oficial del Estado núm. 3 Suplemento v. 04.01.2005, S. 5, 10 (II 3). Für eine deutsche Übersetzung und Anmerkungen zu dem Urteil siehe *A. Becker*, EuR 2005, 339 ff.

617 Vgl. *Uerpmann-Wittzack* in: von Münch/Kunig, GG, Art. 23 Rn. 44 f.; *Wollenschläger* in: Dreier, GG, Art. 23 Rn. 77; *Classen* in: von Mangoldt/Starck/Klein, GG, Art. 23 Rn. 40 f.

618 *Heintschel von Heinegg/Frau* in: Epping/Hillgruber, BeckOK GG, Art. 23 Rn. 16 ff.; *Wolff* in: Hömig/Wolff, GG, Art. 23 Rn. 13. Freilich darf nicht unerwähnt bleiben, dass vor dem Vertrag von Lissabon dem Subsidiaritätsprinzip in der europäischen Rechtsetzungspraxis in aller Regel nur Lippenbekenntnisse gezollt wurden und der EuGH trotz der vollen Justiziabilität der Einhaltung des Prinzips dem Rat einen weiten Beurteilungsspielraum hinsichtlich der Voraussetzungen von Art. 5 Abs. 3 EUV zuerkannte. Dies hatte bereits zu kritischen Diskussionen geführt, ob eine Verpflichtung der EU auf den Subsidiaritätsgrundsatz faktisch noch gewährleistet ist, vgl. *Albin*, NVwZ 2006, 629 ff. Durch den Vertrag von Lissabon ist den nationalen Parlamenten jedoch eine Klagemöglichkeit vor dem EuGH eingeräumt worden. Gemäß Art. 8 SubsProt ist der EuGH zuständig für Klagen wegen Verstoßes eines Gesetzgebungsakts gegen das Subsidiaritätsprinzip, die „*entsprechend der jeweiligen innerstaatlichen Rechtsordnung von einem Mitgliedstaat im Namen seines nationalen Parlaments oder einer Kammer dieses Parlaments übermittelt werden*". Klageberechtigt ist dabei nicht der Mitgliedstaat vertreten durch die Regierung, sondern das nationale Parlament – die Regierung übernimmt allein die Übermittlung der Schriftsätze. Die Klagebegründung darf nur darin bestehen, Subsidiaritätsbedenken geltend zu machen. Jedoch können die nationalen Parlamente Verstöße gegen die Kompetenzordnung und den Grundsatz der Verhältnismäßigkeit rügen. Im Übrigen fügt sich diese Subsidiaritätsklage in das bekannte System der Nichtigkeitsklage ein (Art. 263 AEUV), vgl. *Hölscheidt* in: Grabitz/Hilf/Nettesheim, EUV, Art. 12 Rn. 58 f.; *Haratsch/Koenig/Pechstein*, Europarecht, Rn. 196 f.

Die sogenannte Struktursicherungsklausel des Art. 23 Abs. 1 Satz 1 GG zielt vornehmlich darauf ab, eine Kompatibilität der grundlegenden Verfassungsprinzipien auf Unionsebene und auf der Ebene des deutschen Verfassungsrechts zu gewährleisten.[619] Sie verlangt keine vollständige Kongruenz der europäischen Unionsordnung mit dem Grundgesetz, sondern eine „strukturangepasste Grundsatzkongruenz" mit dem Grundgesetz.[620] Darüber hinaus erklärt Art. 23 Abs. 1 Satz 3 GG den durch Art. 79 Abs. 3 GG geschützten Verfassungskern für integrationsfest.[621] Hat die Struktursicherungsklausel des Art. 23 Abs. 1 Satz 1 GG die positive Gestaltung der Verfassungsordnung der Europäischen Union im Blick, so steht bei der Verfassungsbestandsklausel des Art. 23 Abs. 1 Satz 3 GG die Abwehr von Verletzungen der nationalen Verfassungssubstanz im Vordergrund. Funktional dient dabei die durch Art. 23 Abs. 1 Satz 1 GG bewirkte indirekte Steuerung der Verfassungsentwicklung auf Unionsebene der Vermeidung von Konflikten, für welche die absolute Grenze des Art. 79 Abs. 3 GG relevant werden könnte.[622]

bb) Erweiterung der Integrationsperspektive

Was die bislang hypothetische Eingliederung der Bundesrepublik Deutschland in einen europäischen Bundesstaat betrifft, so ist zunächst festzustellen, dass mit der Aussage in Art. 23 Abs. 1 Satz 1 GG, die Bundesrepublik Deutschland wirke zur Verwirklichung eines vereinten Europas bei der Entwicklung der Europäischen Union mit, zwei nationale Staatsziele – erstens das übergreifende Ziel eines vereinten Europas und zweitens als dafür konkret und anzustrebendes Ziel die Entwicklung der Europäischen Union – benannt werden.[623] Damit

619 Vgl. *Wollenschläger* in: Dreier, GG, Art. 23 Rn. 62 ff.

620 *Haratsch* in: Breuer/Epiney/Haratsch/Schmahl/Weiß, FS Klein, S. 88; *Kischel*, Der Staat 39 (2000), 523 (530); *Streinz* in: Cremer/Giegerich/Richter/Zimmermann, FS Steinberger, S. 1446. Das BVerfG zitiert in seinem Lissabon-Urteil den Begriff der „strukturellen Kompatibilität", BVerfGE 123, 267, 365, *Lissabon*.

621 *Scholz* in: Maunz/Dürig, GG, Art. 23 Rn. 113 ff.; *Haratsch* in: Breuer/Epiney/Haratsch/Schmahl/Weiß, FS Klein, S. 89; *Stern*, Staatsrecht, Bd. III/2, S. 1087.

622 *Sommermann* in: von Bogdandy/Huber, IPE, Bd. II, § 14 Rn. 42.

623 *Heintschel von Heinegg/Frau* in: Epping/Hillgruber, BeckOK GG, Art. 23 Rn. 4; *Scholz* in: Maunz/Dürig, GG, Art. 23 Rn. 50 ff.; *Sommermann*, DÖV 1994, 596.

lässt sich auch in Fortführung auf die Bestimmungen in der Präambel sagen, dass die Bundesrepublik Deutschland auf eine Einbettung in Europa setzt. Mit dem daraus abzuleitenden Integrationsauftrag korrespondiert eine bestimmte Integrationsverantwortung und nicht nur eine bloße Integrationssteuerung der beteiligten nationalen Verfassungsorgane.[624]

Außerdem verbindet sich mit der Bezeichnung „Europäische Union" – trotz der prozesshaften Konnotation des Begriffs „Union"[625] – ein Integrationsziel, welches über den Integrationsstand des Vertrages von Lissabon hinausreicht. Jedoch schließt dies nicht die Schaffung eines Bundesstaates ein und trotz integrationsfreundlicher Steuerungselemente deckt Art. 23 GG einen solchen Schritt auch nicht ab. In Übereinstimmung mit der Entstehungsgeschichte wird bis heute überwiegend angenommen, dass Art. 23 GG nicht zur Aufgabe der völkerrechtlichen Souveränität der Bundesrepublik Deutschland durch Eingliederung in einen europäischen Bundesstaat ermächtigt.[626] Dieser Punkt wäre spätestens dann erreicht, wenn die Europäische Union für sich die Verfassungsautonomie und damit die „Kompetenz-Kompetenz" reklamierte. Obwohl bereits im Hinblick auf den gescheiterten Verfassungsvertrag[627] mit guten Gründen von der Entstehung einer „Republik"[628] gesprochen wurde, überschritt auch die „europäische Verfassung" diese Grenze nicht.[629] Zwar hätte vor allem die Reduzie-

624 BVerfGE 123, 267, 351, *Lissabon*; *Wolff* in: Hömig/Wolff, GG, Art. 23 Rn. 6; *Nettesheim*, NJW 2010, 177 ff; *Durner* in: Isensee/Kirchhof, HStR, Bd. X, § 216 Rn. 34 ff.

625 In diesem Sinne sprach bereits die Präambel des EWG-Vertrags von 1957 in der französischen Fassung von einer *„union sans cesse plus étroite entre les peuples européens"* (deutsche Fassung: einem *„immer engeren Zusammenschluss der Europäischen Völker"*, BGBl. II 1957, S. 766). Vgl. auch *Hertel*, Supranationalität als Verfassungsprinzip, S. 51 ff.

626 Vgl. u.a. BVerfGE 123, 267, 349, 353, *Lissabon*; *Scholz* in: Maunz/Dürig, GG, Art. 23 Rn. 113 ff.; *Streinz* in: Sachs, GG, Art. 23 Rn. 84; *Kirchhof* in: Isensee/Kirchhof, HStR, Bd. VII, § 183 Rn. 65; *Wolff* in: Hömig/Wolff, GG, Art. 23 Rn. 5; *Sommermann* in: von Bogdandy/Huber, IPE, Bd. II, § 14 Rn. 62.

627 Vertrag über eine Verfassung für Europa v. 29.10.2004, ABl. 2004 C 310, S. 1.

628 *Von Bogdandy*, JZ 2005, 529 (534 f.); *Thürer*, VVDStRL 50 (1991), 97 (120).

629 Während der Diskussion über den VVE zeigte sich, dass für einige Mitgliedstaaten die Umwandlung der Verträge in eine europäische Verfassung auch im 21. Jh. nicht akzeptabel ist, da sie damit den Verlust ihrer Souveränität verbinden – auch

rung der Anwendungsfälle des Einstimmigkeitsprinzips im Rat zu einer Stärkung der Europäischen Union geführt. Allerdings beruhte die Kompetenzverteilung zwischen nationaler und unionaler Ebene weiterhin auf dem Prinzip der begrenzten Einzelermächtigung. Dieses Grundprinzip gilt im Vertrag von Lissabon fort (Art. 4 Abs. 1, Art. 5 Abs. 1 EUV).

Die Auslegung, dass Art. 23 GG nicht zur Einordnung der Bundesrepublik Deutschland in einen europäischen Bundesstaat ermächtigt, bedeutet indessen nicht, dass ein solches Ziel durch Verfassungsänderung nicht zu erreichen wäre. Das heißt, es müsste keine Außerkraftsetzung des Grundgesetzes, sondern lediglich eine Grundgesetzänderung erfolgen. Allerdings bliebe dennoch strittig, ob in diesem Falle die Verfassungsänderungsschranke des Art. 79 Abs. 3 GG, der auf die Grundsätze des Art. 20 GG verweist, greifen würde.[630]

c) Verfassungsänderungsschranke

Es bleibt daher die Frage, ob eine solche Verfassungsänderung unzulässig sein könnte, weil die Fortentwicklung der europäischen Integration unter der Maßgabe der von Art. 79 Abs. 3 GG geschützten Verfassungsidentität steht, zu deren Inhalten die souveräne Staatlichkeit zählt.[631]

Die deutsche Verfassungsrechtsprechung und -lehre haben im Hinblick auf die Mitwirkung an der europäischen Integration den Topos der Gewährleistung der „souveränen Staatlichkeit der Bundesrepublik Deutschland“ entwickelt, der einerseits zunächst ohne klaren normativen Anknüpfungspunkt zu den Inhalten der „Verfassungsidentität“ erklärt, andererseits als eigentlicher Kern von Art. 20 Abs. 1 GG her-

wenn diese „Verfassung“ die Rechtsform eines völkerrechtlichen Vertrages hat, vgl. *Schroeder*, Europarecht, § 2 Rn. 26 ff.

630 *Sommermann* in: von Bogdandy/Huber, IPE, Bd. II, § 14 Rn. 36; *Dietlein* in: Epping/Hillgruber, BeckOK GG, Art. 79 Rn. 15 ff.; *Badura* in: Isensee/Kirchhof, HStR, Bd. XII, § 270 Rn. 33.

631 Nach Ansicht des BVerfG lässt das GG eine Verfassungsänderung nicht ausreichen, sondern es bedarf einer verfassungsgebenden Entscheidung i.S.v. Art. 146 GG durch das deutsche Volk selbst (Verfassungsneuschöpfung), BVerfGE 123, 267, 364, *Lissabon*; *Voßkuhle*, EuZW 2011, 814 f.; *ders.*, NVwZ-Beilage 2013, 27.

ausgearbeitet wurde.[632] Im Lissabon-Urteil des Bundesverfassungsgerichts wird nicht ganz deutlich, in welcher Verfassungsvorschrift die Souveränitätsgarantie zu verorten ist. Neben der Präambel wird jedoch mehrfach auf Art. 79 Abs. 3 GG Bezug genommen.[633] Im darauffolgenden sogenannten OMT-Beschluss stellen die Verfassungsrichter einen deutlicheren Zusammenhang zwischen dem Schutz der Verfassungsidentität durch Art. 79 Abs. 3 GG und den Grenzen der Übertragbarkeit von Souveränitätsrechten her.[634] Dabei fällt auf, dass in dieser Entscheidung vermehrt von „Souveränitätsrechten" anstatt des in Art. 24 Abs. 1 GG verwendeten Terminus „Hoheitsrechte" die Rede ist. In Teilen der Fachliteratur wird die souveräne Staatlichkeit ebenfalls als Schutzgut von Art. 79 Abs. 3 GG angesehen.[635]

Unter Berücksichtigung der historischen Entstehungsgeschichte des Grundgesetzes und der Bundesrepublik Deutschland ist diese Auslegung wenig überzeugend, da der Wortlaut der Vorschrift unverändert von 1949 stammt.[636] Zu diesem Zeitpunkt verfügte die Bundesrepublik Deutschland (noch) über keine volle Souveränität.[637] Somit wird in einer Vorschrift des Grundgesetzes ein Grundsatz für unabänderlich erklärt, der im Zeitpunkt seiner Entstehung mangels innerer und äußerer Souveränität[638] gar nicht bestand.[639] Wenn rückblickend der

632 BVerfGE 123, 267, 344 ff., *Lissabon*; *Kirchhof* in: Isensee/Kirchhof, HStR, Bd. II, § 21 Rn. 52 ff.; *Durner* in: Isensee/Kirchhof, HStR, Bd. X, § 216 Rn. 5 ff.; *Herdegen* in: Maunz/Dürig, GG, Art. 79 Rn. 167 ff.

633 BVerfGE 123, 267, 344, 348, 349, 354, *Lissabon*.

634 BVerfGE 134, 366, 387 f., *Vorlage OMT*; vgl. auch BVerfGE 140, 317, 339, *Europäischer Haftbefehl*.

635 *Wollenschläger* in: Dreier, GG, Art. 23 Rn. 88 ff.; *Classen* in: von Mangold/Klein/Starck, GG, Art. 23 Rn. 19; *Graßhof* in: Graßhof, Nachschlagewerk der Rechtsprechung des BVerfG, GG, Art. 20 Abs. 1, Demokratie Nr. 1.; *Thym*, Der Staat 48 (2009), 559 ff.; *Hatje*, EuR-Beiheft 2010, 123 ff.

636 Ausführlich *Rüß*, Vereintes Europa – das unerreichbare Staatsziel?, S. 97 ff.

637 Vgl. BVerfG, Urt. v. 29.07.1952 – 2 BvE 3/51, BVerfGE 1, 351, 368 f.; *Schöbener/Knauff*, Allg. Staatslehre, § 3 Rn. 119 ff.

638 Vgl. insbesondere zur Entwicklung der äußeren und inneren Souveränität Deutschlands *Groß*, EuR 2018, 387 (393 ff.).

639 Danach war die Bundesrepublik Deutschland (ebenso wie die DDR) aufgrund der alliierten Vorbehaltsrechte im Hinblick auf Berlin, die Stationierung alliierter Truppen und die abschließende Regelung in Bezug auf Gesamtdeutschland bis zum Moskauer Vertrag von 1990 ein in seiner Souveränität eingeschränkter Staat, vgl. auch *Badura* in: Hengstschläger/Köck/Korinek/Stern/Truyol y Serra,

Grundsatz der Souveränität ausdrücklich in Art. 79 Abs. 3 GG normiert worden wäre, hätten die Alliierten das Grundgesetz womöglich nicht genehmigt, weil darin ein Verstoß gegen ihre vorbehaltenen Rechte gelegen hätte.[640] Die Souveränität war zwar bereits im Parlamentarischen Rat als anzustrebendes Ziel diskutiert worden, ein Zeitpunkt hierfür war jedoch im Jahr 1949 noch nicht abzusehen. Vielmehr grenzte sich das Grundgesetz deutlich von der Zeit des Nationalsozialismus mit dessen übersteigertem Souveränitätsdenken ab.[641]

Zugleich war die deutsche Wiedervereinigung im Jahr 1990 politisch eindeutig mit der Beteiligung der Bundesrepublik an der europäischen Integration verknüpft.[642] In den Beratungen der Gemeinsamen Verfassungskommission war das Thema Souveränität, soweit ersichtlich, nur im Zusammenhang mit der militärischen Verteidigung von Bedeutung, nicht aber im Kontext der europäischen Integration.[643] Der Verweis auf Art. 79 Abs. 3 GG in Art. 23 Abs. 1 Satz 3 GG begründet sich in ihrem Bericht lediglich damit, dass Hoheitsübertragungen den verfassungsänderungsfesten Kern des Grundgesetzes nicht tangieren dürfen.[644] In den Ausschussberatungen ging es vornehmlich um Verfahrensfragen und nicht um materielle Schranken.[645]

FS Schambeck, S. 887; *Ipsen*, DÖV 1974, 289 (290); *Giese*, Grundgesetz für die Bundesrepublik Deutschland, S. 2; *Klein*, VVDStRL 50 (1991), 56 (59).

640 Vgl. *Mußung* in: Isensee/Kirchhof, HStR, Bd. I, § 8 Rn. 33 ff.

641 *Koppensteiner*, Die Europäische Integration und das Souveränitätsproblem, S. 60; *Hillgruber* in: Isensee/Kirchhof, HStR, Bd. II, § 32 Rn. 36 ff.

642 *Dolzer* in: Isensee/Kirchhof, HStR, Bd. I, § 13 Rn. 37 f.; *Rademacher*, EuR 2018, 140 (154); *Grabitz/von Bogdandy*, NJW 1990, 1073 (1078 f.).

643 So wurde i.R.d. Wiedervereinigung auch als möglich vertreten, dass die damaligen beiden deutschen Staaten ihre staatliche Einheit in einer gemeinsamen europäischen Staatlichkeit fänden. Das Wiedervereinigungsgebot verlangte nicht, dass die staatliche Einheit eine deutsche staatliche Einheit ist. Die Präambel sowie Art. 24 Abs. 1 GG a.F. zeigten deutlich die supranationale Option des GG, die eine Abkehr vom geschlossenen Nationalstaat bedeutet. Zwar hätte Art. 24 Abs. 1 GG nicht ausgereicht, die zur Schaffung eines europäischen Bundesstaats erforderlichen Kompetenzen auf die (damals noch) EG zu übertragen. Eine solch grds. Entscheidung bedurfte auch nach damaliger Auffassung eines verfassungsändernden Gesetzes. An der prinzipiellen Zulässigkeit eines europäischen Bundesstaates bestand angesichts der Verfassungsoption aber schon damals kein Zweifel, vgl. *Grabitz/von Bogdandy*, NJW 1990, 1073 (1079).

644 Vgl. BT-Drucks. 12/6000, S. 21; *Scholz*, NJW 1992, 2593 (2599).

645 BT-Drucks. 12/6000, S. 28.

Ebenso wenig spricht für eine Erweiterung des Bedeutungsgehalts im Wege des Verfassungswandels.[646] Art. 79 Abs. 3 GG, der als Änderungsverbot bestimmte Grundentscheidungen dem politischen Prozess fast vollständig entzieht, ist nach überwiegender Auffassung eng formuliert.[647] Die nach der Einfügung von Art. 23 GG n.F. erfolgte Weiterentwicklung und Vertiefung der Integration durch die Verträge von Amsterdam, Nizza und Lissabon durch eine gleichzeitige Einschränkung der Integrationsperspektive zu konterkarieren, indem Art. 79 Abs. 3 GG eine ganz neue Grenzfunktion zugewachsen sein soll, würde die Grenzen der Verfassungsauslegung überdehnen. Nicht das Grundgesetz hat sich gewandelt, vielmehr hat das Bundesverfassungsgericht eine Kehrtwende vorgenommen, womöglich auch getrieben von der Furcht vor einem institutionellen Bedeutungs- respektive Rangverlust – insbesondere gegenüber dem ewigen „Sparringspartner“ in Gestalt des Europäischen Gerichtshofs – im Falle der Verwirklichung eines europäischen Bundesstaates.[648]

Grundsätzlich ist der Versuch des Bundesverfassungsgerichts, die staatliche Souveränität der Bundesrepublik Deutschland an die Sachherrschaft über bestimmte Politikbereiche (vom Sozialrecht über das Familienrecht zur Medienordnung) zu knüpfen, verständlich,[649] wird aber weder der Elastizität des völkerrechtlichen Souveränitätsbegriffs noch der Komplexität des europäischen Integrationsprozesses mit sei-

646 Seit jeher bringt die deutsche Staatsrechtslehre den Begriff „Verfassungswandel“ in enge Beziehung zur Verfassungsänderung. Dieser Begriff umschreibt verschiedene Phänomene, die um eine gewandelte Deutung von verfassungsrechtlichen Einzelvorschriften oder eines ganzen Normengefüges kreisen. Hinter einem solchen Bedeutungswandel können wissenschaftlich-kognitive, technische, wirtschaftliche und soziale Veränderungen im „Normensubstrat“ stehen, vgl. u.a. *Badura* in: Isensee/Kirchhof, HStR, Bd. XII, § 270 Rn. 14 ff.; *Herdegen* in: Maunz/Dürig, GG, Art. 79 Rn. 33 f.

647 BVerfG, Urt. v. 15.12.1970 – 2 BvF 1/69, 2 BvR 629/68, 2 BvR 308/69, BVerfGE 30, 1, 25, *Abhörurteil*; *Dreier* in: Dreier, GG, Art. 79 III Rn. 19; *Herdegen* in: Maunz/Dürig, GG, Art. 79 Rn. 63; *Bryde* in: von Münch/Kunig, GG, Art. 79 Rn. 37.

648 Vgl. *Wendel*, Permeabilität im europäischen Verfassungsrecht, S. 86; *Groß*, EuR 2018, 387 (401).

649 Krit. u.a. *Nettesheim*, NJW 2009, 2867 (2869), der die Absage des BVerfG an einen europäischen Bundesstaat als Versuch zur Herleitung eines bestehenden „Rechts auf Staatlichkeit“ Deutschlands versteht. Ähnlich *Bryde* in: von Münch/Kunig, GG, Art. 79 Rn. 64.

nem Ausgleich für Kompetenzverluste gerecht. Dieser Ansatz vermag nicht zu erklären, weshalb die Mitgliedstaaten als souveräne Staaten sogar den einschneidenden Verlust der Währungshoheit überstanden haben.[650]

Letztlich hat der Grundsatz der souveränen Staatlichkeit zu einer Fixierung der Debatte auf die Frage der Kompetenz-Kompetenz geführt.[651] Die Präambel benennt mit dem *vereinten Europa* ohnehin nur einen vagen Zielbegriff, der nach seinem Wortsinn wie nach dem historischen Kontext eine bundesstaatliche Gestaltung der Europäischen Union nicht ausschließt.[652] Die in Art. 23 Abs. 1 Satz 1 GG verlangte Verpflichtung der Europäischen Union auf föderative Grundsätze sowie auf das Subsidiaritätsprinzip wäre bei einer Übertragung der Kompetenz-Kompetenz auf die europäische Ebene ebenfalls durchführbar, da sie lediglich eine Verteilung der staatlichen Kompetenzen auf mehrere Ebenen fordert.

Der verfassungsrechtlich entscheidende Schritt bei der Gestaltung eines europäischen Bundesstaates wäre dann natürlich, dass die Mitgliedstaaten im Hinblick auf die vertragliche Grundlage der Europäischen Union ihr Selbstverständnis als die gestaltenden Vertragsparteien aufgeben und die Unionsverträge offiziell als Verfassung anerkennen.[653]

Ein solcher Übergang der „Verfassungsautonomie" auf die übergeordnete Ebene, wie er in den USA im Jahr 1787, in der Schweiz im Jahr 1848 und in Deutschland in den Jahren 1867/70[654] erfolgte, würde

650 Vgl. *Herdegen*, Völkerrecht, § 28 Rn. 7; *Busse*, EuR 2000, 686 (689).

651 Vgl. *Pernice*, VVDStRL 60 (2001), 148 (186).

652 *Dreier* in: Dreier, GG, Präambel Rn. 45; *Uerpmann-Wittzack* in: von Münch/Kunig, GG, Art. 23 Rn. 105; *Rüß*, Vereintes Europa – das unerreichbare Staatsziel?, S. 26; *Everling*, EuR 2010, 91 (94 f.).

653 So können Verfassungen auch Verträge sein, vgl. *Isensee*, Vom Stil der Verfassung, S. 71.

654 Zunächst wurde 1866/1867 der Norddeutsche Bund gegründet, der Preußen und die übrigen deutschen Einzelstaaten nördlich des Mains erfasste. Sodann traten Ende 1870 die süddeutschen Staaten (Baden, Württemberg, Bayern, Hessen-Darmstadt) dem Norddeutschen Bund bei, womit die Gründung des Deutschen Reichs einherging. Wie die Entstehungsgeschichte zeigt, ist am 01.01.1871 kein neuer Staat mit der Bezeichnung „Deutsches Reich" gegründet, sondern der Norddeutsche Bund mit der neuen Bezeichnung „Deutsches Reich" erweitert

den einzelnen Mitgliedstaaten das Vetorecht bei jeder Veränderung ihrer Strukturen oder der Erweiterung ihrer Kompetenzen entziehen. Es wäre aber durchaus möglich, durch entsprechende Klauseln die Eigenstaatlichkeit der Gliedstaaten und auch einen änderungsfesten Kompetenzbestand zu sichern.

Hierzu bietet Art. 79 Abs. 3 GG ein Vorbild, indem er den deutschen Bundesländern Verfassungsautonomie sowie eine Mindestausstattung an eigenen Entscheidungskompetenzen in Gesetzgebung, Verwaltung, Rechtsprechung und Haushaltsfragen zusichert.[655] Demnach ist zunächst offensichtlich, dass den Bundesländern eine nicht von der Bundesebene abgeleitete, autonome Hoheitsmacht verbleibt. Der deutsche Staat ist damit nicht alleiniger Inhaber der Kompetenz-Kompetenz,

---

worden. Der Norddeutsche Bund von 1867 und das Deutsche Reich von 1871 waren rechtlich identisch. Das zweite deutsche Reich ist danach bereits am 01.07.1867, dem Gründungstag des Norddeutschen Bundes, entstanden. Wenn man die damalige Entwicklung nicht in Rechtsakte aufgliedert, sondern historisch-dynamisch betrachtet, dann handelte es sich um einen einheitlichen Prozess der Bildung des deutschen Nationalstaates, der mit den ersten Vereinbarungen der norddeutschen Regierungen im August 1866 begann und mit dem Beitritt der süddeutschen Staaten am 01.01.1871 seinen Abschluss gefunden hat; vgl. *Maurer*, Staatsrecht I, § 2 Rn. 55 ff.

655 Hierzu hat das BVerfG festgestellt: *„Die „Länder“ sind hier, wie es dem Begriff und der Qualität des Bundesstaates entspricht, gegen eine Verfassungsänderung gesichert, durch die sie die Qualität von Staaten oder ein Essentiale der Staatlichkeit einbüßen. Ob die Länder der Bundesrepublik „Staaten“ sind oder von Körperschaften „am Rande der Staatlichkeit“ zu „höchstpotenzierten Gebietskörperschaften“ in einem dezentralisierten Einheitsstaat herabsinken, lässt sich nicht formal danach bestimmen, dass sie eine eigene Verfassung besitzen und dass sie über irgendein Stück vom Gesamtstaat unabgeleiteter Hoheitsmacht verfügen, also irgendeinen Rest von Gesetzgebungszuständigkeit, Verwaltungszuständigkeit und justizieller Zuständigkeit ihr Eigen nennen. In solcher Sicht könnten die Länder in ihrer Qualität als Staaten durch Grundgesetzänderungen nach und nach ausgehöhlt werden, so dass am Ende nur noch eine leere Hülse von Eigenstaatlichkeit übrig bliebe. Die Länder im Bundesstaat sind nur dann Staaten, wenn ihnen ein Kern eigener Aufgaben als „Hausgut“ unentziehbar verbleibt. Was immer im Einzelnen dazu gehören mag, jedenfalls muss dem Land die freie Bestimmung über seine Organisation einschließlich der in der Landesverfassung enthaltenen organisatorischen Grundentscheidungen sowie die Garantie der verfassungskräftigen Zuweisung eines angemessenen Anteils am Gesamtsteueraufkommen im Bundesstaat verbleiben.“*, BVerfGE 34, 9, 19 f., *Hausgut der Länder*; BVerfG, Beschl. v. 06.10.1992 – 1 BvR 1586/89, 1 BvR 487/92, BVerfGE 87, 18; *Schnapauff* in: Hömig/Wolff, GG, Art. 79 Rn. 4; *Bryde* in: von Münch/Kunig, GG, Art. 79 Rn. 42.

sondern teilt sich dieselbe mit den Bundesländern, denen ein Kern eigener Aufgaben als „Hausgut“ unentziehbar verbleibt. Genau wie der Begriff der Souveränität ist also der Begriff Kompetenz-Kompetenz nicht umfassend, sondern bezeichnet lediglich das Recht eines Hoheitsträgers, in einem bestimmten Teilbereich seine Zuständigkeiten festzulegen. So wäre es widersprüchlich, einerseits eine aufteilbare Souveränität zu bejahen, andererseits aber zu fordern, dass bei sich überlappenden Souveränitätsinhabern nur einer davon die gesamten Zuständigkeiten unilateral festlegen können soll. Das zieht durchaus die Frage nach sich, warum die Staatlichkeit Deutschlands zwar nicht durch eine „konkurrierende Kompetenz-Kompetenz“ der Bundesländer[656] beeinträchtigt wird, aber durch originäre Befugnisse der Europäischen Union in einigen Teilbereichen bedroht werden soll.[657] Wenn es möglich ist, den Bundesländern einen Teil der Kompetenz-Kompetenz zu überlassen, dann sollte man diese Möglichkeit der Europäischen Union schwerlich pauschal versagen können.[658]

Dieser verfassungsrechtliche Grundstandard des Art. 79 Abs. 3 GG könnte somit auch im Rahmen der Weiterentwicklung der europäischen Integration beibehalten werden. Künftig könnten die Verträge als europäische Verfassung ähnliche Garantien für den Bund und die

656 Vgl. Art. 74 GG in Ergänzung zu Art. 72 GG, der in einem ausführlichen, wenn auch ungeordneten Katalog die einzelnen Fälle der konkurrierenden Gesetzgebungskompetenz des Bundes definiert (strukturgleich bereits Art. 7 WRV), vgl. *Seiler* in: Epping/Hillgruber, BeckOK GG, Art. 74 Rn. 2 ff.; *Sodan/Ziekow*, Öffentliches Recht, § 17 Rn. 7. Des Weiteren kann das GG als Bundesverfassung nur durch ein den Text des GG ausdrücklich änderndes Bundesgesetz geändert werden, wenn gemäß Art. 79 Abs. 2 GG ein solches Gesetz nicht nur mit zwei Dritteln der Stimmen der Mitglieder des Bundestages, sondern auch mit zwei Dritteln der Stimmen des Bundesrates angenommen wird. Dabei sind alle Änderungen, welche die grundsätzliche Mitwirkung der Bundesländer bei der Gesetzgebung ändern sollen, ausgeschlossen, vgl. *Dietlein* in: Epping/Hillgruber, BeckOK GG, Art. 79 Rn. 13, 25; *Sachs* in: Sachs, GG, Art. 79 Rn. 44 ff.; *Dreier* in: Dreier, GG, Art. 79 III Rn. 23 ff.

657 So BVerfGE 123, 267, 349 f.

658 Das Prinzip der begrenzten Einzelermächtigung würde schwerlich leiden, legte man bspw. unionsvertraglich fest, dass die EU ausschließlich zuständig in Sachen Währungs- und Wirtschaftspolitik bzw. Außen- und Verteidigungspolitik ist – die Kompetenz-Kompetenz würde die EU dann ausschließlich innerhalb dieser Bereiche ausüben und eine „ultra vires“-Kontrolle stünde dem BVerfG im Übrigen weiterhin offen, vgl. *Rademacher*, EuR 2018, 140 (155 ff.).

anderen Mitgliedstaaten enthalten, so dass sie weiter als eigene staatliche Einheiten agieren können. In der Folge bliebe Deutschland auch als begrenzt autonomes Glied eines vereinten Europas ein Staat.[659]

Eine Grenze bildet im geltenden deutschen Grundgesetz lediglich die aus Art. 24 Abs. 1 GG übernommene Formulierung von Art. 23 Abs. 1 Satz 2 GG, wonach der Bund *Hoheitsrechte* übertragen kann. Aus dem Plural ist bereits früh geschlossen worden, dass es sich nur um einzelne Hoheitsrechte handeln kann.[660] Damit wäre eine Aufgabe des Grundprinzips der beschränkten Einzelermächtigung (vgl. Art. 4 Abs. 1, Art. 5 Abs. 1 EUV) nicht vereinbar. Diese Schranke könnte aber durch eine Verfassungsänderung überwunden werden, wenn dem Grundgesetz kein essentieller Souveränitätsbegriff untergeschoben wird, der die historischen Abfolgen nicht erklären kann. Die Bundesrepublik Deutschland hatte der Europäischen Gemeinschaft für Kohle und Stahl bereits Hoheitsrechte übertragen, bevor sie selbst die volle Souveränität erlangt hatte. Sachgerecht ist allein die Theorie, dass die Hoheitsrechte teilbar sind und nur in ihrer Summe die staatliche Macht bilden, ohne dass aber ihre Verteilung auf verschiedene Hoheitsträger vorbestimmt ist.[661]

Auch wenn man die Souveränität nicht in der universalen Völkerrechtsordnung ansiedeln will,[662] müsste also die Gleichsetzung von Souveränität mit nationalstaatlicher Hoheitsgewalt in Frage gestellt werden. Die europäische Einigung bedeutet keinen Verzicht auf demokratische Gestaltungsmöglichkeiten, sondern ihre gemeinsame Ausübung auf der supranationalen Ebene.[663] Mit welcher Intensität die europäische Integration erfolgt, wird durch Art. 79 Abs. 3 GG nicht

---

659 *Hobe*, Der offene Verfassungsstaat, S. 156; *Sommermann* in: von Bogdandy/Huber, IPE, Bd. II, § 14 Rn. 36; *Groß*, EuR 2018, 387 (402).

660 *Von Mangoldt*, Bonner GG, Art. 24 Anm. 3; *Wollenschläger* in: Dreier, GG, Art. 23 Rn. 89; *Groß*, Jura 1991, 575 (580).

661 Vgl. *Doehring*, Staatsrecht der Bundesrepublik Deutschland, S. 82; *Hobe*, Der offene Verfassungsstaat, S. 162; *Selmayr*, ZEuS 2009, 637 (646).

662 So bereits *Kelsen*, Das Problem der Souveränität, S. 288.

663 *Hallstein*, Der unvollendete Bundesstaat, S. 40, der von einer Verschmelzung der Souveränität sprach.

geregelt, sondern hängt allein von der Einhaltung der Grundprinzipien des Art. 20 Abs. 1 GG ab.[664]

Daraus lässt sich ableiten, dass soweit in Art. 20 Abs. 1 GG (Bundesstaatsprinzip)[665] oder in Art. 20 Abs. 2 GG (Prinzip der Volkssouveränität)[666] eine Garantie der Staatlichkeit der Bundesrepublik Deutschland im völkerrechtlichen Sinne zu erblicken ist, in der Tat für die Dauer der Geltung des Grundgesetzes ein Umschlagen in einen europäischen Bundesstaat ausgeschlossen wäre. Jedoch würde Art. 79 Abs. 3 GG, der auf die Grundsätze des Art. 20 GG verweist, diesem Schritt nicht entgegenstehen. Er verlangt die Gewährleistung der dort genannten Verfassungsgrundsätze (Demokratieprinzip, Rechtsstaatsprinzip, Sozialstaatsprinzip und Bundesstaatsprinzip). Es würde indessen genügen, wenn diese Grundsätze auch im Rahmen eines europäischen Bundesstaates wirksam und dauerhaft gesichert wären. Entscheidend ist vielmehr der durch den Eintritt in einen Bundesstaat vermeintliche Souveränitätsverlust nach Ansicht des Bundesverfassungsgerichts. Indes ist nach zutreffender Ansicht ein Fortbestand der Bundesrepublik Deutschland mit ihren zwei staatlichen Ebenen auch in einem europäischen Bundesstaat denkbar. Jedenfalls im staatsrechtlichen Sinne bliebe die Bundesrepublik auch als zweite Ebene in einem dreigliedrigen Staatsgebilde Staat („Dreistufenmodel"),[667] solange ihr in der bundesstaatlichen Ordnung substanzielle Kompetenzen im Bereich der Legislative, der Exekutive und der Judikative verblie-

664 *Doehring*, Staatsrecht der Bundesrepublik Deutschland, S. 83; *Hobe*, Der offene Verfassungsstaat, S. 162; *Groß*, EuR 2018, 387 (402 f.)

665 *Antoni* in: Hömig/Wolff, GG, Art. 20 Rn. 6; *Jestaedt* in: Isensee/Kirchhof, HStR, Bd. II, § 29 Rn. 15 ff.; *Sommermann* in: von Bogdandy/Huber, IPE, Bd. II, § 14 Rn. 26 f.

666 *Grzeszick* in: Maunz/Dürig, GG, Art. 20 Rn. 60 f.; *Böckenförde* in: Isensee/Kirchhof, HStR, Bd. II, § 24 Rn. 2 ff.

667 Vgl. zur Zulässigkeit des sog. Dreistufenmodels, d.h. der Integration unter Wahrung sowohl einer funktionsfähigen Bundes- als auch Länderebene *Rüß*, Vereintes Europa – das unerreichbare Staatsziel?, S. 115 ff., der im Ergebnis zwar feststellt, dass der Schutz des Föderalismus in Art. 79 Abs. 3 GG Vorgaben an die Art und Gestaltung eines europäischen Bundesstaats macht, einen Beitritt aber nicht gänzlich ausschließt.

ben. Vergleichbar wird den deutschen Bundesländern Staatsqualität im staatsrechtlichen Sinne zugeschrieben.[668]

III. Entwicklungsperspektiven für einen Europäischen Bundesstaat

Als einheitliche Organisation mit eigener Rechtspersönlichkeit ist die Europäische Union in ihrer Gesamtheit deutlich als ein zielbezogenes transnationales Mehrebenensystem eigener Art zu erkennen. Ihr Charakter als Gemeinwesen verfestigt sich namentlich in der auf der Vereinbarung der Mitgliedstaaten beruhenden und durch die Reformen von Lissabon erweiterten Zuordnung zahlreicher Hoheitsrechte legislativer, administrativer und judikativer Art,[669] in der gemeinwohlorientierten Verpflichtungen ihrer Organe, den Werten der Union Geltung zu verschaffen, ihren Interessen, denen ihrer Bürgerschaft und denen der Mitgliedstaaten zu dienen,[670] sowie im Rechten- und Pflichtenstatus der Einzelnen in der Europäischen Union.[671] Transnationalität und Zielbindung bestehen unverändert. Letztere war vom Lissabonner Vertrag neu gefasst worden. Zudem wurde die Eigenprägung der Europäischen Union durch den inhaltlich auf dem Verfassungsvertrag gründenden Vertrag von Lissabon durch zusätzliche Elemente bereits verstärkt.[672]

Soweit die Europäische Union in ihrer organisatorischen und kompetenziellen Dimension aus einer organisationssoziologischen Ver-

668 *Sommermann* in: von Bogdandy/Huber, IPE, Bd. II, § 14 Rn. 36; *Rüß*, Vereintes Europa – das unerreichbare Staatsziel?, S. 115 ff.

669 *Streinz* in: Streinz, AEUV, Art. 2 Rn. 4 ff.; *Obwexer* in: von der Groeben/Schwarze/Hatje, AEUV, Art. 2 Rn. 13 ff.; *Nettesheim* in: Grabitz/Hilf/Nettesheim, AEUV, Art. 2 Rn. 17 ff.

670 Vgl. *Calliess* in: Calliess/Ruffert, EUV, Art. 13 Rn. 2 ff.; *Nettesheim* in: Grabitz/Hilf/Nettesheim, EUV, Art. 13 Rn. 4 ff.

671 Bspw. die Regelungen der Charta der Grundrechte der Europäischen Union.

672 Vgl. die Ausweitung des ordentlichen Gesetzgebungsverfahrens als Regelverfahren (Art. 289 AEUV), die um den demografischen Faktor ergänzte Neudefinition der qualifizierten Mehrheit im Rat (Art. 16 Abs. 4 EUV), die Einbeziehung der Parlamente in das Rechtssetzungsverfahren der EU (Art. 12 EUV) sowie Schaffung der Ämter des Präsidenten des Europäischen Rates (Art. 15 Abs. 5 EUV) und des Hohen Vertreters der EU für Außen- und Sicherheitspolitik (Art. 18 EUV).

gleichsperspektive zur Lehre als staatliches Gemeinwesen betrachtet wird, sind in ihr transnationale und föderale Züge zu erkennen, ohne dass damit zunächst eine Staatswerdung, eine Gesamtkonstituierung unter Einschluss der Mitgliedstaaten oder eine Selbstkonstituierung der Europäischen Union verbunden ist.[673] Jedoch wird der Unionsgedanke durch die Festlegung der Werte der Europäischen Union nach Art. 2 EUV um das konstitutionelle Homogenitätsprinzip[674] erweitert. Die darin enthaltenen Strukturprinzipien der Achtung der Menschenwürde, Freiheit, Demokratie, Gleichheit, Rechtsstaatlichkeit und der Wahrung der Menschenrechte dienen nicht nur der Europäischen Union, sondern auch den Mitgliedstaaten als (Entwicklungs-)Leitlinien.[675]

Die Gesamtschau der inhaltlichen Ziele und Kompetenzen der Europäischen Union lässt schließlich erkennen, dass ihr die gebündelte Wahrnehmung grenzübergreifender Aufgaben im europäischen Binnenraum zugeordnet ist und insoweit ihr Funktionssinn der bundesstaatlichen Föderationsidee zumindest angeglichen werden kann.[676]

Unter aktuell 27 Mitgliedstaaten wird es jedoch zunehmend schwieriger, die Formen überstaatlicher Integration weiter zu vertiefen und auszubauen. Eine hohe Hürde für die baldige Gestaltung europäischer „Vereinigter Staaten“ als Bundesstaat ist die staatliche Identität der Mitgliedstaaten, wie sie vom Bundesverfassungsgericht verstanden wird.[677] Die staatliche Souveränität wäre demnach nicht mehr sichergestellt und eine Volksabstimmung zur Verfassungsneuschöpfung im Sinne des Art. 146 GG wäre nach Ansicht der deutschen Verfassungs-

673 *Müller-Graff* in: Dauses/Ludwigs, A. I., Rn. 63; *von Bogdandy*, integration 1999, 95; *von Bogdandy*, Supranationaler Föderalismus, S. 61 ff., 101.

674 *Mehede* in: Maunz/Dürig, GG, Art. 28 Rn. 2; *Wolff* in: Hömig/Wolff, GG, Art. 28 Rn. 2; *Maurer*, Staatsrecht I, § 10 Rn. 4.

675 *Schwarze* in: Schwarze/Becker/Hatje/Schoo, EUV, Art. 2 Rn. 1; *Calliess* in: Calliess/Ruffert, EUV, Art. 2 Rn. 12 ff.; *Müller-Graff* in: Dauses/Ludwigs, A. I., Rn. 76, 101 ff.; *von Bogdandy*, integration 1999, 95 f.

676 Vgl. die Schaffung eines allgemeinen Freizügigkeitsraums ohne Binnengrenzkontrollen (Art. 3 Abs. 2 EUV, Art. 67 Abs. 2, Art. 77 Abs. 1 lit. a) AEUV), eines binnenmarktlichen Prosperitätsraums ohne Binnengrenzen bei gleichzeitigem wirtschaftlichem, sozialem und territorialem Zusammenhalt (Art. 2 Abs. 3 EUV, Art. 26 Abs. 2 AEUV), eines Wirtschafts- und Währungsraums (Art. 3 Abs. 4 EUV, Art. 119 AEUV) und eines gemeinsamen auswärtigen Handelns (Art. 3 Abs. 5, Art. 21 ff. EUV, Art. 205 ff. AEUV).

677 BVerfGE 123, 267, 349 ff., *Lissabon*.

richter fällig. Dennoch ist die Entscheidung in den Verträgen, an der europäischen Integration im größeren Kreise festzuhalten und sie in defizitären Bereichen fortzuentwickeln, aus mehreren Gründen gerechtfertigt und erstrebenswert.

1. Verfassungsgrundlagen

In welche Richtung und mit welchen spezifischen Verfassungselementen die Entwicklung des europäischen Verfassungsrechts auf Dauer vorangeht, bleibt vorerst abzuwarten. Vieles kann unübersichtlich sein und sich einer Systematik entziehen.[678] Jedenfalls sollte die Rechtsprechung des Bundesverfassungsgerichts zum Staatenverbund nicht als Hindernis für eine weiterreichende Entwicklung des europäischen Verfassungsrechts angesehen werden. Die allgemeinen Umschreibungen des Staatenverbundes durch die Verfassungsrichter sind insgesamt noch nicht sehr umfangreich und detailliert. Daher lassen sie eine Interpretation für die Zukunft zu einem guten Teil offen. Einerseits zählt das Bundesverfassungsgericht zu den wesentlichen Elementen die *engere Union* mit der von ihr ausgeübten *öffentlichen Gewalt* als supranationalem Element. Andererseits betont das Gericht die *staatlich* organisierten Völker in den *souverän* bleibenden Mitgliedstaaten als intergouvernementales Element. Die beiden Elemente wurden durch den Vertrag von Maastricht zunächst verknüpft und die Europäische Union wurde vom Bundesverfassungsgericht mit dessen Maastricht-Urteil bis einschließlich zum Lissabon-Urteil relativ offen als Staatenverbund charakterisiert und mit dem deutschen Grundgesetz abgestimmt.[679] Im Sinne der Methodenlehre ist der Staatenverbund damit kein weitgehend fixierter Idealtypus, sondern vielmehr ein Realtypus, der zur Kennzeichnung von beweglichen Systemen geeignet ist.[680]

Obwohl in Europa in vielen Bereichen noch ein Grundkonsens fehlt, könnte dennoch – insbesondere in Bezug auf die „Beweglichkeit" des

678 Vgl. *Cromme*, DÖV 2012, 209 (214); *ders.*, EuR 2017, 206 (213).

679 BVerfGE 89, 188, *Maastricht*; BVerfGE 123, 267, *Lissabon*; *Cromme*, Spezifische Verfassungselemente des Staatenverbundes; *Kirchhof* in: Isensee/Kirchhof, HStR, Bd. X, § 214 Rn. 7; *Cromme*, EuR 2017, 206 (212).

680 *Larenz*, Methodenlehre, S. 221 f., 463 ff.; *Cromme*, DÖV 2012, 209 ff.

bundesverfassungsgerichtlichen Staatenverbundsystems – eine langfristige Integrationsperspektive zu einem europäischen Bundesstaat in den Blick genommen werden. In Hinblick auf dieses finale Ziel wäre womöglich zu überlegen, ob eine solche Weiterentwicklung nicht vielmehr mit einem großen Schritt, einem abschließenden Verfassungskonvent, realisiert werden sollte – nämlich einem neuen Primär- bzw. Verfassungsrecht der Europäischen Union.[681]

Unabhängig von den Abläufen rund um den gescheiterten Europäischen Verfassungsvertrag oder mit Blick auf künftige Verfassungsreformen der zurzeit bestehenden Europäischen Union ist hingegen festzuhalten, dass diese bereits über eine Verfassung verfügt, wie der Europäische Gerichtshof schon 1986 in Bezug auf den damaligen Vertrag über die Europäische Wirtschaftsgemeinschaft festgestellt hat.[682] Zur Gestaltung eines europäischen Bundesstaates wäre aufgrund einer solchen Verfassungsqualität der Unionsverträge die Begründung eines neuen europäischen Verfassungsrechts nicht zwingend erforderlich. Im Interesse der Übersichtlichkeit der Rechtsgrundlagen der Europäischen Union wäre allerdings eine geglättete kodifikatorische Zusammenfassung der in dem Vertrag über die Europäische Union, dem Vertrag über die Arbeitsweise der Europäischen Union und der Charta der Grundrechte der Europäischen Union enthaltenen Bestimmungen, wie sie bereits der gescheiterte Verfassungsvertrag offerierte, in einer Art Europäischem Grundvertrag erstrebenswert.[683]

2. Organe und Arbeitsweise

Die Eigenständigkeit der Europäischen Union basiert vor allem auf ihren eigenen Organen.[684] Diese haben die Aufgabe, die Ziele der

---

681 Vgl. zu den konkreten Inhalten eines neuen europäischen Verfassungsrechts unter Neuauflage eines Verfassungsvertrages ausführlich *Cromme*, Die Zukunft des Lissabon-Vertrages; *ders.*, EuR 2017, 206 (209).

682 EuGH, Urt. v. 23.04.1986 – 294/82, Slg 1986, 1339; vgl. u.a. auch *Hakenberg*, Europarecht, 2. Teil Rn. 64 ff.

683 *Müller-Graff* in: Dauses/Ludwigs, A. I., Rn. 42; vgl. *Sieveking*, MDR 1993, 1169.

684 Die grundlegenden Vorgaben enthält das Primärrecht. Art. 13 Abs. 1 Satz 2 EUV zählt als Organe der EU auf: das Europäische Parlament, den Rat, die Europäische Kommission, den Gerichtshof der Europäischen Union, den Rechnungshof,

Union und einen europäischen Gemeinwohlgedanken zu verwirklichen. Zum Teil artikuliert sich in ihnen aber auch der Wille der Mitgliedstaaten.[685] Ihre demokratische Legitimation gewinnen die zur Rechtsetzung berufenen Unionsorgane entweder unmittelbar auf der Grundlage des Vertrages über die Europäische Union oder über die Mitgliedstaaten der Union (Art. 10 EUV).[686]

a) Parlament und Rat

Das Europäische Parlament ist das Repräsentativorgan der europäischen Völker. Es hat sich im Laufe der Jahre beständig weitere Zuständigkeiten erkämpft. Mithin verfügt das Europäische Parlament über weitreichende Rechte vor allem im Haushaltsrecht, indem es zusammen mit dem Rat (der Europäischen Union)[687] die Haushaltsbefugnisse ausübt. Außerdem wählt es den vom Europäischen Rat vorgeschlagenen Kandidaten zum Kommissionspräsidenten (Art. 17 Abs. 7 EUV), erfüllt Aufgaben der politischen Kontrolle und Beratungsfunktionen und wirkt im ordentlichen Gesetzgebungsverfahren gleichberechtigt mit dem Rat als gemeinsamer Gesetzgeber zusammen (Art. 14 Abs. 1 Satz 1 EUV). Allerdings kann das Parlament aus eigener Kompetenz nicht autonom ein Gesetz beschließen oder inhaltlich gestalten.[688]

---

den Europäischen Rat sowie die Europäische Zentralbank. Konkretisiert werden die im EUV nur generell getroffenen Bestimmungen über die Unionsorgane in den "Vorschriften über die Organe", die in den Art. 223 – 309 AEUV zu finden sind (Hinweis in Art. 13 Abs. 3 EUV).

685 So ist zwar der Europäische Rat das oberste Beschlussgremium der EU, setzt sich aber aus den Staats- und Regierungschefs der Mitgliedstaaten und dem Präsidenten der Kommission zusammen und legt die allgemeinen politischen Zielvorstellungen fest (Art. 15 EUV). Zudem setzt sich der Rat (der Europäischen Union) aus je einem Vertreter der EU-Mitgliedstaaten zusammen (Art. 16 Abs. 2 EUV). Er legt die Unionspolitiken fest und übernimmt die Koordinierung mitgliedstaatlicher Politiken (Art. 16 Abs. 1 EUV).

686 *Haratsch/Koenig/Pechstein*, Europarecht, Rn. 141; *Haag* in: von der Groeben/Schwarze/Hatje, EUV, Art. 10 Rn. 3 ff.; *Kluth* in: Schulze/Janssen/Kadelbach, § 5 Rn. 10; *Schroeder*, Europarecht, § 3 Rn. 10; *Herdegen*, Europarecht, § 7 Rn. 1; *auf dem Keller*, Finalität der EU, S. 24 f.

687 Vgl. zu den begrifflichen Klärungen *Herdegen*, Europarecht, § 1 Rn. 18 ff.

688 So liegt das Initiativmonopol für die Unionsgesetzgebung grds. bei der Kommission. Im Vergleich zum Deutschen Bundestag sind die Möglichkeiten des EPs zur aktiven Politikgestaltung somit beschränkt, *Kirchhof* in: Isensee/Kirchhof, HStR,

Die Zusammensetzung des Europäischen Parlaments sieht die Sitzvergabe an maximal 750 Abgeordnete zuzüglich des Parlamentspräsidenten[689] vor (Art. 14 Abs. 2 Satz 2 EUV), die gemäß Art. 14 Abs. 3 EUV in allgemeiner, unmittelbarer, freier und geheimer Wahl[690] für die Dauer von fünf Jahren gewählt werden. Die Wahl erfolgt nach den Wahlgesetzen der Mitgliedstaaten und deshalb nach unterschiedlichen Wahlverfahren. Das Fehlen des Grundsatzes der Wahlrechtsgleichheit ist die Konsequenz aus der von Art. 14 Abs. 2 Sätze 3 und 4 EUV vorgeschriebenen Sitzverteilung auf die 27 Mitgliedstaaten. Danach sind die Unionsbürger im Europäischen Parlament „degressiv proportional" vertreten, was dazu führt, dass die Abgeordneten des Europäischen Parlaments in mitgliedstaatlichen Kontingenten derart erfasst werden, dass kleinere Mitgliedstaaten im Hinblick auf ihre Bevölkerungszahl überproportional im Europäischen Parlament vertreten sind.[691]

Der Rat ist hingegen das Organ, in dem die Mitgliedstaaten vertreten sind. Seine wesentliche Aufgabe liegt in der Beteiligung an der Rechtsetzung (zusammen mit dem Europäischen Parlament). Ferner gehört die Festlegung und Koordinierung der Politiken nach Maßgabe der Verträge zu seinen Aufgaben (Art. 16 Abs. 1 Satz 2 EUV).[692] Während die Legitimation der Abgeordneten des Europäischen Parlaments auf ihrer unmittelbaren Wahl durch die Völker der Mitgliedstaaten beruht, ist die demokratische Legitimation des Rats auf eine Legitimationskette zurückzuführen: Die nationalen Parlamente vermitteln die ihnen

---

Bd. X, § 214 Rn. 5; *Bieber* in: von der Groeben/Schwarze/Hatje, EUV, Art. 14 Rn. 15 ff.

689 Seit dem Austritt des Vereinigten Königreichs aus der EU besteht das EP nur noch aus 705 Abgeordneten, vgl. Art. 3 Abs. 1 des Beschl. (EU) 2018/937 des Europäischen Rates v. 28.06.2018 über die Zusammensetzung des Europäischen Parlaments, ABl. 2018 L 165, S. 1; *Haratsch/Koenig/Pechstein*, Europarecht, Rn. 234.

690 Die Vorschrift nennt nicht den z.B. von Art. 38 Abs. 1 GG für die Wahlen zum Deutschen Bundestag festgelegten Grundsatz der gleichen Wahl.

691 *Huber* in: Streinz, EUV, Art. 14 Rn. 55 ff.; *Schoo* in: Schwarze/Becker/Hatje/Schoo, EUV, Art. 14 Rn. 46 f. Ein deutscher Abgeordneter vertritt nach diesem Verteilungsmaßstab z.B. 857.000 Einwohner, während ein luxemburgischer Abgeordneter nur 83.000 Personen repräsentiert, vgl. BVerfGE 123, 267, 374 f., *Lissabon*.

692 *Ziegenhorn* in: Grabitz/Hilf/Nettesheim, EUV, Art. 16 Rn. 25 ff.; *Hix* in: Schwarze/Becker/Hatje/Schoo, EUV, Art. 16 Rn. 4 ff.

durch Wahlen zukommende demokratische Legitimation seitens ihrer Staatsvölker weiter zur Regierung, von dort zum zuständigen Minister und von diesem in den Rat.[693]

Insbesondere in der degressiven Proportionalität bei der Zusammensetzung des Europäischen Parlaments und der dominierenden Rolle des höchst mittelbar demokratisch legitimierten Rats bei der Gesetzgebung werden wesentliche Aspekte einer nur eingeschränkten demokratischen Legitimation der Gesetzgebung in der Union gesehen, da das Europäische Parlament somit nicht dieselbe Rechtsstellung besitzt wie die Parlamente der Mitgliedstaaten. Angesichts der höchst unterschiedlichen Verwirklichungsformen in den einzelnen Mitgliedstaaten lässt sich zudem die wertende Rechtsvergleichung zur Konkretisierung des Demokratieprinzips im Rahmen der Europäischen Union nur eingeschränkt fruchtbar machen (anders beim Rechtsstaatsprinzip). Vielmehr führen die Besonderheiten der Europäischen Union zu nicht unerheblichen Abweichungen vom mitgliedstaatlichen Demokratieverständnis.[694]

aa) Institutioneller und struktureller Legitimationskontext

Grundsätzlich bedingt jede Form der eigenständigen bzw. originären Hoheitsmacht der Europäischen Union deren demokratischer Legitimation. Mit Blick darauf richtet sich ein Schwerpunkt der verfassungsrechtlichen Bedenken gegen eine Weiterentwicklung der europäischen Integration auf das seit langem bemängelte sogenannte Demokratiedefizit auf Unionsebene.[695]

---

693 Vgl. *Hix* in: Schwarze/Becker/Hatje/Schoo, EUV, Art. 16 Rn. 10; *Calliess* in: Calliess/Ruffert, EUV, Art. 16 Rn. 7.

694 *Bieber* in: von der Groeben/Schwarze/Hatje, EUV, Art. 14 Rn. 3; *Schöbener/Knauff*, Allg. Staatslehre, § 5 Rn. 91; *Schroeder*, Europarecht, § 3 Rn. 41 ff.

695 *Kluth*, Demokratische Legitimation der EU, S. 17 ff., 44 ff., 67 ff., 88 ff.; *Magiera*, DÖV 1987, 221 ff.; *Ress* in: Fiedler/Ress, GS Geck, S. 625 ff.; *Boest*, EuR 1992, 182 ff.; *Haupt* in: von Bogdandy, Die Europäische Option, S. 217 ff.; *Koenig*, DVBl 1993, 140 ff.; *Friauf*, DVBl 1964, 781 ff.; *Klein*, EuR 1987, 97 ff.; *Classen*, AöR 119 (1994), 238 ff.; *von Simson*, EuR 1991, 1 ff.; *Kohler*, EuR 1978, 333 ff.; *Zuleeg*, JZ 1993, 1069 ff.; *Ohler*, ZG 1995, 223 ff.; *Wägenbaur*, EuZW 1996, 587; *Sommermann*, DÖV 2003, 1009 ff.; *Brosius-Linke*, DÖV 2008, 997 ff.

Allerdings stellt sich die Frage, woran sich das Demokratiedefizit der Europäischen Union tatsächlich bemisst. Bislang gibt es keine Erfahrungen mit der Demokratie eines Gemeinwesens, das selbst kein Staat ist. Die heutige demokratische Legitimation der Hoheitsorgane der Union leitet sich aus den demokratischen Rechten der Unionsbürger im Rahmen ihrer nationalen Verfassungen ab.[696]

Im Falle einer eigenständigen Hoheitsmacht der Unionsorgane würde ein solches Verfahren abgeleitet-demokratischer Legitimation nicht ausreichen. Es bedürfte einer supranational-eigenständigen Legitimation, was wiederum zum entsprechenden Erfordernis einer eigenständig-demokratischen Verfassungsstruktur zurückführen würde – sofern den Verträgen der Europäischen Union keine hinreichende Qualifikation als Verfassung zugestanden werden sollte. Konkret müsste das Europäische Parlament zu einem kompetenziell-kompletten Parlamentssystem mit eigenständigen gesetzgeberischen Zuständigkeiten auf der Grundlage prinzipieller Allgemeinzuständigkeit verfassungsrechtlich entwickelt und ausgeformt werden.[697] Das setzt zum einen voraus, dass das Parlament von den Unionsbürgern gewählt und durch einen entsprechend supranational-konstituierenden Verfassungsakt in den Besitz einer solchen Generalzuständigkeit versetzt wird. Zum anderen müssen die Grundprinzipien der demokratischen Bürger- und Wahlrechtsgleichheit gewahrt werden.[698] Demnach sollte in einem einheitlichen Wahlgesetz der Europäischen Union schrittweise eine Sitzverteilung nach der Anzahl der Bürger der Staaten eingeführt werden.[699] Schließlich vereiteln ein fehlendes einheitliches Wahlrecht, die fehlende Wahlrechtsgleichheit aufgrund fester mitgliedstaatlicher Sitzkontingente und die Unmöglichkeit, die Wahlentscheidung der Unionsbürger zum Europäischen Parlament als eine Richtungsentscheidung für die Ausübung europäischer Hoheitsgewalt anzusehen, eine gleiche Re-

696 Vgl. *Haag* in: von der Groeben/Schwarze/Hatje, EUV, Art. 10 Rn. 9; *Nettesheim* in: Grabitz/Hilf/Nettesheim, EUV, Art. 10 Rn. 65; *Franzius*, EuR 2013, 655 (659).

697 *Scholz* in: Maunz/Dürig, GG, Art. 23 Rn. 49, 76 ff.; *Cromme*, EuR 2017, 206 (216); *Schöbener/Knauff*, Allg. Staatslehre, § 5 Rn. 100, Theorie von der institutionellen Demokratiefähigkeit der EU.

698 Vgl. BVerfGE 123, 267, 373 ff., *Lissabon*; *Haratsch/Koenig/Pechstein*, Europarecht, Rn. 138.

699 So ähnlich *Cromme*, EuR 2017, 206 (216).

präsentation aller Unionsbürger und stellen damit die Fähigkeit des Europäischen Parlaments, demokratische Legitimation zu erzeugen, gegenwärtig noch in Frage.[700] Hinzu kommt die noch mangelnde Fähigkeit der Parteien, die europäische Willensbildung der Unionsbürger zu unterstützen, sowie das unterentwickelte, zunehmend von den nationalen Interessen geprägte, und von den öffentlichen Medien zu wenig geförderte gemeineuropäische Politikbewusstsein. In diesem Zusammenhang darf auch das Sprachproblem für die Herausbildung eines gemeineuropäischen Politikbewusstseins breiter Bevölkerungsschichten nicht geringgeschätzt werden. Demokratie legitimiert sich nämlich in den ausschließlich sprachlich vermittelten Verfahren von Wahlen und Abstimmungen.[701] Diese Verfassungsgrundlage hat sich in der Europäischen Union noch nicht hinreichend entwickelt.

Solange die Voraussetzungen einer gemeineuropäischen Willensbildung der Unionsbürger vor dem demokratischen Wahlakt, welcher der Wertgleichheit aller abgegebenen Stimmen auf der Grundlage eines einheitlichen Wahlverfahrens genügen muss, nicht erfüllt sind, kommt dem Europäischem Parlament lediglich eine unterstützende Legitimationsfunktion zu. Die mitgliedstaatlichen Parlamente bleiben somit Hauptträger demokratischer Legitimation.[702] Außerdem wird eine gemeineuropäische politische Willensbildung durch den Mangel an Transparenz der europarechtlichen Entscheidungsverfahren erschwert, in denen das Europäische Parlament weniger vom Wahlauftrag der Unionsbürger als von strategischen Mehrheitsbündnissen gegenüber der Kommission und dem von nationalen Politikinteressen dominierten Rat geleitet wird.

Bis das Europäische Parlament tatsächlich in politischen Mehrheiten handeln kann, die von originären Parteien und gleichen Wahlen ge-

---

700 *Hilf/Pache* in: Grabitz/Hilf, EUV, Vorbem. Rn. 68; vgl. *Haratsch/Koenig/Pechstein*, Europarecht, Rn. 235 ff.; *Rupp*, NJW 1995, 2210 f.; *Lenz*, NJW 1996, 1328 f.

701 BVerfGE 89, 155 184 ff., *Maastricht*; *Haratsch/Koenig/Pechstein*, Europarecht, Rn. 138 f.; *Guérot*, APuZ 2013, 3 (5); *Nettesheim* in: Grabitz/Hilf/Nettesheim, EUV, Art. 10 Rn. 115 ff.; krit. *Weiler* in: Due/Lutter/Schwarze, FS Everling, S. 1663 ff.; vgl. auch *Blanke/Pilz*, EuR 2020, 270 (297).

702 *Tomuschat*, EuGRZ 1993, 489 (493); *Hilf/Pache* in: Grabitz/Hilf, EUV, Vorbem. Rn. 68; *Haratsch/Koenig/Pechstein*, Europarecht, Rn. 146; *Scholz* in: Maunz/Dürig, GG, Art. 23 Rn. 49; *Jędrzejowska*, DTIEV-Online 2013, S. 14.

tragen werden, sind es die Staatsvölker der Mitgliedstaaten, welche die supranationale Hoheitsgewalt der Union über die nationalen Parlamente demokratisch zu legitimieren haben.[703] Soweit aber in der Europäischen Union die Voraussetzungen eines demokratisch verfassten europäischen Bürgerverbundes erfüllt sind, mangelt es nicht weiter an einer tragfähigen Alternative, die Hoheitsgewalt der Europäischen Union im Unionsverbund anders als dual und somit durch die nationalen Parlamente und unterstützend durch das Europäische Parlament zu legitimieren.

Diese Einschätzung der demokratischen Legitimation der Europäischen Union lässt zumindest die durch die Einheitliche Europäische Akte[704] gewachsene und durch den Vertrag über die Europäische Union weiter verstärkte demokratische Legitimation und Legitimierungsfähigkeit des Europäischen Parlaments weitgehend außer Acht, wobei auch die demokratische Legitimation des Handelns der Regierungsvertreter im Rat anscheinend nur unzureichend berücksichtigt wird.[705] So wurde mit dem Vertrag von Lissabon das Europäische Parlament zum „Mitgesetzgeber" aufgewertet.[706] Zugleich wurde jedoch die Rolle der nationalen Parlamente erheblich gestärkt, indem ihnen besondere Aufgaben bei der Subsidiaritätskontrolle übertragen wurden.[707] Überdies bleibt zweifelhaft, wie die nationalen Parlamente die politische Verantwortung für die auf Unionsebene gefundenen Kompromisse übernehmen können. Nationale Parlamente sind nicht oder nur selten in der Lage, eine Entscheidung auf Unionsebene unter Berücksichtigung aller relevanten Gesichtspunkte – insbesondere derjenigen aus anderen Mitgliedstaaten – zu würdigen.[708]

---

703 BVerfGE 89, 155, 184 ff., *Maastricht*; *Hilf/Pache* in: Grabitz/Hilf, EUV, Vorbem. Rn. 68.

704 Einheitliche Europäische Akte, in Kraft getreten am 01.07.1987, BGBl. II 1986, S. 1102.

705 *Schwarze*, JZ 1993, 585 (588 f.); *Hilf/Pache* in: Grabitz/Hilf, EUV, Vorbem. Rn. 69.

706 Vgl. Art. 294 AEUV sowie Art. 83 Abs. 1 UAbs. 3 Satz 2, Art. 86 Abs. 1 UAbs. 1 Satz 2, Abs. 4 Satz 2 AEUV; *Böse* in: Schwarze/Becker/Hatje/Schoo, AEUV, Art. 82 Rn. 11.

707 Vgl. Art. 69 AEUV; *Herrnfeld* in: Schwarze/Becker/Hatje/Schoo, AEUV, Art. 69 Rn. 2; *Grzeszick* in: Maunz/Dürig, GG, Art. 20 Rn. 304.

708 *Hilf/Pache* in: Grabitz/Hilf, EUV, Vorbem. Rn. 69.

Zutreffend bleibt jedoch, dass die demokratische Legitimation und Rückkopplung des Handelns der Unionsorgane trotz der durch den Vertrag von Lissabon erzielten Fortschritte weiter intensiviert und vertieft werden müssen.[709]

bb) Außerrechtliche Funktionsvoraussetzungen der Demokratie

Vor diesem Hintergrund spitzt sich die Problematik auch auf die Frage nach außerrechtlichen Funktionsvoraussetzungen der Demokratie zu. Voraussetzung für das Funktionieren einer Demokratie ist demnach auch das Vorhandensein einer gewissen sozialen, geistigen und politischen, vielleicht sogar einer nationalen Homogenität,[710] wie sie heute nur die bereits existierenden Staaten gewährleisten. Sicherlich bedarf die politische Willensbildung des Volkes gewisser außerrechtlicher Faktoren. Es muss überhaupt ein Pluralismus der Meinungen bestehen, der sich in einer Mehrzahl von Parteien ausdrückt. Presse und Rundfunk müssen frei berichten und der Bürger sich frei informieren können. Das erfordert aber weder eine wie auch immer geartete Homogenität des Volkes noch eine einheitliche Sprache.[711]

Der Begriff der Homogenität ist zudem etwas unglücklich. Damit soll wohl eher das Selbstverständnis des Volkes als eine geistige, soziale, politische und vielleicht auch nationale Einheit gemeint sein.[712] Die entscheidende Frage für das Funktionieren der Demokratie ist nicht, auf welcher tatsächlichen Grundlage der Willensbildungsprozess beruht, sondern wieso die Minderheit die Entscheidung der Mehrheit akzeptiert. Letztlich kann Demokratie schließlich nur funktionieren,

---

709 Vgl. *Hölscheidt*, KritV 1994, 405; *Guérot*, APuZ 2013, 3 (8); *Jędrzejowska*, DTIEV-Online 2013, S. 15.

710 Zum Homogenitätsbedarf vgl. *Dittmann* in: Isensee/Kirchhof, HStR, Bd. VI, § 127 Rn. 2 ff.; *Maurer*, Staatsrecht I, § 1 Rn. 16.

711 *Kirchhof* in: Isensee/Kirchhof, HStR, Bd. II, § 20 Rn. 83 f.; vgl. in diesem Zusammenhang zur Verortung des Begriffs der „politischen Homogenität" *Dürig/Klein* in: Maunz/Dürig, GG, Art. 18 Rn. 18.

712 So meint das BVerfG, dass ein Staat eine gewisse geistige, soziale und politische Homogenität seiner Staatsangehörigen voraussetze, wie sie in den modernen Nationalstaaten idealtypisch – vielfach nicht aber tatsächlich – verwirklicht ist, BVerfGE 89, 155, 186, *Maastricht*; vgl. auch *Maurer*, Staatsrecht I, § 7 Rn. 23 f.; *Schöbener/Knauff*, Allg. Staatslehre, § 6 Rn. 54; *Lübbe-Wolff*, ZAR 2007, 121.

wenn die Minderheit die Entscheidung der Mehrheit freiwillig akzeptiert. Die Antwort hierzu kann nur lauten, weil sich die Minderheit mit der Mehrheit als Einheit versteht. Die typische Einheit des 20. Jahrhunderts war der Nationalstaat europäischer Prägung, wie er sich nach der Amerikanischen und Französischen Revolution entwickelt hat.[713] Dabei mag die Nation – das nationale Zusammengehörigkeitsgefühl – mittlerweile sogar etwas in den Hintergrund getreten sein, jedenfalls soweit es das Selbstverständnis als Willensnation betrifft. Im Vordergrund stehen heute vornehmlich Aspekte des Sozialen oder auch des Geistigen, das sich Fühlen als eine historisch gewachsene Kulturgemeinschaft, was sich auch im Begriff der Kulturnation[714] zusammenfassen lässt. Hinzu tritt – in einer gewissen Parallele zu den USA – vielleicht auch ein gewisser Verfassungspatriotismus.[715] Das alles sind Kennzeichen des modernen Nationalstaates des 21. Jahrhunderts – Kennzeichen aber auch, über welche die Europäische Union (noch) nicht verfügt. Ihr fehlt noch das einheitsstiftende Merkmal, der Mythos, der über die vorhandene politisch-rechtliche Klammer hinaus den Unionsbürgern das Wissen und Wollen einer grundlegenden Zusammengehörigkeit vermittelt.[716]

cc) Zwei-Kammer-Parlament

Die Zahl der Vorschläge zur institutionellen Weiterentwicklung der Europäischen Union ist mittlerweile unüberschaubar groß. Denkbar wäre im Hinblick auf die gemeinsame Gesetzgebung von Europäi-

---

713 Vgl. *Herdegen*, Völkerrecht, § 2 Rn. 10 ff.; *Schöbener/Knauff*, Allg. Staatslehre, § 4 Rn. 114 f.; *Maurer*, Staatsrecht I, § 2 Rn. 30 ff.

714 Siehe *Schuster* in: Demandt, Nationalgalerie Berlin, S. 10 ff. In Art. 35 Abs. 1 des Vertrags zwischen der Bundesrepublik Deutschland und der DDR über die Herstellung der Einheit Deutschlands heißt es: „*In den Jahren der Teilung waren Kunst und Kultur – trotz unterschiedlicher Entwicklung der beiden Staaten in Deutschland – eine Grundlage der fortbestehenden Einheit der deutschen Nation. Sie leisten im Prozess der staatlichen Einheit der Deutschen auf dem Weg zur europäischen Einigung einen eigenständigen und unverzichtbaren Beitrag.*“; *Blanke/Pilz*, EuR 2020, 270 (292).

715 Vgl. *Collings*, JZ 2019, 1109 ff.; *Stachura*, PVS 2005, 288 ff.; *Kaufmann*, ARSP 66 (1997), 40 ff.

716 *Schöbener/Knauff*, Allg. Staatslehre, § 5 Rn. 108 f.; vgl. auch zum vermeintlichen Postulat der Homogenität und Integration *Lübbe-Wolff*, ZAR 2007, 121 (127).

schem Parlament und Rat die Einrichtung eines Zwei-Kammer-Parlaments. Jedenfalls sollte von der Schaffung einer weiteren gesetzgebenden Kammer aus Abgeordneten der nationalen Parlamente neben dem Rat und Europäischen Rat[717] abgesehen werden. Vielmehr sollten zunächst die Ratsformationen neu gebildet werden.[718] Hierzu sollten der bisherige Rat und der Europäische Rat zum „Europäischen Rat eigener Art" zusammengeführt werden. Dieser sollte bei seiner Rolle in der Gesetzgebung der Union nach dem Vorbild des deutschen Bundesrats parlamentarisiert[719] und zur zweiten Kammer erklärt werden.[720] Während in den nationalen Verfassungsordnungen die zweiten Kammern im Rahmen der Gesetzgebung überwiegend eine nachrangige Stellung haben, hat in der Europäischen Union der Rat gegenüber dem Parlament eher eine dominierende Stellung. Die Schaffung eines Zwei-Kammer-Parlaments hätte somit die Annäherung an die üblichen demokratischen Strukturen zur Folge und wäre der nächste Schritt zu einer Gleichberechtigung in der Volksvertretung.[721]

717 Seit 1974 besteht der Europäische Rat quasi als politische Schaltzentrale, der früher keine Organqualität hatte. Er setzt sich zusammen aus den Staats- und Regierungschefs der Mitgliedstaaten, seinem Präsidenten sowie dem Präsidenten der Kommission und tritt zweimal pro Halbjahr oder bei Dringlichkeit spontan zusammen (Art. 15 Abs. 2 EUV). Der Lissabonner Vertrag erhob den Europäischen Rat zum Organ. Zentrale Aufgabe des Europäischen Rats ist es, der EU die für ihre Entwicklung erforderlichen Impulse zu geben und die allgemeinen politischen Zielvorstellungen und Prioritäten hierfür festzulegen – mit seiner Besetzung stellt er das politische Leitorgan dar. Der Europäische Rat hat keinen eigenen Sitz mit Bürogebäuden, sondern ist in das Generalsekretariat des Rats in Brüssel administrativ integriert (Art. 235 Abs. 4 AEUV), *Haratsch/Koenig/Pechstein*, Europarecht, Rn. 261 f.; *Hakenberg*, Europarecht, 3. Teil Rn. 122 f.

718 Vgl. Schlussfolgerungen des Vorsitzes, Anlage 1, Bull. EU 12/2001, Teil 1, I., *Erklärung von Laeken*; *Nowak* in: Pechstein/Nowak/Häde, EUV, Art. 1 Rn. 29; *Riedel*, ZRP 2002, 241 (244 ff.).

719 Zur Stellung, Bedeutung und Aufgabe des deutschen Bundesrats vgl. *Dörr* in: Epping/Hillgruber, BeckOK GG, Art. 50 Rn. 1 ff.; *Grzeszick* in: Maunz/Dürig, GG, Art. 20 Rn. 178 ff.; *Sodan/Ziekow*, Öffentliches Recht, § 13 Rn. 1 ff.

720 Vgl. bereits *Fischer*, integration 2000, 149 ff.; *Ress* in: Fiedler/Ress, GS Geck, 684; *Thürer*, VVDStRL 50 (1991), 97 (131); *Wieland* in: Wildenmann, S. 455; *Schwarze*, DVBl 1999, 1677 (1687); *Pernice*, JöR 48 (2000), 205 (225); *Groß*, ZaöRV 2003, 29 (53 f.); *Wolf*, PVS 2000, 730 (732 f.); *Piris*, EuR 2000, 311 (334); *Scholz*, ZG 2002, 1 (8); *Cromme*, EuR 2017, 206 (217); *Meyer/Hölscheidt*, RuP 2002, 195 (198).

721 *Groß*, ZaöRV 2003, 29 (55).

Entwicklungsperspektivisch sollten die im ordentlichen Gesetzgebungsverfahren entstehenden Gesetze (Art. 289 Abs. 1 AEUV) auch als „Gesetze" bezeichnet werden.[722] Bei diesen Gesetzen sollte das Initiativrecht nicht nur bei der Europäischen Kommission, sondern auch bei Gruppen von Mitgliedern des Europäischen Parlaments und des Rats liegen. Wesentliche – insbesondere verfassungsausführende Gesetze – sollten beim Europäischen Parlament eingebracht und sowohl von diesem als auch dem nunmehr parlamentarisch formierten Rat verabschiedet werden.[723]

b) Europäische Kommission

Die Europäische Kommission lässt sich bislang weder eindeutig als die Regierung noch als die Verwaltungsbehörde der Europäischen Union bezeichnen.[724] Sie hat vielfältige Aufgaben, die im Bereich der Rechtsetzung und Vollziehung angesiedelt sind. Wesentlich ist ihre Unabhängigkeit nach Art. 245 Abs. 1 AEUV. Diese formale Unabhängigkeit verleiht der Kommission beachtliche Stärke, sodass sie daher häufig als Merkmal der (prä-)föderalen Struktur der Europäischen Union angesehen wird. Die Kommission bildet somit ein Gegengewicht zum Rat. Als „Hüterin der Verträge" kann sie im Übrigen gegen die betreffenden Mitgliedstaaten ein Vertragsverletzungsverfahren nach Art. 258

722 So war es ursprünglich auch bereits im VVE vorgesehen, vgl. Art. I-34 VVE.

723 Vgl. *Cromme*, EuR 2017, 206 (216).

724 Einen Begriff der Regierung i.S.e. Funktionszuweisung kennen die Gründungsverträge der EU nicht. Versteht man unter Regierung die politische Gesamtleitung eines Gemeinwesens, so fallen auf europäischer Ebene der Europäische Rat, der Rat und die Europäische Kommission ins Auge. Gemäß Art. 15 Abs. 1 EUV gibt der Europäische Rat *„der Union die für ihre Entwicklung erforderlichen Impulse und legt die allgemeinen politischen Zielvorstellungen und Prioritäten hierfür fest"*. Zu den Aufgaben des Rates gehört nach Art. 16 EUV, neben seiner legislativen Funktion, die *„Festlegung der Politik und die Koordinierung nach Maßgabe der Verträge."* Die Kommission schließlich fördert nach Art. 17 Abs. 1 EUV *„die allgemeinen Interessen der Union und ergreift geeignete Initiativen zu diesem Zweck"*. Danach sind insgesamt drei Organe für die Formulierung der Politik der EU verantwortlich. Sie bilden in einem funktionellen Sinne die Unionsregierung, vgl. *Hatje/Schwarze*, EuR 2019, 153 (165 f.).

AEUV einleiten und hat auch das Recht, zur Kontrolle der Einhaltung des Unionsrechts Sanktionen zu verhängen.[725]

Die Kommission sollte auch in einem bundesstaatlichen Gefüge die „Hüterin der Verträge" bleiben. Zugleich sollten neben der Vertragsverletzungsklage beim Europäischen Gerichtshof[726] zusätzliche Kompetenzen der Kommission zum besseren Verwaltungsvollzug geschaffen werden – ergänzt durch eine Rechtsaufsicht zur besseren Durchsetzung des Unionsrechts in den Mitgliedstaaten, wobei die Rechtmäßigkeit der Vollzugsakte vom Gerichtshof der Europäischen Union überprüft werden kann. Die Kommission hat durch die aktuellen Krisensituationen auch bereits zunehmend an Bedeutung gewonnen. Dem Subsidiaritätsprinzip folgend sollte es dem Europäischen Parlament zugleich jedoch möglich sein die Kommission politisch und rechtlich dazu zu verpflichten, die Kompetenzen der Mitgliedstaaten nicht (weiter) abzubauen und einzuschränken.

Der Kommissionspräsident sollte zudem nicht nur direkt vom Europäischen Parlament gewählt, sondern vorab auch von diesem als Kandidat vorgeschlagen werden können.[727] Die weiteren Mitglieder der Kommission sollten sodann vom Kommissionpräsidenten berufen werden können. Weiter sollte das Amt des Kommissionspräsidenten durch zusätzliche Befugnisse gestärkt werden. So sollte er die Richtli-

---

725 *Martenczuk* in: Grabitz/Hilf/Nettesheim, EUV, Art. 17 Rn. 1 ff.; *Bieber/Haag* in: Schulze/Janssen/Kadelbach, § 1 Rn. 68 ff.; *Haratsch/Koenig/Pechstein*, Europarecht, Rn. 296 ff.; *Schroeder*, Europarecht, § 3 Rn. 53 ff.

726 Vertragsverletzungsverfahren nach Art. 258 AEUV sind in der Praxis sehr häufig, allerdings für den EuGH meist juristisch nicht besonders kompliziert: die Tatsache, dass eine Verletzung vorliegt, ist von der Kommission zu beweisen bzw. wird meist gar nicht bestritten; die Rechtsfolge der Verurteilung ergibt sich dann automatisch. In den meisten Fällen ist es so, dass einem Mitgliedstaat erklärt wird, eine seiner Rechtsvorschriften stehe mit dem Unionsrecht nicht in Einklang, oder dass er gerügt wird, weil er eine Richtlinie nicht rechtzeitig oder nicht ordnungsgemäß umgesetzt hat, vgl. *Hakenberg*, Europarecht, 4. Teil Rn. 286 ff.; *Wunderlich* in: von der Groeben/Schwarze/Hatje, AEUV, Art. 258 Rn. 1 ff.

727 Gemäß Art. 17 Abs. 7 UAbs. 1 EUV schlägt der Europäische Rat dem EP nach entsprechenden Konsultationen mit qualifizierter Mehrheit einen Kandidaten für das Amt des Kommissionspräsidenten vor. Das EP wählt darauf hin diesen Kandidaten mit der Mehrheit seiner Mitglieder.

nien[728] und nicht nur die Leitlinien[729] der Kommission bestimmen und sogar die Mitglieder der Kommission wieder abberufen und nicht bloß zur Amtsniederlegung auffordern[730] können. Im Gegensatz zu dieser Kompetenzerweiterung ist die Einführung des konstruktiven Misstrauensvotums[731] der Europäischen Parlaments zu erwägen.[732]

c) Gerichtshof der Europäischen Union

Die institutionellen Regelungen für den Gerichtshof der Europäischen Union, ausweislich der drei Ebenen: Gerichtshof, Gericht und Fachgerichte,[733] sollten im Wesentlichen bestehen bleiben. Es sollte insbesondere weiter von einem Kooperationsverhältnis zwischen dem Europäischen Gerichtshof und den nationalen Verfassungsgerichten und

728 Vergleichbar etwa der Richtlinienkompetenz des deutschen Bundeskanzlers nach Art. 65 Satz 1 GG, *Epping* in: Epping/Hillgruber, BeckOK, GG, Art. 65 Rn. 2 ff.; *Mager/Holzner* in: von Münch/Kunig, GG Art. 65 Rn. 17 ff.; vgl. auch *Schröder* in: von Mangoldt/Klein/Starck, GG, Bd. 2, Art. 65 Rn. 14 ff., wonach die Richtlinienkompetenz ein Instrument der Staatsleitung ist. Die Bestimmung der Richtlinien ist die Entscheidungskategorie, mittels derer die Staatsleitung regierungsintern gegenüber den einzelnen Ressorts zur Geltung gebracht werden soll.

729 Die Leitlinienkompetenz des Kommissionspräsidenten nach Art. 17 Abs. 6 lit. a) EUV löst die Formel der „politischen Führung" und verstärkt und vertieft seine Position weiter. Gleichwohl bleiben Elemente des Kollegialprinzips erhalten. Insbesondere bleibt es bei Mehrheitsentscheidungen in der Kommission (Art. 250 Abs. 1 AEUV). Leitlinienkompetenz und Kollegialprinzip stehen somit in einem komplexen Gleichgewichtsverhältnis zueinander, vgl. *Haratsch* in: Pechstein/Nowak/Häde, EUV, Art. 17 Rn. 34; *Ruffert* in: Calliess/Ruffert, EUV, Art. 17 Rn. 27.

730 Auf Grundlage des Art. 17 Abs. 6 UAbs. 2 Satz 1 EUV kann ein Mitglied der Kommission zwar zum Rücktritt gezwungen werden, da die entsprechende Aufforderung des Präsidenten eine Pflicht zum Rücktritt auslöst. Voraussetzung ist allerdings die Billigung der Aufforderung durch das Kollegium im Wege eines Mehrheitsbeschlusses. Die Führungsrolle des Präsidenten wird mit dem Kollegialitätsprinzip harmonisiert. Außerdem ist der Präsident im Fall des Rücktritts eines Kommissionsmitgliedes auf den Rat angewiesen, der mit qualifizierter Mehrheit ein neues Mitglied ernennt oder einstimmig beschließt, keinen Nachfolger zu ernennen (Art. 246 UAbs. 2 und 3 AEUV), vgl. *Kugelmann* in: Streinz, EUV, Art. 17 Rn. 104 f.; *Ruffert* in: Calliess/Ruffert, EUV, Art. 17 Rn. 32 f.

731 Zur Gestaltung und Umsetzung der Rechtsfigur des Misstrauensvotums vgl. *Küster* in: Hömig/Wolff, GG, Art. 67 Rn. 2 ff.; *Herzog* in: Maunz/Dürig, GG, Art. 67 Rn. 18 ff.

732 Vgl. *Cromme*, EuR 2017, 206 (218).

733 Zum Gerichtssystem der Europäischen Union vgl. *Huber* in: Streinz, EUV, Art. 19 Rn. 5 ff.

Obersten Gerichten ausgegangen werden.[734] In einem bundesstaatlichen Gefüge der Union könnte sich ein solches Kooperationsverhältnis zu einem selbständigen Nebeneinander in institutioneller Hinsicht des Europäischen Gerichtshofs und der mitgliedstaatlichen Verfassungsgerichte und Obersten Gerichte entwickeln und verfestigen.[735]

3. Geografische Konturen eines europäischen Bundesstaates

In den europäischen Verträgen finden sich weder Festlegungen zu den Grenzen des Integrationsraums noch geografische oder kulturelle Präzisierungen, auf deren Grundlage eine eindeutige Unterscheidung zwischen Europa einerseits und nicht zu Europa gehörenden Staaten andererseits erfolgen könnte. Vielmehr expandieren die Grenzen mit jedem Beitritt eines neuen Mitgliedstaates.[736] Die Europäische Union steht als europäisches Gemeinwesen in besonderen Beziehungen zu den ihr noch nicht angehörenden Staaten Europas. Sie wurde von Beginn an darauf ausgelegt, sich zu einem gesamteuropäischen Gebilde zu entwickeln, soweit es ihre Nachbarn wünschen und diese fähig sind, die Grundsätze und Regeln der Europäischen Union zu übernehmen.[737]

734 Vgl. zum Kooperationsverhältnis *Bergmann* in: Bergmann, Handlexikon der EU, „Kooperationsverhältnis BVerfG – EuGH“; *Classen* in: von Mangoldt/Klein/Starck, GG, Bd. 2, Art. 23 Rn. 53 f.; *Mayer* in: Grabitz/Hilf/Nettesheim, EUV, Art. 19 Rn. 77 ff.; *Odendahl*, JA 2000, 219 ff.; *W. Kahl*, NVwZ 2020, 824 ff.; *Calliess*, NVwZ 2020, 897 ff.

735 Siehe bspw. das selbständige Nebeneinander in institutioneller Hinsicht des deutschen BVerfG und der Landesverfassungsgerichte. So gehört das Verfahren vor den Landesverfassungsgerichten nicht zum Rechtsweg des BVerfG (§ 90 Abs. 2 und 3 BVerfGG) und für Fälle, in denen Landesrecht gegen die jeweilige Landesverfassung verstößt, besteht eine Vorlagepflicht an das Landesverfassungsgericht (Art. 100 Abs. 1 Satz 1 GG), *Walter* in: Maunz/Dürig, GG, Art. 93 Rn. 136 f.; *von Coelln* in: Gröpl/Windthorst/von Coelln, GG, Art. 93 Rn. 76; *Morgenthaler* in: Epping/Hillgruber, BeckOK GG, Art. 100 Rn. 26 f.

736 Vgl. *Bach*, Die Erweiterungsdynamik der EU, bpb; *Meng* in: von der Groeben/Schwarze/Hatje, EUV, Art. 49 Rn. 4.

737 Vgl. *Ohler* in: Grabitz/Hilf/Nettesheim, EUV, Art. 49 Rn. 9.

a) Territorialer Geltungsbereich des Rechts der Europäischen Union

Die europäischen Verträge gelten grundsätzlich für das gesamte Hoheitsgebiet der Mitgliedstaaten (Art. 52 Abs. 1 EUV, Art. 355 AEUV). Besonderheiten gelten für Zypern.[738] Der räumliche Geltungsbereich des Vertrages über die Europäische Union und des Vertrages über die Arbeitsweise der Europäischen Union sowie des von ihnen abgeleiteten Unionsrechts ist die Summe der derzeit 27 mitgliedstaatlichen Hoheitsgebiete („Territorialitätsprinzip“).[739] Darüber hinaus sind die überseeischen Hoheitsgebiete, die zum Staatsgebiet des jeweiligen Mitgliedstaats gehören oder einen ähnlichen Status haben, in die Europäische Union eingeschlossen (Art. 349, 355 AEUV). Erweitert oder verkleinert sich das Staatsgebiet eines Mitgliedstaats, gelten die Unionsverträge automatisch für dieses Gebiet, ohne dass es einer Vertragsänderung bedarf („Grundsatz der beweglichen Vertragsgrenzen“).[740] Hingegen werden die europäischen Mikrostaaten San Marino, Monaco, Andorra und Vatikanstaat vom Unionsrecht nicht erfasst.[741] Die

738 Nach dem Protokoll Nr. 10 zum Beitrittsvertrag von 2003 über Zypern wird der Gemeinschaftsrechtliche Besitzstand in den Teilen ausgesetzt *„in denen die Regierung der Republik Zypern keine tatsächliche Kontrolle ausübt“*. Damit steht der von der international nicht anerkannten Türkischen Republik von Nordzypern kontrollierte Teil nach dem Scheitern des Referendums über eine Vereinigung Zyperns faktisch außerhalb der EU. Über eine Einbeziehung Nordzyperns entscheidet der Rat einstimmig auf Vorschlag der Kommission (Art. 1 Abs. 1 des Protokolls Nr. 10), *Becker* in: Schwarze/Becker/Hatje/Schoo, EUV, Art. 52 Rn. 6.

739 *Kokott* in: Streinz, EUV, Art. 52 Rn. 4; *Schmalenbach* in: Calliess/Ruffert, EUV, Art. 52 Rn. 3; vgl. allgemein zum Territorialitätsprinzip *Vitzthum* in: Isensee/Kirchhof, HStR, Bd,. II, § 18 Rn. 1 ff.

740 Bspw. die Eingliederung des Saarlandes 1957 und der Beitritt der DDR zur Bundesrepublik Deutschland 1990; die Sezession Algeriens von Frankreich 1962, *Dörr* in: Grabitz/Hilf/Nettesheim, EUV, Art. 52 Rn. 21 f.; *Hofstötter* in: von der Groeben/Schwarze/Hatje, EUV, Art. 5 Rn. 5; *Herdegen*, Europarecht, § 4 Rn. 43. Von Veränderungen im Gebietsbestand eines Mitgliedstaates zu unterscheiden ist der Fall, dass Gebietsteile eines Mitgliedstaates vom Anwendungsbereich des Unionsrechts ganz oder, wie im Fall Grönlands, teilweise ausgenommen werden sollen. Derartige Einschränkungen lassen sich nur durch entsprechende vertragliche Vereinbarungen erzielen, vgl. *Geiger* in: Geiger/Khan/Kotzur, AEUV, Art. 355 Rn. 5; *Hofstötter* in: von der Groeben/Schwarze/Hatje, EUV, Art. 52 Rn. 6; *Hummer* in: Vedder/Heintschel von Heinegg, AEUV, Art. 204 Rn. 2 ff.

741 *Jaeckel* in: Grabitz/Hilf/Nettesheim, AEUV, Art. 355 Rn. 12, 15; näher zu den Besonderheiten der europäischen Mikrostaaten auch *Sack*, EuZW 1997, 45.

Europäische Union trägt aber der besonderen Lage der Staaten mit geringer territorialer Ausdehnung Rechnung, die spezifische Nachbarschaftsbeziehungen zur Union unterhalten.[742] Monaco gehört gemäß Art. 3 Abs. 2 Zollkodex zum Zollgebiet der Europäischen Union[743] und mit Andorra sowie San Marino bestehen Abkommen über eine Zollunion.[744]

Eine Idee, die als eine Art Zwischenstufe auf dem Weg zum Beitritt diskutiert und 1994 verwirklicht wurde,[745] war die Schaffung des Europäischen Wirtschaftsraums zwischen der damaligen Europäischen Gemeinschaft und den damaligen Mitgliedsländern der Europäischen Freihandelsorganisation.[746] Das Abkommen über den Europäischen Wirtschaftsraum gilt aktuell nur noch im Verhältnis der Europäischen Union zu Island, Norwegen und – nach der Modifikation des Zollver-

742 Vgl. Erklärung Nr. 3 zu Art. 8 EUV.

743 Vgl. Art. 3 Abs. 2 der VO (EG) Nr. 450/2008 des Europäischen Parlaments und des Rates v. 23.04.2008 zur Festlegung des Zollkodex der Gemeinschaft (Modernisierter Zollkodex), ABl. L 145 v. 04.06.2008, S. 1.

744 Vgl. zu Andorra ABl. 1990 L 374, S. 14, zuletzt geändert durch Protokoll über die Ausdehnung des Abkommens auf zollrechtliche Sicherheitsmaßnahmen, ABl. 2010 L 36, S. 3; zu San Marino ABl. 2002 L 84, S. 43, zuletzt geändert durch Protokoll zur Einbeziehung Bulgariens und Rumäniens, ABl. 2007 L 325, S. 84.

745 Gesetz zu dem Abkommen vom 2. Mai 1992 über den Europäischen Wirtschaftsraum, in Kraft getreten am 01.01.1994, BGBl. II 1993, 226.

746 Die EFTA ist am 04.01.1960 von den damals nicht der EG und dann der EU angehörenden Staaten Vereinigtes Königreich, Dänemark, Schweden, Österreich und Portugal sowie Norwegen und der Schweiz gegründet worden; beigetreten ist Island. Das Vereinigte Königreich, Dänemark, Schweden Österreich und Portugal sind inzwischen Mitglieder der EU und damit aus der EFTA ausgeschieden. Ihre Ziele sind die fortwährende Ausweitung der wirtschaftlichen Tätigkeit, Vollbeschäftigung, Steigerung der Produktivität und finanziellen Stabilität in den Mitgliedstaaten, die Gewährleistung gerechter Wettbewerbsbedingungen im Handel zwischen den Mitgliedstaaten, die gleichmäßige Versorgung mit Rohstoffen sowie die Ausweitung des Welthandels und die Beseitigung aller Handelshemmnisse. Der Verwirklichung dieser Ziele dient die Errichtung der Freihandelszone durch schrittweise Beseitigung der Ein- und Ausführzölle und Abschaffung mengenmäßiger Handelsbeschränkungen zwischen den Mitgliedstaaten. Anders als bei der EU ist weder ein gemeinsamer Außenzolltarif noch politischer Zusammenschluss vorgesehen. Zwischen den Mitgliedstaaten der EFTA und EU bestehen Freihandelsabkommen, *Weber* in: Creifelds, Rechtswörterbuch, „EFTA"; *Hobe*, Europarecht, § 4 Rn. 103 f.

trages mit der Schweiz[747] – Liechtenstein. Inhaltlich sieht die Vereinbarung eine weitgehende Eingliederung der Europäischen Freihandelsorganisation in die Europäische Union vor. So enthält der EWR-Vertrag wesentliche Elemente einer binnenmarktähnlichen Zusammenarbeit. Die Mitglieder verpflichten sich zur Übernahme des größten Teils des gemeinsamen Rechtsbestands im Binnenmarkt und der meisten Unionspolitiken („acquis communautaire") mit Ausnahme der Agrarpolitik. Im Gegenzug leisten sie entsprechende finanzielle Beiträge. An der europäischen Rechtsetzung selbst („law making" oder „decision making") sind sie nicht beteiligt, jedoch sehr weitgehend im Vorfeld („decision shaping"). Ebenso haben die Mitglieder ein Veto-Recht gegen die Übernahme neuen Unionsrechts in den Bereich des Europäischen Wirtschaftsraums.[748] Der Geltungsbereich des Rechts der Europäischen Union erstreckt sich somit zumindest in wesentlichen Teilen auch auf die Nicht-Unionsmitglieder des Europäischen Wirtschaftsraums.[749]

In bestimmten Fällen kann das Unionsrecht über Art. 52 EUV und Art. 355 AEUV hinaus auch in Drittstaaten Wirkung entfalten, was als extraterritoriale Rechtsanwendung bezeichnet wird. Ein solches Problem stellt sich, wenn die Handlung, an die das Unionsrecht anknüpft, nicht auf dem Gebiet der Union bzw. der Mitgliedstaaten stattfindet,[750] zum Beispiel die Einfuhr von Waren aus einem Drittstaat in die Europäische Union, sondern ausschließlich in einem Drittstaat. Die Anwendbarkeit des Unionsrechts wird in diesem Fall möglich, weil der

747 Der EFTA-Staat Schweiz hat sich gegen den EWR-Beitritt entschieden, ist jedoch durch über 100 bilaterale Abkommen eng mit der EU verbunden und nimmt dadurch insbesondere am Binnenmarkt teil. Die Schweiz übernimmt in diesem Bereich sowie in den Sektoren Land- und Luftverkehr, Landwirtschaft sowie Grenzkontrollen und Asyl in weitem Umfang Unionsrecht. Ende 2018 wurde zwischen der EU und der Schweiz ein neues institutionelles Rahmenabkommen ausgehandelt, das eine effektivere Anwendung der einzelnen bilateralen Verträge gewährleisten soll, *Schroeder*, Europarecht, § 2 Rn. 57.

748 *Hakenberg*, Europarecht, 1. Teil Rn. 45 f.; *Weber* in: Creifelds, Rechtswörterbuch, „Europäischer Wirtschafsraum".

749 Vgl. auch *U. Beck*, IP 2005, 6 ff., der zu dem Schluss kommt, die EU sei ein Imperium, das auf der Verbreitung von Recht aufbaut.

750 EuGH, Urt. v. 21.12.2011 – C-366/10, Slg 2011, I-13755, Rn. 108 ff., *Air Transport Association*.

Sachverhalt Wirkungen auf einem in Art. 52 EUV und Art. 355 AEUV genannten Gebiet der Mitgliedstaaten entfaltet.[751]

Obwohl die Geltung des Rechts der Europäischen Union räumlich zunächst auf das Staatsgebiet der jeweiligen Mitgliedstaaten beschränkt ist, entfaltet es doch Wirkung über die Grenzen der Mitgliedstaaten hinaus, indem es territoriale Besonderheiten nicht nur mitgliedstaatlicher Überseegebiete, sondern auch kleinerer Nachbar- bzw. Binnenstaaten berücksichtigt und diese in Teilen in den Geltungsbereich des Unionsrecht aufnimmt. Darüber hinaus erstreckt sich der Geltungsbereich des Unionsrechts auch auf die Mitgliedstaaten des Europäischen Wirtschaftsraums, die (noch) kein Mitglied der Europäischen Union sind, obwohl diesen nur eingeschränkte Mitwirkungsbefugnisse bei der Rechtsetzung zustehen. Ebenso kann es, wenn vornehmlich auch nur auf Sekundärrechtsebene, Strahlkraft in Drittstaaten entfalten.

Der Einfluss und Regelungscharakter des Unionsrechts reicht somit weit über die Grenzen der Europäischen Union hinaus.

b) Europäisches Staatsgebiet – Beitritte und potentielle Kandidaten

Die Europäische Union ist für mögliche Erweiterungen durch Beitritte grundsätzlich offen. Allerdings stehen Erweiterung und Vertiefung in einem schwierigen Verhältnis. Horizontale Erweiterung und vertikale Vertiefung der europäischen Integration waren in der Entwicklung der Europäischen Union immer gegenläufige Momente, die sich insofern bedingten, als dass sie zeitlich abwechselnd erfolgten.[752]

Während ein Ausschluss aus der Europäischen Union ohne eine Änderung der Verträge rechtlich problematisch ist, steht das vorhandene Austrittsrecht in einem Spanungsverhältnis zur vertieften Integration, wie sich unter anderem in dem für weitere Beitritte relevanten, gestärkten Werteverbund der Europäischen Union manifestiert. Gleichwohl ist das Austrittsrecht Folge der Erweiterung, die eine angestrebte Homogenität mit einer zunehmenden Heterogenität der Mitgliedstaaten in Konflikt bringt und somit bestehende Zentripetal- und Zentrifu-

751 *Jaeckel* in: Grabitz/Hilf/Nettesheim, AEUV, Art. 355 Rn. 12; *Kokott* in: Streinz, AEUV, Art. 355 Rn. 6.

752 *Ohler* in: Grabitz/Hilf/Nettesheim, EUV, Art. 49 Rn. 9; vgl. *Blanke*, EuR 2005, 787.

galkräfte ausgleichen muss. Das Spannungsverhältnis von Integration und Desintegration kann demnach als Produkt der Gleichzeitigkeit von Erweiterung und Vertiefung der Integration selbst gesehen werden. Aufgrund verstärkter Heterogenität der Mitgliedstaaten und wachsender Souveränitätsbedenken,[753] ließ sich die Akzeptanz einer fortschreitenden Homogenisierung offensichtlich nur mit einer Austritts-Option ohne Ausschluss-Option erreichen.[754] Die Spannung der gegenwärtigen Integrationslogik ist insofern immanent und dürfte fortbestehen, solange die Europäische Union ihre Finalität nicht eindeutig definiert. Indessen hat die Beitrittsstrategie der Europäischen Union ein solches Maß angenommen, dass sich zunehmend die Frage nach ihrer äußeren, geografischen Finalität stellt. Zu dieser Finalitätsdiskussion gehört demnach auch und gerade, sich über die Grenzen eines europäischen Bundesstaates Klarheit zu verschaffen.

Bei jeder Erweiterung der Europäischen Union und jedem Beitrittsantrag sind insbesondere zwei Aspekte zu beachten, ein „Außen- und ein Binnenaspekt." Der Außenaspekt nimmt in den Blick, ob der Beitrittskandidat die im Kopenhagener Beschluss festgelegten Kriterien erfüllt. Unter dem Binnenaspekt hingegen richtet sich das Augenmerk auf die Auswirkungen einer Erweiterung auf die Union selbst, auf ihre innere Ordnung und ihren Zusammenhalt – kurz auf ihre Integrationsfähigkeit. Zusammenfassend lässt sich dies in zwei Fragen kleiden: Was ist das Europäische, das die Mitglieder der Europäischen Union aufweisen sollten? Und wo verlaufen die Grenzen, über die hinaus die Union aus Gründen sowohl ihrer inneren Ordnung wie ihrer Fähigkeit zu weltpolitischem Engagement nicht erweitert werden sollte?[755]

Die zunächst rein geografische Betrachtung einer Beitrittsperspektive muss ergänzt werden um historisch-kulturelle und geistesgeschichtliche Aspekte.[756] Hierfür ist den Mitgliedstaaten ein weiter Beurteilungsspielraum eröffnet – der bspw. im Hinblick auf die Türkei auch

753 So bspw. BVerfGE 123, 267, *Lissabon*.

754 *Bruha/Nowak*, AVR (42) 2004, 1 (23); *Hanschel*, NVwZ 2012, 995 (1001).

755 *Meier* in: Leggewie, Türkei und Europa, S. 32 ff.

756 Die Zurückweisung des Beitrittsantrags Marokkos durch die Kommission war daher inhaltlich zutreffend, EA 1987, Z 207; *Rötting*, Das verfassungsrechtliche Beitrittsverfahren, S. 58; *Donath*, StudZR 2008, 235 (252).

genutzt wurde.[757] Damit fällt die Entscheidung darüber, welche Staaten als europäisch gelten können, jedenfalls in den nicht evidenten Fällen letztlich auf der politischen Ebene.[758]

Die Erfüllung der weiteren an die Beitrittskandidaten gerichteten Beitrittsvoraussetzungen ist eine notwendige, aber nicht hinreichende Beitrittsvoraussetzung. Vielmehr ist unabhängig davon jede Erweiterung der Europäischen Union im Zusammenhang mit den Vorstellungen zur künftigen politischen Gestalt Europas, zu ihrer Finalität, zu sehen. Dabei ist darauf zu achten, dass die Kriterien und Argumente, die in der Diskussion über die finale Grenzziehung der Europäischen Union eine Rolle spielen, auf alle potenziell beitrittswilligen Kandidaten gleichermaßen passen. In Bezug auf die einzelnen Beitrittsaspiranten mag man zwar zu unterschiedlichen Schlussfolgerungen kommen, aber die Frage der Integrationskraft und des Selbstverständnisses der Union aus der Debatte auszublenden, hieße, – ohne sich Rechenschaft über die mittel- und langfristigen Konsequenzen zu geben – die politischen Weichen in Europa in eine Richtung zu stellen, die möglicherweise unumkehrbar ist und künftige Optionen für die Entwicklung der Europäischen Union verstellt.[759]

Die bisherige Erweiterung der Europäischen Union auf nunmehr, nach dem Austritt des Vereinigten Königreichs, 27 Mitgliedstaaten mit einer Gesamtbevölkerung von fast 450 Mio.[760] versteht sich vor dem in der Präambel anklingenden Auftrag, die *Teilung des europäischen Kontinents* zu überwinden und dadurch eine gesamteuropäische Perspektive[761] zu eröffnen. Deshalb ist mit weiteren Beitritten von Ländern zu rechnen, die bereits den Status offizieller Beitrittskandidaten haben. So wurde bereits auf dem Europäischen Gipfel vom Dezember 2004

757 Assoziierungsabkommen v. 12.09.1963, ABl. 1964, S. 3687 ff.; Europäischer Rat von Helsinki v. 10./11.12.1999, Schlussfolgerungen des Vorsitzes Bull. EU 12/1999 Nr. I/12, S. 9.

758 *Pechstein* in: Streinz, EUV, Art. 49 Rn. 3; *Herrnfeld* in: Schwarze/Becker/Hatje/Schoo, EUV, Art. 49 Rn. 3; *Meng* in: von der Groeben/Schwarze/Hatje, EUV, Art. 49 Rn. 11; *Ohler* in: Grabitz/Hilf/Nettesheim, EUV, Art. 49 Rn. 14.

759 *Langenfeld*, ZRP 2005, 73 f.; *Hobe*, Europarecht, § 6 Rn. 170.

760 Eurostat Bevölkerung am 1. Januar seit 2002, Stand 1. Januar 2019, abrufbar unter: https://ec.europa.eu/eurostat/tgm/table.do?tab=table&init=1&plugin=1&language=de&pcode=tps00001 (Abruf: 17.09.2020).

761 *Schroeder*, Europarecht, § 2 Rn. 49.

beschlossen, mit der Türkei – die seither als Beitrittskandidat ein umstrittener Problemfall bleibt[762] – ab Oktober 2005 Beitrittsverhandlungen aufzunehmen. Allerdings wird dabei erstmals der Verhandlungsprozess bezüglich seines Ergebnisses explizit als offen bezeichnet. Mit Montenegro wird seit Juni 2012[763] verhandelt und mit Serbien seit Januar 2014[764]. Die ehemalige Jugoslawische Republik Nordmazedonien seit Dezember 2005[765] und Albanien seit Juni 2014[766] haben den Status eines Beitrittskandidaten. Potentielle Beitrittskandidaten[767] sind demgegenüber Bosnien-Herzegowina[768] und der Kosovo[769], denen ein Beitritt grundsätzlich zugesagt wurde.[770] Zudem wurde im Juni 2014 das

762 Vgl. *Langenfeld*, ZRP 2005, 73 (74 ff.); *Oppermann/Classen/Nettesheim*, Europarecht, § 4 Rn. 31; *Donath*, StudZR 2008, 235 (248 f.).; *Straub*, StudZR 2005, 199 ff.; *Lippert* in: Weidenfeld/Wessels, S. 35.

763 Vgl. Auswärtiges Amt, EU-Erweiterung: Montenegro, 23.12.2020, abrufbar unter: https://www.auswaertiges-amt.de/de/aussenpolitik/europa/erweiterung-nachbarschaft/eu-montenegro/250048 (Abruf: 27.03.2020).

764 EU-Gipfel des Europäischen Rates v. 27./28.06.2013 (Brüssel), Schlussfolgerungen des Vorsitzenden, Punkt 19; vgl. auch Auswärtiges Amt, EU-Erweiterung: Serbien, 23.12.2020, abrufbar unter: https://www.auswaertiges-amt.de/de/aussenpolitik/europa/erweiterung-nachbarschaft/eu-serbien/252218 (Abruf: 27.03.2021).

765 Vgl. Auswärtiges Amt, EU-Perspektive für Nordmazedonien, 23.12.2020, abrufbar unter: https://www.auswaertiges-amt.de/de/aussenpolitik/europa/erweiterung-nachbarschaft/eu-nordmazedonien/250040 (Abruf: 27.03.2021).

766 Vgl. Auswärtiges Amt, EU-Perspektive für Albanien, 23.12.2020, abrufbar unter: https://www.auswaertiges-amt.de/de/aussenpolitik/europa/erweiterung-nachbarschaft/eu-albanien/250058 (Abruf: 27.03.2021).

767 Beitrittskandidaten sind bereits dabei, die EU-Rechtsvorschriften in ihr innerstaatliches Recht umzusetzen bzw. aufzunehmen. Potentielle Beitrittskandidaten erfüllen hingegen die Voraussetzungen für eine EU-Mitgliedschaft noch nicht, vgl. *Vöneky/Beylage-Haarmann* in: Grabitz/Hilf/Nettesheim, AEUV, Art. 217 Rn. 78 ff.; *Bergmann* in: Bergmann, Handlexikon der EU, „Beitrittskandidaten".

768 Vgl. Auswärtiges Amt, EU-Perspektive für Bosnien und Herzegowina, 23.12.2020, abrufbar unter: https://www.auswaertiges-amt.de/de/aussenpolitik/europa/erweiterung-nachbarschaft/eu-bosnienherzegowina/249096 (Abruf: 27.03.2021).

769 Vgl. Auswärtiges Amt, EU-Perspektive für Kosovo, 23.12.2020, abrufbar unter: https://www.auswaertiges-amt.de/de/aussenpolitik/europa/erweiterung-nachbarschaft/eu-kosovo/252526#:~:text=Wie%20f%C3%BCr%20alle%20andere%20Staaten,und%20Zagreb%2DGipfel%202020%20bekr%C3%A4ftigt (Abruf: 27.03.2021).

770 Zur Beitrittsperspektive der Staaten des westlichen Balkans vgl. *Priebe*, EuR 2008, 301 ff.; *Priebe*, EuZW 2018, 563 f.; vgl. auch speziell zum Kosovo und Serbien *Tiede/Spiesberger/Bogedain*, EuR 2014, 129 ff.

wirtschaftliche und politische Assoziierungsabkommen zwischen der Republik Moldau und der Europäischen Union geschlossen, das im Juli 2014 durch das moldauische Parlament auch ratifiziert wurde.[771] Damit wird deutlich, dass die Europäische Union für Staaten, die sich in einem schwierigen Demokratisierungs- und Modernisierungsprozess befinden, Anziehungskraft hat. Auch die Schweiz, als Land, das von Mitgliedstaaten der Europäischen Union umgeben ist, hatte 1992 ein Beitrittsgesuch eingereicht, das aus innenpolitischen Gründen jedoch ruhend gestellt wurde.[772] Island hingegen hat im März 2015 seine Beitrittsabsichten aufgegeben.[773] Gänzlich ungewiss ist der Status der Ukraine, deren engere Anbindung an die Union[774] als eine Ursache der Krise im Verhältnis zur Russischen Föderation begriffen wird.[775] Ihrerseits hat die Europäische Union Staaten wie Weißrussland, den Kaukasusstaaten oder gar Russland[776] aus Gründen der Geografie, des Entwicklungsstandes oder der Größe bislang keine Beitrittsperspektive eröffnet.

771 Allgemein wird von westlichen Beobachtern angenommen, dass Russland den moldauischen Kurs einer Annäherung an die EU mit Argwohn verfolgt und diesen zum Teil auch zu behindern versucht. So meldete die russische Nachrichtenagentur nach Ratifizierung des EU-Abkommens durch das moldauische Parlament: *„Anhänger der EU-Integration bejubelten dieses Ereignis vor dem Parlament. Gegen Gegner der EU-Annäherung werden Strafverfahren eingeleitet“*, RIA Novosti v. 03.07.2014.

772 *Piepenschneider* in: Bergmann, Handlexikon der EU, „Erweiterung und/oder Vertiefung der EU“; *Schroeder*, Europarecht, § 2 Rn. 33.

773 Vgl. *Herdegen*, Europarecht, § 4 Rn. 37; „Island zieht Beitrittsantrag zurück“, Süddeutsche Zeitung online vom 12.03.2015, abrufbar unter: https://www.sueddeutsche.de/politik/europaeische-union-island-zieht-beitrittsantrag-zurueck-1.2391592 (Abruf: 27.03.2021).

774 Seit dem 01.09.2017 ist das Assoziierungsabkommen zwischen der EU und der Ukraine vollständig in Kraft.

775 *Hobe*, Europarecht, § 6 Rn. 169.

776 Die Beziehungen der EU zu Russland werden wegen dessen weltpolitischen Selbstverständnisses gesondert durch das 1997 geschlossene Kooperations- und Partnerschaftsabkommen geregelt, ergänzt durch die Vereinbarungen des St. Petersburger Gipfeltreffens von 2003 mit der langfristigen Perspektive eines gemeinsamen wirtschaftlichen Raumes und eines gemeinsamen Raumes von Freiheit, Sicherheit und Gerechtigkeit, der äußeren Sicherheit und der Wissenschaft, Bildung und Kultur, vgl. *Streinz* in: Streinz, EUV, Art. 8 Rn. 4; *Schmalenbach* in: Calliess/Ruffert, EUV, Art. 8 Rn. 8; *Breuer* in: Pechstein/Nowak/Häde, EUV, Art. 8 Rn. 5.

Mit dem Beitritt von Bulgarien, Rumänien und Kroatien ist die Aufnahme der früheren Ostblockstaaten in die Europäische Union somit noch nicht abgeschlossen. Im Hinblick auf eine Fortführung der Erweiterung bleiben neben den bereits aufgenommenen Beitrittsverhandlungen vor dem Hintergrund der aktuellen Ereignisse die weiteren politischen Entwicklungen in Moldau, der Ukraine und Weißrussland abzuwarten. Hier wäre eine Annäherung an die Europäische Union nicht nur zwecks finaler Grenzdefinierung der Union wünschenswert. Dasselbe gilt für die „verbliebenen" westlichen Nicht-Unionsmitglieder Norwegen, Island, Liechtenstein, Schweiz, Monaco, Andorra San Marino sowie Vatikanstaat, die bereits jeder für sich durch unterschiedliche Kooperationsformen mit der Europäischen Union verbunden sind.[777]

Die förmlich eingeräumte Beitrittsaussicht für die Türkei berührt jedoch das Verständnis der Europäischen Union als durch feste geografische Konturen definierte und von einer bestimmten Wertehomogenität getragene Einheit im Kern.[778] Die politische Auseinandersetzung über diese Frage beginnt erst jetzt mit voller Schärfe geführt zu werden. Der aktuelle Fortschrittsbericht der Kommission verdeutlicht, dass noch erhebliche Anstrengungen der Türkei zu unternehmen sind und benennt zudem Rückschritte hinsichtlich der Einhaltung der Bedingungen für einen Beitritt.[779] Infolge der Entwicklungen innerhalb der Türkei insbesondere seit dem Putschversuch (Verfassungsreferendum, Beschränkungen der Pressefreiheit und der Opposition, mögliche Abstimmung über die Wiedereinführung der Todesstrafe) mehren sich

777 Siehe z.B. Europäischer Wirtschaftsraum v. 02.05.1992; Schengener Abkommen v. 14.06.1985; Europarat v. 05.05.1949. Monaco, San Marino und Andorra sind in die Zollunion und die Warenverkehrsfreiheiten eingebunden (Monaco auch in die Freiheit des Kapitalverkehrs).

778 Die Zusage an die Türkei im Assoziierungsabkommen von 1963, zu Europa zu gehören und die Tatsache ihr den Status eines Beitrittskandidaten einzuräumen, kann als politischer Akt verstanden werden, der nicht unbedingt den Anspruch erheben muss, juristisch korrekt zu sein, *Donath*, StudZR 2008, 235 (252); wohl auch *Helmut Schmidt*, „Bitte keinen Größenwahn", DIE ZEIT v. 25.11.2004, abrufbar unter: https://www.zeit.de/2004/49/T_9frkei-Beitritt (zuletzt abgerufen am 19.09.2020).

779 Mitteilung 2016 über die EU-Erweiterungspolitik v. 09.11.2016, COM(2016) 715 final, abrufbar unter: https://ec.europa.eu/neighbourhood-enlargement/sites/near/files/20161109_strategy_paper_de.pdf (Abruf: 17.09.2020).

die Stimmen, die einen Abbruch der Beitrittsverhandlungen fordern. Diesem Ansinnen wäre auch insbesondere unter Beachtung der vorbezeichneten Binnenaspekte zu folgen.[780] Vielmehr empfiehlt sich für die Türkei mittel- bis langfristig die Verwirklichung des Sonderstatus einer „privilegierten Partnerschaft“[781].

Gegenwärtig fehlt in den Mitgliedstaaten der gebotene verlässliche Konsens über die Aufnahmebereitschaft und die geostrategische Ausrichtung der Europäischen Union. Dies belastet künftige Beitrittsverhandlungen mit Risiken für die weitere innere und äußere Entwicklung der Europäischen Union. Daher gilt es, einen Prozess zur Bestimmung einer finalen geografischen Grenze der Union in Gang zu setzen, um diese nach innen politisch zu homogenisieren und nicht zuletzt auch anderen beitrittswilligen Aspiranten, die womöglich jenseits eines solchen Grenzbereichs belegen sind, die Realisierbarkeit ihres Beitrittsansinnens aufzuzeigen. Dabei bedeutet sich abzugrenzen nicht sich abzuschotten.

c) „Brexit“ – Die Auswirkungen des Austritts Großbritanniens

Das Austrittsrecht im Rahmen des Vertrages von Lissabon in Art. 50 EUV – der wohl nicht als eine ernstliche Option in die Unionsverträge aufgenommen wurde – war wohl der Preis für die gleichzeitige Vertiefung und Erweiterung der Europäischen Union, die letztlich aber zur Spannung zwischen rechtlicher Homogenisierung und Interessenheterogenität führte und bestehende Souveränitätsgedanken bestärkt hat. Die Frage danach, ob das Austrittsrecht in der Praxis tatsächlich bemüht wird, war spätestens seit dem erklärten Austritt des Vereinig-

780 Schließlich bleibt auch abzuwarten, ob Staatspräsident Erdogan seiner Ankündigung folgend ein Referendum über das Ziel eines EU-Beitritts abhalten wird, *Hobe*, Europarecht, § 6 Rn. 169.

781 *Grupp* in: Bergmann, Handlexikon der EU, „Privilegierte Partnerschaft“; *Herdegen*, Europarecht, § 4 Rn. 38; *Hakenberg*, Europarecht, 1. Teil Rn. 47.

ten Königreichs[782] im März 2017 unter Anwendung von Art. 50 EUV („Brexit“[783]) kein rechtstheoretisches Gedankenspiel mehr.[784]

Eine einfache Austrittserklärung und damit Vertragskündigung ist allerdings nicht ausreichend, da Art. 50 EUV die unionsvertragliche Maßgabe im Sinne des in Art. 54 lit. a) WVRK kodifizierten Völkerrechtsgrundsatzes ist, die eine solch abrupte völkervertragliche Kündigung entsprechend Art. 62 WVRK sperrt.[785] Vielmehr sieht Art. 50 Abs. 2 EUV ein ordentliches Verfahren auf vertraglicher Basis vor, das durchlaufen werden musste. Zudem lässt sich Art. 50 Abs. 3 EUV entnehmen, dass es bis zur ordnungsgemäßen Abwicklung des Austrittsprozesses illegal gewesen wäre, innerstaatlich durch unilaterale Handlungen wie die Aufhebung des jeweiligen Zustimmungsgesetzes die Wirksamkeit des Unionsrechts einzuschränken oder sogar zu beseitigen.[786] Die komplexe Entflechtung aller wirtschaftlichen, juristischen und finanziellen Beziehungen, die praktisch alle Lebenssachverhalte betreffen, stellte sich wie erwartet als sehr schwierig dar. Lange Zeit war nicht klar abzusehen, ob es zu einer engen vertraglichen Anbindung des Vereinigten Königreichs an den europäischen Binnenmarkt („weicher Brexit“) oder zu einem Auseinanderdriften bei-

---

782 Genauer: Vereinigtes Königreich von Großbritannien und Nordirland, ohne die Kanalinseln als Reste des früheren Herzogtums Normandie.

783 „Brexit“ ist die umgangssprachliche Bezeichnung für das Ausscheiden des Vereinigten Königreichs aus der EU.

784 Der Austrittsprozess wurde durch das EU-Mitgliedschaftsreferendum im Vereinigten Königreich am 23.06.2016 angestoßen, bei dem sich 51,89 % der Teilnehmer für den EU-Austritt ausgesprochen hatten, vgl. *Haratsch/Koenig/Pechstein*, Europarecht, Rn. 41.

785 *Dörr* in: Grabitz/Hilf/Nettesheim, EUV, Art. 50 Rn. 13; *Becker* in: Schwarze/Becker/Hatje/Schoo, EUV, Art. 50 Rn. 1; *Calliess* in: Calliess/Ruffert, EUV, Art. 50 Rn. 13.

786 So auch das Ergebnis der Expertenanhörung von Sir David Edward und Derrick Wyatt im britischen Oberhaus, vgl. House of Lords, European Union Committee, The process of withdrawing from the European Union, 11th Report of Session 2015–16, published 4 May 2016, HL Paper 138, abrufbar unter: http://www.publications.parliament.uk/pa/ld201516/ldselect/ldeucom/138/13802.htm (Abruf: 23.09.2020).

der Wirtschaftsräume ohne vertragliche Regelung („harter Brexit“[787]) kommt.[788]

Der Austritt aus der Europäischen Union selbst erfolgte am 31. Januar 2020 und ist durch das am 24. Januar 2020 unterzeichnete Abkommen[789] geregelt. In dem Abkommen war eine Übergangsphase bis zum 31. Dezember 2020 vorgesehen. Während dieses Zeitraums sollte ein Vertrag über die künftigen Beziehungen zwischen der Europäischen Union und dem Vereinigten Königreich ausgehandelt werden. Sofern dies nicht gelingen und kein Einvernehmen über eine Verlängerung der Übergangsphase erzielt werden sollte, hätten sich ab dem 1. Januar 2021 die Beziehungen beider Seiten nach den Regeln gerichtet, die auch für andere Drittstaaten gelten. Insbesondere hätten die Grundfreiheiten der Europäischen Union, z.B. Freizügigkeit der Arbeitnehmer, freier Dienstleistungs- und Kapitalverkehr (Art. 49, 56, 63 EUV) für das Vereinigte Königreich keine Anwendung mehr gefunden.[790] Nach intensiven Verhandlungen wurde jedoch am 24. Dezember 2020 eine Einigung mit dem Vereinigten Königreich über die Bedingungen seiner künftigen Zusammenarbeit mit der Europäischen Union erzielt. Der Entwurf dieses Handels- und Kooperationsabkommens, das zum 1. Januar 2021 in Kraft getreten ist,[791] besteht aus drei Hauptsäulen: (i) ein Freihandelsabkommen über eine neue wirtschaftliche und soziale Partnerschaft der Europäischen Union mit dem Vereinigten König-

787 *„The political price of a soft Brexit is higher than the economic price of a hard Brexit.“*, *Luuk van Middelaar* zitiert in: Jennifer Rankin, „Brexit brings Europe together as Britain starts packing its bags“, The Guardian v. 28.03.2018, abrufbar unter: https://www.theguardian.com/uk-news/2018/mar/28/brexit-brings-europe-together-as-britain-starts-packing-its-bags (Abruf: 23.09.2020); *Kenny*, EuR 2018, 561 (575).

788 Zur Diskussion über mögliche Austrittsfolgen und -szenarien vgl. *Hakenberg*, Europarecht, 2. Teil Rn. 98; *R. Kaiser*, EuR 2016, 593 (605 f.); *Kenny*, EuR 2018, 561 ff.; zu den Auswirkungen auf internationale Vereinbarungen der EU nach dem Völkerrecht *Voland*, ZaöRV 2019, 1 (5 ff.).

789 Abkommen über den Austritt des Vereinigten Königreichs Großbritannien und Nordirland aus der Europäischen Union und der Europäischen Atomgemeinschaft, ABl. 2020 L 29, S. 7.

790 *J. Ipsen*, Staatsrecht I, § 3 Rn. 59c.

791 Handels- und Kooperationsabkommen zwischen der Europäischen Union und der Europäischen Atomgemeinschaft einerseits und dem Vereinigten Königreich Großbritannien und Nordirland andererseits, ABl. 2020 L 444, S. 14.

reich, (ii) eine neue Partnerschaft für die Sicherheit der Bürgerinnen und Bürger, (iii) ein horizontales Abkommen über Governance. Die Zusammenarbeit in den Bereichen Außenpolitik, äußere Sicherheit und Verteidigung ist nicht Gegenstand des Abkommens, da das Vereinigte Königreich darüber nicht verhandeln wollte. Somit gibt es keinen rechtlichen Rahmen mehr für die Entwicklung und Koordinierung gemeinsamer Antworten auf außenpolitische Herausforderungen (z.B. die Verhängung von Sanktionen gegen die Volkswirtschaften oder die Angehörigen bzw. Bürger von Drittstaaten).

Außerdem hat das Vereinigte Königreich den europäischen Binnenmarkt und die Zollunion sowie alle europäischen Politiken und internationalen Abkommen verlassen. Der freie Personen-, Waren-, Dienstleistungs- und Kapitalverkehr zwischen dem Vereinigten Königreich und der Europäischen Union wurde eingestellt. Die Europäische Union und das Vereinigte Königreich bilden nunmehr zwei getrennte Märkte und somit zwei unterschiedliche regulatorische und rechtliche Räume. Dies schafft Barrieren sowohl für den Handel mit Waren und Dienstleistungen als auch für die grenzüberschreitende Mobilität und den Austausch. Das Austrittsabkommen bleibt allerdings bestehen und schützt unter anderem die Rechte von Unionsbürgern im Vereinigten Königreich und britischen Staatsangehörigen in der Europäischen Union, die finanziellen Interessen der Europäischen Union und vor allem den Frieden und die Stabilität auf der irischen Insel.[792]

Das Handels- und Kooperationsabkommen verkörpert in vielen Teilen zunächst ein Rumpf- oder Basisabkommen, das in den nächsten Jahren weiterer Präzisierung bedarf. Dabei sollte der weitere „Vollzug“ des Brexit konsequent durchgeführt werden.

Für die „Rest-Union“ ist eine verstärkte Integration zu verlangen. Das bedeutet, dass in einem realistischen Zeitrahmen für einige Politikbereiche der Europäischen Union mehr Handlungs- und Durchsetzungsfähigkeit der Union zu erwarten ist. Einerseits wird das Ausscheiden des Vereinigten Königreichs dabei viele Neuerungen erleichtern. Andererseits werden die Briten jedoch bei manchen politischen Entscheidungen fehlen, zum Beispiel bei der Sicherung der finanziellen Stabi-

792 Vgl. Europäische Kommission, Pressemitteilung v. 24.12.2020, EuZW 2021, 3; *Terhechte*, NJW 2021, 417 (421 ff.).

lität der Europäischen Union. Auch nach endgültigem Vollzug des Brexit wird es angesichts der fach- oder staatspolitischen Vorbehalte mehrerer Mitgliedstaaten nicht leichter werden, der Europäischen Union neue supranationale Kompetenzen zu übertragen. Im Vordergrund werden vielmehr die Verantwortung der Staaten und vor allem ihre verbindliche solidarische Zusammenarbeit stehen. Das Vereinigte Königreich wird diesen Weg der Europäischen Union in einer (womöglich gegenseitig gepflegten) Nachbarschaft beobachten und zu schätzen wissen – vielleicht auch im Hinblick auf eine spätere Wiederannäherung oder sogar Rückkehr in die Europäische Union.[793]

Ob sich nach dem Ausscheiden des Vereinigten Königreichs aus der Europäischen Union womöglich die Europäische Freihandelsorganisation um dieses Mitglied erweitern wird und in dieser Folge ihre Mitbestimmungsrechte ausbauen kann, bleibt abzuwarten.[794]

Der Brexit führt weit über Art. 50 EUV hinaus zu Fragen, auf die es gefestigte Antworten nicht gibt: eine Phase experimentellen Europarechts. Am Beispiel des Brexit wurde nach und nach deutlich, wie schwierig die Herauslösung eines Mitgliedstaats aus der Europäischen Union angesichts des mittlerweile erreichten Integrationsstands ist.

Der am 31. Dezember 2020 nach Ablauf der Übergangszeit vollzogene Austritt hat außerdem eine verfassungsrechtliche Dimension: von den Veränderungen in den Institutionen über Haushaltsfragen bis zum Ausscheiden aus dem gemeinsamen Rechtsraum und aus den vielen als gemischte Abkommen geschlossenen Handels- und anderen Abkommen mit etwa 140 Drittstaaten. Alle wirtschaftlich sinnvollen Optionen sind dabei sehr schwer zu erreichen und hängen vom guten Willen vieler unterschiedlicher Akteure ab.[795] Diese Schwierigkeiten und vor allem die nicht absehbaren juristischen, wirtschaftlichen und finanziellen Folgen des Austritts sind den verbliebenen Mitgliedstaaten voraussichtlich mehr Warnung als Beispiel. Der durch den Brexit

---

793 Vgl. *Cromme*, EuR 2017, 206 f.

794 *Hobe*, Europarecht, § 4 Rn. 105; vgl. auch *Simon Gemperli*, „Die EU müsste mehr Mitbestimmung anbieten als 1992", NZZ v. 27.06.2016, abrufbar unter: https://www.nzz.ch/schweiz/aktuelle-themen/grossbritannien-im-ewr-20-die-eu-muesste-mehr-mitbestimmung-anbieten-als-1992-ld.91741?reduced=true (Abruf: 24.09.2020).

795 *Michl*, NVwZ 2016, 1365 (1369).

befürchtete „Domino-Effekt“ blieb bislang aus. Selbst Mitgliedstaaten, welche die Politik der Europäischen Union und deren Umsetzung wiederholt scharf kritisieren und sogar – anders als das Vereinigte Königreich – durch Verletzung einzelner rechtsstaatlicher Grundprinzipien von der Union und ihren Grundsätzen abrücken,[796] haben sich bislang, wenn einen solchen vielleicht auch erwogen, nicht für den Schritt eines Austritts entschieden.

Obwohl das Austrittsrecht als materielles Kriterium, welches dem Bestehen eines Bundesstaates entgegensteht, verstanden werden kann,[797] würde dadurch die Gestaltung eines europäischen Bundesstaates nicht behindert. Selbst der Austritt eines (bundesstaatlichen) Mitgliedstaats würde nicht zu einem Zerbrechen des europäischen Bundesstaates führen, da dieser keine Auswirkungen auf das politische und rechtliche Fortbestehen der „restlichen“ Europäischen Union als Bundesstaat hätte. In einem solchen Fall bliebe die staatsrechtliche Wesensgleichheit der Union gewahrt. Die Völkerrechtspersönlichkeit des europäischen Bundesstaates würde auf einem verkleinerten Staatsgebiet mit gleichzeitiger Reduzierung des territorialen Geltungsbereichs des Unionsrechts erhalten bleiben.[798]

796 Vgl. z.B. zu Ungarn, EuGH, Urt. v. 18.06.2020 – C-71/18, ECLI:EU:C:2020:476; *Hummer*, EuR 2015, 625 ff.; zu Polen, EuGH, Urt. v. 26.03.2020 – C-558/18, C-563/18, ECLI:EU:C:2020:234; zu Ungarn, Polen und Tschechien, EuGH, Urt. v. 02.04.2020 – C-715/17, C-718/17, C-719/17, ECLI:EU:C:2020:257; *Nickel*, EuR 2017, 663 (677 ff.); *Schorkopf*, EuR 2016, 147 (156 ff.)

797 *Schöbener/Knauff*, Allg. Staatslehre, § 6 Rn. 53; *Streinz/Ohler/Herrmann*, Vertrag von Lissabon, § 4 II. 3.; *Huber*, EuR 2003, 574 (591).

798 Vgl. *Dörr* in: Grabitz/Hilf/Nettesheim, EUV, Art. 52 Rn. 23; *Hofstötter* in: von der Groeben/Schwarze/Hatje, EUV, Art. 52 Rn. 5. Wäre beim Sonderfall Grönland selbiges zugleich auch aus dem dänischen Staatsverband ausgeschieden, so wäre dies – gemäß dem völkerrechtlichen Grundsatz der „beweglichen Vertragsgrenzen“ – automatisch über den damaligen Art. 227 Abs. 1 EWGV bzw. Art. 299 Abs. 1 EGV geregelt gewesen. Der territoriale Geltungsbereich des Gemeinschaftsrechts hätte sich dann eben nur auf Dänemark, ohne dessen Gebietsteil Grönland, erstreckt, *Hummer* in: Vedder/Heintschel von Heinegg, AEUV, Art. 204 Rn. 3; *Schöbener* in: Pechstein/Nowak/Häde, AEUV, Art. 204 Rn. 2 f.; *Schröder* in: von der Groeben/Schwarze/Hatje, AEUV, Art. 355 Rn. 16. Blickt man zudem auf das alte Deutsche Reich als ein aus Staaten zusammengesetzter Staat hat sich im Laufe seiner Geschichte dessen Gebiet fortwährend verändert – abhängig von den Gebietsgewinnen oder -verlusten der jeweiligen Fürstentümer – ohne die rechtliche und politische Struktur des Reichs zu beeinträchtigen. Ebenso

d) Die Europäische Union in gesamteuropäischer Perspektive

Die bisherige Erweiterung und Ausdehnung haben gezeigt, dass die Europäische Union ein geeignetes Instrument ist, um die Teilung des europäischen Kontinents zu überwinden und Grundlagen für die Gestaltung des zukünftigen Europas zu schaffen.[799] Die anderen Völker Europas werden aufgefordert, sich den Bestrebungen der Europäischen Union anzuschließen.[800] Diese ist Teil eines gesamteuropäischen Integrationsprozesses, der auf vielfältige Weise gegliedert ist.[801]

aa) Europarat

Die Zusammenarbeit mit dem Europarat[802] dient der Integration der Europäischen Union in das gesamteuropäische Einigungswerk. Der Europarat ist eine zwischenstaatliche Organisation, die den Schutz und die Stärkung der Einheit und der Zusammenarbeit aller Europäischen Staaten zum Ziel hat.[803] Alle Mitgliedstaaten der Europäischen Union sind zugleich Mitgliedstaaten des Europarats. Die Union selbst ist jedoch kein Mitglied des Europarats, da diesem nur Staaten beitreten können.[804]

Die wichtigste der im Rahmen des Europarats ausgearbeiteten Konventionen bzw. Protokolle ist die Europäische Konvention zum Schutze der Menschenrechte und Grundfreiheiten[805] samt Zusatzprotokollen.

---

hatte Kaiser Franz II. allein aufgrund des Austritts der Rheinbundstaaten am 01.08.1806 keine rechtliche Befugnis das Reich als Ganzes aufzulösen, da durch den Austritt lediglich das Reichsgebiet verkleinert wurde und eine Auflösung der Zustimmung des Reichstags bedurft hätte. Die Auflösung des alten Deutschen Reichs war juristisch nicht haltbar, vgl. *Mückl*, Jura 2006, 602 ff.; *Maurer*, Staatsrecht I, § 2 Rn. 23.

799 Vgl. Präambel EUV.

800 Vgl. Präambel AEUV.

801 *Schroeder*, Europarecht, § 2 Rn. 49.

802 Gegründet am 05.05.1949, deutsches BGBl. 1950, 263, zuletzt geändert BGBl. II 2016, 292; österreichisches BGBl. Nr. 121/1956, zuletzt geändert BGBl. III Nr. 89/2015.

803 Vgl. *Haratsch/Koenig/Pechstein*, Europarecht, Rn. 43; *Hobe*, Europarecht, § 4 Rn. 98 f.

804 *Kokott* in: Streinz, AEUV, Art. 220 Rn. 62; *Schroeder*, Europarecht, § 2 Rn. 53.

805 Europäische Menschenrechtskonvention, Neubekanntmachung (deutsches BGBl. II 1952, 685, 953) in der Fassung vom 22.10.2010 BGBl. II 2010, 1198,

Seit ihrer Unterzeichnung am 4. November 1950 trägt sie nachhaltig zur Herausbildung eines gemeineuropäischen Grundrechtsstandards bei.[806] Die Europäische Union gemäß Art. 6 Abs. 3 EUV und der Gerichtshof der Europäischen Union in ständiger Rechtsprechung achten die Europäische Menschenrechtskonvention.[807] In Art. 6 Abs. 2 EUV ist zudem vorgesehen, dass die Europäische Union der Europäischen Menschenrechtskonvention beitritt.[808] Art. 17 des Protokolls Nr. 14 zur EMRK, das nach der Ratifizierung Russlands am 1. Juni 2010 in Kraft treten konnte, begründet die Voraussetzungen auf Seiten des Europarats. Die Bemühungen um einen Beitritt der Union[809] erlitten allerdings mit dem Gutachten 2/13 des Europäischen Gerichtshofs einen bedeutenden Rückschlag, da der Europäische Gerichtshof den zwischen den Vertretern der Europäischen Union und des Europarats ausgehandelten Entwurf der Beitrittsübereinkunft als nicht mit dem Unionsrecht vereinbar ansah.[810] Dennoch misst die Europäische Union dem Betritt zur Europäischen Menschenrechtskonvention nach wie vor „höchste Priorität" bei, wozu der explizite primärrechtliche Auftrag nach Art. 6 Abs. 2 Satz 1 EUV auch verpflichtet. Überdies wäre es undenkbar, dass ein Staat, der sich nicht dem Rechtsschutzsystem der Europäischen Menschrechtskonvention unterworfen hat, in die Europäische Union aufgenommen wird. Dementsprechend muss einer Aufnahme in die Europäische Union stets eine Aufnahme in den Europarat vorausgehen.[811]

---

zuletzt geändert BGBl. II 2014, 1034; österreichisches BGBl. Nr. 210/1958, zuletzt geändert BGBl. III Nr. 139/2018.

806 *Haratsch/Koenig/Pechstein*, Europarecht, Rn. 46; *Mayer* in: Karpenstein/Mayer, EMRK, Einleitung Rn. 12 ff.

807 *Schmalenbach* in: Calliess/Ruffert, AEUV, Art. 220 Rn. 17; *Osteneck* in: Schwarze/Becker/Hatje/Schoo, AEUV, Art. 220 Rn. 19 ff.; *Schorkopf* in: Grabitz/Hilf/Nettesheim, EUV, Art. 6 Rn. 50 ff.; *Schroeder*, Europarecht, § 15 Rn. 6 ff.; *Herdegen*, Völkerrecht, § 49 Rn. 2 ff.; *Mayer* in: Karpenstein/Mayer, EMRK, Einleitung Rn. 151.

808 Vgl. hierzu das Protokoll zu Art. 6 Abs. 2 EUV, ABl. 2008 C 115, S. 273.

809 *Mayer* in: Karpenstein/Mayer, EMRK, Einleitung Rn. 157a ff.; *Kloth*, EuR-Beiheft 2012, 155 (161 ff.); *Haratsch/Koenig/Pechstein*, Europarecht, Rn. 47.

810 EuGH, Gutachten v. 18.12.2014 – C-2/13, ECLI:EU:C:2014:2454, *Beitritt zur EMRK*; *Streinz/Michel* in: Streinz, EUV, Art. 6 Rn. 19; *Hatje* in: Schwarze/Becker/Hatje/Schoo, EUV, Art. 6 Rn. 18 ff.

811 *Kokott* in: Streinz, AEUV, Art. 220 Rn. 63.

Daher haben alle Mitgliedstaaten der Union die Europäische Menschenrechtskonvention ratifiziert. Daraus hat der Europäische Gerichtshof abgeleitet, dass die Europäische Menschenrechtskonvention als Rechtserkenntnisquelle bei der Herausbildung von europäischen Grundrechten in Form allgemeiner Rechtsgrundsätze zu berücksichtigen ist (vgl. auch Art. 6 Abs. 3 EUV).[812] In der Praxis ergibt sich daraus eine mittelbare Bindung der Unionsorgane, auch des Gerichtshofs der Europäischen Union, an die Europäische Menschenrechtskonvention und die Judikatur des Europäischen Gerichtshofs für Menschenrechte. Zusätzlich hat die Europäische Menschenrechtskonvention stark die Charta der Grundrechte der Europäischen Union beeinflusst und wird dieser als Mindeststandard zugrunde gelegt (vgl. Art. 52 Abs. 3 GRCh).[813] Dass die Union die Grundsätze des Europarates über Rechtsstaatlichkeit, Demokratie und Menschenrechte übernommen hat, zeigt sich auch an ihren in Art. 2 EUV verankerten Werten.[814]

Die vom Europäischen Gerichtshof aufgezeigten Konstruktionsfehler des Beitrittsabkommens sind rechtlich nur schwer zu beheben. Da dies die Mitwirkung aller Mitgliedstaaten von Europäischer Union und Europäischer Menschenrechtskonvention erfordert, treten zudem politische Hürden hinzu. So wäre eine Neuverhandlung des Abkommens aufgrund der aktuellen angespannten Beziehungen zwischen der Union und Russland mittelfristig unrealistisch und enthielte zudem gerade im Verhältnis zu Konventionsstaaten mit offensichtlichen Defiziten beim nationalen Grundrechtsschutz das problematische Signal, dass der Grundrechtsschutz der Europäischen Menschenrechtskonvention die Autonomie des eigenen Grundrechtsregimes nicht tangieren darf.

Gleichwohl bleibt die Beitrittsverpflichtung des Art. 6 Abs. 2 Satz 1 EUV bestehen. Es ist daher keinesfalls so, dass das Gutachten des Europäischen Gerichtshofs den Beitritt rechtlich verhindert. In diesem Fall ist darin ein Verstoß gegen Art. 6 Abs. 2 Satz 1 EUV zu sehen.[815]

---

812 *Schorkopf* in: Grabitz/Hilf/Nettesheim, EUV, Art. 6 Rn. 50 ff.; *Beutler* in: von der Groeben/Schwarze/Hatje, EUV, Art. 6 Rn. 22 f.; *Kingreen* in: Calliess/Ruffert, EUV Art. 6 Rn. 3 ff.

813 *Jarass* in: Jarass, Grundrechte-Charta der EU, Art. 52 Rn. 56 ff.

814 *Beutler* in: von der Groeben/Schwarze/Hatje, EUV, Art. 6 Rn. 9; *Schorkopf* in: Grabitz/Hilf/Nettesheim, EUV, Art. 6 Rn. 60; *Schroeder*, Europarecht, § 2 Rn. 54.

815 Gleichwohl für einen Verzicht auf einen Beitritt *Peers*, GLJ 2015, 213 (222).

Eine Möglichkeit, der Verwirklichung des unionsrechtlichen Verfassungsauftrags näherzukommen, bestünde darin, das Beitrittsabkommen selbst mit Primärrechtsqualität auszustatten. Ein Szenario, das in Anbetracht der gemäß Art. 218 Abs. 8 UAbs. 2 Satz 2 AEUV ohnehin erforderlichen Mitwirkung aller Mitgliedstaaten für einen Vollzug des Beitritts,[816] nicht ganz unrealistisch wäre.[817]

Bis der Beitritt verwirklicht wird, bleibt die Europäische Menschenrechtskonvention dennoch wichtige Rechtsquelle und Rechtserkenntnisquelle für den europäischen Grundrechtsverbund. Im Falle eines Umschlags der Unionsstruktur in die eines Bundesstaates könnte ein Beitritt zur Menschenrechtskonvention und somit eine weitere Vertiefung der Mitgliedschaft im Europarat ohnehin erfolgen.

bb) Nachbarbeziehungen

Damit das Ziel, die Teilung Europas endgültig zu überwinden, erreicht werden kann, verfolgt die Europäische Union gegenüber ihren Nachbarn eine besondere Politik. Sie hat mit den europäischen Drittstaaten zahlreiche Assoziierungsabkommen nach Art. 217 AEUV geschlossen, die dazu dienen, gegenseitige Rechte und Pflichten und besonders privilegierte Beziehungen zur Union zu begründen, die über bloße Handelsregelungen hinausgehen.[818] Die in den 1990er Jahren mit den mittel- und osteuropäischen Staaten geschlossenen Assoziierungsabkommen, Europaabkommen[819] genannt, sollten diese auf einen

816 *Schmalenbach* in: Calliess/Ruffert, AEUV, Art. 218 Rn. 27; *Terhechte* in: Schwarze/Becker/Hatje/Schoo, AEUV, Art. 218 Rn. 19

817 Vgl. *Hatje* in: Schwarze/Becker/Hatje/Schoo, EUV, Art. 6 Rn. 25; *Kingreen* in: Calliess/Ruffert, EUV, Art. 6 Rn. 33; *M. Breuer*, EuR 2015, 330 (349 f.); *Grabenwarter*, EuZW 2015, 180.

818 *Vönkey/Beylage-Haarmann* in: Grabitz/Hilf/Nettesheim, AEUV, Art. 217 Rn. 31 ff.; *Herrnfeld* in: Schwarze/Becker/Hatje/Schoo, AEUV, Art. 217 Rn. 3 ff.; *Khan* in: Geiger/Khan/Kotzur, AEUV, Art. 217 Rn. 17 ff.

819 Europaabkommen zur Gründung einer Assoziation zwischen den EGen und ihren Mitgliedstaaten einerseits und der Republik Ungarn andererseits v. 16.12.1991, ABl. 1993 L 347/1; Polen, v. 16.12.1991, ABl. 1993 L 348/1; Rumänien, v. 01.12.1993, ABl. 1994 L 357/1; Bulgarien, v. 08.03.1993, ABl. 1994 L 358/1; Slowakische Republik, v. 04.10.1993, ABl. L 1994, 359/1; Tschechische Republik, v. 04.10.1993, ABl. 1994 L 360/1; Estland, v. 12.06.1995, ABl. 1998 L 68/1; Lettland, v. 12.06.1995, ABl. 1998 L 26/1; Litauen, v. 12.06.1995, ABl. 1998 L 51/1;

künftigen Beitritt vorbereiten. Sie wurden überwiegend als gemischte Abkommen[820] unter Beteiligung der Mitgliedstaaten geschlossen, da sie eine Fülle von beitrittsrelevanten Bereichen regelten und die Kompetenz der Europäischen Union bzw. ihrer Vorgängerorganisation überstiegen. Sobald die betreffenden Staaten beigetreten waren, hatten sich diese Abkommen erledigt.[821] Eine Assoziierung kann von solch einer Beitrittsassoziierung bis zu einer bloßen Entwicklungsassoziierung[822] reichen. Sie kann aber auch eine „Assoziierung unter Gleichen" sein, wie dies bei der Errichtung des Europäischen Wirtschaftsraums der Fall war. Damit kann eine Assoziierung sehr elastisch ausgestaltet werden.[823]

Korrespondierend dazu wurde mit dem Vertrag von Lissabon in Art. 8 EUV eine spezielle Vorschrift über die besonderen Beziehungen der Europäischen Union zu den Ländern in ihrer Nachbarschaft geschaffen. Die neue Nachbarschaftspolitik ist eine Alternative zur bisherigen Assoziierungspolitik, die üblicherweise zur Mitgliedschaft führte. Da damit ausdrücklich keine Beitrittsperspektive eröffnet wird, legt die Europäische Union zugleich ihre maximale geografische Erweiterungsperspektive fest, um insbesondere dem Problem ihrer Überdehnung

---

Europaabkommen zur Gründung einer Assoziation zwischen den im Rahmen der EU handelnden Gemeinschaften und ihren Mitgliedstaaten einerseits und der Republik Slowenien andererseits v. 10.06.1996, ABl. 1999 L 51/1; *Vedder* in: Grabitz/Hilf, EUV, Art. 49 Rn. 22; *Forsthoff* in: Grabitz/Hilf/Nettesheim, AEUV, Art. 45 Rn. 44.

820 *Schroeder*, Europarecht, § 21 Rn. 12.

821 Vgl. bspw. die Präambel des Europaabkommens mit Polen, wonach „*Polen letztlich die Mitgliedschaft in der (Union) anstrebt und [...] diese Assoziation nach Auffassung der Vertragsparteien zur Verwirklichung dieses Ziels beitragen wird*".

822 Im Sinne der Abkommen von Lomé (1975) und Cotonou (2000), ABl. 2000 L 317, S. 3 ff. i.d.F. ABl. 2005 L 209, S. 27 ff.

823 Daneben kennt das Unionsrecht noch Stabilisierungs- und Assoziierungsabkommen, Partnerschafts- und Zusammenarbeitsabkommen, Strategische Partnerschaftsabkommen, Rahmenabkommen, Abkommen über Entwicklungszusammenarbeit, Europa-Mittelmeer-Partnerschaft, vgl. *Hummer* in: Vedder/Heintschel von Heinegg, AEUV, Art. 217 Rn. 6 f.; *Herrnfeld* in: Schwarze/Becker/Hatje/Schoo, AEUV, Art. 217 Rn. 8 ff.

durch weitere Beitritte[824] zuvorzukommen.[825] Das juristische Grundproblem der Nachbarschaftspolitik als Surrogat für einen nicht gewährten Beitritt ist aber das, dass sich unter den Mitgliedern derselben einige Staaten befinden, die als „europäische" Staaten zu qualifizieren und dementsprechend formal auch berechtigt sind, Beitrittsanträge gemäß Art. 49 Abs. 1 EUV zu stellen. Da es allerdings kein „Recht auf Beitritt" zur Europäischen Union gibt, würden deren Beitrittsanträge unter dem gegenwärtigen Regime der Nachbarschaftspolitik von den Unionsorganen nicht anverhandelt werden.[826] Schlussendlich trägt die Nachbarschaftspolitik damit potentiell zur Bestimmung der Außengrenzen eines europäischen Staatsgebiets bei.

Gleichwohl will die Europäische Union ihren Nachbarstaaten besondere, privilegierte Beziehungen anbieten, um damit einen Raum des Wohlstands und der guten Nachbarschaft zu schaffen, der auf den Werten der Europäischen Union aufbaut und sich durch enge, friedliche Beziehungen auf der Grundlage der Zusammenarbeit auszeichnet.[827] Bislang beinhaltet die Nachbarschaftspolitik eine Zusammenarbeit mit ungefähr 16 Staaten in unmittelbarer Nachbarschaft zur Europäischen Union in Nordafrika, im Nahen Osten und in Osteuropa.[828]

824 Die EG/EU wuchs innerhalb von 55 Jahren von 6 (1958) auf 28 (2013) Mitgliedstaaten an und führt derzeit mit mehreren Kandidatenländern Beitrittsgespräche. Da alle sieben (Westbalkan)Staaten eine Beitrittsoption eingeräumt bekamen, könnte die EU in einigen Jahren aus mehr als 30 Mitgliedsstaaten bestehen – vorbehaltlich des Umstands, dass der „Brexit" i.S.v. Art. 50 EUV nicht Schule macht, vgl. *Hummer* in: Vedder/Heintschel von Heinegg, EUV, Art. 8 Rn. 15.

825 *Schmalenbach* in Calliess/Ruffert, EUV, Art. 8 Rn. 4; *Streinz* in: Streinz, EUV, Art. 8 Rn. 3; *Thym* in: Grabitz/Hilf/Nettesheim, EUV, Art. 8 Rn. 4 f.

826 *Hummer* in: Vedder/Heintschel von Heinegg, EUV, Art. 8 Rn. 16; *Streinz* in: Streinz, EUV, Art. 8 Rn. 8.

827 *Thym* in: Grabitz/Hilf/Nettesheim, EUV, Art. 8 Rn. 23 f.; *Hummer* in: Vedder/Heintschel von Heinegg, EUV, Art. 8 Rn. 25; *Nowak* in: von der Groeben/Schwarze/Hatje, EUV, Art. 8 Rn. 7 f.

828 *Buggenberg* in: von der Groeben/Schwarze/Hatje, AEUV, Art. 217 Rn. 130 ff.; *Schmalenbach* in: Calliess/Ruffert, AEUV, Art. 217 Rn. 38 f; *Streinz* in: Streinz, EUV, Art. 8 Rn. 5; *Schroeder*, Europarecht, § 2 Rn. 56.

4. Europäisches Wirtschafts- und Finanzwesen

a) Wirtschafts- und Währungsunion

Die grundlegende Diskussion über die Finalität der Europäischen Union wirkt sich schließlich auch auf deren Finanz- und Haushaltsrecht aus – namentlich die Fortentwicklung der Wirtschafts- und Währungsunion.

Bereits der Vertrag von Maastricht brachte in diesem Zusammenhang für das damalige Gemeinschaftssystem fundamentale Neuerungen, welche eine neue Typenbildung zur Charakterisierung des neugeschaffenen Unionssystems nahelegten. Der große „Qualitätssprung" manifestierte sich vor allem im Kompetenzzuwachs durch die Vergemeinschaftung der Währungspolitik. Obwohl die Währungspolitik gemäß Art. 127 ff. AEUV und die Wirtschaftspolitik gemäß Art. 120 ff. AEUV unterschiedliche Kompetenzbereiche darstellen, hängen beide Politikbereiche doch eng zusammen.[829]

Ausganspunkt für die Gestaltung einer Wirtschafts- und Währungsunion[830] ist das in Art. 3 Abs. 3 EUV festgeschriebene Ziel zur Erreichung eines gesamtwirtschaftlichen Gleichgewichts als Kernbestandteil der Aufgaben und Tätigkeiten der Europäischen Union. Gleichzeitig werden im Rahmen der inhaltlichen Ausprägung soziale und ökologische Elemente einbezogen und auf eine nachhaltige Entwicklung sowie die Schaffung einer einheitlichen Währung erstreckt.[831] Im

---

829 *Herdegen*, Europarecht, § 23 Rn. 1; *ders.*, Internationales Wirtschaftsrecht, § 5 Rn. 11 ff.; *Schroeder*, Europarecht, § 23 Rn. 3.

830 Dieses Begriffspaar bringt die Verzahnung der Währungspolitik mit der Wirtschaftspolitik (insbesondere der Haushaltspolitik) deutlich zum Ausdruck, wobei die Schaffung einer stabilen Währung bei gesunder Finanzlage der Mitgliedstaaten das zentrale Anliegen der Wirtschafts- und Währungsunion ist. Diese baut auf zwei Säulen auf: zum einen auf der Koordinierung der Wirtschaftspolitik (durch den Rat der Wirtschafts- und Finanzminister) und zum anderen auf der Ausübung der währungshoheitlichen Befugnisse durch die EZB im Verbund mit dem ESZB, vgl. zur Darstellung des institutionellen Rahmens der Wirtschafts- und Währungsunion *Hakenberg*, Europarecht, 6. Teil Rn. 615.

831 So sieht sich die EU heute einer „*in hohem Maße wettbewerbsfähigen sozialen Marktwirtschaft verpflichtet*", *Hatje/Schwarze*, EuR 2019, 153 (184 f.); *Ruffert* in: Calliess/Ruffert, EUV, Art. 3 Rn. 27 ff.; *Müller-Graff* in: Dauses/Ludwigs, A. I., Rn. 148 ff.

Mittelpunkt steht dabei vorrangig die Sicherstellung der Preisstabilität.[832] Die Europäische Union ist daher – wie sich aus Art. 119 und Art. 127 ff. AEUV ergibt – eine Stabilitätsunion.[833] Diese Stabilitätsunion ist das Fundament der in Art. 3 Abs. 4 EUV i.V.m. Art. 119 und Art. 127 ff. AEUV angelegten Währungsunion,[834] welche durch die ausschließliche Kompetenz für die Währungspolitik (vgl. Art. 3 Abs. 1 lit. c) AEUV) sowie währungsrechtliche Protokolle konkretisiert wird.[835] Sie bedeutet eine Herauslösung der gesamten Geld- und Währungshoheit aus der mitgliedstaatlichen Souveränität und eine Übertragung auf die Europäische Union auf der Grundlage einer marktwirtschaftlich ausgerichteten Geldordnung.

Gegenwärtig haben 19 Mitgliedstaaten den Euro eingeführt.[836] Darüber hinaus ist der Euro von Staaten als offizielle Währung übernom-

---

832 *Terhechte* in: Grabitz/Hilf/Nettesheim, EUV, Art. 3 Rn. 59; *Jacqué* in: von der Groeben/Schwarze/Hatje, EUV, Art. 3 Rn. 4; *Griller* in: Grabitz/Hilf/Nettesheim, AEUV, Art. 217 Rn. 17; *Wutscher* in: Schwarze/Becker/Hatje/Schoo, AEUV, Art. 217 Rn. 4 ff.

833 BVerfGE 89, 155, 204, *Maastricht*; *Schmidt* in: Isensee/Kirchhof, HStR, Bd. XI, § 252 Rn. 42; *Ohler*, JZ 2008, 317 (318 ff.); *Hellermann*, EuR 2000, 24 f. Vor dem Hintergrund dieses „magischen Vielecks" wird deutlich, dass im Hinblick auf ein gesamtwirtschaftliches Gleichgewicht als deutsches Staatsziel Art. 109 Abs. 2 GG durch die unionsrechtliche Entsprechung modifiziert und überlagert wird, vgl. *Stober* in: Stober, Allg. Wirtschaftsverwaltungsrecht, Abschnitt B., § 10 I; *Kienemund* in: Hömig/Wolff, GG, Art. 109 Rn. 5 ff.

834 Vgl. *Ruffert* in: Calliess/Ruffert, EUV, Art. 3 Rn. 24; *Pechstein* in: Streinz; EUV, Art. 3 Rn. 11; *Becker* in: Schwarze/Becker/Hatje/Schoo, EUV, Art. 3 Rn. 15; *Häde*, EuR 2009, 200 ff.

835 Vgl. zur stufenweisen Verwirklichung der Währungsunion *Haratsch*/Koenig/Pechstein, Europarecht, Rn. 1383 ff.; *Schmidt* in: Isensee/Kirchhof, HStR, Bd. XI, § 252 Rn. 17 f.; *Herdegen*, Europarecht § 23 Rn. 63 ff.; *Hobe*, Europarecht, § 21 Rn. 1007 ff. Die Einführung einer einheitlichen Währung baute auf dem bestehenden EWS auf, welches im Jahr 1979 geschaffen worden ist. Kern des EWS bildete die ECU, ein Währungskorb aus der gewichteten Anzahl von Währungseinheiten der Mitgliedstaaten, welcher die Bezugsgröße für den Wechselkursmechanismus des EWS bildete. Mit dem Eintritt in die dritte Stufe als Endstufe der Währungsunion ist auf der Grundlage unwiderruflich fixierter Wechselkurse die Währungseinheit ECU in die gemeinsame Währung Euro überführt worden. An die Stelle des EWS ist mit der Schaffung der europäischen Währung ein neuer Wechselkursmechanismus getreten, der das Verhältnis der Währungen der dem Euro-Gebiet zunächst fernbleibenden Mitglieder zum Euro steuern soll.

836 Art. 139 ff. AEUV regeln den Sonderstatus der Staaten, die nicht an der Währungsunion teilnehmen. Sie sind von den Rechten und Pflichten der Währungs-

men worden, die bislang nicht Mitgliedstaaten der Europäischen Union sind. So haben das Fürstentum Monaco[837], der Staat Vatikanstadt[838] sowie San Marino[839] auf Grundlage von Währungsvereinbarungen mit der damaligen Europäischen Gemeinschaft gemäß Art. 111 Abs. 3 EGV (entspricht heute Art. 219 Abs. 3 AEUV) den Euro als Währung eingeführt. Im Kosovo und in Montenegro wird der Euro indessen ohne Währungsvereinbarung mit der Europäischen Union unilateral als Zahlungsmittel genutzt.[840]

Insgesamt ist die Währungsunion eine weitere Stufe der europäischen Integration und die Krönung der Wirtschaftsunion. Vor diesem Hintergrund befassen sich die Art. 136 ff. AEUV mit besonderen Bestimmungen für die Mitgliedstaaten, deren Währung der Euro ist.

aa) Konstituierung einer Europäischen Wirtschaftsregierung

Im Verlauf der im Jahre 2008 einsetzenden europäischen Finanz- und Staatsschuldenkrise hat sich herausgesellt, dass das wirtschaftspoliti-

---

union ausgenommen und haben innerhalb der EZB bzw. des ESZB keine Stimmrechte bei der Festlegung der europarechtlichen Geld- und Währungspolitik. Maßgeblich für die Aufnahme der Nichtmitgliedstaaten der Währungsunion und somit für die Verwirklichung der Währungsunion ist die Erfüllung der vier sog. Konvergenzkriterien des Art. 140 Abs. 1 AEUV, welche die wirtschaftlichen Voraussetzungen für den Eintritt in die Währungsunion bilden. Dazu zählen: (i) die Erreichung eines hohen Grades an Preisstabilität (bemessen nach der Inflationsrate), (ii) die Finanzlage der öffentlichen Hand (öffentliche Haushaltslage ohne übermäßiges Defizit), (iii) die Wechselkursstabilität (Einhaltung der normalen Bandbreiten des Wechselkursmechanismus des EWS seit mindestens zwei Jahren ohne Abwertung gegenüber der Währung eines anderen Mitgliedstaates), (iv) die langfristigen Zinssätze als Ausdruck dauerhafter Konvergenzfähigkeit, vgl. *Bergmann* in: Bergmann, Handlexikon der EU, „Konvergenzkriterien"; *Schilmöller/Tutsch* in: von der Groeben/Schwarze/Hatje, AEUV, Art. 140 Rn. 11 ff.; *Herdegen*, Europarecht, § 23 Rn. 66; *Schmidt* in: Isensee/Kirchhof, HStR, Bd. XI, § 252 Rn. 20; *Hobe*, Europarecht, § 21 Rn. 1089.

837 ABl. 1999 L 30, S. 1; ABl. 2002 L 142, S. 59.

838 ABl. 1999 L 35, S. 35; ABl. 2001 C 299, S. 1; vgl. auch den Standpunkt der EG bzgl. der Neuverhandlung der Währungsvereinbarung u.a. im Hinblick auf die Umsetzung gemeinschaftlicher Rechtsvorschriften zur Verhinderung von Geldwäsche, Betrug und Fälschung von Bargeld sowie zur Bestimmung einer Obergrenze zur Ausgabe von Euro-Münzen der Vatikanstadt, ABl. 2009 L 321, S. 6.

839 ABl. 1999 L 30, S. 33; ABl. 2001 C 209, S. 1.

840 *Haratsch/Koenig/Pechstein*, Europarecht, Rn. 1388.

sche Instrumentarium zur Stabilisierung der einheitlichen Währung nicht ausreicht. Es wurden daher supranationale und intergouvernementale Maßnahmen ergriffen, um diese Schwachstelle in der Konzeption der Wirtschafts- und Währungsunion zu korrigieren. In diesem Zusammenhang wurde auf Art. 136 Abs. 1 AEUV eine Reihe von Sekundärrechtsakten gestützt, die das primärrechtliche Kompetenzgefüge der europäischen Wirtschafts- und Währungsordnung in Kernbereichen aushebeln. So beansprucht die expansive Auslegung des Art. 136 Abs. 1 AEUV für die Europäische Union einen erheblichen Kompetenzzuwachs, der durch das sogenannte Sixpack – das aus fünf Verordnungen und einer Richtlinie besteht[841] – faktisch verwirklicht wurde. Aufgrund dieser Entwicklung wird auf eine „europäische Wirtschaftsregierung" geschlossen.[842] Zumindest soll sie voraussetzen, dass die wesentlichen Bereiche der nationalen Wirtschaftspolitik – deren Zuständigkeit sich nach Art. 2 Abs. 3, Art. 5 Abs. 1 UAbs. 1 Satz 1 und Art. 120 AEUV prinzipiell für die Mitgliedstaaten ergibt – der europäischen Regulierung unterliegen, die Maßnahmen der Unionsebene in diesen Bereichen durchsetzbar sind und eine überwiegende Wahrscheinlichkeit besteht, dass die Maßnahmen auch tatsächlich durchgesetzt werden.[843] Bei dem Begriff „europäische Wirtschaftsre-

841 VO (EU) Nr. 1173/2011 des Europäischen Parlaments und des Rates v. 16.11.2011 über die wirksame Durchsetzung der haushaltspolitischen Überwachung im Euro-Währungsgebiet, ABl. 2011 L 306, S. 1; VO (EU) Nr. 1174/2011 des Europäischen Parlaments und des Rates v. 16.11.2011 über Durchsetzungsmaßnahmen zur Korrektur übermäßiger makroökonomischer Ungleichgewichte, ABl. 2011 L 306, S. 8; VO (EU) Nr. 1175/2011 des Europäischen Parlaments und des Rates v. 16.11.2011 über den Ausbau der haushaltspolitischen Überwachung und der Überwachung und Koordinierung der Wirtschaftspolitiken, ABl. 2011 L 306, S. 12; VO (EU) Nr. 1176/2011 des Europäischen Parlaments und des Rates v. 16.11.2011 über die Vermeidung und Korrektur makroökonomischer Ungleichgewichte, ABl. 2011 L 306, S. 25; VO (EU) Nr. 1177/2011 des Rates v. 16.11.2011 über die Beschleunigung und Klärung des Verfahrens bei einem übermäßigen Defizit, ABl. 2011 L 306, S. 33; RL 2011/85/EU des Rates v. 08.11.2011 über die Anforderungen an die haushaltspolitischen Rahmen der Mitgliedstaaten, ABl. 2011 L 306, S. 41.

842 *Palm* in: Grabitz/Hilf/Nettesheim, AEUV, Art. 136 Rn. 2; *Antpöhler*, ZaöRV 2012, 353 (368); *Bast/Rödl*, EuGRZ 2012, 269 ff.; eine gemeinsame Wirtschaftsregierung unter intensiver Beteiligung der nationalen Parlamente sowie der Zivilgesellschaft war bereits im VVE vorgesehen, vgl. *Hakenberg*, Europarecht, 1. Teil Rn. 41.

843 *Antpöhler*, ZaöRV 2012, 353 (361).

gierung“ handelt es sich zunächst um einen empirischen Begriff, der selbst nicht Merkmal eines Rechtstatbestandes ist. Jedoch legt dieser Begriff einen systematischen Widerspruch einer solchen expansiven Auffassung offen.[844] Grundsätzlich lässt sich eine europäische Wirtschaftsregierung nicht mit der asymmetrischen Grundstruktur der Wirtschafts- und Währungsunion vereinbaren, da demnach für die Wirtschaftspolitik die Mitgliedstaaten zuständig sind und die Europäische Union nur über Koordinierungs- und Überwachungskompetenzen verfügt.[845] Nach dem Primärrecht unterliegt nur die mitgliedstaatliche Haushaltspolitik einer durchsetzbaren Regulierung im Verfahren gemäß Art. 126 AEUV.[846] Das Verfahren der wirtschaftspolitischen Koordinierung nach Art. 121 AEUV sieht hingegen nur die rechtlich unverbindliche Empfehlung als Sanktion vor.[847] Trotz zahlreicher und fortdauernder Verstöße gegen die Rechtspflicht aus Art. 126 Abs. 1 AEUV, übermäßige öffentliche Defizite zu vermeiden und sich an bestimmte Standards der Haushaltsdisziplin zu halten,[848] kam es noch zu keiner Sanktion nach Art. 126 Abs. 11 AEUV. Damit kann selbst für diese speziellen Maßnahmen keine überwiegende Wahrscheinlichkeit ihrer Durchsetzbarkeit im Sinne der vorstehenden Definition festgestellt werden.[849] Nach dem Primärrecht dürfte somit keine europäische Wirtschaftsregierung, deren Kapazitäten zur Problemlösung in Frage

844 Vgl. für eine solche extensive Auslegung des Anwendungsbereichs *Smulders/Keppenne* in: von der Groeben/Schwarze/Hatje, AEUV, Art. 136 Rn. 6 f.; a.A. *Häde* in: Calliess/Ruffert, AEUV, Art. 136 Rn. 4; *Kempen* in: Streinz, AEUV, Art. 136 Rn. 2; ebenfalls krit. zu einer extensiven Auslegung *Nettesheim*, JZ 2014, 585 (592), der diese als eine „kompetenzielle Expansion“ bezeichnet.

845 Vgl. *Palm* in: Grabitz/Hilf/Nettesheim, AEUV, Art. 136 Rn. 13, 31; *Bandilla* in: Grabitz/Hilf/Nettesheim, AEUV, Art. 119 Rn. 45 f.

846 *Häde* in: Calliess/Ruffert, AEUV, Art. 126 Rn. 12 ff.; *Hattenberger* in: Schwarze/Becker/Hatje/Schoo, AEUV, Art. 126 Rn. 15 ff.; *Herdegen*, Europarecht, § 23 Rn. 33.

847 *Hattenberger* in: Schwarze/Becker/Hatje/Schoo, AEUV, Art. 121 Rn. 44; *Schulte* in: von der Groeben/Schwarze/Hatje, AEUV, Art. 121 Rn. 44 ff.; *Bandilla* in: Grabitz/Hilf/Nettesheim, AEUV, Art. 121 Rn. 13; *Herdegen*, Europarecht, § 23 Rn. 6.

848 Für die Haushaltsdisziplin stellt der AEUV in erster Linie auf das Verhältnis des öffentlichen Defizits sowie des öffentlichen Schuldenstandes zum Bruttoinlandsprodukt eines Mitgliedstaates ab (Art. 126 Abs. 2 AEUV).

849 *Häde* in: Calliess/Ruffert, AEUV, Art. 126 Rn. 42 ff.; *Bandilla* in: Grabitz/Hilf/Nettesheim, AEUV, Art. 126 Rn. 95; *Kempen* in: Streinz, AEUV, Art. 126 Rn. 43 ff.

gestellt werden,[850] bestehen. Daher kann eine europäische Wirtschaftsregierung nur durch eine Vertragsänderung im ordentlichen Verfahren nach Art. 48 Abs. 1 Satz 1, Abs. 2 bis 5 AEUV[851] geschaffen werden.[852]

Unter der Voraussetzung, dass es eine hinreichende Kompetenz der Europäischen Union für das Sixpack gibt, ist fraglich, welches Unionsorgan als europäische Wirtschaftsregierung zu qualifizieren ist. Bislang wurde der Euro-Gruppe im Sinne des Art. 137 AEUV[853] das Potential zugesprochen, sich unter Zuweisung entsprechender Kompetenzen durch eine Vertragsänderung hierzu zu entwickeln.[854] Allerdings sieht das sekundärrechtliche Sixpack nicht nur eine Verschiebung der Verbandskompetenzen zugunsten der Europäischen Union, sondern auch eine Verschiebung der Organkompetenzen zugunsten der Europäischen Kommission vor. Entgegen der primärrechtlichen Abstimmungsregel des Art. 16 Abs. 3 EUV, wonach der Rat grundsätzlich mit qualifizierter Mehrheit beschließt und die durch Art. 136 Abs. 2 UAbs. 2 AEUV bestätigt wird, sieht das Sixpack an verschiedenen Stellen eine umgekehrte Mehrheit vor.[855] In diesem Zusammenhang ist besonders Art. 3 Abs. 3 der VO Nr. 1174/2011 hervorzuheben. Danach gelten die Sanktionsbeschlüsse als angenommen, wenn der Rat die Initiative der Kommission nicht binnen zehn Tagen mit qualifizierter Mehrheit ablehnt. Das Sekundärrecht hebelt damit die primärrechtlichen Verfahrensregelungen aus. Dem Rat wird ein Beschluss zugerechnet, obgleich von seiner Seite keine positive Zustimmung vorliegen muss.[856] Darin liegt nicht nur ein Verstoß gegen die primärrechtlichen

850 Vgl. *Ruffert*, ZG 2013, 1 (11).

851 *Heintschel von Heinegg* in: Vedder/Heintschel von Heinegg, EUV, Art. 48 Rn. 4 ff.; *Cremer* in: Calliess/Ruffert, EUV, Art. 48 Rn. 3 ff.

852 *Palm* in: Grabitz/Hilf/Nettesheim, AEUV, Art. 136 Rn. 37; *Pilz*, EuZW 2017, 637 (642).

853 Mit Verweis auf das Protokoll über die Euro-Gruppe, Protokoll (Nr. 14) betreffend die Euro-Gruppe, ABl. 2010 C 83/283.

854 *Palm* in: Grabitz/Hilf/Nettesheim, AEUV, Art. 137 Rn. 9; *Selmayr* in: von der Groeben/Schwarze/Hatje, AEUV, Art. 137 Rn. 8; vgl. auch *Rodi* in: Vedder/Heintschel von Heinegg, AEUV, Art. 136 Rn. 1; *Häde*, EuR 2009, 200 (217).

855 Vgl. *Bandilla* in: Grabitz/Hilf/Nettesheim, AEUV, Art. 126 Rn. 24, 28, 30 f., 84, 119; *W. Cremer*, EuR 2016, 256 (273 ff.).

856 *Häde* in: Calliess/Ruffert, AEUV, Art. 121 Rn. 23; *Palm* in: Grabitz/Hilf/Nettesheim, AEUV, Art. 136 Rn. 38; *Hattenberger* in: Schwarze/Becker/Hatje/Schoo, AEUV, Art. 121 Rn. 54; *Antpöhler*, ZaöRV 2012, 353 (364 f.).

Verfahrensvorschriften, zumal die umgekehrte Mehrheit auch dem Prinzip des institutionellen Gleichgewichts in Art. 13 Abs. 2 EUV widerspricht.[857] Mit Blick auf den empirischen Begriff der europäischen Wirtschaftsregierung ist festzustellen, dass er nach dieser sekundärrechtlichen Ausgestaltung nicht mehr auf den Rat oder die Euro-Gruppe passt. Vielmehr kommt durch das Sixpack der Kommission das Potential zu, zum maßgeblichen Aktionszentrum der europäischen Wirtschaftspolitik zu werden.[858]

bb) Von der Währungs- zur Fiskalunion

Zur weiteren Bewältigung der Finanz- und Staatsschuldenkrise haben die Mitgliedstaaten – außer dem Vereinigten Königreich und Tschechien – unter anderem den Vertrag über Stabilität, Koordinierung und Steuerung in der Wirtschafts- und Währungsunion (Fiskalvertrag)[859] sowie den Vertrag über die Einrichtung des Europäischen Stabilitätsmechanismus[860] abgeschlossen. Mit Wirkung zum 1. Mai 2013 wurde

857 *Bast/Rödl*, EuGRZ 2012, 269 (275 ff.); *Häde*, JZ 2011, 333 (335); *Fischer-Lescano/Oberndorfer*, NJW 2013, 9 (12 f.); *Repasi*, EuR 2013, 45 (69 f.); *Calliess/Schoenfleisch*, JZ 2012, 477 (479 f.).

858 *Palm* in: Grabitz/Hilf/Nettesheim, AEUV, Art. 136 Rn. 38; *Pilz*, EuZW 2017, 637 (641 f.); a.A. *Cromme*, EuR 2014, 448 (455 f.); *ders.*, EuR 2017, 206 (227), wonach eine europäische Wirtschaftsregierung ein Bestandteil des Europäisches Rats und des Ministerrats sein sollte.

859 Der Fiskalvertrag soll die im Stabilitäts- und Wachstumspakt (Sixpack) geregelten Haushaltsvorgaben verdeutlichen und erhöhen, die Vertragsparteien insbesondere zu einem materiellen Haushaltsausgleich verpflichten, indem diese Vorgaben möglichst in verfassungsrechtliche Bestimmungen des nationalen Rechts aufgenommen werden, vgl. Art. 3 Abs. 1 A, Abs. 2 Fiskalvertrag; *Kirchhof* in: Isensee/Kirchhof, HStR, Bd. X, § 214 Rn. 78; zum Problem fremdbestimmter Verfassungsänderungen vgl. BVerfG, Beschl. v. 18.09.1990 – 2 BvE 2/90, BVerfGE 82, 316 319 f., *Einigungsvertrag*.

860 Ziel des ESM ist es, Finanzmittel zu mobilisieren und diese den ESM-Mitgliedern unter strenger Konditionalität bereitzustellen, sofern dies die Währungsstabilität im Euro-Raum erfordert (Art. 3 ESM-Vertrag). Im ESM werden nicht lediglich Garantien abgegeben, sondern Bareinzahlungen sowie abrufbare Einzahlungen der hieran teilnehmenden Mitgliedstaaten geleistet (Art. 8 ESM-Vertrag). Der ESM weist darüber hinaus dauerhaften Charakter auf und stellt kein temporär begrenztes Stützungsinstrument dar. Der Ankauf von Staatsanleihen der am Euro teilnehmenden Staaten wird dem ESM ermöglicht (Art. 17 Abs. 1 ESM-Vertrag). Zwar versucht der ESM die Stabilität im Euro-Raum zu sichern,

in diesem Zusammenhang Art. 136 AEUV geändert, indem ein neuer Absatz 3 angefügt wurde, der es den Mitgliedstaaten erlaubt, einen dauerhaften Stabilitätsmechanismus aufgrund eines völkerrechtlichen Vertrages zu errichten.[861] Diese Novellierung soll die Diskrepanz zwischen der vergemeinschafteten Währungspolitik und der nationalen Haushaltspolitik verringern und zielt im Interesse einer dauerhaften Stabilität im Währungsgebiet auf eine präventiv wirkende Schuldenbremse, deren Verletzung die Budgethoheit tangieren kann.[862] Insofern ist die Aussage zutreffend, die Europäische Union befinde sich auf dem Weg zur Vollendung einer europäischen Fiskalunion.[863] Eine solche Fiskalunion impliziert einen wesentlichen Eingriff in die nationale Souveränität bei Staatshaushalt und Fiskalpolitik. Alle Mitgliedstaaten würden einer strengen und umfassenden Kontrolle ihrer jährlichen Politik und Finanzen durch die Europäische Kommission unterliegen, und Finanzsünder würden faktisch unter Brüsseler Kuratel gestellt

---

bricht aber mit dem Stabilitätssystem der Währungsunion (Geldwertstabilität, Defizitkontrolle, Nichthaftung für fremde Schuld, unabhängige Europäische Zentralbanken, marktabhängige Zinsen, Ausschließlichkeit des primären Stabilitätseuroparechts). Seine Zahlungs- und Gewährleistungspflichten drohen einen ausgeglichenen Haushalt in dem betroffenen Mitgliedstaat zu gefährden, nationale Schuldenbremsen durch zwischenstaatliches Recht kraftlos zu machen, den Abschreibungsbedarf von Unternehmen in einen Staatshaushalt zu verlagern. Es besteht die Gefahr, dass der ESM Finanzinstabilität aus anderen Mitgliedstaaten importiert und damit Rechtsinstabilität verbreitet, *Kirchhof* in: Isensee/Kirchhof, HStR, Bd. X, § 214 Rn. 77; vgl. auch BVerfGE 89, 155, 174 f., *Maastricht*; vgl. dazu *Piecha*, EuZW 2012, 532 (534 f.); *Forsthoff*, EuZW 2018, 108, der sich überrascht zeigt, dass auch nach höchstrichterlicher Klärung durch den EuGH und das BVerfG bis heute den ESM das Odium des „Rechtsbruchs" umweht.

861 Beschluss des Europäischen Rates vom 25. März 2011 zur Änderung des Artikels 136 des Vertrags über die Arbeitsweise der Europäischen Union hinsichtlich eines Stabilitätsmechanismus für die Mitgliedstaaten, deren Währung der Euro ist, ABl. 2011 L 91, S. 1; *Palm* in: Grabitz/Hilf/Nettesheim, AEUV, Art. 136 Rn. 42 ff.; *Calliess*, NVwZ 2012, 1 (3 ff.); *Häde*, JZ 2011, 333 ff.

862 *Palm* in: Grabitz/Hilf/Nettesheim, AEUV, Art. 136 Rn. 3; *Kempen* in: Streinz, AEUV, Art. 136 Rn. 6.

863 Vgl. *Calliess/Schoenfleisch*, JZ 2012, 477 ff.; *Weber*, DVBl 2012, 801 ff.; *Calliess*, NVwZ 2018, 1 (3); vgl. auch die Mitteilung der Kommission an das Europäische Parlament, den Rat, die Europäische Zentralbank, Schritte zur Vollendung der Wirtschafts- und Währungsunion, COM(2015) 600 final v. 21.10.2015; krit. *Schorkopf*, ZSE 2015, 356 ff.; zustimmend *W. Cremer*, EuR 2016, 256 (263 f.)

werden. Ab dem 1. Januar 2013[864] wurde die Fiskalunion mehr oder minder eine Tatsache.[865] Diese Ausgestaltung, die auf deutscher Seite durch das Gesetz zu dem Vertrag vom 2. Februar 2012 zur Einrichtung des Europäischen Stabilitätsmechanismus[866], das Gesetz zur finanziellen Beteiligung am Europäischen Stabilitätsmechanismus[867] und das Gesetz zu dem Vertrag vom 2. März 2012 über Stabilität, Koordinierung und Steuerung in der Wirtschafts- und Währungsunion[868] umgesetzt wurde, ist im Ergebnis weder vom Europäischen Gerichtshof[869] noch vom deutschen Bundesverfassungsgericht[870] beanstandet worden.[871]

864 Tag des Inkrafttretens des Vertrages über Stabilität, Koordinierung und Steuerung in der Wirtschafts- und Währungsunion (Fiskalvertrag).

865 Vgl. *Van Meurs/De Bruin/Van de Grift/Hoentik/Van Leeuwen/Reijnen*, Die Unvollendete, S. 206; *Schaltegger/Studer*, WiSt 2015, 630.

866 Gesetz zu dem Vertrag vom 2. Februar 2012 zur Einrichtung des Europäischen Stabilitätsmechanismus, BGBl. II 2012, S. 981; zum 13.03.2014 ist Lettland beigetreten, BGBl. II 2014, S. 296; zum 03.02.2015 ist Litauen beigetreten, BGBl. II 2015, S. 327. Der dadurch als internationale Organisation gegründete ESM wurde am 08.10.2012 konstituiert und löste die EFSF in ihrer Funktion als Stabilisierungseinrichtung für den Euro-Raum zum 01.07.2013 endgültig ab, *Haratsch/Koenig/Pechstein*, Europarecht, Rn. 1405.

867 Gesetz zur finanziellen Beteiligung am Europäischen Stabilitätsmechanismus, BGBl. II 2012, S. 1918.

868 Gesetz zu dem Vertrag vom 2. März 2012 über Stabilität, Koordinierung und Steuerung in der Wirtschafts- und Währungsunion, BGBl. II 2012, S. 1006.

869 EuGH, Urt. v. 27.11.2012 – C-370/12, ABl. 2013 C 26, S. 15–16, *Pringle*.

870 BVerfGE 132, 195, *ESM-Fiskalpakt I*; BVerfG, Urt. v. 18.03.2014 – 2 BvR 1390/12, 2 BvR 1421/12, u.a., BVerfGE 132, 317, *ESM-Fiskalpakt II*.

871 Zunächst ergaben sich jedoch Bedenken bzgl. der Wirksamkeit des Beschlusses zur Einführung des Art. 136 Abs. 3 AEUV im Hinblick auf die Anwendung des einfachen Änderungsverfahrens (Art. 48 Abs. 6 EUV) und die Vereinbarkeit mit den Art. 119 – 123 AEUV und Art. 125 – 127 AEUV, vgl. EuGH, Urt. v. 27.11.2012 – C-370/12, ABl. 2013 C 26, S. 15–16, *Pringle*; BVerfGE 132, 195, *ESM-Fiskalpakt I*; BVerfG, Urt. v. 18.03.2014 – 2 BvR 1390/12, 2 BvR 1421/12, u.a., BVerfGE 132, 317, *ESM-Fiskalpakt II*; *Wutscher* in: Schwarze/Becker/Hatje/Schoo, AEUV, Art. 136 Rn. 12; *Kempen* in: Streinz, AEUV, Art. 136 Rn. 6 ff., Art. 125 Rn. 5 ff.; *Smulders/Keppenne* in: von der Groeben/Schwarze/Hatje, AEUV, Art. 136 Rn. 12; *Haratsch/Koenig/Pechstein*, Europarecht, Rn. 1398; *Nettesheim*, NJW 2013, 14 ff.; vgl. auch zur Einordnung des Art. 136 AEUV in der europäischen Wirtschafts- und Währungsordnung *Palm* in: Grabitz/Hilf/Nettesheim, AEUV, Art. 136 Rn. 62; *Nettesheim*, NJW 2012, 1409 (1411 ff.).

Die verheerende Finanz- und Schuldenkrise scheint die Annahme zu bestätigen, dass mehr Integration nur dann erreicht werden kann, wenn der Druck groß genug ist und man mithilfe intergouvernementaler Entscheidungen keine Lösungen finden kann. Die Einführung der Währungsunion ohne begleitende (vollendete) Fiskalunion war zwar rechtlich zulässig. Ob diese Entscheidung allerdings ökonomisch und politisch weise war, ist durchaus fraglich. Ziel der Währungsunion ist es, Einheit zu schaffen. Tatsächlich hat sie aber zu heftigen rechtlichen Konflikten geführt, insbesondere im Zusammenhang mit dem „no-bail out"-Grundsatz von Art. 125 AEUV. Zuletzt[872] war zwischen Europäischem Gerichtshof und Bundesverfassungsgericht Streit über die Grenzen der Kompetenzen der Europäischen Zentralbank im Zusammenhang mit Anleihekäufen im Rahmen des sogenannten Public Sector Purchase Programme (PSPP) ausgebrochen. Dieser gipfelte schlussendlich in dem Urteil der deutschen Verfassungsrichter vom 5. Mai 2020, worin diese dem Europäischen Gerichtshof eine offensichtliche und strukturell erhebliche Kompetenzüberschreitung in dessen Vorabentscheidung bescheinigt und dessen Urteil „Weiss" als Akt „ultra vires" eingestuft haben.[873] Letztendlich konnten jedoch gravierende Auswirkungen für das Public Sector Purchase Programme aufgrund der Kooperationsbereitschaft der Europäischen Zentralbank abgewendet werden.[874]

---

872 Vgl. zur vorausgegangenen Auseinandersetzung zwischen dem EuGH und dem BVerfG um das Anleiheankaufprogramm „Outright Monetary Transaction" der EZB (sog. OMT-Programm) BVerfGE 134, 366, 403 ff., 411 ff., *Vorlage OMT*; EuGH, Urt. v. 16.06.2015 – C-62/14, ECLI:EU:C:2015:400, *Gauweiler*; BVerfGE 142, 123, 226 ff., *Schlussurteil OMT*; vgl. auch *Laas* in: von Arnauld/Hufeld, § 3 Rn. 49 ff.; *Haratsch/Koenig/Pechstein*, Europarecht, Rn. 167, 1409 f.; *Calliess* in: Maunz/Dürig, GG; Art. 24 Abs. 1 Rn. 148 ff.; *Manger-Nestler* in: Pechstein/Nowak/Häde, AEUV, Art. 127 Rn. 37 ff.

873 BVerfG, Beschl. v. 18.07.2017 – 2 BvR 859/15, u.a., BVerfGE 146, 216, 219 ff., 266 ff., *Vorlage PSPP*; EuGH, Urt. v. 11.12.2018 – C-493/17, ECLI:EU:C:2018:1000, *Weiss*; BVerfGE 154, 17 ff., *PSPP*; *Nettesheim*, NJW 2020, 1631 ff.; *Kainer*, EuZW 2020, 533 ff.; *Haratsch/Koenig/Pechstein*, *Europarecht*, Rn. 1412; *Herdegen*, Europarecht, § 23 Rn. 19 ff., 49 ff.; *Gentzsch*, BKR 2020, 576 ff.; *Möllers*, EuZW 2020, 503 ff.

874 *Gentzsch*, BKR 2020, 576 (582 f); EZB, Zusammenfassung der geldpolitischen Sitzung des Rates der Europäischen Zentralbank, 25.06.2020, abrufbar unter: https://www.bundesbank.de/resource/blob/835454/db716af56772b39378f255f151f702a7/mL/2020-06-25-account-data.pdf (Abruf: 23.04.2021); vgl. zur posi-

Schwerwiegender als juristische Zwistigkeiten zwischen Europäischem Gerichtshof und Bundesverfassungsgericht ist jedoch die Tatsache, dass die Finanz- und Staatsschuldenkrise zu offenen Feindseligkeiten zwischen – verkürzt gesagt – den Mitgliedsstaaten im Norden und im Süden der Währungsunion geführt hat. Im Hinblick auf die Finanzkrise mit ihrer spaltenden Wirkung ist jedenfalls festzustellen, dass die Krise zwar zur Ruhe gebracht, aber nicht endgültig gelöst worden ist. Sie kann über eine erneute Staatsschulden- oder Bankenkrise jederzeit wieder aufflammen.[875] Die weitere institutionelle Umsetzung der Fiskalunion wird somit zunächst ein Kunststück der differenzierten Integration sein.

Perspektivisch würde in diesem Zusammenhang die Einrichtung einer Haushaltskapazität für die Euro-Zone zur Förderung der Konvergenz zwischen den Mitgliedstaaten den Weg zur Abschaffung der Nichtbeistandsklausel ebnen. Die „no-bail out"-Klausel des Art. 125 AEUV, die es den Mitgliedstaaten und der Union eigentlich nicht erlaubt, für die Verbindlichkeiten eines anderen Mitgliedstaats einzutreten,[876] soll eine monetäre Haushaltsfinanzierung der Mitgliedstaaten unterbinden. Diese Regelungen zwingen die Mitgliedstaaten zu einer Finanzierung am Kapitalmarkt und setzen sie den Marktkräften aus.[877] Die zentrale Bedeutung der Eigenverantwortlichkeit der mitgliedstaatlichen Haushalts- und Fiskalpolitik belegen die Verhandlungen im „Delors"-Ausschuss[878], der die Möglichkeit, den gesamtstaatlichen Regierungen

tiven Bewertung der Bundesbank zur Verhältnismäßigkeit in Sachen PSPP *Wolfgang Janisch*, „Verhältnismäßig kompliziert", Süddeutsche Zeitung v. 05.08.2020, abrufbar unter: https://www.sueddeutsche.de/wirtschaft/ezb-anleihenkaeufe-verhaeltnismaessig-kompliziert-1.4989938 (Abruf: 23.04.2021).

875 Vgl. *Hellwig*, EuZW 2018, 222 (224).

876 *Herrmann/Dausinger* in: Pechstein/Nowak/Häde, AEUV, Art. 125 Rn. 13; *Rodi* in: Vedder/Heintschel von Heinegg, AEUV, Art. 125 Rn. 5; *Rossi* in: Dauses/Ludwigs, A. III., Rn. 137.

877 *Von Lewinski* in: Isensee/Kirchhof, HStR, Bd. X, § 217 Rn. 69; *Hobe*, Europarecht, § 21 Rn. 1058 f.

878 Der Delors-Ausschuss war ein aus anerkannten Finanz- und Wirtschaftsexperten bestehendes Gremium unter dem Vorsitz des Präsidenten der Kommission, Jacques Delors. Dem Gremium gehörten außer dem Kommissionspräsidenten die Leiter der mitgliedstaatlichen Zentralbanken, ein weiteres Kommissionsmitglied sowie drei vom Rat benannte Mitglieder an. Der am 17.04.1989 vorgelegte „Bericht zur Wirtschafts- und Währungsunion in der Europäischen Gemeinschaft"

der Mitgliedstaaten eine Art Kassenkredit als geldpolitisches Instrument zuzugestehen, diskutierte, dann aber doch abgelehnt hat. Denn allein in Art. 122 Abs. 2 AEUV wird die Solidarität[879] als Motiv eines finanziellen Beistands[880] seitens der Europäischen Union normativ konkretisiert.[881] Mit Blick auf das Urteil „Pringle" des Europäischen Gerichtshofs ist Solidarität nur durch Maßnahmen zulässig, die auf den Mitgliedstaat die gleiche disziplinierende Wirkung haben, wie der Marktmechanismus.[882] Allerdings wäre dieses Paradigma aufgehoben, wenn den Mitgliedstaaten die Möglichkeit bereitgestellt wird, auf die gemeinsamen finanziellen Ressourcen einer Fiskalkapazität zurückzugreifen.[883]

(bekannt als „Delors-Bericht") schlug die Schaffung einer einheitlichen Währung im Gemeinschaftsgebiet vor, vgl. Ausschuss zur Prüfung der Wirtschafts- und Währungsunion, Bericht zur Wirtschafts- und Währungsunion in der Europäischen Gemeinschaft, abgedruckt in: Europa-Archiv 1989, D 283 ff.; *Dauses* in: Dauses/Ludwigs, F. I., Rn. 40 ff.; *Schmidt* in: Isensee/Kirchhof, HStR, Bd. XI, § 252 Rn. 18; *Schlesinger*, „Abweichende Meinungen müssen möglich sein", Handelsblatt v. 23.05.2014, S. 56.

879 Der Vertrag von Lissabon präzisiert, dass die Maßnahmen „*im Geiste der Solidarität zwischen den Mitgliedstaaten*" beschlossen werden sollen. Der Gedanke der Solidarität zwischen den Mitgliedstaaten findet sich bereits in Art. 3 Abs. 3 UAbs. 3 EUV, der die EU verpflichtet, diese – zusammen mit dem wirtschaftlichen, sozialen und territorialen Zusammenhalt – zu fördern. Art. 122 Abs. 1 AEUV konkretisiert diesen Geist der Solidarität zwischen den Mitgliedstaaten in Hinblick auf deren wirtschaftliche Situation, *Smulders/Keppenne* in: von der Groeben/Schwarze/Hatje, AEUV, Art. 122 Rn. 6.

880 Als finanzieller Beistand kommt jede Art von finanziellem Transfer in Betracht. Beispielhaft erwähnt seien: Kredite, ggf. unter Vorzugsbedingungen, Bürgschaften, Beihilfen u.Ä. Leistungen aufgrund des Art. 122 Abs. 2 AEUV sind Leistungen der EU (d.h. aus Unionsmitteln). Das EP wird über die Gewährung einer finanziellen Unterstützung ex-post vom Präsidenten des Rates unterrichtet, vgl. *Bandilla* in: Grabitz/Hilf/Nettesheim, AEUV, Art. 122 Rn. 19; *Kempen* in: Streinz, AEUV, Art. 122 Rn. 10; *Hattenberger* in: Schwarze/Becker/Hatje/Schoo, AEUV, Art. 122 Rn. 8.

881 Vgl. *Rodi* in: Vedder/Heintschel von Heinegg, AEUV, Art. 122 Rn. 9 f.; *Kempen* in: Streinz, AEUV, Art. 122 Rn. 7 ff.; *Hobe*, Europarecht, § 21 Rn. 1058.

882 EuGH, Urt. v. 27.11.2012 – C-370/12, ECLI:EU:C:2012:756, Rn. 130, 136 f., *Pringle*.

883 So hatte der ehemalige Präsident des Europäischen Rates, Herman van Rompuy bereits den Vorschlag unterbreitet, eine „Fiskalkapazität" einzurichten, die namentlich dazu dienen soll, Länder des Euro-Währungsgebiets bei asymmetrischen Schocks über Wirtschaftszyklen hinweg zu unterstützen, *van Rompuy/Barroso/Juncker/Draghi*, „Auf dem Weg zu einer echten Wirtschafts- und Währungs-

In einem ähnlichen Zusammenhang wurden vom Europäischen Rat Beschlüsse zum Mehrjährigen Finanzrahmen[884] und zu Finanzhilfen für den Ausgleich von Corona-Pandemieschäden getroffen, welche tiefgreifende Änderungen unmittelbar für die europäische Haushaltsverfassung und mittelbar für die Wirtschafts- und Währungsunion mit sich bringen. So einigten sich die Staats- und Regierungschefs beim außerordentlichen Europäischen Rat Mitte Juli 2020 auf einen mit EUR 750 Mrd. ausgestatteten Sonderhaushalt mit der Bezeichnung „Next Generation EU" (NGEU)[885] und einen neuen Mehrjährigen Finanzrahmen für den Zeitraum 2021 bis 2027 im Gesamtumfang von EUR 1.074,3 Mrd.[886] Hierbei sind drei Bausteine[887] zu unterscheiden: (i) NGEU-Mittelschöpfung im Wege einer *außerordentlichen und befristeten Ermächtigung zur Mittelaufnahme* am Kapitalmarkt, (ii) NGEU-Mittelzuweisung im sogenannten Aufbauinstrument („European Union Recovery Instrument") und (iii) NGEU-Mittelverwendung in Programmen, insbesondere die Aufbau- und Resilienzfazilität („Recovery and Resilience Facility") mit Unterstützung der Mitglied-

union", 05.12.2012, S. 8 ff., abrufbar unter: https://www.consilium.europa.eu/media/23801/134206.pdf (Abruf: 08.10.2020); vgl. auch *Pilz*, EuZW 2017, 637 (641); *Blanke/Pilz*, EuR 2014, 541 ff.; *Weber*, EuR 2013, 375 (385 f.); a.A. bspw. der deutsche Sachverständigenrat zur Begutachtung der gesamtwirtschaftlichen Entwicklung, der in seinem Jahresgutachten 2018/19 die Einrichtung einer Finanzkapazität als nicht notwendig erachtet und darin die Gefahr der Einführung einer Transferunion durch die Hintertür sieht, BT-Drucks. 19/5800, S. XXIV, 4.

884 Der Mehrjährige Finanzrahmen soll gewährleisten, dass die Ausgaben der EU innerhalb der Grenzen der Eigenmittel der EU eine geordnete Entwicklung nehmen (vgl. Art. 312 Abs. 1 Satz 1 AEUV). Er umfasst einen Zeitplan von mindestens fünf Jahren und bestimmt damit die Haushaltsdisziplin der EU mit (Art. 312 Abs. 1 UAbs. 1, vgl. auch Art. 310 Abs. 4 AEUV), vgl. *Magiera* in: Grabitz/Hilf/Nettesheim, AEUV, Art. 312 Rn. 7 ff.; *Haratsch/Koenig/Pechstein*, Europarecht, Rn. 674.

885 Vgl. zum Gesamtkonzept die Mitteilung der Kommission an das Europäische Parlament, den Europäischen Rat, den Rat, den Europäischen Wirtschafts- und Sozialausschuss und den Ausschuss der Regionen, Der EU-Haushalt als Motor für den Europäischen Aufbauplan, COM(2020) 442 final v. 27.05.2020.

886 Schlussfolgerungen der außerordentlichen Tagung des Europäischen Rates v. 21.07.2020, EUCO 10/20. Siehe auch die Übersicht zum Gesamtausgabenvolumen des Mehrjährigen Finanzrahmens 2021–2027 *Herdegen*, Europarecht, § 11 Rn. 12.

887 Vgl. auch *Güßregen*, EuZW 2020, 636.

staaten für Investitionen und Reformen, gerichtet auf *ökologischen und digitalen Wandel*.

Die NGEU-Mittelschöpfung soll in das Eigenmittelsystem und den Mehrjährigen Finanzrahmen integriert werden, sodass Next Generation EU und der Mehrjährige Finanzrahmen eine Einheit bilden.[888] Damit sind die Mitgliedstaaten selbst und unmittelbar involviert (vgl. Art. 311 Abs. 3 Satz 3 AEUV). Indem die NGEU-Mittelzuweisung auf Art. 122 AEUV gestützt werden soll,[889] reklamiert der Rat für sich eine Maßnahmenkompetenz für Wirtschaftspolitik in der Krise und eine Verteilungskompetenz. Zugleich bindet er das Projekt insgesamt an die notstandsrechtlichen Voraussetzungen des Art. 122 AEUV. Erst auf der Ebene der NGEU-Mittelverwendung wird im Rekurs auf Art. 175 Abs. 3 AEUV das Europäische Parlament einbezogen. In diesem Dreiklang (Art. 311, Art. 122, Art. 175 AEUV) wird Next Generation EU von unten nach oben aufgebaut, intergouvernemental fundiert, danach aber schrittweise supranationalisiert. In der operativen Durchführung der Aufbau- und Resilienzfazilität, insbesondere in der Beschlussfassung über die einzelstaatlichen Aufbau- und Resilienzpläne[890] wird der Kommission eine Schlüsselrolle zukommen. Die Struktur des Next Generation EU unterscheidet sich sehr deutlich von der des Europäischen Stabilitätsmechanismus.[891]

---

888 Schlussfolgerungen der außerordentlichen Tagung des Europäischen Rates v. 21.07.2020, EUCO 10/20, Präambel, S. 1.

889 Vgl. *D. Meyer*, EuZW 2021, 16 (19 f.); *Ruffert*, NVwZ 2020, 1777 (1778 ff.).

890 Schlussfolgerungen der außerordentlichen Tagung des Europäischen Rates v. 21.07.2020, EUCO 10/20, S. 6.

891 Vergleich NGEU-Maßnahmen und ESM-Hilfe: ESM-Hilfe wird ausschließlich in Form von Krediten gewährt, NGEU-Maßnahmen setzen sich zusammen aus „nicht rückzahlbarer Unterstützung“ und „Darlehen für die Mitgliedstaaten“; ESM-Hilfe fließt aus einem permanenten Kapitalstock, NGEU-Maßnahmen aus „außerordentlichen und zeitlich befristeten zusätzlichen Mitteln zur Bewältigung der Covid-19-Krise“; ESM-Hilfe findet Deckung in Staatsressourcen, NGEU-Maßnahmen in Unionsressourcen; ESM-Hilfe wird horizontal zwischen den Staaten organisiert, NGEU-Maßnahmen sind vertikale außerordentliche Art. 122 Abs. 1 AEUV-„Maßnahmen“ der Wirtschaftspolitik; ESM-Hilfe stützt sich auf einen verselbständigten, auf Dauer gestellten „Mechanismus“ mit eigenen Organen in einem „System intergouvernementalen Regierens“, NGEU-Maßnahmen auf etabliertes Primärrecht, auf das vorhandene, allgemeine, abstrakt konzipierte, in der Krise verfügbare Notstandsrecht des AEUV, haushaltspolitisch beherrschbar im mitgliedstaatlichen Souveränitätsvorbehalt des Art. 311 Abs. 3 AEUV;

Bislang ist es (formal) ein wesentliches Prinzip der Europäischen Union das deren Aktivitäten nicht über Schulden, sondern über zugewiesene Einnahmen, letztlich durch Beiträge der Mitgliedstaaten getragen werden.[892] Von diesem Prinzip weicht der Europäische Rat mit Next Generation EU zunächst ab. Er schafft einen mitgliedschaftlich garantierten, schuldenfinanzierten Sonderhaushalt, aus dem Mitgliedstaaten Zuschüsse erhalten und Kredite ziehen können. Mit dem Sonderhaushalt sind erhebliche Finanz- bzw. Wohlstandstransfers zwischen den Mitgliedstaaten verbunden, unmittelbar durch die Zuschussprogramme von Next Generation EU und mittelbar durch die mitgliedstaatliche Garantie der Unionskredite. Mit Next Generation EU werden die Gegensätze über den langfristigen Finanztransfer zwischen den Staaten der Euro-Zone, die unter den Titeln „Transferunion“, „Euro-Bonds“ und „Fiskalkapazität“ geführt wurden, vorerst beigelegt bzw. ausgesetzt.[893] So bleibt die Schuldenermächtigung für die Union allerdings zeitlich befristet und im Umfang begrenzt.

Trotzdem könnte der Schluss naheliegen, dass Next Generation EU den unbenannten Einstieg in die Vollendung der Fiskalunion bedeutet.[894] Dass der Europäische Rat ein solches Ergebnis gebracht hat, ist eine Interpretation, die verworfen oder angenommen werden kann. Hingegen steht außer Frage, dass die Europäische Union über Krisen-

ESM-Hilfe resultiert aus einem Stabilisierungskonzept mit solidarischer Komponente, NGEU-Maßnahmen werden gewährt „im Geiste der Solidarität“ (Art. 122 Abs. 1 AEUV) „zur Förderung der Konvergenz, der Resilienz und des Wandels in der Europäischen Union“; ESM-Hilfe tritt an die Stelle der Finanzmärkte und substituiert staatlich eigenverantwortliche „Marktdisziplin“ durch „Konditionalität“, NGEU-Maßnahmen erwachsen aus unionaler Wirtschaftspolitik im Notstand; vgl. auch *Schorkopf*, NJW 2020, 3085 (3090); Deutscher Bundestag, Ausschuss für Angelegenheiten der Europäischen Union, Ausschussdrucksache 19(21)117, S. 2.

892 Zur vertraglichen Kompetenz der EU zur Kreditaufnahme i.R.d. NGEU *Herdegen*, Europarecht, § 11 Rn. 11; krit. *Ruffert*, NVwZ 2020, 1777 (1778 f.).

893 Vgl. zu Finanztransfers zwischen den Mitgliedstaaten *Blanke/Pilz*, EuR 2014, 541 ff.

894 Vgl. *Heinemann*, integration 2020, 101; *Meyer*, EuZW 2021, 16 ff.; *Habermas*, Blätter für deutsche und internationale Politik 2020, 41 (45 f.); *Herdegen*, Europarecht, § 11 Rn. 10.

maßnahmen bislang stetig dauerhafte Integrationsfortschritte gemacht hat.[895]

Des Weiteren zeigt bereits ein Rückblick in die Geschichte, dass alle Währungsunionen, die nicht von einer wie auch immer ausgestalteten Fiskalunion begleitet waren, früher oder später gescheitert sind. Dafür findet sich ein eindeutiges Beispiel in der jüngeren europäischen Geschichte. In Europa gab es ab 1865 die sogenannte Lateinische Münzunion, bei der die Wechselkurse zwischen den Gold- und Silbermünzen der Mitgliedstaaten und deren Edelmetallgehalt vertraglich festgelegt waren. Die Münzunion geriet in Schwierigkeiten, als einige Staaten ihre Haushaltsdefizite nicht nur durch Kreditaufnahme, sondern auch durch Inflation finanzierten, indem sie Papiergeld anstelle von Münzen ausgaben oder den Edelmetallgehalt ihrer Münzen reduzierten, was die Währungen der anderen Staaten schädigte. Mit derartigen Verstößen gegen das Regelwerk der Münzunion taten sich vor allem Griechenland und Italien hervor. Griechenland wurde 1893 insolvent, musste 1908 die Union verlassen, vereinbarte mit seinen Gläubigern einen Schuldenschnitt und trat 1910 der Union wieder bei. Als eine der Folgen des 1. Weltkriegs brach die Münzunion 1919 auseinander.[896] Die deutsche Zollunion aus dem 19. Jahrhundert hingegen, die in einer Währungsunion mündete, war aufgrund der politischen Vereinigung von 1871 von Erfolg gekrönt. Der Währungserfolg und die politische Integration gehen somit miteinander einher, da eine solche Union ein hohes Maß an wirtschaftspolitischer Koordinierung und somit einen gewissen Grad an (bundesstaatlicher) Zentralisierung voraussetzt.[897]

---

895 *Schorkopf*, NJW 2020, 3085 (3087 ff.); Deutscher Bundestag, Ausschuss für Angelegenheiten der Europäischen Union, Ausschussdrucksache 19(21)117, S. 2 ff.

896 Stellungnahme des Europäischen Wirtschafts- und Sozialausschusses zum Thema „Die Wirtschaft der EU: Bilanz 2006 – Wirtschaftspolitische Prioritäten zur Stärkung der Euro-Zone", KOM(2006) 714 endg. v. 22.11.2006 – SEK(2006) 1490, ABl. 2008 C 10, S. 88; *von Lewinski* in: Isensee/Kirchhof, HStR, Bd. X, § 217 Rn. 31; *Lüder*, EuR 2003, 356 ff.

897 *Seiler* in: Maunz/Dürig, GG, Art. 106 Rn. 8 f.; *Maurer*, Staatsrecht I, § 4 Rn. 11; vgl. auch die Parallelen zwischen der Schweizer Bundesstaatsgründung 1848 und der Diskussion über die Ausgestaltung der Fiskalunion in der EU. Die Schweizer Verfassungsgebung bietet einige Anhaltspunkte über institutionelle Voraussetzungen für eine erfolgreiche Fiskalunion. So wird deutlich, dass sich ähnliche Entwick-

cc) Bankenunion

Im Zuge der Finanz- und Staatsschuldenkrise hat sich herausgestellt, dass eine nationale Bankenaufsicht nicht ausreicht, um systemische Risiken zu beherrschen. Die Banken haben für viele Freiheitsgewährleistungen des europäischen Binnenmarktes eine Schlüsselstellung inne. Durch Kreditvergabe sorgen sie für Liquidität, die den Verkehr von Waren und Dienstleistungen sichert, und refinanzieren sich wiederum bei der Europäischen Zentralbank, die als Vertragspartner agiert.[898] Gerade dies birgt aber Gefahren, was sich an den Finanzmärkten gezeigt hat. Von hier ausstrahlende Schockwellen erschütterten die Fiskalpolitik der Mitgliedstaaten und bedrohten letztlich auch den Euro. Daher hat die Kommission als weitere Ergänzung der Wirtschafts- und Währungsunion im September 2012 Vorschläge für die Errichtung einer Bankenunion erarbeitet, woraufhin auf Grundlage des Art. 127 Abs. 6 AEUV als wesentliches Element einer solchen europäischen Bankenunion[899] die Kontrolle über die größten Geldhäuser im Euro-Raum auf die Europäische Zentralbank übertragen wurde. Hauptziel der europäischen Bankenunion ist dabei, Banken nicht national, sondern europäisch zu beaufsichtigen, um damit zu verhindern, dass nationale Aufsichtsbehörden im Interesse der nationalen Wettbewerbsfä-

---

lungen vollzogen, wie sie heute in der EU zu beobachten sind, *Schaltegger/Studer*, WiSt 2015, 630 (634).

898 *Kämmerer* in: von Münch/Kunig, GG, Art. 88 Rn. 35 ff.; *ders.*, NVwZ 2013, 830.

899 Als europäische Bankenunion wird die Harmonisierung der aufsichtsrechtlichen Rahmenbedingungen für Kreditinstitute und Wertpapierfirmen innerhalb der EU bezeichnet. Die drei Säulen der Bankenunion sind: (i) der einheitliche Aufsichtsmechanismus (Single Supervisory Mechanism), nach dem die Aufsicht über systemrelevante Institute bei der EZB, im Übrigen bei den nationalen Aufsichtsbehörden liegt und insgesamt einheitlichen Regeln folgt (VO (EU) 1024/2013 v. 15.10.2013, ABl. 2013 L 287, S. 63), (ii) der einheitliche Abwicklungsmechanismus (Single Resolution Mechanism), nach dem bestandsgefährdete Institute nach einheitlichen Regeln abgewickelt werden (RL 2014/59/EU v. 15.05.2014, ABl. 2014 L 173, S. 84; VO (EU) 806/2014 v. 15.07.2014, ABl. 2014 L 225, S. 1) und (iii) das einheitliche Regelwerk (Single Rule Book) der für alle Institute verbindlichen Vorschriften. Hierzu gehören vor allem die Regeln zur Einlagensicherung (RL 2014/49/EU über Einlagensicherungssysteme v. 16.04.2014, ABl. 2014 L 173, S. 149), *Hakenberg* in: Creifelds, Rechtswörterbuch, „Bankenunion"; *Assmann/Buck-Heeb* in: Assmann/Schütze/Buck-Heeb, § 1 Rn. 66 ff.; *Hakenberg*, Europarecht, 6. Teil Rn. 623 f.

higkeit oder aus fiskalischen Gründen ihre Aufsichtsbefugnisse gegenüber heimischen Instituten nur zurückhaltend oder gar nicht ausüben. Im Gegenzug soll es möglich werden, in Schwierigkeiten geratene Banken nicht mehr stets aus dem nationalen Staatshaushalt, sondern aus einem gemeinsamen, von Bankenabgaben gespeisten europäischen Bankenrettungsfonds sowie in besonderen Fällen direkt durch den dauerhaften Europäischen Stabilitätsmechanismus zu rekapitalisieren. Eine trotz europäischer Aufsicht in einer Krise erforderlich werdende Bankenrettung soll somit nicht mehr ausschließlich zulasten der nationalen Staatsfinanzen gehen.[900] Erforderlichenfalls kann die Europäische Zentralbank auf alle Kreditinstitute zugreifen, selbst wenn die nationalen Aufsichtsbehörden grundsätzlich zuständig bleiben. Der Umfang der Zuständigkeiten der Europäischen Zentralbank erschien daher zumindest grenzwertig.[901] Obwohl es gute Gründe gab, von einer Grenzüberschreitung auszugehen, handelt es sich dennoch nicht um eine vollständige Übertragung der Bankenaufsicht auf die Europäische Zentralbank. Soweit nur eine sekundärrechtliche Spezifizierung verlangt wird, entspricht die VO (EU) 1024/2013 über den einheitlichen Aufsichtsmechanismus[902] dem Primärecht.[903]

---

900 *Selmayr* in: von der Groeben/Schwarze/Hatje, AEUV, Art. 127 Rn. 51 ff.; *Häde* in: Calliess/Ruffert, AEUV, Art. 127 Rn. 56; *Hobe*, Europarecht, § 21 Rn. 1064; *Ceyssens*, NJW 2013, 3704 ff.; *Calliess*, DÖV 2013, 785 (793 ff.).

901 Vgl. u.a. *Sacarcelik*, BKR 2013, 353 (357); *Kämmerer*, NVwZ 2013, 830 (836), die insbesondere in Art. 127 Abs. 6 AEUV keine hinreichende Rechtsgrundlage für die Errichtung einer Bankenunion sehen.

902 ABl. 2013 L 287, S. 63 (SSM).

903 Indessen hat das BVerfG Verfassungsbeschwerden gegen die Vorschriften der Bankenunion zurückgewiesen. So hat das BVerfG in der Einrichtung des SSM im Lichte von Art. 127 Abs. 6 AEUV keine *„offensichtliche"* Kompetenzüberschreitung gesehen, da den nationalen Behörden für die Masse der nicht *„bedeutenden"* (und damit in der Regel nicht von der EZB direkt beaufsichtigten) Kreditinstitute in hinreichendem Umfang Aufsichtsbefugnisse verblieben. Die Unabhängigkeit der EZB auch bei der Bankensaufsicht hat das BVerfG als *„zwar bedenklich, aber im Ergebnis noch hinnehmbar"* eingestuft und dabei auf kompensatorische Faktoren (Bestellung der Beschlussorgane der EZB, administrative Überprüfungsmechanismen, den Rechtsschutz durch den EuGH sowie Rechenschafts- und Berichtspflichten) verwiesen. Auch die Unabhängigkeit der nationalen Bankaufsichtsbehörden im Rahmen des SSM (Art. 19 Abs. 1 SSM-Verordnung) nimmt das BVerfG hin, BVerfG, Urt. v. 30.07.2019 – 2 BvR 1685/14 u.a., BVerfGE 151, 202, 302 ff., 327 ff., 334 ff., *Bankenunion*; *Ludwigs/Pascher/Sikora*, EWS 2020, Teil I, 1 ff.; *dies.*, EWS 2020, Teil II, 85 ff.; *Wehmhörner*, NVwZ 2020, 342 ff.; *Ruffert*, JuS

Hingegen bestehen Systeme der Einlagensicherung bislang nur auf nationaler Ebene. Die Richtlinie 2014/49/EU[904] legt neue Standards für Einlagensicherungssysteme in der Europäischen Union fest. Die Vorschläge der Kommission für eine zumindest teilweise Vergemeinschaftung der Einlagensicherung und Zusammenführung von Deckungskapital unter dem Dach der Europäischen Union[905] stoßen bislang auf energische rechtliche Einwände – Erfordernis einer Vertragsänderung – und politische Widerstände insbesondere in Deutschland, die sich gegen eine Vergemeinschaftung von Risiken des Bankensektors anderer Mitgliedstaaten richten.[906]

Allerdings bedarf es nicht nur auf Unions- und mitgliedstaatlicher Ebene zusätzlicher Schritte, um die Bankenunion zu vollenden. Banken müssten unter anderem eine europäische Bankenlizenz erwerben, die eine Qualifizierung auf der Grundlage einer gründlichen Neubewertung der Aktivseite einschließlich der Staatsanleihen unter Hinzuziehung externer Experten ebenso wie die Erfüllung der Anforderun-

2019, 1033 ff.; *Forsthoff*, EuZW 2019, 977 ff.; *Gentzsch/Brade*, EuR 2019, 602 ff.; vgl. auch *Häde* in: Calliess/Ruffert, AEUV, Art. 127 Rn. 53, 56; *Dinov*, EuR 2013, 593 (603 ff.).

904 ABl. 2014 L 173, S. 149.

905 Vorschlag für eine Verordnung des Europäischen Parlaments und des Rates zur Änderung der VO (EU) Nr. 806/2014 im Hinblick auf die Schaffung eines europäischen Einlagenversicherungssystems, COM(2015) 586 final v. 24.11.2015; der Vorschlag geht auf den Bericht der fünf Präsidenten „Die Wirtschafts- und Währungsunion Europas vollenden" v. 22.06.2015 zurück, abrufbar unter: http://ec.europa.eu/priorities/economic-monetary-union/docs/5-presidents-report_de.pdf (Abruf: 08.10.2020).

906 *Glaesner* in: Schwarze/Becker/Hatje/Schoo, AEUV, Art. 63 Rn. 77; *Herdegen*, Europarecht, § 23 Rn. 92; *Berger*, BKR 2016, 144 ff. Gemäß parlamentarischem Pressedienst vertraten in einer Anhörung vor dem Europaausschuss des Bundestags am 06.06.2018 Experten allerdings überwiegend die Auffassung, dass die Wirtschafts- und Währungsunion ausgebaut und krisenfester gemacht sowie die Bankenunion vertieft werden sollte. Hintergrund war der im Dezember 2017 von der Kommission vorgelegte Fahrplan zur Vollendung der Wirtschafts- und Währungsunion – u.a. soll danach ein europäisches Einlagenversicherungssystem geschaffen werden; vgl. bereits die Mitteilung der Kommission an das Europäische Parlament, den Rat, die Europäische Zentralbank, den Europäischen Wirtschafts- und Sozialausschuss und den Ausschuss der Regionen, Auf dem Weg zur Vollendung der Bankenunion, COM(2015) 587 final v. 24.11.2015.

gen der internationalen Regelungen von „Basel III“[907] verlangen würde. Die privilegierte Rolle von Staatsanleihen als risikolose Papiere müsste abgeschafft werden.[908] Die Umsetzung eines solchen Schrittes ist jedoch zu bezweifeln. Schließlich wird das Halten von Staatsanleihen nach wie vor gefördert, da hierfür kein Eigenkapital zu unterlegen ist. Das wird sich auch durch das auf eine Weiterentwicklung der Bankenunion gerichtete Regelwerk Basel III faktisch nicht ändern. Mithin werden weiterhin Abhängigkeiten zwischen Banken und Staaten bestehen bleiben.[909]

Ob von einer Bankenunion, gerade wenn an ihr nur die Euro-Staaten teilhaben, positive Impulse für die Einheit der Europäischen Union ausgehen, bleibt zumindest zu bezweifeln. Die mit Aufsichtsfunktionen belehnte Europäische Zentralbank markiert heute einen immer breiter werdenden Riss zwischen Euro- und Nicht-Euro-Mitgliedstaaten. Dass sich die Letztgenannten der Aufsicht der Europäischen Zentralbank freiwillig unterwerfen werden, ist weiter unwahrscheinlich. Versuche, mit einem alternativen Modell die Nicht-Euro-Mitgliedstaaten für die Bankenunion zu gewinnen, wurden allerdings bislang nicht ernsthaft unternommen.[910]

907 Baseler Ausschuss für Bankenaufsicht zur Eigenkapital- und Liquiditätsausstattung von Kreditinstituten. Danach müssen Banken Kredite und sonstige Risiken mit hartem Kernkapital in Höhe von 7 % und weichem Kernkapital in Höhe von 3,5 % unterlegen. Die Umsetzung der Empfehlungen erfolgte auf Unionsebene durch Erlass der VO (EU) 575/2013 v. 26.06.2013, ABl. 2013 L 321, S. 6 (Capital Requirements Regulation – CRR) sowie der Richtlinie 2013/36/EU v. 26.06.2013, ABl. 2013 L 176, S. 338 (Capital Requirements Directive – CRD IV), vgl. dazu *Wellerdt*, EuZW 2017, 172 ff.

908 Vgl. Vom Binnenmarkt zur Bankenunion: Ein Vorschlag des Sachverständigenrates zur Begutachtung der gesamtwirtschaftlichen Entwicklung, Arbeitspapier 09/2012, S. 3, abrufbar unter: https://www.sachverstaendigenrat-wirtschaft.de/fileadmin/dateiablage/download/publikationen/arbeitspapier_09_2012.pdf (Abruf: 08.10.2020).

909 Vgl. zu dieser Einschätzung *Burghof*, WiSt 2014, 491 (493).

910 Das Vereinigte Königreich als Nicht-Euro-Staat und wesentlicher Akteur der europäischen Kreditwirtschaft hatte ebenfalls die Teilnahme an der Bankenunion verweigert. Mit Vollzug des Brexit erübrigen sich jedoch weitere Einbindungsversuche, vgl. *Kämmerer*, NVwZ 2013 830 (836).

dd) Europäischer Währungsfonds und Finanzminister

Obwohl die Krise im Euro-Währungsgebiet durch die seit 2010 ergriffenen Maßnahmen vorläufig unter Kontrolle ist, bleibt die Erholung – insbesondere auch unter den massiven wirtschaftlichen Auswirkungen der Corona-Pandemie – zu langsam, zu anfällig und zu abhängig von externen Partnern. Ziel muss es daher sein, die Wirtschafts- und Währungsunion zu vollenden[911], um die Voraussetzungen für eine dauerhafte Erholung zu schaffen.[912] Die Wirtschafts- und Währungsunion wird mithin noch weitergehende Maßnahmen erfordern, um langfristig gesichert und letztlich vollendet zu sein. Effektiv ist die Trennung der Währung, die gemeinsam gesteuert wird, von der Finanz- und Wirtschaftspolitik, die in den Händen der jeweiligen Mitgliedstaaten verbleibt, ein strukturelles Problem. Es ist daher als Zwischenschritt auf dem Weg zu einem europäischen Bundesstaat, vielfach eine stärkere Zusammenarbeit und eine institutionelle Erweiterung zu fordern.

In ihrem Reflexionspapier zur Vertiefung der Wirtschafts- und Währungsunion von Mai 2017 formulierte die Kommission[913] zunächst das Ziel, dass alle Mitgliedstaaten der Europäischen Union bis 2025 dem Euro beitreten. In einer ersten Phase sollten die Banken und Kapitalmärkte mit Hilfe der Mechanismen der Bankenunion weiter gestärkt werden. Eine weitergehende Verbesserung der Konvergenz sollte durch gemeinsame Standards für Wirtschafts- und Sozialsysteme erreicht werden, was regelmäßig überprüft werden soll. In einer zweiten Phase von 2020 – 2025 soll ein Finanzinstrument für die gemeinsame Emission von Schuldtiteln geschaffen werden, was unter dem Schlagwort „Euro-Bonds"[914] wegen der gesamtschuldnerischen Haftung weiter stark umstritten ist.

---

911 Siehe zu den Bestrebungen einer Vollendung der Wirtschafts- und Währungsunion bereits *Juncker/Tusk/Dijsselbloem/Draghi/Schulz*, Bericht der fünf Präsidenten, Die Wirtschafts- und Währungsunion vollenden, 22.06.2015, abrufbar unter: https://ec.europa.eu/commission/sites/beta-political/files/5-presidents-report_de_0.pdf (Abruf: 13.10.2020).

912 Vgl. *Horn*, NJW 2011, 1398 (1399); *Blanke/Pilz*, EuR 2020, 270 (285 ff.).

913 Europäische Kommission, Reflexionspapier zur Vertiefung der Wirtschafts- und Währungsunion, COM(2017) 291 final v. 31.05.2017.

914 Euro-Bonds sind Anleihen, die von allen Mitgliedstaaten der EU oder der Euro-Zone gemeinsam emittiert werden und für die entweder die einen oder die

Darüber hinaus befürworteten sowohl die Kommission[915] als auch das Europäische Parlament[916] die Schaffung eines sogenannten Schatzamts für den Euro-Raum und standen einem eigenen Haushalt des Euro-Raums positiv gegenüber. Institutionell hätte ein solches Schatzamt mit der Euro-Gruppe verknüpft und der Verantwortung eines europäischen Finanzministers unterstellt werden können.[917] Während das Reflexionspapier der Kommission den Vorsitzenden der Euro-Gruppe respektive des ECOFIN-Rats[918] als europäischen Finanzminister vorgeschlagen hat, plädierte das Europäische Parlament für ein Mitglied der Kommission, das mit weitreichenden Kompetenzen ausgestattet worden wäre. Zudem hätten auch bereits vorhandene Kompetenzen und Dienste, wie der Europäische Stabilitätsmechanismus nach seiner Überführung in die Unionsrechtsordnung, in einem europäischen Schatzamt gebündelt werden können.[919] Der Europäische Stabilitäts-

---

anderen gesamtschuldnerisch haften (Gemeinschaftsanleihen, Unionsanleihen). Sie wurden (von wenigen Ausnahmen in den 1970er und 80er Jahren abgesehen) noch nie begeben, werden aber seit der Finanzkrise 2008 von verschiedenen Mitgliedstaaten als neues Instrument der solidarischen Kapitalbeschaffung gefordert, vgl. *Piecha*, EuZW 2012, 532 ff.; *Herdegen*, Europarecht, § 23 Rn. 32; vgl. im deutschen Kontext zur Unvereinbarkeit mit dem GG BVerfGE 129, 124, 180 ff., *Euro-Rettungsschirm*.

915 Europäische Kommission, Reflexionspapier zur Vertiefung der Wirtschafts- und Währungsunion, COM(2017) 291 final v. 31.05.2017.

916 Entschließung des Europäischen Parlaments zu möglichen Entwicklungen und Anpassungen der derzeitigen institutionellen Struktur der Europäischen Union, P8_TA(2017)0048 v. 16.02.2017; Entschließung des Europäischen Parlaments zur Verbesserung der Funktionsweise der Europäischen Union durch Ausschöpfung des Potentials des Vertrags von Lissabon, P8_TA(2017)0049 v. 16.02.2017; Entschließung des Europäischen Parlaments zu der Haushaltskapazität für das Euro-Währungsgebiet, P8_TA(2017)0050 v. 16.02.2017.

917 Die Gegenauffassung möchte indes einen europäischen Finanzminister als eine Art „Kontrolleur" installieren, der die Einhaltung der fiskalischen Regeln durch die Mitgliedstaaten überwacht. Einem gemeinsamen Haushalt respektive Parlament des Euro-Währungsgebietes würde hiermit eine Absage erteilt, vgl. bspw. *Brauneck*, EWS 2018, 81 (86).

918 ECOFIN (Economics and Finance Ministers) ist die für den Ministerrat der EU übliche Bezeichnung, wenn er sich aus den mitgliedstaatlichen Wirtschafts- und/oder Finanzministern, ggf. auch den für Haushalt zuständigen Ressortchefs, zusammensetzt, *Hakenberg* in: Creifelds, Rechtswörterbuch, „ECOFIN-Rat".

919 *Pilz*, EuZW 2017, 637 (638 f.).

mechanismus selbst sollte zu einem Europäischen Währungsfonds ausgebaut werden.[920]

Nach den ursprünglichen Plänen der Kommission vom Mai 2017 und des Europäischen Parlaments[921] sollte ein europäischer Finanzminister auch ein eigenes Euro-Zonen-Budget verwalten.[922] Wie vom Europäischen Parlament angeregt, würde der zuständige Kommissar als europäischer Finanzminister nach Errichtung der Fiskalkapazität und des Europäischen Währungsfonds alle erforderlichen Mittel und Kapazitäten erhalten, um den bestehenden Rahmen für die wirtschaftspolitische Steuerung anzuwenden und durchzusetzen und die Entwicklung des Euro-Währungsgebiets in Zusammenarbeit mit den Finanzministern der Mitgliedstaaten „zu optimieren".[923] Zugleich könnte das Kommissionsmitglied als einheitliche Vertretung bei den internationalen Einrichtungen, etwa dem Internationalen Währungsfonds, und Konferenzen im Finanzbereich das Euro-Währungsgebiet vertreten. Eine rechtliche Grundlage wäre dafür in Art. 138 Abs. 2 AEUV bereits angelegt.[924] Davon abhängig wäre gleichfalls die Frage nach der Legitimation. Soweit der europäische Finanzminister über ein eigenes Budget verfügt, muss dieser einer demokratisch legitimierten Kontrollinstanz unterliegen. Das Budget des Finanzministers ist nach dieser Überlegung aus dem Haushalt speziell für das Euro-Währungsgebiet zu speisen, welcher von einem zu gründenden Parlament der Euro-Zone bzw. nach Beitritt aller Mitgliedstaaten zum Euro dem Europäischen Parlament beschlossen wird. Dieses wiederum hat den europäischen Finanzminister zu kontrollieren und sorgt somit für die notwendige

920 Vgl. *Pilz*, EuZW 2017, 637 (642); *Forsthoff*, EuZW 2018, 108 ff.

921 Europäisches Parlament, P8_TA(2017)0050.

922 Dies entspräche etwa den Ideen und Vorschlägen des französischen Präsidenten Emmanuel Macron, der sich 2017 kurz nach seiner Wahl ebenfalls für einen gemeinsamen Haushalt und Finanzminister des Euro-Währungsgebiets aussprach, vgl. *Wohlgemuth*, WiSt 2017, 1; *Hakenberg*, Europarecht, 6. Teil Rn. 625.

923 Europäisches Parlament, P8_TA(2017)0049, Ziff. 31.

924 Europäisches Parlament, P8_TA(2017)0049, Ziff. 39. Bisher ist Art. 138 AEUV noch nicht angewendet worden, weshalb die Euro-Zone als zweitwichtigstes Währungsgebiet der Welt international bisher keine wirksame Stimme hat, *Potcas* in: Schwarze/Becker/Hatje/Schoo, AEUV, Art. 138 Rn. 1; vgl. hierzu auch *Häde* in: Calliess/Ruffert, AEUV, Art. 138 Rn. 9 ff.; *Palm* in: Grabitz/Hilf/Nettesheim, AEUV, Art. 138 Rn. 15b ff.

Legitimierung.[925] Der Finanzminister ist dann entsprechend seiner Legitimation auch zur Ausgabe von Anleihen befugt.

In diesem Vorgang würde die Europäische Union bereits durch Strukturen einer europäischen Föderation überformt und die nationalen Verfassungen zugleich an die Grenzen ihrer – vermeintlichen – Legitimationskraft im Prozess der europäischen Integration geführt.[926]

In der Zwischenzeit wagte die Kommission mit ihrem Vorschlag von Dezember 2017[927] den Vorstoß, den Europäischen Währungsfonds nicht nur innerhalb des unionalen Rechtsrahmens, sondern zugleich als Einrichtung der Europäischen Union zu errichten. Hierzu soll der Europäische Währungsfonds auf der bewährten Struktur des Europäischen Stabilitätsmechanismus fußen, aber als eigenständige juristische Person nach dem Unionsrecht gegründet werden (vgl. Art. 1 EWF-Satzung).[928] Mitglieder des Europäischen Währungsfonds sind die Mitgliedstaaten des Euro-Währungsgebiets. Alle übrigen Mitgliedstaaten der Europäischen Union werden im Falle der Einführung der gemeinsamen Währung ebenfalls zu Mitgliedern des Europäischen Währungsfonds (Art. 2 Abs. 2 EWF-Satzung).[929] Obwohl der Verordnungsvorschlag die Rechtsnatur des neuen Europäischen Währungs-

925 Europäisches Parlament, P8_TA(2017)0050, „iii. Steuerung, demokratische Rechenschaftspflicht und Kontrolle"; *Pilz*, EuZW 2017, 637 (639).

926 *Pilz*, EuZW 2017, 637.

927 Im Einzelnen beinhaltet das Kommissionspaket v. 06.12.2017 vier Hauptinitiativen: (i) Errichtung des Europäischen Währungsfonds (VO-Vorschlag COM(2017) 827 final), (ii) Überführung des Fiskalvertrags in das Unionsrecht (RL-Vorschlag COM(2017) 824 final), (iii) neue Haushaltsinstrumente (COM(2017) 822 final) sowie (iv) die Schaffung eines Europäischen Finanzministers (COM(2017) 823 final).

928 Europäische Kommission, Vorschlag für eine Verordnung des Rates über die Einrichtung des Europäischen Währungsfonds, COM(2017) 827 final und Anhang des Vorschlags, Satzung des Europäischen Währungsfonds, COM(2017) 827 final ANNEX.

929 Nach Art. 2 Abs. 1 ESM-Vertrag stand die Teilnahme am völkerrechtlichen ESM den neuen Euro-Staaten offen, wohingegen sie nach Art. 2 Abs. 2 EWF-Satzung automatisch Vollmitglieder des neuen EWF werden, Europäische Kommission, VO-Vorschlag COM(2017) 827 final v. 06.12.2017, 22. Erwägungsgrund, S. 2 Anm. 5.

fonds nicht ausdrücklich regelt, wird dieser faktisch zu einer Unionsagentur oder gleicht zumindest einer solchen annähernd.[930]

Ziel und Aufgabe des Europäischen Währungsfonds soll nach Art. 2 Abs. 2 EWF-Satzung sein zu gewährleisten, dass die Mitgliedstaaten des Euro-Währungsgebiets im Fall finanzieller Schwierigkeiten weiterhin unterstützt werden. Außerdem würde der Europäische Währungsfonds die gemeinsame Letztsicherung für den einheitlichen Abwicklungsfonds übernehmen und als letzter Kreditgeber fungieren, um die geordnete Abwicklung notleidender Banken zu erleichtern. Daneben sind eine raschere Beschlussfassung in dringenden Fällen und eine direkte Einbindung in die Verwaltung der Finanzhilfeprogramme vorgesehen.[931] Im weiteren Verlauf könnte der Europäische Währungsfonds ferner neue Finanzinstrumente entwickeln, bspw. zur Unterstützung einer möglichen Stabilisierungsfunktion.[932]

Eine solche Weiterentwicklung und Vereinheitlichung ist zu begrüßen, da das bisherige Nebeneinander von europäischen Institutionen und einem ständigen extra-unionalen Mechanismus wie dem Europäischen Stabilitätsmechanismus einen gespaltenen Rechtszustand schafft, bei dem Rechtsschutz, Achtung der Grundrechte sowie demokratische Rechenschaftspflichten inhaltlich nicht konsistent sind, sodass sie auch nur uneinheitlich und schwerfällig durchgesetzt werden können. In diesem Zusammenhang ist es sicherlich richtig und konsequent, die institutionelle Integration des Europäischen Stabilitätsmechanismus im Unionrechts in Form des Europäischen Währungsfonds anzustreben, um für ihn einen angemessenen Platz im institutionellen Rahmen der Europäischen Union zu schaffen. Ob dies allerdings bedeutet, im Wege abgeleiteter Gesetzgebung anstatt im Wege einer Vertragsrevision vorzugehen, steht auf einem anderen Blatt.[933]

---

930 Zu den sich daraus ergebenden Fragen der Reichweite von Entscheidungsbefugnissen des EWF vgl. *Manger-Nestler/Böttner*, ZaöRV 2019, 43 (73 ff.).

931 Europäische Kommission, VO-Vorschlag COM(2017) 827 final und Anhang des Vorschlags, Satzung des Europäischen Währungsfonds, COM(2017) 827 final ANNEX; *Manger-Nestler/Böttner*, ZaöRV 2019, 43 (52 ff.); *Brauneck*, EWS 2018, 81.

932 Europäische Kommission, VO-Vorschlag COM(2017) 827 final v. 06.12.2017, 71. Erwägungsgrund; PM v. 06.12.2017, IP/17/5005, Ziff. 1.

933 Vgl. *Brauneck*, EWS 2018, 81 (83 ff.), wonach der Anwendung des Art. 352 AEUV entgegensteht, dass es bereits eine Zuständigkeit für die Einrichtung eines EWF

Mit der Schaffung eines Europäischen Währungsfonds schlägt die Kommission gleichzeitig die Einrichtung des Amts eines Europäischen Ministers für Wirtschaft und Finanzen vor.[934] Nach diesen Plänen sollen die Ämter des für Wirtschaft und Finanzen zuständigen Kommissionsmitglieds als Vizepräsident und des Präsidenten der Euro-Gruppe verschmolzen werden, um somit die Kohärenz, Effizienz, Transparenz und demokratische Rechenschaftspflicht bei der wirtschaftspolitischen Steuerung zu erhöhen. Wesentlich dabei ist, das der neu zu schaffende Europäische Wirtschafts- und Finanzminister als Mitglied der Kommission die Arbeiten des Europäischen Währungsfonds überwachen und auch den Vorsitz im Gouverneursrat des Europäischen Währungsfonds führen sowie – zumindest nach den Ideen Emmanuel Macrons – ein eigenes Euro-Zonen-Budget verwalten soll.[935] In diesem Falle würde es sich um eine Erweiterung der Zuständigkeiten der Europäischen Union handeln, was nach Auffassung der Kommission im Rahmen der derzeitigen Unionsverträge bereits möglich wäre.[936]

---

zugunsten der Euro-Mitgliedstaaten in Gestalt des Art. 136 Abs. 3 AEUV gibt. Da dieser für die Einführung des Rechtsvorgängers ESM gilt, wäre er grds. auch für den Rechtsnachfolger EWF einschlägig. Die Einrichtung des EWF würde aufgrund der dadurch erfolgten Erweiterung der Unionszuständigkeiten nicht den Voraussetzungen des vereinfachten Vertragsänderungsverfahrens gemäß Art. 48 Abs. 6 UAbs. 3 EUV entsprechen und könnte somit nur nach dem ordentlichen Änderungsverfahren nach Art. 48 Abs. 2 – 5 EUV durchgeführt werden. A.A. bspw. *Manger-Nestler/Böttner*, ZaöRV 2019, 43 (66 ff.), die im Ergebnis zwar die Wahl der Flexibilitätsklausel als Rechtsgrundlage für die geplante EWF-Verordnung nicht als selbstverständlich ansehen. Jedoch offenbart ein genaueres Hinsehen, dass Art. 352 AEUV die Überführung des ESM in das Unionsrecht wohl gerade noch tragen kann. Diese bewege sich aber zweifelsohne an den Grenzen dessen, was unter der geltenden Primärrechtslage zu rechtfertigen ist. Die Einbindung des EWF in das Unionsrecht und die damit verbundene Rückholung extraunionaler Konstruktionen sowie die parlamentarischen und Rechnungskontrollmöglichkeiten verdienen in der Sache aber uneingeschränkte Zustimmung.

934 Mitteilung der Kommission an das Europäische Parlament, den Europäischen Rat, den Rat und die Europäische Zentralbank, Ein europäischer Minister für Wirtschaft und Finanzen, COM(2017) 823 final v. 06.12.2017.

935 Europäische Kommission, COM(2017) 823 final, S. 8 f.; *Manger-Nestler/Böttner*, ZaöRV 2019, 43 (50 f.); *Brauneck*, EWS 2018, 81 (86); *Böttner*, ZEuS 2018, 69 ff.

936 Europäische Kommission, Pressemitteilung v. 06.12.2017, IP/17/5005, Ziff. 4.; a.A. *Brauneck*, EWS 2018, 81 (86), wonach die Schaffung eines Europäischen Wirtschafts- und Finanzministers ebenfalls nur nach dem ordentlichen Vertragsänderungsverfahren des Art. 48 Abs. 2 – 5 EUV erfolgen kann.

Daher besteht hierbei bislang kein Konsens hinsichtlich der genauen Aufgaben und konkreten Befugnisse eines solchen europäischen Finanzministers, weil die Grundfrage nach dem Charakter der Europäischen Union und dem Maß der Solidarität unter ihren Mitgliedstaaten nicht abschließend geklärt ist.[937]

ee) Transferunion im europäischen Bundesstaat

Die zunehmende Verstetigung des Europäischen Stabilitätsmechanismus bis hin zum Aufgehen in einem Europäischen Währungsfonds mit einem Europäischen Wirtschafts- und Finanzminister wird in der politischen Auseinandersetzung wie auch zunehmend in der rechts- und europawissenschaftlichen Diskussion als ein Einstieg in einen europäischen Finanzausgleich gesehen.[938] Hierzu ist zunächst allgemein festzuhalten, dass ein europäischer Finanzausgleich auf das unionale Prinzip der Solidarität gestützt werden könnte, ohne dass er freilich von ihm gefordert würde.[939] Mit der bisherigen Währungsverfassung wäre ein europäischer Finanzausgleich aber nicht ohne Weiteres kompatibel.[940] Ein Finanzausgleich auf Unionsebene wäre jedenfalls dann zulässig, wenn er keine Finanzierungsautomatismen nach sich zieht. Das Transfervolumen muss deshalb der Höhe und dem Verpflichtungszeitraum nach begrenzt sein. Orientierungsgrößen können der politisch frei verfügbare Anteil am nationalen Gesamthaushalt unter Berücksichtigung der Schuldenquote und die Dauer einer Wahlperiode sein.[941]

---

937 *Manger-Nestler/Böttner*, ZaöRV 2019, 43 (84); *Blanke/Pilz*, EuR 2020, 270 (285 ff.).

938 Vgl. u.a. *Calliess*, VVDStRL 71 (2012), 113 (157); *Brauneck*, EWS 2018, 81; *Blanke/Pilz*, EuR 2020, 270 (286).

939 *Gussone*, Das Solidaritätsprinzip in der EU, S. 186 ff.; *Hilpold*, EuR 2016, 373 (393 ff.).

940 So besteht grds. nach den geltenden Vorschriften keine Pflicht, für Verbindlichkeiten anderer Mitgliedstaaten im Rahmen der EU einzustehen (Art. 125 AEUV). Im Rahmen der Bewältigung der Euro-Krise sind die Mitgliedstaaten jedoch solidarisch füreinander eingestanden und haben sich nicht auf diese Klausel berufen, insbesondere bei der Rettung Griechenlands vor dem Staatskonkurs, *Hakenberg*, Europarecht, 2. Teil Rn. 96.

941 *Schorkopf*, VVDStRL 71 (2012), 183 (216 f.), wonach der ESM-Vertrag(sentwurf) deshalb um eine Regelung hätte ergänzt werden müssen, die einen Austritt

In der konkreten Gestalt des Art. 136 Abs. 3 AEUV stellt sich diese Frage jedoch nicht, weil eine Ausnahme- und Notvorschrift wie diese schwerlich Basis für einen dauerhaften Finanzausgleich darstellen könnte.[942] Zwar ist nicht von der Hand zu weisen, dass eine substantielle und nicht nur punktuelle Hilfe für Mitgliedstaaten politisch den Weg für eine dauerhafte Transferunion[943] öffnen mag. Ein rechtlicher Automatismus besteht hierfür allerdings nicht.[944] Ohnehin ist eine Transferunion im Sinne eines föderalen Finanzausgleichs, wie der vergleichende Blick in die USA[945] und die Schweiz[946] zeigt, selbst in Bundesstaaten nicht zwingend.[947]

---

aus dem Mechanismus ausdrücklich vorsieht. Vgl. auch *von Lewinski* in: Isensee/Kirchhof, HStR, Bd. X, § 217 Rn. 96.

942 Vgl. *Calliess*, VVDStRL 71 (2012), 113 (156 f.); *Brauneck*, EWS 2018, 81 (82).

943 Der Begriff der Transferunion taucht in unterschiedlichen Zusammenhängen auf. Die begriffliche Erstreckung auf die bestehenden europäischen Strukturfonds (Art. 174 ff. AEUV) wird für falsch gehalten, weil diese der Sache nach bestimmt und der Summe nach begrenzt sind.

944 *Palm* in: Grabitz/Hilf/Nettesheim, AEUV, Art. 136 Rn. 48; *von Lewinski* in: Isensee/Kirchhof, HStR, Bd. X, § 217 Rn. 96; *Calliess*, VVDStRL 71 (2012), 113 (157 f.); *ders.*, DÖV 2013, 785 (793).

945 *Heun*, StWStP 5 (1994), 97 (106); *Häde*, ZfZ 1994, 228 (233); *Blanke*, ZaöRV 2005, 71 (92 ff.).

946 *Blanke*, ZaöRV, 71 (96 ff.); *Jörg*, Finanzverfassung und Föderalismus in Deutschland und in der Schweiz, S. 221; *Reich* in: Thürer/Aubert/Müller, Verfassungsrecht der Schweiz, S. 1199 ff.; *Häfelin/Haller/Keller/Thurnherr*, Schweizerisches Bundesstaatsrecht, Rn. 970 ff., 1257.

947 Bei der Debatte um eine Transferunion geht es um die Verknüpfung einer staatenbezogenen Finanzausgleichslösung, verstanden als eine Art Länderfinanzausgleich innerhalb der Euro-Zone. Zwar sollte es die Transferunion gerade nicht geben und doch wird den größten Finanzsündern geholfen. Der Staatsbankrott, in früheren Zeiten ein Grund für Grenzverschiebungen, ist in der EU kein Grund für Machtspiele. Die Autonomie der schwächeren Mitgliedstaaten scheint zwar eingeschränkt zu sein, tatsächlich fehlt aber nur die frühere Möglichkeit, die eigenen Bürger durch Abwertung der eigenen Währung zu enteignen (*Schmidt-Kessel*, GPR 2011, 269). Dagegen wird eingewandt, dass eine Transferunion mit einem Finanzausgleich den Gedanken, wonach die Starken den Schwachen helfen, pervertieren würde: Mitgliedstaaten mit solide geführten Haushalten müssten andere Mitgliedstaaten mit schlechter Fiskalpolitik unterstützen, was auch bedeutet, dass kleine Unionsländer mit einem niedrigen Lebensstandard der Bevölkerung, aber soliderer Politik, Steuergelder in Länder mit höherem Lebensstandard transferieren, *Issing*, Forschung Frankfurt 2012, S. 26; *Calliess*, VVDStRL 71 (2012), 113 (157).

Rettungsschirme wie der Europäisches Stabilitätsmechanismus gewähren zwar nach ihrer rechtstechnischen Konzeption bloße Finanzhilfen, die jedoch überwiegend durch Gewährleistungen der Mitgliedstaaten abgesichert sind. Da angesichts der naturgemäß prekären Finanzlage der jeweils zu unterstützenden Mitgliedstaaten eine Rückzahlung der ausgereichten Kredite unsicher ist, besteht in einem wirtschaftlichen Sinne bereits heute eine indirekte Haftung der Mitgliedstaaten des Europäischen Stabilitätsmechanismus. Vor dem Hintergrund des derzeitigen „no-bail out"-Grundsatzes des Art. 125 Abs. 1 Satz 2 AEUV kann dies nur gerechtfertigt werden, wenn eine Finalität der Finanzhilfen auf den Haftungsfall nicht besteht.

Eine Europäisierung der Schuldenhaftung käme ebenfalls zustande, wenn die Mitgliedstaaten gemeinsam Anleihen begeben würden. Diese Konstellation der sogenannten Euro-Bonds, die vornehmlich nicht die Schulden vergemeinschaften, sondern das Zinsniveau der Mitgliedstaaten[948] vereinheitlichen sollen. Solche Euro-Bonds sind zwar nicht konkret geplant, werden aber immer wieder von verschiedenen Akteuren ins Spiel gebracht.[949] Auf Grundlage von Art. 21 ESM-Vertrag wären Euro-Bonds jedenfalls in einer mittelbaren Form möglich, obwohl diese gegen den Grundsatz der Alleinhaftung des Art. 125 Abs. 1 Satz 2

948 Gegenwärtig begibt jeder Mitgliedstaat der EU seine eigenen Schuldverschreibungen (Staatsanleihen). Je nach Bonität des Emittenten variiert der dafür zu zahlende Zinssatz. Da für Euro-Bonds alle Mitgliedstaaten gesamtschuldnerisch haften würden, wäre der zu zahlende Zinssatz deutlich niedriger, als wenn ein Mitgliedstaat mit geringer Bonität alleine Staatsanleihen begibt. Diesem Vorteil stehen die Bedenken mancher Mitgliedstaaten gegenüber, auf diese Weise ihre eigene Bonität zu verschlechtern und für die Staatsschulden anderer Länder haften zu müssen.

949 Befürworter solcher Euro-Bonds sind etwa Frankreich, Italien, Luxemburg und Spanien, während Deutschland, Finnland, die Niederlande und Österreich ihnen ablehnend gegenüberstehen, vgl. zu den Vorschlägen des französischen Präsidenten Emmanuel Macron *Wohlgemuth*, WiSt 2017, 1; *Brauneck*, EWS 2018, 81 (82); siehe auch die Europäische Kommission, Grünbuch über die Durchführbarkeit von Stabilitätsanleihen, KOM(2011) 818 endg. v. 23.11.2011; *DIHK Brüssel*, EuZW 2012, 42; *Mayer/Heidfeld*, NJW 2012, 422 f. Zudem wurde während der Covid 19-Krise wiederholt gefordert, Euro-Bonds als sog. Corona-Bonds mit dem alleinigen und begrenzten Zweck aufzulegen, um damit die von der Pandemie besonders betroffenen Mitgliedstaaten zu unterstützen. Das Corona-Hilfspaket der EU sah jedoch andere Maßnahmen vor, vgl. dazu *Pröbstl*, EuZW 2020, 305 ff.

AEUV verstoßen könnten.[950] Andererseits nehmen in der Union die Europäische Investitionsbank, der Europäische Stabilitätsmechanismus und die Kommission Geld am Kapitalmarkt auf, für das letztendlich ebenfalls die Mitgliedstaaten gemeinsam aufkommen müssen. Gleichzeitig enthalten auch die Ankaufprogramme der Europäischen Zentralbank (OMT, PSPP) Haftungsrisiken. Ferner gestattet es Art. 125 Abs. 1 Satz 2, 2. HS AEUV Mitgliedstaaten durchaus, für die gemeinsame Durchführung bestimmter Vorhaben gegenseitige finanzielle Garantien zu übernehmen[951].[952]

Einen weiteren und letzten Schritt würde die Vergemeinschaftung von Schulden bedeuten. Dabei wird nicht nur das sekundäre Ausfallrisiko eines Mitgliedstaats übernommen, sondern die primäre Erfüllungsverpflichtung verschiebt sich auf die übergeordnete Ebene bzw. wird auf die anderen Glieder verteilt. In rechtstechnischer und finanzpraktischer Sicht gibt es mehrere Möglichkeiten, Schulden untergeordneter Glieder zu vergemeinschaften. Das kann eine Übernahme der Schulden durch andere Staaten bedeuten[953] oder die Verlagerung auf eine übergeordnete – etwa europäische – Ebene. Allerdings werden

950 *Von Lewinski* in: Isensee/Kirchhof, HStR, Bd. X, § 217 Rn. 99; *Kube*, WM 2013, 57 ff.

951 Vgl. *Bandilla* in: Grabitz/Hilf/Nettesheim, AEUV, Art. 125 Rn. 24 ff.

952 In Deutschland bestehen weiterhin verfassungsrechtliche Bedenken gegen Euro-Bonds. So hat das BVerfG in seinen Entscheidungen zum Euro und den Ankaufprogrammen der EZB mehrfach festgehalten, dass sich der Deutsche Bundestag seiner Budgetverantwortung nicht entäußern darf, sich also keinen Mechanismen unterwerfen darf, die zu unübersehbaren finanziellen Belastungen führen können (etwa BVerfGE 123, 267, 356 ff., *Lissabon*; BVerfGE 129, 124, 180 f., *Euro-Rettungsschirm*; BVerfGE 142, 123, *Schlussurteil OMT*). Unter dem Gesichtspunkt des Demokratieprinzips könnte einer solchen Verpflichtung wegen des vermeintlichen Verstoßes gegen Art. 79 Abs. 3 GG nicht zugestimmt bzw. müsste zum Gegenstand einer Volksabstimmung nach Art. 146 GG gemacht werden. Soweit aber die Haftung des deutschen Staates betragsmäßig beschränkt bleibt und dieser Betrag nicht außerhalb jedes Verhältnisses zum deutschen Staatshaushalt steht, wären das Budgetrecht und damit das Demokratieprinzip nicht verletzt. Insoweit ist die über Absicherung der ESM-Anleihen bewirkte indirekte Schuldenhaftung verfassungskonform, weil sie der Höhe nach auf den jeweiligen deutschen Anteil begrenzt ist. Ebenso sind Euro-Bonds nicht per se ausgeschlossen, wenn das deutsche Parlament jederzeit die Kontrolle über die Emission solcher Anleihen behält, also insbesondere die Haftungshöchstsumme bestimmen kann, vgl. *Mayer/Heidfeld*, NJW 2012, 422 (423); *Müller-Franken*, JZ 2012, 219 (223).

953 So etwa bei der deutschen Wiedervereinigung.

solche Schulden meist haushaltsmäßig oder auch rechtlich separat gehalten.[954]

In unionsrechtlicher Hinsicht würde eine solche Vergemeinschaftung der Schulden eine Vertragsänderung erfordern, da dies die bisherige Währungsverfassung mit dem Gebot der Alleinhaftung gemäß Art. 125 Abs. 1 AEUV in ihr Gegenteil verkehren würde. Eine solche Umgestaltung der Währungsunion würde nicht ohne grundlegende Anpassungen der Wirtschaftsunion und somit der Europäischen Union insgesamt bleiben. Soweit man von den Rückwirkungen solcher Folgeänderungen und den weitreichenden politischen Konsequenzen absieht, wären die finanzverfassungsrechtlichen Grenzen für eine Übernahme und Vergemeinschaftung der Schulden als solche weniger hoch als bei der Haftung, wenn und weil bei der Schuldübernahme die Höhe der Belastung absehbar ist.[955]

ff) Weitere Integrationsperspektive

Seit dem Ausbruch der Finanz- und Staatsschuldenkrise haben die Europäische Union und ihre Mitgliedstaaten versucht, die nationalen Haushalte durch völkerrechtliche Regelungen wirksamer zu koordinieren und zu steuern, um die Stabilität des Euro-Raums sicherzustellen. Nachdem die Haushaltsdisziplin durch europaverfassungsrechtliche Regelungen weitgehend im europäischen Mehrebenensystem verankert ist, stellen neuere Überlegungen das bestehende Konzept infrage. Von der Erkenntnis getragen, dass die Stärkung der Haushaltsdisziplin durch Schuldenabbau allein zur Behebung struktureller Reformen nicht ausreicht, ist die Einführung einer Haushalts- respektive Fiskalkapazität zu diskutieren. Ökonomische Schocks können angesichts der Sparzwänge in den Mitgliedstaaten nicht mehr auf nationaler Ebe-

954 Die Fondslösung i.R.d. der deutschen Wiedervereinigung ist dafür ein gutes Beispiel. Der Fonds „Deutsche Einheit" war ein Sondervermögen des Bundes. Er war eines der Finanzierungspakete, mit deren Hilfe die fünf neuen Bundesländer nach der Wiedervereinigung von 1990 saniert werden sollten. Dieser Fonds ersetzte bis 1994 für die neuen Bundesländer den in der alten Bundesrepublik üblichen Finanzausgleich zwischen ärmeren und reicheren Bundesländern.

955 Vgl. *von Lewinski* in: Isensee/Kirchhof, HStR, Bd. X, § 217 Rn. 102; siehe auch zur Gestaltung und Zulässigkeit eines europäischen Schuldentilgungsfonds *Di Fabio*, Die Zukunft einer stabilen Wirtschafts- und Währungsunion, S. 68 ff.

ne bewältigt werden und begründen daher die Notwendigkeit eines zentralen Haushalts bzw. Budgets für die Euro-Zone. Die in der Zwischenzeit erfolgten Forderungen und Vorschläge der Europäischen Kommission sowie des Europäischen Parlaments werfen die Frage nach der Finalität der Europäischen Union neu auf.[956]

Die politische und institutionelle Vertiefung der europäischen Integration im Bereich der Wirtschafts- und Währungsunion verleiht der Europäischen Union auf lange Sicht bundesstaatliche Strukturen. Als ein gewichtiger Pfeiler der Politischen Union[957] bedarf die Wirtschafts- und Währungsunion daher einer dauerhaften demokratischen Legitimation auf der Ebene der Europäischen Union durch das Europäische Parlament und nicht mehr – gemäß der Konzeption des Bundesverfassungsgerichts[958] – durch die nationalen Parlamente als die primären Spender dieser Legitimation.[959] Die innerhalb der wirtschaftspolitischen Säule angedachten Reformen, darunter die Einbindung der Kommission in die wirtschaftspolitische Steuerung der Mitgliedstaaten durch einen neuen Europäischen Währungsfonds unter Voranstellung eines Europäischen Wirtschafts- und Finanzministers, bedürfen der Einbettung in ein System demokratischer und zurechenbarer politischer Entscheidungsfindung.[960] Ein robuster Rahmen ist erst dann wirklich erkennbar, wenn eine Entscheidung den im Mehrebenensystem berufenen Organen nach Maßgabe der ihnen im Wege einer Reform der Unionsverträge zuzuweisenden Kompetenzen rechtlich und

956 Vor diesem Hintergrund haben die fünf Präsidenten bereits im Juni 2015 die Agenda für eine Vertiefung der Wirtschafts- und Währungsunion angestoßen, *Juncker/Tusk/Dijsselbloem/Draghi/Schulz*, Bericht der fünf Präsidenten, Die Wirtschafts- und Währungsunion vollenden, 22.06.2015, abrufbar unter: https://ec.europa.eu/commission/sites/beta-political/files/5-presidents-report_de_0.pdf (Abruf: 13.10.2020).

957 *Häde* in: Calliess/Ruffert, AEUV, Art. 119 Rn. 14 f.

958 BVerfGE 123, 267, 364, *Lissabon*.

959 Vgl. *Habermas* in: Franzius/Mayer/Neyer, Grenzen der europäischen Integration, S. 61 (69), der auf die politische Notwendigkeit die demokratischen Verfahren über die Grenzen des Nationalstaates hinaus zu erweitern verweist; *Hufeld* in: Hatje/Müller-Graff, Enzyklopädie Europarecht, Bd. IV, § 22 Rn. 185, wonach eine „echte“ Wirtschafts- und Währungsunion eine „echte Verfassungsdebatte“ erfordert.

960 *Nettesheim*, EuR 2011, 765 ff.; *ders.*, Der Staat 51 (2012), 313 ff.; *ders.* in: Pechstein, Integrationsverantwortung, S. 30 ff.

politisch eindeutig zurechenbar ist und zugleich die verfassungsrechtliche sowie politische Eigenstaatlichkeit der Mitgliedstaaten gewahrt bleibt. Hierfür ist zunächst eine engere Rückkoppelung zwischen den nationalen Parlamenten und dem Europäischen Parlament im Verfassungsverbund der Union unverzichtbar.[961]

Allerdings dürften die hehren Absichten eher eine langfristige Vision als eine kurz- oder mittelfristige Option darstellen. Schließlich entsteht bei diesem Vorhaben unweigerlich ein Spannungsverhältnis zur Budgetverantwortung der mitgliedstaatlichen Parlamente.[962] Insofern wäre zunächst an eine Beteiligung des Europäischen Parlaments unter Wahrung der Kompetenzen der mitgliedstaatlichen Parlamente zu denken. Jedoch würde der Versuch eine solche doppelte Legitimationsbasis[963] zu schaffen, die Frage aufwerfen, wer letztverbindlich über Fragen des Budgets entscheiden darf.[964] Folglich würde an den mitgliedstaatlichen Parlamenten auch bei diesem Gedankenspiel kein Weg vorbeiführen. Selbst wenn vor dem Übergang zu einem europäischen Bundesstaat noch „Integrationsreserven" in den mitgliedstaatlichen Verfassungen existieren würden,[965] wäre die Budgetverantwortung doch eine hohe Hürde, die nur schwer zu überwinden sein wird. Möglich wäre das ausschließlich innerhalb eines „finalen Akts", der den Übergang der Europäischen Union zum europäischen Bundesstaat unter Überwindung der verfassungsrechtlichen Vorgaben zum Gegenstand hat.

---

961 Europäisches Parlament, P8_TA(2017)0050, „iii. Steuerung, demokratische Rechenschaftspflicht und Kontrolle". Vgl. zur Notwendigkeit einer Stärkung des Europäischen Parlaments *Antpöhler*, ZaöRV 2012, 353 (392 f.); *Bieber* in: Müller-Graff/Schmahl/Skouris, FS Scheuing, S. 497 f.

962 Vgl. *Ruffert*, EuR 2011, 842 ff.; *Thym*, JZ 2011, 1011 ff.; *Schroeder*, Europarecht, § 5 Rn. 33; *Hinarejos*, Euro Area Crisis in Constitutional Perspective, S. 187; *Herdegen*, Europarecht, § 10 Rn. 28; *Calliess*, Staatsrecht III, 3. Teil, B. Rn. 49; *ders.*, VVDStRL 71 (2012), 113 ff.

963 So angedacht in Europäisches Parlament, P8_TA(2017)0050, „iii. Steuerung, demokratische Rechenschaftspflicht und Kontrolle"; vgl. dazu auch *von Komorowski*, Demokratieprinzip und Europäische Union, S. 176 ff., 1014 ff.

964 Nach den vom BVerfG gesetzten Grenzen bleibt es auch in dieser Konstellation dabei, dass bei einer stärkeren Einbindung des EP in die Wirtschaftsunion noch immer der Deutsche Bundestag über wirtschaftspolitische Fragen, einschließlich der Errichtung von Umverteilungsmechanismen, entscheiden muss.

965 *Sommermann*, DÖV 2013, 708 (713).

Mit den bisherigen Reformkonzepten hat insbesondere die Kommission, aber auch das Europäische Parlament konkrete Schritte dargelegt. Die Überlegungen der europäischen Institutionen sind als Aufruf an die politischen Entscheidungsträger und Unionsbürger zu verstehen,[966] im Zuge einer breiten Debatte über die Zukunft der Wirtschafts- und Währungsunion Stellung zu nehmen.[967] Langfristig laufen die Vorschläge auf ein „mehr Europa" hinaus. Ob für eine Vertiefung der Integration, die unter anderem durch die Staatsschuldenkrise gestiegene Integrationsskepsis der Bürger überwunden und die erforderlichen Legitimationsressourcen aktiviert werden können, ist derzeit jedoch zweifelhaft. Die klar vorauszusehenden rechtlichen und ökonomischen Schwierigkeiten bei der Einrichtung eines eigenen europäischen Haushalts, der Vollendung der Bankenunion sowie dem Umbau des Europäischen Stabilitätsmechanismus in einen Europäischen Währungsfonds im Gefüge weitgehend gestaltungsautonomer Mitgliedstaaten spiegeln sich in ebenso vorhersehbaren Problemen der Akzeptanz solcher wirtschafts- und haushaltspolitischer Maßnahmen in den Bevölkerungen wider, insbesondere in den Bevölkerungen der nord- und osteuropäischen Staaten, die befürchten für die aufgelaufenen Schulden anderer (südeuropäischer) Mitgliedstaaten einstehen zu müssen.[968] Ob die Euro-Zone in Zeiten eines verstärkten Zuspruchs populistischer Parteien durch die Wähler mit einem solchen System stabiler wird, ist zumindest aktuell durchaus (noch) zu bezweifeln.[969]

---

966 Um die Wirtschafts- und Währungsunion langfristig zu vollenden, forderte der damalige Präsident der Kommission die Staats- und Regierungschefs der Mitgliedstaaten anlässlich einer am 22.06.2019 veröffentlichten Evaluierung auf, *„entschlossenere gemeinsame Anstrengungen"* zur weiteren Reform der Wirtschafts- und Währungsunion zu unternehmen, Mitteilung der Kommission an das Europäische Parlament, den Europäischen Rat, den Rat und die Europäische Zentralbank, Vertiefung der Europäischen Wirtschafts- und Währungsunion: Eine Bilanz vier Jahre nach dem Bericht der fünf Präsidenten, COM(2019) 279 final v. 12.06.2019, S. 17.

967 Vgl. zu den Problemen einer tieferen Integration *Eger/Wagener* in: Hatje/Müller-Graff, Enzyklopädie Europarecht, Bd. I, § 3 Rn. 160 ff.

968 Exemplarisch dafür steht das zähe Ringen um eine Einigung auf ein gemeinsames System der europäischen Einlagensicherung (EDIS). Mitgliedstaaten wie Deutschland und die Niederlande betonen die Gefahr, dass durch eine Vergemeinschaftung falsche Anreize gesetzt und ein Einfallstor für dauerhafte Transferleistungen geschaffen würden, vgl. *Blanke/Pilz*, EuR 2020, 270 (286).

969 *Pilz*, EuZW 2017, 637 (645); *Blanke/Pilz*, EuR 2020, 270 (287).

b) Finanzen und Steuern

Ein besonders ausschlaggebender Faktor für das Funktionieren eines (bundes-)staatlichen Systems ist schließlich sein Finanz- und Steuerwesen. Mangels Bundesstaatlichkeit der Europäischen Union enthält das Primärrecht keine den Art. 104a ff. GG[970] vergleichbare geschlossene Regelung der Finanz- und Steuerhoheiten.[971]

Zwar verfügt die Europäische Union in vielen Budgetlinien über beeindruckende Finanzkraft im Detail,[972] die in einer volkswirtschaftlichen Gesamtrechnung aber eher marginal wirkt.[973] Die zentralen Blöcke der Finanzmittel werden weiterhin von den Mitgliedstaaten verwaltet und verteilt[974] – von der äußeren und inneren Sicherheit über Bildung, Gesundheit und Verkehrsinfrastruktur bis hin zu den Systemen sozialer Umverteilung. Dieser Katalog der bis heute den Mitgliedstaaten vorbehaltenen Kernaufgaben moderner Staatlichkeit entspricht der Liste von Aufgaben mit besonders hohem Finanzbedarf. Dementsprechend verbleiben Aufgabenbereiche, die ein großes Kostenvolumen beanspruchen, bei den Mitgliedstaaten, während Aufgabenfelder, die finanziell besser oder schlechter ausgestattet werden können, ohne dass davon fatale Wirkungen für das Gesamtgefüge aus-

970 Vgl. zur bundesstaatlichen Finanzverfassung Deutschlands *Waldhoff* in: Isensee/Kirchhof, HStR, Bd. III, Rn. 57 ff.

971 *Waldhoff* in: Calliess/Ruffert, AEUV, Art. 310 Rn. 3; *Rossi* in: Vedder/Heintschel von Heinegg, AEUV, Art. 311 Rn. 3; *Streinz/Ohler/Herrmann*, Vertrag von Lissabon, § 8 II. Es ist zu Recht festgestellt worden, dass die Finanzautonomie der EU auf der Einnahmenseite letztlich noch weitgehender beschränkt ist, als dies etwa für die kommunale Ebene in Deutschland der Fall ist, *Häde*, Finanzausgleich, S. 375 f.; *Waldhoff*, Steuerhoheit für die EU?, S. 13.

972 Siehe zur Höhe der Eigenmittel der EU *Rossi* in: Dauses/Ludwigs, A. III., Rn. 132; *Magiera* in: Grabitz/Hilf/Nettesheim, AEUV, Art. 311 Rn. 30 ff. Die Höhe der Eigenmittel ist abhängig von der Wirtschaftstätigkeit in der EU. Im Haushaltsjahr 2014 betrug die Höhe der Eigenmittel ca. EUR 137,0 Mrd., vgl. Kommission, EU budget 2015, Financial Report, S. 29.

973 Vgl. zu den einzelnen Arten der Eigenmittel der EU *Niedobitek* in: Streinz, AEUV, Art. 311 Rn. 20 ff.; *Magiera* in: Grabitz/Hilf/Nettesheim, AEUV, Art. 311 Rn. 16 ff.; *Rossi* in: Dauses/Ludwigs, A. III., Rn. 125 ff.; *Oppermann/Classen/Nettesheim*, Europarecht, § 8 Rn. 1 ff.

974 *Bieber* in: von der Groeben/Schwarze/Hatje, AEUV, Art. 310–325, Vorbem. Rn. 5; *Magiera* in: Grabitz/Hilf/Nettesheim, AEUV, Art. 311 Rn. 24 f.; *Bieber* in: von der Groeben/Schwarze/Hatje, AEUV, Art. 311 Rn. 25; *Waldhoff* in: Calliess/Ruffert, AEUV, Art. 310 Rn. 8; *Herdegen*, Europarecht, § 11 Rn. 6 ff.

gingen, der Europäischen Union überlassen werden.[975] Ein zentraler Haushalt besteht damit bis heute im Kontext der Europäischen Union nicht.[976]

Es gilt bislang als politisch unwahrscheinlich, dass die Mitgliedstaaten die Kompetenz für die sozialen Transfersysteme künftig auf die Union übertragen werden. Schließlich handelt es sich dabei um die zentralen Mechanismen der Verteilung sozialer Wohltaten, mit denen sich der moderne Wohlfahrtsstaat der Zustimmung seiner Bürger versichert.[977] Folglich bleibt aus Sicht der Bürger die zentrale Ebene der Staatlichkeit weiter der jeweilige Nationalstaat. Auf dieser wird Steuergeld verwaltet, über die zentralen sozialstaatlichen Wohltaten entschieden sowie die Budgets für Verkehrsinfrastruktur, Militär, Gesundheit und Bildung gestaltet.[978] Die fiskalische Integration der Europäischen Union ist somit noch nicht so weit vorangeschritten, dass unter dem Aspekt der Finanzierung der Union schon der Unionsbürger näher in das Blickfeld gerückt worden wäre – abgestellt wird weiterhin vorrangig auf die Mitgliedstaaten.[979] Demnach würde sich bei einer tatsächlichen Gründung eines europäischen Bundesstaates die Wahrnehmung der Bürger mit Blick auf die politischen Ebenen kaum ändern, solange die Finanzordnung die Unionsebene als Kostenträger in Abhängigkeit der Mitgliedstaaten belässt. Von besonderer Evidenz ist dies im Hinblick auf die Transfersysteme von Renten- und Arbeitslosenversicherung,

---

975 Immerhin ist Art. 311 Abs. 1 AEUV als selbständige Rechtspflicht zu entnehmen, dass die zuständigen Stellen der EU – unter Einschluss der Mitgliedstaaten – die EU mit denjenigen Mitteln ausstatten müssen, die ihre Aufgaben erfordern, *Niedobitek* in: Streinz, AEUV, Art. 311 Rn. 3 f.; *Rossi* in: Dauses/Ludwigs, A. III., Rn. 100 ff.; *Bieber* in: von der Groeben/Schwarze/Hatje, AEUV, Art. 310–325, Vorbem. Rn. 8.

976 Zur Rechtnatur des Haushalts der EU vgl. *Khan* in: Geiger/Khan/Kotzur, AEUV, § 310 Rn. 5 ff.; *Bieber* in: von der Groeben/Schwarze/Hatje, AEUV, Art. 310 Rn. 36 ff.; *Rossi* in: Dauses/Ludwigs, A. III., Rn. 210 ff.

977 Zu erinnern ist nur an die Bismarck'sche Sozialgesetzgebung: Stabilisierung des Nationalstaates durch soziale Wohltaten an vermeintlich Abtrünnige, *Kingreen*, EuR 2010, 338 (361).

978 *Wieland*, ZRP 2011, 503 (507); *Waldhoff* in: Calliess/Ruffert, AEUV, Art. 311 Rn. 14 ff.

979 *Waldhoff* in: Calliess/Ruffert, AEUV, Art. 311 Rn. 21 ff.

Gesundheitsversorgung und Sozialhilfe.[980] Neben der Außenpolitik sind dies die Bereiche, welche die Mitgliedstaaten auch künftig vor einer fortschreitenden Integration werden bewahren wollen, da es sich bei diesen Materien um den Kern ihrer Wahrnehmbarkeit als zentrale Ebene politischer Gestaltung handelt.[981]

Vor diesem Hintergrund wäre auf einer grundsätzlichen Ebene die Reformierung des Haushalts- und Finanzwesens sowie die Einräumung originärer Besteuerungskompetenzen der Europäischen Union zu diskutieren.

Zunächst müsste das Haushaltsrecht der Europäischen Union enger mit der makroökonomischen Finanzpolitik[982] der Union und der Mitgliedstaaten im Rahmen einer vertieften Wirtschafts- und Währungsunion verknüpft werden. Ebenso muss die bisher im Primärrecht verschwiegene, aber seit langem praktizierte Kreditaufnahme der Europäischen Union kodifiziert und mit konkreten Regeln klargestellt werden.[983] Die in Art. 311 Abs. 2 AEUV beschriebene *vollständige* Finanzierung des Unionshaushalts aus Eigenmitteln bedeutet, dass – mit Ausnahme der sonstigen Einnahmen – nur solche Einnahmen in den Haushalt fließen dürfen, die im Verfahren nach Art. 311 Abs. 3 AEUV festgelegt wurden. Insofern lässt sich der Bestimmung kein absolutes Verbot einer Kreditfinanzierung entnehmen. Eine solche ist vielmehr nach Maßgabe ihrer Festlegung in einem Eigenmittelgesetz nach Art. 311 Abs. 3 AEUV zulässig.[984]

---

980 *Felix* in: Kube/Mellinghoff/Morgenthaler/Palm/Puhl/Seiler, FS P. Kirchhof, S. 1539 ff.

981 *Oeter*, ZaöRV 2015, 733 (742 f.).

982 Vgl. zur sog. makroökonomischen Kontrolle und Steuerung bereits VO (EU) Nr. 1176/2011 über die Vermeidung und Korrektur makroökonomischer Ungleichgewichte, VO (EU) Nr. 1174/2011 über Durchsetzungsmaßnahmen zur Korrektur übermäßiger makroökonomischer Ungleichgewichte im Euro-Währungsgebiet; *W. Cremer*, EuR 2016, 256 (274 ff.); *Antpöhler*, ZaöRV 2012, 353 (363 f.)

983 Schließlich ist die Möglichkeit eines Staates sich zu verschulden, Ausfluss seiner umfassenden Rechtsfähigkeit und letztlich seiner Souveränität, vgl. *von Lewinski* in: Isensee/Kirchhof, HStR, Bd. X, § 217 Rn. 7.

984 *Rossi* in: Vedder/Heintschel von Heinegg, AEUV, Art. 311 Rn. 8; *Waldhoff* in: Calliess/Ruffert, AEUV, Art. 311 Rn. 17 ff.; *Rossi* in: Dauses/Ludwigs, A. III., Rn. 135.

Gezielte Hilfs- und Fördermaßnahmen im Rahmen der Politiken der Europäischen Union, insbesondere Strukturhilfen, vor allem für die Wirtschaft und Agrarwirtschaft, sollten beibehalten werden. Ein andauernder und allgemeiner Finanzausgleich im Sinne eines Länderfinanzausgleichs nach deutschem Vorbild[985] sollte jedoch ausgeschlossen bleiben.[986]

Weiter spricht Art. 311 Abs. 2 AEUV von „Eigenmitteln" der Union, wobei derzeit nur die bestehende Steuer auf die Bezüge der Unionsbediensteten[987] dieser Bezeichnung wirklich gerecht wird.[988] Bislang bestehen für die Einführung eigener Europasteuern im geltenden Primärrecht nur Kompetenzgrundlagen für Lenkungsabgaben, nicht hingegen für Steuern, deren Primärzweck die Finanzierung der Union darstellt. Das bedeutet im Umkehrschluss, dass durch die Einführung eigener Europasteuern das bestehende Eigenmittelsystem nicht umgangen werden kann. Nicht zuletzt deswegen wird bereits seit

985 Die Finanzkraft der einzelnen deutschen Bundesländer ist entsprechend ihrer unterschiedlichen Wirtschaftskraft und damit ihrer unterschiedlichen Steuereinnahmen sehr verschieden. Es gibt „reiche Länder" und „arme Länder". Diese Unterschiede sollen sowohl aus bundesstaatlichen als auch aus sozialstaatlichen Gründen abgebaut werden. In bundesstaatlicher Sicht muss gesichert sein, dass alle Glieder des Bundes, die gleichsam eine Solidargemeinschaft bilden, in der Lage sind, die ihnen zukommenden Aufgaben wahrzunehmen, und dementsprechend die dafür erforderlichen Finanzmittel erhalten. In sozialstaatlicher Hinsicht muss die Einheitlichkeit der Lebensverhältnisse im Bundesgebiet gewährleistet sein (vgl. dazu auch Art. 106 Abs. 3 Satz 4 Nr. 2 GG). Art. 107 Abs. 2 Satz 1 GG fordert daher, *„dass die unterschiedliche Finanzkraft der Länder angemessen ausgeglichen wird."* Der Ausgleich erfolgt zwischen den Bundesländern, der Bund selbst ist daran nicht unmittelbar beteiligt, *Maurer*, Staatsrecht I, § 21 Rn. 49; vgl. auch *Grzeszick* in: Maunz/Dürig, GG, Art. 20 Rn. 136 f.; *Häde*, LKV 2011, 1 ff.

986 Vgl. *Cromme*, EuR 2017, 206 (230); abweichend *Hoffmann*, EWS 2019, 69 (83), wonach die geplante Einführung eines Eurohaushalts, der auch auf eine Angleichung der Lebensverhältnisse in den einzelnen Mitgliedstaaten abzielt (Konvergenz), hier möglicherweise wegweisend ist.

987 VO (EWG) Nr. 260/68, ABl. 1968 Nr. L 56, S. 8. Die Einnahmen aus der Besteuerung der Bezüge des Unionspersonals sind vielmehr den „sonstigen Einnahmen" zuzuordnen, *Haratsch/Koenig/Pechstein*, Europarecht, Rn. 673; *Rossi* in: Vedder/Heintschel von Heinegg, AEUV, Art. 311 Rn. 7; *Bieber* in: von der Groeben/Schwarze/Hatje, AEUV, Art. 311 Rn. 41.

988 Vgl. zum Begriff der Eigenmittel *Rossi* in: Dauses/Ludwigs, A. III., Rn. 122; *Bieber* in: von der Groeben/Schwarze/Hatje, AEUV, Art. 311 Rn. 8; *Rossi* in: Vedder/Heintschel von Heinegg, AEUV, Art. 311 Rn. 5.

längerem eine grundlegendere Reformierung des Eigenmittelsystems – jedenfalls auf unionaler Ebene – als notwendig angesehen und diskutiert.[989] Als neue mögliche Eigenmittelquellen, die als Ergänzung der bisherigen Finanzierung fungieren könnten, sind Europasteuern vorgesehen, darunter etwa eine Finanztransaktionssteuer[990]. Ebenso sollte das Rabattsystem überprüft und durch reformierte Mehrwertsteuer-Eigenmittel ersetzt werden. Die Ausgabenseite sollte stärker unter den Fokus des „Europäischen Mehrwerts" gestellt werden. Dies wären mögliche Schritte, um das „Beitragsgerechtigkeitsdenken"[991] der Mitgliedstaaten zurückzudrängen und den Unionshaushalt zunächst effizienter auszugestalten.[992] Diese Empfehlungen sind – nach Auffassung der Unionsebene – auch mit dem bestehenden Vertragsrecht vereinbar und könnten in künftigen Mehrjährigen Finanzrahmen gemäß Art. 312 AEUV[993] umgesetzt werden.[994]

Einer solchen Reform und Fortschreibung des Eigenmittelsystems könnte jedoch entgegenstehen, dass der derzeitige Integrationsstand nach wie vor Einstimmigkeit im finanzwirtschaftlichen Willensbildungsprozess der Europäischen Union erfordert. Da der Übergang

989 Im Februar 2014 wurde deshalb die hochrangige Gruppe „Eigenmittel" eingerichtet, um Reformmöglichkeiten zu untersuchen. Die Gruppe wurde paritätisch mit Mitgliedern aus dem EP, dem Rat und der Kommission besetzt. Die Eigenmittel-Gruppe sollte eine Begutachtung des EU-Finanzierungssystems durchführen und Empfehlungen aussprechen. Im Januar 2017 veröffentlichte die Gruppe ihren abschließenden Bewertungsbericht. Darin plädiert sie für eine Reformierung sowohl der Einnahmen- als auch der Ausgabenseite des EU-Haushalts, vgl. *High Level Group on Own Resources*, Future Financing of the EU, Final report and recommendations, 2016; *P. Becker*, SWP-Aktuell 2017, 1 ff.

990 Zur Europarechtskonformität einer Finanztransaktionssteuer *Hamacher*, IStR 2015, 63 f.; vgl. auch *Bieber* in: von der Groeben/Schwarze/Hatje, AEUV, Art. 311 Rn. 31, *Cromme*, EuR 2017, 206 (230).

991 *Magiera* in: Grabitz/Hilf/Nettesheim, AEUV, Art. 311 Rn. 37 f.; *Niedobitek* in: Streinz, AEUV, Art. 311 Rn. 37 ff.

992 Vgl. *Rossi* in: Dauses/Ludwigs, A. III., Rn. 139; ähnlich *Cromme*, EuR 2017, 206 (230).

993 Der Mehrjährige Finanzrahmen soll gewährleisten, dass die Ausgaben der EU innerhalb der Grenzen der Eigenmittel der EU eine geordnete Entwicklung nehmen (vgl. Art. 312 Abs. 1 Satz 1 AEUV). Er umfasst einen Zeitplan von mindestens fünf Jahren und bestimmt damit die Haushaltsdisziplin der EU mit (Art. 312 Abs. 1 UAbs. 1, vgl. auch Art. 310 Abs. 4 AEUV), *Haratsch/Koenig/Pechstein*, Europarecht, Rn. 674.

994 A.A. *Waldhoff*, ifo-Schnelldienst 2017, 12 ff.

zu qualifizierten Mehrheitsentscheidungen über die Finanzierung der Union einen entscheidenden Souveränitätsverzicht der Mitgliedstaaten in diesem besonders sensiblen Bereich bedeuten würde, bleibt abzuwarten, ob und wie umfangreich es tatsächlich zu strukturellen Reformen kommt.[995]

Aufgrund der aktuellen Ereignisse und Krisenszenarien, insbesondere der wirtschaftlichen Auswirkungen der Corona-Pandemie, kann selbst bei großen politischen Reformanstrengungen der merklich steigende Finanzbedarf der Europäischen Union womöglich nicht ausreichend gedeckt werden.[996] Außerdem wird auch der Brexit ungeachtet seiner unmittelbaren Folgen für die Finanzierung der Europäischen Union und den Vollzug seines Haushalts vor allem auch mittelbare Konsequenzen nach sich ziehen, weil unter anderem das Finanzierungssystem als solches zur Diskussion und gegebenenfalls auch zur Disposition steht. In diesem Zusammenhang scheint der einzige gangbare Weg zu sein, der Europäischen Union eine (begrenzte) eigene Steuerhoheit einzuräumen.[997] So könnte eine Europasteuer den Unionsbürgern ihre Zusammengehörigkeit in einer Gemeinschaft auf ähnliche Weise deutlich machen, wie das innerhalb der Währungsunion die Einführung des Euro bewirkte. Zwar werden – zumindest deutsche – Steuerpflichtige, die sich mit der Europäischen Union neben Bund, Ländern und Kommunen dann noch einem vierten Steuergläubiger gegenübersehen, darüber kaum uneingeschränkt begeistert sein. Es besteht jedoch die Möglichkeit, dass sobald erstmal die persönlichen Finanzen der Unionsbürger betroffen sind, sich eine stärkere Demokratisierung der Europäischen Union befördern lässt. Der Ausruf „no

995 Vgl. *Waldhoff* in: Calliess/Ruffert, AEUV, Art. 311 Rn. 14; *Rossi* in: Dauses/Ludwigs, A. III., Rn. 140.

996 So wird zwar im Rahmen des krisengetriebenen „Next Generation EU"-Programms die Eigenmittelobergrenze durch Ausgaben neuer Schuldanleihen durch die EU stark erhöht. Jedoch ist diese Erhöhung zeitlich begrenzt, da im Zeitraum von 2028 bis 2058 die technischen Rückzahlungen über den Haushalt erfolgt sein sollen, vgl. *Schorkopf*, NJW 2020, 3085 (3087).

997 So bereits *Bleckmann/Hölscheidt*, DÖV 1990, 853 (857); *Klein*, DStJG 19 (1996), 7 (27). Im Hinblick auf das NGEU-Programm ist europapolitisch offen, ob es zu Steuern mit unionaler Rechtsetzungs- und Ertragskompetenz kommt. Der historische Zusammenhang von Verschuldung und Besteuerung erinnert daran, das Steuerthema weiter im Blick zu behalten, *Schorkopf*, NJW 2020, 3085 (3090).

taxation without representation" war nicht zufällig die erste Forderung der Akteure der Amerikanischen Revolution bei der Boston Tea Party 1773.[998] Steuerhoheit und Demokratie stehen in enger wechselseitiger Beziehung, wie auch die deutsche Verfassungsgeschichte belegt. Das Mitbestimmungsrecht der Ständevertretungen über die Steuererhebung hat im Frühkonstitutionalismus in vielen deutschen Ländern demokratische Bestrebungen gefördert,[999] wenn auch die Deutsche Revolution 1848/49 trotz aller Bemühungen der Frankfurter Paulskirche letztlich fehlgeschlagen ist.[1000]

Obwohl man zwar den Umstand, dass selbst eine begrenzte Steuerhoheit der Europäischen Union eine Macht- und Souveränitätsverschiebung von den Mitgliedstaaten hin zur Union darstellt, begrüßen oder bedauern mag, scheint eine solche Entwicklung auf längere Sicht dennoch unausweichlich. Ein einheitlicher Markt mit einer einheitlichen Währung drängt auf eine einheitliche Organisation der politischen Herrschaft. Das hat in Deutschland im 19. Jahrhundert die Entwicklung vom Zollverein des Jahres 1834 zum Norddeutschen Bund 1867 und kurz darauf zum Deutschen Reich 1871 gezeigt. Die Finanzierung des Kaiserreichs, die zunächst im Wesentlichen auf den sogenannten Matrikularbeiträgen[1001] beruhte, verschob sich binnen kurzer Zeit keineswegs zufällig hin zu einer verstärkten Steuerfinanzierung.[1002] Die Steuererhebung verdichtet die Verbindung zwischen Bürger und Gemeinschaft wesentlich stärker, als es die Entrichtung von Mitgliedstaatsbeiträgen im Staatenverbund vermag.

Wer aus eigenen Mitteln einen Beitrag zur Finanzierung der Aufgaben der Europäischen Union leisten muss, wird diesen Aufgaben mehr Aufmerksamkeit widmen und von den politischen Gremien und Verantwortlichen Rechenschaft einfordern, wofür die vereinnahmten Mit-

---

998 *Kruse*, StuW 2000, 337 ff.; *Frotscher/Pieroth*, Verfassungsgeschichte, § 2 Rn. 22.

999 Vgl. zur Entwicklung der deutschen Landesverfassungen *Frotscher/Pieroth*, Verfassungsgeschichte, § 9 Rn. 280 ff.; *Maurer*, Staatsrecht I, § 2 Rn. 40 ff.

1000 *Maurer*, Staatsrecht I, § 2 Rn. 52; *Grimm*, Deutsche Verfassungsgeschichte, S. 119; *Frotscher/Pieroth*, Verfassungsgeschichte, § 11 Rn. 345 ff.; *Sodan/Ziekow*, Öffentliches Recht, § 20 Rn. 7 f.

1001 Vgl. Art. 70 RV v. 16.04.1871, RGBl. 1871, S. 63 (83); *Seiler* in: Maunz/Dürig, GG, Art. 106 Rn. 10; *Wendt* in: Isensee/Kirchhof, HStR, Bd. VI, § 139 Rn. 8.

1002 *Seiler* in: Maunz/Dürig, GG, Art. 106 Rn. 6 ff., Art. 107 Rn. 7 f.; *Blanke*, ZaöRV 2005, 71 (75 ff.);

tel verwendet wurden. Auf längere Sicht wird man dem Europäischen Parlament nicht das klassische Recht eines jeden Parlaments vorenthalten können, über die Steuererhebung zu entscheiden und in der Folge auch stärkeren Einfluss auf die Mittelverwendung zu gewinnen. In der Konsequenz werden sich die Machtgewichte innerhalb der Unionsorgane von der Kommission und vom Rat in Richtung Parlament verschieben.[1003] Zugleich bleiben die Fragen seiner demokratischen Legitimation in den Blick zu nehmen und entsprechend zu beheben.

Um darüber hinaus die für die Erhebung eigener Abgaben auch vom deutschen Bundesverfassungsgericht geforderte notwendige demokratische Rückkopplung über den Rat an die mitgliedstaatlichen Parlamente zu gewährleisten, wäre neben einer ausdrücklichen Grundlage in den Unionsverträgen auch ein institutionell-demokratischer Umbau der Europäischen Union erforderlich. Die bestehende duale Legitimationsstruktur der Europäischen Union mit den wichtigen Kompetenzen bei Rat und Kommission und der direkten Legitimation beim Europäischen Parlament, kann den gesteigerten demokratischen Anforderungen bei der Steuerrechtsetzung gegenwärtig nicht in jedem Fall gerecht werden. Ein entsprechender Umbau könnte die bestehende und vom Bundesverfassungsgericht sanktionierte Legitimationsstruktur aufheben und mithin zu einem europäischen Bundesstaat führen.[1004]

5. Auswärtiges Handeln der Europäischen Union

Die Europäische Union verfügt über außenpolitische Gewalt und nimmt mit zunehmendem Gewicht als eigenständiger Akteur am internationalen Leben teil.[1005] Die allgemeine Zielbestimmung für die

1003 Vgl. bereits *Wieland*, ZRP 2002, 503 (507).

1004 *Waldhoff* in: Calliess/Ruffert, AEUV, Art. 311 Rn. 16; vgl. auch *Wernsmann* in: Schulze/Janssen/Kadelbach, § 31 Rn. 2 ff. Würden hier die Hürden wegfallen und Befugnisse auf die europäische Ebene verschoben, wäre im deutschen Kontext vielmehr der Bund überflüssig. Der Rest ließe sich auf die Länder rückverlagern oder in staatsvertraglichen Zweckverbandskonstruktionen gemeinsam erledigen, vgl. *Oeter*, ZaöRV 2015, 733 (744).

1005 *Nettesheim* in: Maunz/Dürig, GG, Art. 32 Rn. 8 ff.; *Brok*, IP 2003, 56.

Gemeinsame Außen- und Sicherheitspolitik geht dahin, die Identität und Unabhängigkeit Europas zu stärken, um Frieden, Sicherheit und Fortschritt in Europa und in der Welt zu fördern.[1006] In diesem Sinne ist die Europäische Union als aktives Mitglied der internationalen Gemeinschaft vielseitig tätig. Sie hat eine Vielzahl an Verträgen geschlossen und unterhält zu den meisten Staaten und internationalen Organisationen offizielle Beziehungen. In der Welthandelsordnung tritt die Union als integrierte Zivilmacht gleichberechtigt mit den USA, Japan oder China auf.[1007] Mit Binnenmarkt, gemeinsamer Außenwirtschaftspolitik und Währungsunion ist die Europäische Union trotz vieler Probleme zu einem wesentlichen Faktor in der Weltwirtschaft geworden.[1008] Demgegenüber hat sie auf anderen Gebieten wenig Gewicht und in hochpolitischen Bereichen fällt ihr die Formulierung einer eigenen Position schwer.[1009]

a) Grundsätze und Ziele der Europäischen Außen- und Sicherheitspolitik

Die auswärtige Gewalt der Europäische Union unterscheidet sich wesentlich von der eines Nationalstaats. Noch immer verfügt die Union bei Weitem nicht über jene politische Stellung, die einem staatlichen Akteur ihrer Größe und Wirtschaftsmacht zustehen würde.[1010] Zwar hat die Europäische Union auf dem Gebiet des Gemeinsamen Außen- und Sicherheitspolitik zunehmend an Einfluss gewonnen, was jedoch hinter weitergehenden Erwartungen zurückbleibt.[1011] Dies liegt nicht nur an den rechtlichen, sondern vor allem auch an den politischen Gegebenheiten.

1006 *Kaufmann-Bühler* in: Grabitz/Hilf/Nettesheim, EUV, Art. 21 Rn. 8; *Terhechte* in: Schwarze/Becker/Hatje/Schoo, EUV, Art. 21 Rn. 5.

1007 *Herdegen*, Europarecht, § 27 Rn. 15 ff.; *Hobe*, Europarecht, § 27 Rn. 1307 ff.; *Schroeder*, Europarecht, § 21 Rn. 10 ff.

1008 Vgl. *Hobe*, Europarecht, § 26 Rn. 1299 ff.; *Boysen* in: Schulze/Janssen/Kadelbach, § 33 Rn. 2 ff.; *Herdegen*, Internationales Wirtschaftsrecht, § 3 Rn. 47.

1009 *Oppermann/Classen/Nettesheim*, Europarecht, § 38 Rn. 1; *auf dem Keller*, Finalität der EU, S. 73; *Link*, APuZ 2013, 23 f.; *Hakenberg*, Europarecht, 6. Teil Rn. 474.

1010 *Arnold/Klamert* in: Dauses/Ludwigs, K. I., Rn. 161; vgl. zu den Ursprüngen *Lecheler*, AVR 32 (1994), 1 (14 ff.).

1011 Dazu allgemein *Gütt*, Die GASP und ihre Bedeutung für die EU; *Pietsch/Opitz* in: Bergmann, Handlexikon der EU, „Außen- und Sicherheitspolitik, Gemeinsame (GASP)".

Gemäß dem aktuell geltenden Art. 2 Abs. 4 AEUV ist die Europäische Union dafür zuständig, eine Gemeinsame Außen- und Sicherheitspolitik einschließlich der schrittweisen Festlegung einer gemeinsamen Verteidigungspolitik zu verwirklichen. Die Reichweite dieser Zuständigkeit wird im Vertrag über die Europäische Union – konkret Art. 24 Abs. 1 EUV – determiniert. Hierbei geht es nicht um eine Übertragung von Hoheitsrechten, sondern um eine quasi gesamthänderische Bündelung von Handlungsformen im gemeinsamen Interesse der Mitgliedstaaten und im Dienste eines einheitlichen Profils nach außen. Es kommt damit nicht zu einer Verdrängung, sondern zu einer komplementären Ergänzung mitgliedstaatlicher Entscheidungszuständigkeit. Die für die Gemeinsame Außen- und Sicherheitspolitik geltenden besonderen Bestimmungen und Verfahren (Art. 24 Abs. 1 UAbs. 2 Satz 1 EUV) sollen die bestehenden Rechtsgrundlagen, die Zuständigkeiten und Befugnisse der einzelnen Mitgliedstaaten in Bezug auf die Formulierung und Durchführung ihrer Außenpolitik nicht berühren. Insbesondere soll keine in den Binnenbereich der Staaten wirkende Regelungskompetenz der Europäischen Union begründet werden. Die Gemeinsame Außen- und Sicherheitspolitik zielt vielmehr auf Konvergenz des mitgliedstaatlichen Handelns und wechselseitiger Loyalität.[1012] So ist auch der Erlass von Gesetzgebungsakten ausgeschlossen. Mithin erfolgt die Gemeinsame Außen- und Sicherheitspolitik momentan nicht im Rahmen der allgemeinen supranationalen Methode, sondern als intergouvernementale Zusammenarbeit, unter weitgehendem Ausschluss der Mitarbeit von Kommission und Europäischem Parlament, und unter nur eingeschränkter Kontrolle durch den Europäischen Gerichtshof (Art. 24 Abs. 1 UAbs. 1 Satz 6 EUV und Art. 275 AEUV).[1013] Die Stellung der Gemeinsamen Außen- und Sicherheitspolitik im Vertrag über die Europäische Union – und

1012 Vgl. Erklärung Nr. 13 und Nr. 14 zur Gemeinsamen Außen- und Sicherheitspolitik, ABl. 2016 C 202, S. 343. Diese beiden Erklärungen gehen vor allem auf britisches Drängen zurück. *Herdegen*, Europarecht, § 28 Rn. 1 f.; *Marquardt/Geadtke* in: von der Groeben/Schwarze/Hatje, EUV, Art. 24 Rn. 9.

1013 *Vedder* in: Vedder/Heintschel von Heinegg, AEUV, Art. 2 Rn. 28; *Streinz* in: Streinz, AEUV, Art. 2 Rn. 16; *Arnold/Klamert* in: Dauses/Ludwigs, K. I., Rn. 157; *Hakenberg*, Europarecht, 6. Teil Rn. 475; vgl. auch zur Ausweitung der Befugnisse des EuGH für die Kontrolle von GASP-Beschlüssen durch dessen Urteil „Rosneft" v. 28.03.2017 *Henze/Jahn*, EuZW 2017, 506 ff.

nicht im Vertrag über die Arbeitsweise der Europäischen Union – verdeutlicht, dass der Europäischen Union in diesem Bereich grundsätzlich nicht jene Handlungseffektivität supranationalen Wirkens zukommt, die ihr Tätigwerden im Vertrag über die Arbeitsweise der Europäischen Union und auch im Bereich des Raums der Freiheit, der Sicherheit und des Rechts[1014] kennzeichnet. Damit unterscheidet sich die Gemeinsame Außen- und Sicherheitspolitik von den anderen, im Vertrag über die Arbeitsweise der Europäischen Union geregelten Zuständigkeitsfeldern der Europäischen Union und lässt sich mit den Kompetenztypen der ausschließlichen oder geteilten Zuständigkeiten nicht erfassen.[1015] Gleichzeitig liegt die Gestaltung und Bestimmung der Politik gemäß Art. 24 Abs. 1 UAbs. 1 Satz 2 EUV vornehmlich in den Händen des Europäischen Rats und des Rats.[1016] Der Europäische Rat bestimmt die strategischen Interessen der Union und legt die Ziele und die allgemeinen Leitlinien der Gemeinsamen Außen- und Sicherheitspolitik fest (Art. 26 Abs. 1 UAbs. 1 Satz 1 EUV). Der Rat gestaltet sodann auf der Grundlage der strategischen Vorgaben und allgemeinen Leitlinien des Europäischen Rats die Gemeinsame Außen- und Sicherheitspolitik der Europäischen Union (Art. 26 Abs. 1 UAbs. 1 EUV).[1017] Die Gemeinsame Außen- und Sicherheitspolitik ist somit keine gemeinsame Politik – dieser Gedanke bleibt als Ziel noch außen vor.

Dennoch zielt der Vertrag von Lissabon zumindest auf eine Stärkung der formalen Effektivität ab, durch die dem Auftreten der Europäischen Union in der Welt mehr Durchsetzungsvermögen verliehen werden soll. Neu ist die Klarstellung in Art. 24 Abs. 1 EUV, wonach sich die Zuständigkeit der Union in der Gemeinsamen Außen- und Sicherheitspolitik auf alle Bereiche der Außenpolitik erstreckt sowie

1014 Vgl. zu den Bestimmungen des Raumes der Freiheit, der Sicherheit und des Rechts ausführlich *Heid* in: Dauses/Ludwigs, S., Rn. 27 ff.

1015 *Regelsberger/Kugelmann* in: Streinz, EUV, Art. 23 Rn. 2; *Pechstein*, JZ 2010, 425 ff.

1016 *Kaufmann-Bühler* in: Grabitz/Hilf/Nettesheim, EUV, Art. 24 Rn. 23; *Arnold/Klamert* in: Dauses/Ludwigs, K. I., Rn. 159; *Frenz*, ZaöRV 2010, 487 (490 f.); *Oppermann/Classen/Nettesheim*, Europarecht, § 38 Rn. 3.

1017 *Haratsch/Koenig/Pechstein*, Europarecht, Rn. 1442; *Hummer* in: Vedder/Heintschel von Heinegg, EUV, Art. 26 Rn. 3, 14; *Regelsberger/Kugelmann* in: Streinz, EUV, Art. 26 Rn. 1 f.; *Marquardt/Gaedtke* in: von der Groeben/Schwarze/Hatje, EUV, Art. 26 Rn. 2 ff.

auf Fragen im Zusammenhang mit der Sicherheit der Union. Freilich ist die Union angehalten, die grundlegenden Funktionen der Mitgliedstaaten im Sinne von Art. 4 Abs. 2 Satz 2 EUV zu achten, wodurch wiederum der Anschein entsteht, dass den Vorgaben für die Zuständigkeit der Europäischen Union rechtlich eher deklaratorischer Charakter zukommt. Obwohl der Abstand zum Supranationalismus somit groß bleibt, verfügt die Gemeinsame Außen- und Sicherheitspolitik nach dem Vertrag von Lissabon über einen Sondercharakter und stellt vielmehr eine Zuständigkeit „sui generis" der Europäischen Union dar, sodass diese mit dem Hinweis auf ihren fast ausschließlich intergouvernementalen Charakter nicht ganz korrekt beschrieben wird. Sie weist nämlich nicht die Züge eines zwischenstaatlichen Prozesses auf, in dem es zu einem kollektiven Handeln der Mitgliedstaaten – samt „Organleihe"[1018] – kommt, sondern stellt eine autonome Kompetenz der Europäischen Union dar, was bereits aus den Handlungsermächtigungen des Europäischen Rates, des Rates und des Hohen Vertreters hervorgeht, die im Rahmen der Gemeinsamen Außen- und Sicherheitspolitik als Organe der Union und nicht im Namen der Mitgliedstaaten, als „beliehene" Organe, handeln. Nicht umsonst weisen sowohl der Vertrag über die Europäische Union (Art. 24 Abs. 1, Art. 40 EUV), als auch der Vertrag über die Arbeitsweise der Europäischen Union (Art. 2 Abs. 4 AEUV), der Europäischen Union erstmals ausdrücklich die „Zuständigkeit" im Bereich der Gemeinsamen Außen- und Sicherheitspolitik zu, was diese – trotz ihrer Besonderheiten – formal in den Kompetenzkatalog der Union einreiht. Diese Qualifikation wird auch durch Art. 2 Abs. 4 AEUV bestätigt. Daher ist die Gemeinsame Außen- und Sicherheitspolitik weder eine ausschließliche noch eine geteilte Zuständigkeit der Europäischen Union, sondern stellt indessen eine Kompetenz „sui generis" dar, die neben der außenpolitischen Zuständigkeit der Mitgliedstaaten im Sinne einer parallelen Kompetenz besteht, diese aber in keiner Weise präjudiziert.[1019] Die Mitgliedstaaten

1018 Vgl. *Kaufmann-Bühler* in: Grabitz/Hilf/Nettesheim, EUV, Art. 23 Rn. 34.

1019 In diesem Sinne *Hummer* in: Vedder/Heintschel von Heinegg, EUV, Art. 24 Rn. 4 ff.; *Hatje/Kindt*, NJW 2008, 1761 (1763); *Dederer*, ZG 2003, 97 (104); a.A. u.a. *Oppermann*, DVBl 2003, Teil I, 1165 (1173); *Meyer/Hölscheidt*, EuZW 2003, 613 (615); vgl. daneben *Nettesheim* in: Grabitz/Hilf/Nettesheim, AEUV, Art. 2 Rn. 42 ff.; *Nettesheim*, EuR 2004, 511 (530); *Obwexer* in: von der Groesind ihrerseits an das Loyalitätsgebot nach Art. 24 Abs. 3 EUV gebunden[1020] und haben gemäß Art. 32 Abs. 1 EUV nur die Pflicht, sich bei außen- und sicherheitspolitischen Fragen von allgemeiner Bedeutung im Europäischen Rat und im Rat abzustimmen.[1021]

Die Gemeinsame Außen- und Sicherheitspolitik stellt folglich eine eigene „gemeinsame" Politik der Europäischen Union dar, die jedoch wesentlich eingeschränkt bleibt, da sie gemäß Art. 24 Abs. 2 EUV auf der Erreichung einer immer stärkeren Konvergenz des Handelns der Mitgliedstaaten aufbaut. So sehen mehrere Rechtsakte eine bloße politische Koordinierung vor und der Erlass von Gesetzgebungsakten ist ausgeschlossen.[1022] Die außenpolitischen Kompetenzen der Europäischen Union und der Mitgliedstaaten bestehen mithin parallel und ergänzen einander.

---

ben/Schwarze/Hatje, AEUV, Art. 2 Rn. 46, wonach die gegenständliche Zuständigkeit „sui generis" der Sache nach als geteilte Zuständigkeit qualifiziert werden kann.

1020 *Regelsberger/Kugelmann* in: Streinz, EUV, Art. 24 Rn. 8 f.; *Kaufmann-Bühler* in: Grabitz/Hilf/Nettesheim, EUV, Art. 24 Rn. 38 ff.; *Terhechte* in: Schwarze/Becker/Hatje/Schoo, EUV, Art. 24 Rn. 19.

1021 *Cremer* in: Calliess/Ruffert, EUV, Art. 32 Rn. 3 ff.; *Marquardt/Gaedtke* in: von derGroeben/Schwarze/Hatje, EUV, Art. 32 Rn. 2 ff.; *Kaufmann-Bühler* in: Grabitz/Hilf/Nettesheim, EUV, Art. 32 Rn. 2 ff.

1022 Trotzdem ist bspw. die Gestaltung sowohl des Verhältnisses der EU als auch – über die Bündelung des außen- und sicherheitspolitischen Handelns der Mitgliedstaaten – des Verhältnisses der Mitgliedstaaten zu dritten Staaten und sonstigen Völkerrechtssubjekten eine Angelegenheit der Union. Zwar erzeugen GASP-Beschlüsse als solche zwischen den Mitgliedstaaten keine unmittelbaren Rechtswirkungen, wohl aber mittelbare, nämlich vermittels der Loyalitäts- und Förderungspflicht und damit auf Grund des Vertragsrechts. Die GASP-Beschlüsse können in Folge der Rechtspersönlichkeit der EU (Art. 47 EUV) als solche eindeutig auch nicht mehr als völkerrechtliche Verträge verstanden werden, wie dies noch für die Rechtslage vor dem Inkrafttreten des Lissabonner Vertrages vertreten wurde. Außerdem sind noch weitere, nicht ausdrücklich angeführte diplomatische Handlungsformen wie z.B. Erklärungen, Demarchen, Konsultationen, Kontaktmissionen, Konferenzen oder Verhandlungen zulässig. Sie werden geradezu vorausgesetzt, etwa wenn der Hohe Vertreter nach Möglichkeit im UN-Sicherheitsrat den Standpunkt der Europäischen Union vortragen soll (Art. 34 Abs. 2 UAbs. 3 EUV) oder wenn ein EAD den Hohen Vertreter unterstützen soll (Art. 27 Abs. 3 Satz 1 EUV), vgl. *Cremer* in: Calliess/Ruffert, EUV, Art. 24 Rn. 1, 9 ff., Art. 25 Rn. 6 ff.; *Pechstein/Koenig*, Rn. 216 ff.

Die Vertragsgeber des Lissabonner Vertrages haben Wesentliches für die Verwirklichung des Ziels einer gemeinschaftlichen Außen- und Sicherheitspolitik getan, wenngleich nicht zu übersehen ist, dass der Weg bis hin zu einer kohärenten, geschlossenen und in supranationale Qualität überführten Außenpolitik noch weit ist. Es bleibt eher ein sehr gemischtes Bild einer versuchten Symbiose von einheitlichen Festlegungen auf Unionsebene und Wahrung mitgliedstaatlicher Eigenständigkeit.[1023] Trotzdem nimmt die Außen- und Sicherheitspolitik der Europäischen Union immer konkretere Formen an.

b) Der Hohe Vertreter als Europäischer Außenminister

Vor allem die Schaffung des Amtes des Hohen Vertreters der Union für die Außen- und Sicherheitspolitik gemäß Art. 18 und Art. 27 EUV brachte einen erheblichen Qualitätssprung mit sich.[1024] So sorgt das Amt des Hohen Vertreters für die personelle Sichtbarkeit der unionalen Außen- und Sicherheitspolitik. Es vereint die bisherigen Befugnisse des Repräsentanten der Gemeinsamen Außen- und Sicherheitspolitik und des Kommissionsmitglieds für Außenbeziehungen, womit der Hohe Vertreter eine Doppelfunktion erfüllt.[1025] Einen entsprechenden Unterbau erhielt der Hohe Vertreter mit dem Europäischen Auswärtigen Dienst gemäß Art. 27 Abs. 3 EUV und Art. 221 AEUV.[1026]

1023 *Frenz*, ZaöRV 2010, 487 (521).

1024 *Cremer* in: Calliess/Ruffert, EUV, Art. 18 Rn. 1; *Marquadt/Gaedtke* in: von der Groeben/Schwarze/Hatje, EUV, Art. 18 Rn. 1 ff.; *Oppermann/Classen/Nettesheim*, Europarecht, § 39 Rn. 9 f., *Hobe*, Europarecht, § 27 Rn. 1322; *Pihs-Lang* in: Bergmann, Handlexikon der EU, „Hoher Vertreter für die GASP".

1025 Der Hohe Vertreter leitet einerseits die GASP und hat andererseits zugleich die Stellung eines der Vizepräsidenten der Kommission inne, betraut mit der Koordination des auswärtigen Handelns im Übrigen („double hatting"), *Cremer* in: Calliess/Ruffert, EUV, Art. 18 Rn. 2; *Biervert* in: Schwarze/Becker/Hatje/Schoo, EUV, Art. 18 Rn. 1; *Frenz*, ZaöRV 2010, 487 (515).

1026 Europäische Diplomaten sind in 140 Delegationen mit ca. 4.000 Personen weltweit tätig. Auch der Europäische Geheimdienst, das EU Intelligence Analysis Center INTCEN in Brüssel mit ca. 110 Mitarbeitern, ist ihm unterstellt, *Kaufmann-Bühler* in: Grabitz/Hilf/Nettesheim, EUV, Art. 27 Rn. 18 ff.; *Terhechte* in: Schwarze/Becker/Hatje/Schoo, EUV, Art. 27 Rn. 3 f.; *Epping* in: Vedder/Heintschel von Heinegg, EUV, Art. 27 Rn. 4.

Allerdings war das Amt des Hohen Vertreters der Union für Außen- und Sicherheitspolitik bereits durch den Europäischen Verfassungsvertrag vorgesehen, wenngleich seinerzeit unter der Bezeichnung „Außenminister der Union“ (Art. I-28 VVE). Die Änderung der Bezeichnung, die ohne eine Änderung der inhaltlichen Ausgestaltung des Amtes erfolgte, ist zurückzuführen auf die Forderung insbesondere des Vereinigten Königreichs, Frankreichs und der Niederlande, diejenigen Teile des Europäischen Verfassungsvertrages, die staatsähnlich sind und dementsprechend Symbolcharakter hätten, zu streichen oder – wie im Fall des Art. 18 EUV – zu adaptieren. Abgesehen von dem Wechsel der Bezeichnung ist Art. I-28 VVE wortgleich übernommen worden.[1027]

Vor dem Hintergrund seiner ursprünglich angedachten Funktion als „Außenminister der Union“ macht das Amt eines Hohen Vertreters der Union für die Außen- und Sicherheitspolitik im Übrigen nur dann Sinn, wenn es tatsächlich eine europäische Außenpolitik gibt.[1028] Da dies bislang nicht der Fall ist, wie die derzeitigen Konflikte in Syrien, der Ukraine und zuvor in Libyen und Irak nachdrücklich dokumentieren,[1029] könnte man durchaus zu der Annahme gelangen, dass ein solches Amt überflüssig sei. Das bisherige disparate Auftreten der Mitgliedstaaten in der Außen- und Sicherheitspolitik gibt jedenfalls keinen Anlass zu Optimismus, zumal die völkerrechtliche Vertragslage und die völkerrechtlichen Verpflichtungen der Mitgliedstaaten den Kompetenzbereich des Hohen Vertreters der Europäischen Union erheblich einengen. Schließlich sind die zentralen völkerrechtlichen Verträge gerade im sicherheitspolitischen Bereich allesamt auf Staaten als Berechtigte und Verpflichtete fixiert. Sie erfassen nicht die Europäische Union, die auch im neuen, durch den Vertrag von Lissabon signifikant umgestalteten Gewande die Staatsqualität (noch) nicht erreicht. Das wird auch weiterhin der Fall sein, solange die Mitgliedstaaten die Außen- und Sicherheitspolitik in eigener Regie führen. Besonders deutlich wird dies an der Vertretung der Union im UN-Sicherheitsrat, dem

1027 *Epping* in: Vedder/Heintschel von Heinegg, EUV, Art. 18 Rn. 6; *Hakenberg*, Europarecht, 3. Teil Rn. 143; *Hobe*, Europarecht, § 27 Rn. 1324; *Kugelmann*, EuR 2004, 322 (333 ff.).

1028 *Oppermann*, DVBl 2003, Teil II, 1234 (1235); *Schulz*, integration 2013, 138 (141).

1029 *Schulz*, integration 2013, 138 (139); *Ehrhart*, integration 2013, 91 (103).

die Hauptverantwortung für die Wahrung des Weltfriedens und der internationalen Sicherheit übertragen ist (vgl. Art. 24 Abs. 1 UN-Charta). Dass Frankreich seinen ständigen Sitz an den Hohen Vertreter der Union übertragen wird, ist nach dem Austritt des Vereinigten Königreichs aus der Europäischen Union nicht zu erwarten.[1030] In der gegenwärtigen Diskussion über die Reform der Entscheidungsstrukturen des UN-Sicherheitsrates ist bei einer Erweiterung der Anzahl der ständigen Mitglieder bislang kein Platz für den Hohen Vertreter der Union vorgesehen. Ohnehin ist die Realisierung von Reformen in diesem Bereich schwierig.[1031] Vor diesem Hintergrund darf durchaus die Frage gestellt werden, warum die Europäische Union mit einem „Hohen Vertreter für die Außen- und Sicherheitspolitik" auftreten soll, der in den wichtigsten internationalen Fragen weder rechtlich kompetent noch politisch handlungsfähig sein kann, nur um sich eine personifizierte „internationale Adresse" zu geben, die im Ernstfall den Charakter eines „leeren Briefkastens"[1032] hätte.

Aus der Entwicklungsperspektive sollte daher weiter – deutlicher als in Art. 18 und Art. 27 EUV – hervorgehoben werden, dass der Hohe Vertreter die intergouvernementale und die supranationale Außenpolitik übergreifend koordiniert und steuert. Bei diesem Führungsauftrag sollte er grundsätzlich auch für den Einsatz der außenpolitischen Geldmittel aus dem Unionshaushalt verantwortlich sein. Der Hohe Vertreter sollte bei allen internationalen Verhandlungen prinzipiell Verhandlungsführer sein – mit der Möglichkeit einer Delegation. Da die Kompetenz für die auswärtigen Beziehungen eine wesentliche Rolle spielt,[1033] muss der Hohe Vertreter als Mitglied der Kommission darauf hinwirken können, die allgemeine Außenpolitik der Europäischen Union – und in einem bundesstaatlichen Gefüge auch die der

1030 Vgl. zur Sonderstellung der dem UN-Sicherheitsrat angehörenden Mitgliedstaaten der EU *Kaufmann-Bühler* in: Grabitz/Hilf/Nettesheim, EUV, Art. 34 Rn. 13 ff.; *Cremer* in: Calliess/Ruffert, EUV, Art. 34 Rn. 6 ff.

1031 *Regelsberger/Kugelmann* in: Streinz, EUV, Art. 34 Rn. 5 ff.; *Marquardt/Gaedtke* in: von der Groeben/Schwarze/Hatje, EUV, Art. 34 Rn. 9 f.; *Kaufmann-Bühler* in: Grabitz/Hilf/Nettesheim, EUV, Art. 27 Rn. 10 ff., 17.

1032 Vgl. *Lothar Rühl*, „Leerer Briefkasten. Völkerrechtliche Grenzen der Kompetenzen eines künftigen EU-Außenministers", FAZ v. 18.08.2003, S. 8.

1033 *Oppermann/Classen/Nettesheim*, Europarecht, § 38 Rn. 4; *Frenz*, ZaöRV 2010, 487 (488).

Mitgliedstaaten – ganzheitlich zu gestalten und auszuführen. In Konsequenz dieser deutlich verstärkten Führungsrolle des Hohen Vertreters wäre die „kritische Masse“ an Kompetenzen erreicht, sodass er für die Außenpolitik als Außenminister der Europäischen Union tituliert und akzeptiert werden würde. Der Außenminister der Union würde vom Präsidenten der Kommission berufen und vom Europäischen Parlament bestätigt.[1034]

Die Mitgliedstaaten der Europäischen Union neigen allerdings trotz fortschreitender Kooperation innerhalb der Gemeinsamen Außen- und Sicherheitspolitik nach wie vor dazu, im Ernstfall außen- und sicherheitspolitisch gemäß ihren nationalen Politikinteressen zu agieren. Selbst mit einer expliziten Verfassungsurkunde würde die Europäische Union in ihrer Lage zwischen Föderalstaat und Staatenverbund verbleiben, solange das Hauptgewicht der auswärtigen Beziehungen weiter bei den Mitgliedstaaten verbleibt.[1035]

Trotzdem bleibt festzustellen, dass, obwohl der Europäische Auswärtige Dienst noch nicht die erwartete Durchsetzungskraft gewonnen hat,[1036] dessen Aufbau nahezu abgeschlossen ist und das Amt des Hohen Vertreters international Anerkennung erfahren hat. Das ist schon daran zu erkennen, dass die Europäische Union in den letzten Jahren in einigen Konflikten eine wichtige Vermittlungsrolle gespielt hat. Schließlich war der Werdegang der Europäischen Union bislang auch dadurch gekennzeichnet, dass wichtige Entwicklungen, die frühzeitig im kleinen Rahmen angestoßen wurden, sich schließlich realisiert haben.[1037] Insgesamt hat die Gemeinsame Außen- und Sicherheitspolitik also – so könnte ein erstes Fazit lauten – durchaus an Fahrt aufgenommen.[1038]

1034 In diesem Sinne vgl. *Cromme*, EuR 2017, 206 (222 f.).

1035 *Link*, APuZ 2013, 23; *Guérot*, integration 2012, 116 (119).

1036 *Lieb/Kremer*, integration 2010, 195.

1037 *Epping* in: Vedder/Heintschel von Heinegg, EUV, Art. 18 Rn. 3; *Kaufmann-Bühler* in: Grabitz/Hilf/Nettesheim, EUV, Art. 27 Rn. 39.

1038 *Terhechte* in: Schwarze/Becker/Hatje/Schoo, EUV, Art. 24 Rn. 20; ähnlich, aber weniger positiv *Hatje/Schwarze*, EuR 2019, 153 (171).

c) Europäische Sicherheits- und Verteidigungspolitik

Die Gemeinsame Sicherheits- und Verteidigungspolitik ist gemäß Art. 42 EUV integraler Bestandteil der Gemeinsamen Außen- und Sicherheitspolitik. Die Gemeinsame Sicherheits- und Verteidigungspolitik ist ebenfalls nicht gemeinschaftsrechtlich und somit nicht supranational strukturiert. So sieht der Vertrag von Lissabon zwar verschiedene Stärkungen der Gemeinsamen Sicherheits- und Verteidigungspolitik vor, ohne aber den immer noch geringen Grad an Vergemeinschaftung bzw. Supranationalität grundsätzlich zu ändern.[1039]

Im Rahmen der Gemeinsamen Sicherheits- und Verteidigungspolitik wird unterschieden zwischen einer gemeinsamen Sicherheitspolitik außerhalb des Unionsgebietes, welche die Friedenssicherung, Konfliktverhütung und Stärkung der internationalen Sicherheit in Übereinstimmung mit den Grundsätzen der Charta der Vereinten Nationen umfasst (Art. 42 Abs. 1 EUV) sowie der gemeinsamen Verteidigung (Art. 42 Abs. 2 EUV). Die gemeinsame Verteidigung ist als konkretes Ziel festgelegt, allerdings setzt sie noch einen entsprechenden vorherigen einstimmigen Beschluss im Europäischen Rat voraus.[1040] Nach Art. 42 Abs. 3 EUV sind die Mitgliedstaaten allerdings zur Bereitstellung der notwendigen zivilen und militärischen Fähigkeiten zur Umsetzung der Gemeinsamen Sicherheits- und Verteidigungspolitik und zur schrittweisen Verbesserung ihrer militärischen Fähigkeiten verpflichtet.

Politisch war eine Zusammenarbeit in der Sicherheits- und Verteidigungspolitik schon von den sechs Gründungsstaaten angestrebt, die bereits 1952 die Schaffung einer Europäischen Verteidigungsgemeinschaft planten.[1041] Zunächst arbeitete man in dem 1954 gegründeten militärischen Beistandspakt Westeuropäische Union zusammen. Da die

---

1039 *Kaufmann-Bühler* in: Grabitz/Hilf/Nettesheim, EUV, Art. 42 Rn. 13 f.; *von Kielmansegg*, Verteidigungspolitik der EU, S. 460.

1040 *Haratsch/Koenig/Pechstein*, Europarecht, Rn. 1437 ff.; *Herdegen*, Europarecht, § 28 Rn. 6; *Hobe*, Europarecht, § 27 Rn. 1342.

1041 Vgl. dazu das Gesetz betreffend den Vertrag vom 27. Mai 1952 über die Gründung der Europäischen Verteidigungsgemeinschaft und betreffend den Vertrag vom 27. Mai 1952 zwischen dem Vereinigten Königreich und den Mitgliedstaaten der Europäischen Verteidigungsgemeinschaft v. 28.03.1954, BGBl. II 1954, S. 342; siehe auch zur Entwicklung und dem Scheitern der Europäischen Verteidigungsgemeinschaft *Röper/Issel*, ZRP 2003, 397 ff

meisten Mitgliedstaaten der Europäischen Union auch Mitglieder der NATO sind und weitere fünf dieser über die sogenannte Partnerschaft für den Frieden assoziiert sind (die einzige Ausnahme ist Zypern), wurde lange kein Bedarf für ein gesondertes Bündnis gesehen (Art. 42 Abs. 2 UAbs. 2 EUV).[1042] Die Rolle der Friedenssicherung in Europa wurde den USA überlassen. Während des Kalten Krieges konnte es sich die Europäische Union somit leisten, ihre außen-, sicherheits- und verteidigungspolitischen Fähigkeiten nicht voranzutreiben und Strategien für die sogenannte Soft-Power-Projektion jenseits des Kreises der Mitglieds- und Kandidatenländer zu entwerfen.[1043] Seit jenen Tagen antagonistischer Stabilität hat sich die Konstellation der Weltpolitik grundlegend geändert: das Ende des Kommunismus und des Ostblocks; das jüngste Auftreten Russlands und der Türkei als konkurrierende Regionalmächte; das Aufstreben Chinas zur Weltmacht. Die Administration unter Donald Trump hat zudem der Forderung der USA an die europäischen Staaten, ihre Militärhaushalte zu erhöhen, deutlich Nachdruck verliehen.[1044] Die Bereitschaft der Amerikaner, sich in militärische Krisen und bewaffnete Konflikte rund um den Globus einzumischen, nimmt ab und wird selektiver. Zudem haben größere Konflikte in der Nachbarschaft Europas der europäischen Verteidigungs- und Sicherheitspolitik zusätzliche Dringlichkeit und echte politische Notwendigkeit verliehen. Im November 2017 haben daher 25 Mitgliedstaaten (alle außer Dänemark, Malta und naturgemäß dem Vereinigten Königreich) beschlossen, eine veritable Verteidigungspolitik in Form einer „Ständigen Strukturierten Zusammenarbeit“ zu etablieren.[1045]

1042 *Marquardt/Gaedtke* in: von der Groeben/Schwarze/Hatje, EUV, Art. 42 Rn. 8 ff.; *Terhechte* in: Schwarze/Becker/Hatje/Schoo, EUV, Art. 42 Rn. 13; *Regelsberger/Kugelmann* in: Streinz, EUV, Art. 42 Rn. 1.

1043 Vgl. *Moser*, ZaöRV 2020, 1 (3 f.); *Schulz*, integration 2013, 138 (141).

1044 Vgl. *Lorenz Hemicker*, „Warum Trumps Beitragskritik überzogen ist“, FAZ.NET v. 06.03.2019. Die USA erinnern die Europäer vor allem an eine 2014 in Wales getroffene Vereinbarung, wonach jeder NATO-Mitgliedstaat 2 % seines Bruttoinlandsprodukts für Militärausgaben vorsieht. Dies wird gegenwärtig lediglich vom Vereinigten Königreich, Estland, Polen und Griechenland erzielt; in Deutschland lag die Quote 2017 bei 1,19 %.

1045 *Van Meurs/De Bruin/Van de Grift/Hoentik/Van Leeuwen/Reijnen*, Die Unvollendete, S. 212 f.; *Hakenberg*, Europarecht, 6. Teil Rn. 474; vgl. Beschluss des Rates (GASP) 2017/2315 v. 11.12.2017 über die Begründung der Ständigen Strukturierten

aa) Westeuropäische Union und Übertragung ihrer Aufgaben auf die EU

Die Westeuropäische Union bildete im Kern ein System kollektiver Selbstverteidigung (Verteidigungsbündnis).[1046] Wesentliches Ziel des WEU-Vertrages[1047] war der wechselseitige Beistand bei der Aufrechterhaltung des internationalen Friedens und der internationalen Sicherheit und im Widerstand gegen jede Angriffspolitik (Präambel WEU-Vertrag).[1048] Wichtigste Inhalte der Westeuropäischen Union waren somit die Rüstungsbegrenzung und die Festlegung einer automatischen Beistandspflicht bei einem Angriff auf ein Mitglied der Westeuropäischen Union. Mit der „Petersberger-Erklärung" der Außen- und Verteidigungsminister vom 19. Juni 1992[1049] wurden humanitäre Missionen, Rettungseinsätze, Kriseninterventionen und Maßnahmen der Friedenserzwingung als Aufgaben der Westeuropäischen Union neu definiert (sogenannte Petersberger Aufgaben). Seitdem hatte die Westeuropäische Union, die lange Zeit ein Schattendasein neben der NATO führte, einen Bedeutungszuwachs durch ihre Einbindung in Maßnahmen der Konfliktbewältigung der Organisation für Sicherheit und Zusammenarbeit in Europa (OSZE) oder auch des Sicherheitsrates der Vereinten Nationen erlangt. Durch den Vertrag von Nizza (Art. 17 EUV a.F.) wurden dann wesentliche Funktionen europäischer Verteidigung von der Westeuropäischen Union auf die Europäische Union übertragen. Mittlerweile ist der funktionale und strukturelle Rückschnitt der Westeuropäischen Union mit ihrer Abwicklung als internationaler Organisation im Jahre 2011 abgeschlossen worden.[1050] Heute finden sich jedoch wesentliche

---

Zusammenarbeit (PESCO) und über die Liste der daran teilnehmenden Mitgliedstaaten, ABl. 2017 L 331, S. 57–77.

1046 Mitglieder der WEU waren Belgien, Deutschland, Frankreich, Griechenland, Italien, Luxemburg, die Niederlande, Portugal, Spanien und das Vereinigte Königreich. Island, Norwegen, Polen, die Tschechische Republik, die Türkei und Ungarn waren assoziiert, Dänemark, Finnland, Irland, Österreich und Schweden hatten Beobachterstatus.

1047 Vertrag über wirtschaftliche, soziale und kulturelle Zusammenarbeit und über kollektive Selbstverteidigung v. 17.03.1948, BGBl. II 1955, S. 283.

1048 *Margedant* in: Bergmann, Handlexikon der EU, „Westeuropäische Union (WEU)"; *Weber* in: Creifelds, Rechtswörterbuch, „Westeuropäische Union (WEU)".

1049 Bull. BReg. 1992 Nr. 68, S. 649.

1050 Im März 2011 haben die Vertragsstaaten den WEU-Vertrag förmlich für beendet erklärt, *Geiger* in: Geiger/Khan/Kotzur, EUV, Art. 42 Rn. 21.

ehemalige Aufgaben der Westeuropäischen Union in der Europäischen Union.[1051] Insbesondere die Beistandsverpflichtung des heutigen Art. 42 Abs. 7 EUV für den Fall eines bewaffneten Angriffs ist erkennbar der Beistandsklausel des WEU-Vertrages nachgebildet.[1052] Mit der Beistandsklausel wird erstmals eine kollektive Beistandspflicht im Unionsrahmen eingeführt,[1053] was den gewachsenen Zusammenhalt der Mitgliedstaaten in Angelegenheiten der Sicherheits- und Verteidigungspolitik dokumentiert. Ob die Europäische Union durch die Einführung der Beistandspflicht im Sinne eines Systems kollektiver Selbstverteidigung jedoch bereits jetzt schon über eine gemeinsame Verteidigung gemäß Art. 42 Abs. 2 UAbs. 1 EUV verfügt, lässt die Vorschrift des Art. 42 Abs. 7 EUV zunächst noch offen.[1054]

Die rechtliche Tragweite der in Art. 42 Abs. 7 EUV statuierten Pflicht der Mitgliedstaaten, einem angegriffenen Mitgliedstaat beizustehen, geht seinem Wortlaut nach zwar sehr weit, ist bei näherer Betrachtung aber nicht ganz so klar. Zunächst soll die unionsrechtliche Beistandsverpflichtung im Falle eines *bewaffneten Angriffs auf das Hoheitsgebiet eines Mitgliedstaates* eingreifen. Ein solcher bewaffneter Angriff liegt zumindest immer dann vor, wenn die Voraussetzungen der völkerrechtlichen Aggressionsdefinition[1055] vorliegen. Durch den expliziten Verweis auf Art. 51 UN-Charta, der das *naturgegebene Recht der kollektiven Selbstverteidigung* vom Gewaltverbot des Art. 2 Abs. 4 UN-Charta ausnimmt, ist in diesem Zusammenhang anzunehmen, dass Art. 42 Abs. 7 UAbs. 1 EUV in letzter Konsequenz eine militärische Beistandsverpflichtung statuiert. Hierbei ist evident, dass eine solche militärische Beistandsverpflichtung nicht für alle Mitgliedstaaten mit gleichem Verbindlichkeitsgrad gilt. In der Vorschrift sind – in Wiederholung zu Art. 42 Abs. 2 UAbs. 2 EUV[1056] – sowohl die Sonderstellung der neutralen und bünd-

1051 *Hobe*, Europarecht, § 4 Rn. 114; *Herdegen*, Europarecht, § 29 Rn. 3 f.
1052 *Kaufmann-Bühler* in: Grabitz/Hilf/Nettesheim; EUV, Art. 42 Rn. 67; *Herdegen*, Europarecht, § 29 Rn. 1.
1053 Vgl. BVerfGE 123, 267, 384, *Lissabon.*
1054 *Hummer* in: Vedder/Heintschel von Heinegg, EUV, Art. 42 Rn. 14.
1055 U.N., Res. 3314 (XXIX), Definition of Aggression, v. 14.12.1974, UN GAOR, 29th Session, Supp. No. 31 (1974), S. 142.
1056 Vgl. *Kaufmann-Bühler* in: Grabitz/Hilf/Nettesheim, EUV, Art. 42 Rn. 29 ff., 48 ff.

nisfreien Mitgliedstaaten[1057] mittels der „irischen Klausel“[1058] als auch die Sonderstellung der NATO-Staaten[1059] enthalten.[1060] Diese Konstellation wird auch als Asymmetrie der Beistandspflichten bezeichnet.[1061]

Die Bestimmung zur Beistandspflicht in Art. 42 Abs. 7 EUV kann in engem Zusammenhang mit der Solidaritätsklausel des Art. 222 AEUV gesehen werden, in der bereits eine Unterstützungspflicht in der Europä-

---

1057 Von den gegenwärtig 27 EU-Mitgliedstaaten gehören lediglich Finnland, Irland, Malta, Österreich, Schweden und Zypern nicht auch der NATO an.

1058 Art. 42 Abs. 7 UAbs. 1 Satz 2 EUV enthält bewusst neuerlich die „irische Klausel“ – die bereits in Art. 42 Abs. 2 UAbs. 2 EUV allgemein für die GSVP verankert wurde – um damit zweifelsfrei sicherzustellen, dass die dauernd neutralen bzw. bündnisfreien Mitgliedstaaten der EU von der Leistung der unionsrechtlichen Beistandsverpflichtung befreit sind. Die „irische Klausel“ wurde auch – auf Betreiben des Vereinigten Königreichs – in die beiden Erklärungen (Nr. 13) und (Nr. 14) zur GASP in der Schlussakte von Lissabon explizit aufgenommen (ABl. 2016 C 202, S. 343), *Hummer* in: Vedder/Heintschel von Heinegg, EUV, Art. 24 Rn. 7, Art. 42 Rn. 15, 42.

1059 Die Unberührtheitsverpflichtung der „irischen Klausel“ bezieht sich gem. Art. 42 Abs. 2 UAbs. 2 Satz 2 EUV auch auf die Verpflichtungen, die 22 EU-Mitgliedstaaten aufgrund ihrer Mitgliedschaft in der NATO erwachsen, womit im Grunde auch der Verpflichtung aus Art. 351 AEUV entsprochen wird. Mit dem Beitritt Montenegros zählt die NATO 29 Mitglieder, von denen lediglich Albanien, Island, Kanada, Montenegro, Norwegen, die Türkei, die USA und mittlerweile auch das Vereinigte Königreich nicht auch zugleich EU-Mitgliedstaaten sind; *Marquardt/Gaedtke* in: von der Groeben/Schwarze/Hatje, EUV, Art. 42 Rn. 8 ff.

1060 Die Formulierung der „irischen Klausel“ verpflichtet die EU nicht, ihr verteidigungspolitisches Handeln am „besonderen Charakter der Sicherheits- und Verteidigungspolitik bestimmter Mitgliedstaaten“ zu orientieren, sondern lässt diesen Charakter lediglich unberührt. Das in Art. 42 Abs. 4 bzw. Art. 31 Abs. 1 EUV verankerte Einstimmigkeitsprinzip gibt jedem Mitgliedstaat ohnehin die Möglichkeit, durch die Verweigerung seiner Zustimmung Entscheidungen der EU zu verhindern, die mit seiner Sicherheits- und Verteidigungspolitik nicht im Einklang stehen, ohne dass es dafür einer besonderen Rechtsgrundlage bedürfte. Die Mitgliedstaaten können auch im Wege einer konstruktiven Enthaltung nach Art. 31 Abs. 1 UAbs. 2 EUV Maßnahmen zulassen, indem sie den Beschluss als für die EU bindend akzeptieren, ohne dadurch selbst Verpflichtungen zu tragen. Der „irischen Klausel“ dürfte daher in der Praxis wenig Relevanz zukommen und ihre Bedeutung vielmehr in der Klarstellung liegen, dass die EU die grundlegenden, prinzipiellen Weichenstellungen eines Mitgliedstaats im Bereich der Sicherheits- und Verteidigungspolitik respektiert und ausdrücklich als vertragskonform hinnimmt, *von Kielmansegg*, Verteidigungspolitik der EU, S. 396; *Cremer* in: Calliess/Ruffert, EUV, Art. 42 Rn. 14; *Marquardt/Gaedtke* in: von der Groeben/Schwarze/Hatje, EUV, Art. 42 Rn. 9.

1061 Vgl. *von Kielmansegg*, Verteidigungspolitik der EU, S. 403.

ischen Union im Fall eines Terroranschlags statuiert wird.[1062] Diese Solidaritätsverpflichtung gilt gleichermaßen für alle Mitgliedstaaten im Falle eines Terroranschlags oder einer Katastrophe natürlichen oder menschlichen Ursprungs, die allerdings auf das Hoheitsgebiet der Mitgliedstaaten beschränkt ist,[1063] sodass die Bestimmung keine Rechtsgrundlage für eine Intervention in einem Drittstaat bietet.[1064] Systematisch würde die Solidaritätsklausel des Art. 222 AEUV grundsätzlich nicht in den Teil über das Auswärtige Handeln der Europäischen Union gehören, geht es dabei doch um die Unterstützung „im Hoheitsgebiet“ der Mitgliedstaaten.[1065] Jedoch verdeutlicht bereits die Genese des Art. 222 AEUV in der Konventionsarbeitsgruppe zur „Verteidigung“, dass die Norm auch militärische Mittel umfasst und damit Auswärtsbezüge aufweist.[1066] Dies wirft wiederum vielmehr die Frage nach der genauen Abgrenzung zur kollektiven Beistandspflicht des Art. 42 Abs. 7 EUV auf. Ursprünglich wurde der heutige Art. 222 AEUV als „Beistandsklausel“ bezeichnet, um den Bezug zur militärischen Beistandspflicht zu verdeutlichen.[1067] Der Idee nach sollte Art. 222 AEUV als ein Art kleine Schwester der militärischen Beistandspflicht eine „kleine Beistandsklausel“ begründen,[1068] die bei Terrorangriffen durch nichtstaatliche Akteure eingreift, die regelmäßig nicht die Schwelle eines „bewaffneten Angriffs“ durch Staaten erreichen.[1069] Entsprechenden Anregungen Folge leistend wurde der Begriff der „Beistandsklausel“

1062 Die Solidaritätsklausel ist aus Anlass des terroristischen Anschlags auf einen Vorortszug in Madrid vom März 2004 entstanden.

1063 Eine Begrenzung, die vor dem Hintergrund des Irak-Krieges zu verstehen ist.

1064 *Becker* in: Schwarze/Becker/Hatje/Schoo, AEUV, Art. 222 Rn. 6 ff.; *Ohler* in: Streinz, AEUV, Art. 222 Rn. 5 ff.; *Calliess* in: Calliess/Ruffert, AEUV, Art. 222 Rn. 18 ff.

1065 *Schroeder*, Europarecht, § 21 Rn. 43; *Streinz/Ohler/Herrmann*, Vertrag von Lissabon, § 15 II.

1066 *Calliess* in: Calliess/Ruffert, AEUV, Art. 222 Rn. 13; *Reichard*, ZEuS 2004, 313 (325). In einer Erklärung zum Vertrag von Lissabon haben die Mitgliedstaaten zum Ausdruck gebracht haben, dass sie sich die Wahlfreiheit der am besten geeigneten Mittel vorbehalten, Erklärung Nr. 37 zum Vertrag von Lissabon, ABl. 2016 C 202, S. 349.

1067 Vgl. Konvents-Dok. CONV 461/02 v. 16.12.2002, Rn. 56 ff., wobei die Beistandsklausel teils auch als Alternative zur politisch umstrittenen Einführung des Art. 42 Abs. 7 EUV gedacht war.

1068 *Von Kielmansegg*, Verteidigungspolitik der EU, S. 208.

1069 Vgl. die Begründung des Formulierungsvorschlags in Konvents-Dok. CONV 685/03 v. 23.04.2003, S. 22; sinngemäß auch Konvents-Dok. CONV 461/02

durch den der „Solidaritätsklausel" ersetzt.[1070] Hiernach gilt für die Abgrenzung zwischen nicht-staatlichen Terrorangriffen nach Art. 222 AEUV und zwischenstaatlicher Selbstverteidigung nach Art. 42 Abs. 7 EUV, dass der Anwendungsbereich der Solidaritätsklausel nur bei solchen Terroranschlägen eröffnet ist, die von nicht-staatlichen Organisationen ausgehen und deren Maßnahmen „nach Innen" gerichtet sind. Diese Grundregel gestattet eine konzeptionell überzeugende und rechtspraktisch handhabbare Grenzziehung jedenfalls im Regelfall.[1071]

Freilich bedeutet diese Grundregel nicht, dass es in Sonderfällen keine Überschneidung geben kann. Insbesondere greifen Art. 222 AEUV und Art. 42 Abs. 7 EUV parallel bei schweren Terroranschlägen durch nicht-staatliche Akteure, soweit diese als „bewaffneter Angriff" eingestuft werden, der ein Selbstverteidigungsrecht nach Art. 51 UN-Charta auslöst und damit zugleich der kollektiven Beistandspflicht nach Art. 42 Abs. 7 EUV unterfällt.[1072] In derartigen Fällen schwerer Terroranschläge besteht eine Überschneidung, die nicht durch eine Spezialität der Solidaritätsklausel oder der militärischen Beistandspflicht gelöst werden sollte,[1073] soweit unter Spezialität ein Anwendungsausschluss der jeweils anderen Bestimmung verstanden wird. Der Grund hierfür ist die unterschiedliche Zielrichtung. Art. 42 Abs. 7 EUV aktiviert den Einsatz militärischer Mittel – jedenfalls für die nicht-neutralen Mitgliedstaaten – mit einem hohen Verbindlichkeitsgrad, der durch eine Spezialität des Art. 222 AEUV nicht abgeschnitten werden

---

v. 16.12.2002, Rn. 57, wonach Art. 222 AEUV nicht zwischenstaatliche Angriffe als Gegenstand der Selbstverteidigung, sondern nicht-staatliche Anschläge betrifft.

1070 *Calliess* in: Calliess/Ruffert, AEUV, Art. 222 Rn. 14; *Thym* in: Grabitz/Hilf/Nettesheim, AEUV, Art. 222 Rn. 11; vgl. auch Konvents-Dok. CONV 707/03 v. 13.05.2003, Übersicht über die Änderungsvorschläge betreffend das außenpolitische Handeln, einschließlich der Verteidigungspolitik, S. 29.

1071 *Ohler* in: Streinz, AEUV, Art. 222 Rn. 1; *Becker* in: Schwarze/Becker/Hatje/Schoo, AEUV, Art. 222 Rn. 2.

1072 Aufgrund des Wortlauts und des Verweises auf die UN-Charta ist Art. 42 Abs. 7 EUV so auszulegen, dass die Bestimmung immer dann eingreift, wenn nach den Regeln des Völkerrechts ein Selbstverteidigungsrecht besteht, vgl. auch *Thym* in: Grabitz/Hilf/Nettesheim, AEUV, Art. 222 Rn. 7; *Calliess* in: Calliess/Ruffert, AEUV, Art. 222 Rn. 19.

1073 *Calliess* in: Calliess/Ruffert, AEUV, Art. 222 Rn. 19; *Khan* in: Geiger/Khan/Kotzur, AEUV, Art. 222 Rn. 2; *Streinz/Ohler/Herrmann*, Vertrag von Lissabon, § 15 II.

sollte.[1074] Dieser Rückgriff auf Art. 42 Abs. 7 EUV steht jedoch der parallelen Anwendung von Art. 222 AEUV nicht entgegen. Vielmehr bezweckt die Norm gerade den koordinierten Einsatz militärischer und sonstiger Mittel und stellt hierfür, anders als Art. 42 Abs. 7 EUV, Koordinierungsverfahren bereit.[1075] Letztere greifen auch bei schweren Terroranschlägen. Indessen ermöglicht Art. 222 AEUV dann die Abstimmung von militärischen Maßnahmen der Mitgliedstaaten oder der Europäischen Union zur Umsetzung des Art. 42 Abs. 7 EUV mit sonstigen, nicht militärischen Aktivitäten im Interesse eines kohärenten Gesamteinsatzes. Mithin finden je nach Art des Vorfalls entweder Art. 222 AEUV oder Art. 42 Abs. 7 EUV Anwendung bzw. ergänzen sich in besonderen Fällen. Eine gegenseitige Beeinträchtigung von Solidaritäts- und Beistandsklausel ist nicht zu erkennen. Die Ausgestaltung und Anwendbarkeit der militärischen Beistandsverpflichtung bleibt von den Bestimmungen des Art. 222 AEUV unberührt, sodass keine Einschränkung der rechtlichen Tragweite des Art. 42 Abs. 7 EUV gegeben sein sollte. Nicht zuletzt enthält die kollektive Beistandspflicht den Ausdruck des unionsrechtlichen Solidaritätsprinzips und ist damit auch als rechtlich verbindlich anzusehen.[1076]

Selbst wenn man davon ausgeht, dass auf der Regierungskonferenz an einen konkreten Beistandsfall mutmaßlich nicht gedacht wurde, scheint es den Mitgliedstaaten aber doch darum gegangen zu sein, die Westeuropäische Union vollständig in den Vertrag über die Europäische Union zu übernehmen.[1077] Das findet sich allein schon darin, dass die Klausel des Art. 42 Abs. 7 EUV mit der Pflicht der anderen Mitgliedstaaten zur Leistung *aller in ihrer Macht stehenden Hilfe*

1074 Die gesteigerte Rechtsverbindlichkeit des Art. 42 EUV hebt Art. 222 AEUV nicht auf.

1075 Art. 42 Abs. 7 EUV errichtet eine Verteidigungspflicht, stellt jedoch keine Mittel zur Umsetzung bereit, soweit GSVP-Missionen nicht zur kollektiven Verteidigung eingesetzt werden können; *von Kielmannsegg*, Verteidigungspolitik der EU, S. 219 ff.; *Thym* in: Grabitz/Hilf/Nettesheim, AEUV, Art. 222 Rn. 3, 21 ff.

1076 *Kielmansegg*, Verteidigungspolitik der EU, S. 210; *Calliess* in: Maunz/Dürig, GG, Art. 24 II Rn. 49; *Cremer*, ZG 2016, 97 (116); a.A. *Kaufmann-Bühler* in: Grabitz/Hilf/Nettesheim, EUV, Art. 42 Rn. 69; *Marquardt/Gaedtke* in: von der Groeben/Schwarze/Hatje, EUV, Art. 42 Rn. 16; *Dietrich*, ZaöRV 2006, 663 (694).

1077 Vgl. *von Kielmannsegg*, Verteidigungspolitik der EU, S. 472; *Arnold/Klamert* in: Dauses/Ludwigs, I., Rn. 197.

und Unterstützung wortgleich der umfassenden Beistandspflicht nach Art. V WEU-Vertrag entspricht und nicht etwa dem weicher gefassten NATO-Vertrag[1078], wie das Bundesverfassungsgericht meint.[1079] Zudem sehen das Bundesverfassungsgericht und ein Teil der Lehre in der Beistandspflicht, soweit es um den Einsatz militärischer Mittel geht, allenfalls eine politische und keine rechtliche Schuld.[1080] Allerdings schließt auch diese Ansicht eine militärische Hilfeleistung nicht aus. Zwar ist eine Beistandsklausel gegen äußere Aggressoren grundsätzlich eher ein Merkmal eines kollektiven Verteidigungsbündnisses. Da jedoch auch solche Bündnisse als Systeme kollektiver Sicherheit angesehen werden können, ist die Existenz der Beistandsklausel nicht nur als unschädlich, sondern vielmehr als Argument der militärischen Handlungsfähigkeit der Europäischen Union zu sehen. Kollektive Sicherheit ist mithin eine Aufgabe, der sich in Europa vorrangig die Europäische Union und weiterhin auch die NATO widmen.

Trotz einiger Zweifel läuft im Ergebnis die Beistandspflicht des Art. 42 Abs. 7 EUV auf eine Inkorporation der ehemaligen Beistandspflicht im Rahmen der Westeuropäischen Union hinaus[1081] und stellt auch auf-

1078 Nordatlantikvertrag v. 04.04.1949, für Deutschland in Kraft getreten am 06.05.1955, BGBl. II 1955, S. 289.

1079 Während der Washingtoner NATO-Vertrag im Falle eines Angriffes auf eine oder mehrere Vertragsparteien die Entscheidung über die erforderlichen Beistandsmaßnahmen in das Ermessen der Mitglieder stellt (Art. 5 NATO-Vertrag), enthielt der WEU-Vertrag eine wesentlich umfassendere Beistandspflicht, vgl. Art. V WEU-Vertrag: „*Sollte einer der Hohen Vertragschließenden Teile das Ziel eines bewaffneten Angriffs in Europa werden, so werden ihm die anderen Hohen Vertragschließenden Teile im Einklang mit den Bestimmungen des Artikels 51 der Satzung der Vereinten Nationen alle in ihrer Macht stehende militärische und sonstige Hilfe und Unterstützung leisten.*“; *Herdegen*, Europarecht, § 28 Rn. 12; *ders.*, Völkerrecht, § 46 Rn. 4.

1080 *Marquardt/Gaedtke* in: von der Groeben/Schwarze/Hatje, EUV, Art. 42 Rn. 16; *Kaufmann-Bühler* in: Grabitz/Hilf/Nettesheim, EUV, Art. 42 Rn. 69; BVerfGE 123, 267, 424, *Lissabon*; vgl. zur Einschätzung des BVerfG bzgl. der Zulässigkeit von Einsätzen der Bundeswehr im Rahmen der Europäischen Union auch *Fassbender* in: Isensee/Kirchhof, HStR, Bd. XI, § 244 Rn. 72 ff.

1081 Zugleich bezeugt die Einbindung der WEU in den EUV aber auch die Tendenz, kollektives Vorgehen der Mitgliedstaaten außerhalb des Rahmens der EU tunlichst zu vermeiden, vgl. *Hobe*, Europarecht, § 4 Rn. 115.

grund seiner Rechtsverbindlichkeit zumindest einen vorweggenommenen Teil einer gemeinsamen Verteidigung dar.[1082]

Langfristig wird weiter die Entwicklung einer tatsächlichen gemeinsamen Verteidigungspolitik mit dem Ziel einer „gemeinsamen (europäischen) Verteidigung" anvisiert. Damit rührt die Gemeinsame Sicherheits- und Verteidigungspolitik bereits an dem Nerv eines Politikbereichs, der zum klassischen Kern der mitgliedstaatlichen Souveränität gerechnet wird.

bb) Entwicklung einer Europäischen Verteidigungsunion

Die Entwicklung einer sicherheits- und verteidigungspolitischen Identität der Europäischen Union gehört zu den langwierigsten und umstrittensten Integrationsprojekten.[1083] Eine gemeinsame Verteidigungspolitik, die in ihrer Integrationsstufe mit derjenigen der sonstigen Bereiche der Gemeinsamen Außen- und Sicherheitspolitik vergleichbar wäre, existiert jedoch noch nicht.

Der Vertrag von Lissabon erweitert mit der Option der Verstärkten Zusammenarbeit nach Art. 20 EUV die Möglichkeiten für einzelne Mitgliedstaaten, in einem engeren Kreis Formen einer gesteigerten Zusammenarbeit insbesondere im Bereich der Sicherheits- und Verteidigungspolitik zu begründen. Die anspruchsvollste Form eines solchen sicherheits- und verteidigungspolitischen Zusammenwirkens bildet gegenwärtig das Instrument der „Ständigen Strukturierten Zusammenarbeit" („Permanent Structured Cooperation") von Mitgliedstaaten mit

---

1082 *Cremer* in: Calliess/Ruffert, EUV, Art. 42 Rn. 8, 11; *Thym* in: Grabitz/Hilf/Nettesheim, AEUV, Art. 222 Rn. 11; *ders.*, EuR-Beiheft 2010, 171 (177 ff.). Die Frage, ob die EU gem. Art. 42 Abs. 7 EUV nicht schon jetzt über eine „gemeinsame Verteidigung" verfügt, ist derzeit eher noch eine rein akademische, da Art. 42 Abs. 2 UAbs. 1 EUV diese erst als „zukünftig" ansieht und für deren Einführung dementsprechend auch ein spezielles Verfahren vorsieht, vgl. *Hummer* in: Vedder/Heintschel von Heinegg, EUV, Art. 42 Rn. 13 f. Etwas anderes bestätigt die Praxis, indem im Anschluss an die Terroranschläge von Paris im November 2015 Frankreich in erstmaliger Anwendung des Art. 42 Abs. 7 EUV im Rat der Verteidigungsminister um den Beistand der Mitgliedstaaten ersucht hat, dazu Europäische Kommission (EPSC), Strategic Note Nr. 10 v. 22.12.2015, From Mutual Assistance to Collective Security, S. 1 ff.

1083 *Regelsberger/Kugelmann* in: Streinz, EUV, Art. 42 Rn. 1; *Jopp/Barbin* in: Weidenfeld/Wessels, Europa von A bis Z, S. 276 ff.

hohem militärischem Potenzial.[1084] Es ist Teil des „European Security and Defence Package", das auf dem Weg zur sogenannten Verteidigungsunion auch eine vertiefte EU-NATO-Kooperation sowie einen gemeinsamen Verteidigungsfonds für bessere Zusammenarbeit in der Forschung und Entwicklung von Verteidigungskapazitäten enthält.[1085] So bildet die Ständige Strukturierte Zusammenarbeit das Dach für eine Vielzahl einzelner Kooperationsvorhaben[1086], welche die militärische Planung, die Ausrüstung, die Ausbildung und die Entwicklung von Waffensystemen zum Gegenstand haben. Ein wichtiges Ziel ist die Schaffung „militärischer Mobilität" beim grenzüberschreitenden Verkehr von Soldaten und dem Transport militärischen Materials.[1087]

1084 Das Protokoll (Nr. 10) über die Ständige Strukturierte Zusammenarbeit nach Artikel 42 des Vertrags über die Europäische Union enthält nähere Bestimmungen. Im Dezember 2017 hat der Rat eine Ständige Strukturierte Zusammenarbeit auf dem Verteidigungssektor beschlossen, an der sich alle Mitgliedstaaten mit Ausnahme von Dänemark, dem Vereinigten Königreich und Malta beteiligen, vgl. Beschluss des Rates (GASP) 2017/2315 v. 11.12.2017 über die Begründung der Ständigen Strukturierten Zusammenarbeit (PESCO) und über die Liste der daran teilnehmenden Mitgliedstaaten, ABl. 2017 L 331, S. 57–77.

1085 Europäische Kommission, Defence Package: Fact Sheet, abrufbar unter: https://eeas.europa.eu/sites/eeas/files/defence_package_factsheet_0.pdf (Abruf: 20.10.2020).

1086 Im März 2018 hat der Rat nun eine Liste von 17 Projekten beschlossen, welche im Rahmen der Ständigen Strukturierten Zusammenarbeit durchgeführt werden sollen, vgl. Council Decision establishing the list of projects to be developed under PESCO, Dok. Nr. 6393/18. Im Einzelnen handelt es sich um folgende Projekte: European Medical Command; European Secure Software defined Radio (ESSOR); Network of Logistic Hubs in Europe and Support to Operations Military Mobility; European Union Training Mission Competence Centre (EU TMCC); European Training Certification Centre for European Armies; Energy Operational Function (EOF); Deployable Military Disaster Relief Capability Package; Maritime (semi-) Autonomous Systems for Mine Countermeasures (MAS MCM); Harbour & Maritime Surveillance and Protection (HARMSPRO); Upgrade of Maritime Surveillance; Cyber Threats and Incident Response Information Sharing Platform; Cyber Rapid Response Teams and Mutual Assistance in Cyber Security; Strategic Command and Control (C2) System for CSDP Missions and Operations; Armoured Infantry Fighting Vehicle / Amphibious Assault Vehicle / Light Armoured Vehicle; Indirect Fire Support (EuroArtillery); EUFOR Crisis Response Operation Core (EUFOR CROC).

1087 Art. 1 und 2 des Protokolls (Nr. 10) über die Ständige Strukturierte Zusammenarbeit nach Artikel 42 des Vertrags über die Europäische Union; *Scheffel*, NVwZ 2018, 1347 (1348 f.).

Die Ständige Strukturierte Zusammenarbeit stellt hierbei eine Besonderheit der Gemeinsamen Sicherheits- und Verteidigungspolitik dar. Gemäß Art. 42 Abs. 6 i.V.m. Art. 46 EUV können Mitgliedstaaten, die anspruchsvollere Kriterien in Bezug auf die militärischen Fähigkeiten erfüllen und die im Hinblick auf Missionen mit höchsten Anforderungen untereinander weitergehende Verpflichtungen eingegangen sind, diese besondere Form der Verstärkten Zusammenarbeit miteinander eingehen.[1088] Damit soll sie als flexibles Instrument für die Durchführung und Entwicklung der europäischen Verteidigungspolitik dienen, die ansonsten durch ihren intergouvernementalen Charakter von der Zustimmung aller Mitgliedstaaten abhängig ist und damit Beschlüsse im Rahmen der Gemeinsamen Sicherheits- und Verteidigungspolitik stets durch ein Veto eines Mitgliedstaates[1089] verhindert werden können.

Die vermeintlich hohe Zahl der teilnehmenden Mitgliedstaaten verdeutlicht, dass es den treibenden Kräften hinter dem Projekt der Ständigen Strukturierten Zusammenarbeit tatsächlich auf die Inklusivität der gemeinsamen – und in einigen Punkten verstärkten – Verteidigungspolitik ankommt. Insbesondere vor dem Hintergrund des Brexit sollte einem Europa der unterschiedlichen Geschwindigkeiten entgegengewirkt werden. Gleichzeitig war den Beteiligten bewusst, dass nicht alle Mitgliedstaaten an jeder Maßnahme der Ständigen Strukturierten Zusammenarbeit in gleichem Umfang werden teilnehmen können, sodass die Lösung eines modularen Ansatzes gewählt wurde. Weiter heben die Mitgliedstaaten ihre Souveränität und den besonderen Charakter der Sicherheits- und Verteidigungspolitik bestimmter – insbesondere paktungebundener – Mitgliedstaaten hervor[1090] und verste-

1088 *Hummer* in: Vedder/Heintschel von Heinegg, EUV, Art. 42 Rn. 28 ff.; *Marquardt/Gaedtke* in: von der Groeben/Schwarze/Hatje, EUV, Art. 46 Rn. 1; *Kaufmann-Bühler* in: Grabitz/Hilf/Nettesheim, EUV, Art. 46 Rn. 9 ff.; *Cremer* in: Calliess/Ruffert, EUV, Art. 46 Rn. 6.

1089 Infolge des Brexit wird das Vereinigte Königreich als bislang schärfster Kritiker europäischer Verteidigungsstrukturen ohnehin nicht mehr sein Veto einlegen können.

1090 Vgl. 4. Erwägungsgrund des Beschlusses des Rates (GASP) 2017/2315, ABl. 2017 L 331, S. 57. Diese Formulierung entspricht inhaltlich der „irischen Klausel" aus Art. 42 Abs. 2 UAbs. 2, Abs. 7 Satz 2 EUV, die i.R.d. GSVP die Schutzklausel darstellt für die bündnisfreien Mitgliedstaaten und wohl auch für

hen die Teilnahme an der Ständigen Strukturierten Zusammenarbeit dementsprechend als freiwillig. Gleichwohl zählt die Durchführung gemeinsamer und kollaborativer Projekte zur Entwicklung der Verteidigungsfähigkeiten zu den bindenden Verpflichtungen im Rahmen der Ständigen Strukturierten Zusammenarbeit.[1091] Insofern wird klar, dass diese sich im Spannungsfeld zwischen freiwilliger Zusammenarbeit und rechtlicher Verpflichtung bewegt. In der Mitteilung an den Rat konstatieren die Mitgliedstaaten zudem, dass die Ständige Strukturierte Zusammenarbeit einen verlässlichen und verbindlichen Rechtsrahmen innerhalb des institutionellen Rahmens der Europäischen Union bietet.[1092] Es steht also jedem Mitgliedstaat zunächst frei, ob er sich an der Ständigen Strukturierten Zusammenarbeit überhaupt beteiligen will. Ist dieser Beschluss aber gefasst und hat der Rat im Falle einer nachträglichen Teilnahme mit qualifizierter Mehrheit zugunsten des Mitgliedstaates die Teilnahme beschlossen, kommen durchaus rechtliche Verpflichtungen auf ihn zu.[1093]

Während im Zuge des grundsätzlichen Verfahrens der Rat Beschlüsse erlässt oder Empfehlungen über die strategischen Vorgaben und Leitlinien der Ständigen Strukturierten Zusammenarbeit ausspricht, erfolgt die Kontrolle über die einzelnen Projekte der Ständigen Strukturierten Zusammenarbeit nicht nur durch den Rat, sondern auch durch den – im Übrigen umfassend beteiligten – Hohen Vertreter einschließlich des institutionellen Unterbaus der Gemeinsamen Sicherheits- und Verteidigungspolitik im Wege der Beratung und Berichterstattung.[1094] Insbesondere der Europäische Auswärtige Dienst und

jene Staaten, deren Sicherheits- und Verteidigungspolitik an besondere Voraussetzungen geknüpft ist (wie bspw. Deutschland mit dem wehrverfassungsrechtlichen Parlamentsvorbehalt, vgl. BVerfGE 123, 267, 361, *Lissabon*; *Fassbender* in: Isensee/Kirchhof, HStR, Bd. XI, § 244 Rn. 72).

1091 5. Erwägungsgrund des Beschlusses des Rates (GASP) 2017/2315, ABl. 2017 L 331, S. 57.

1092 Anhang des Beschlusses des Rates (GASP) 2017/2315, ABl. 2017 L 331, S. 70.

1093 *Cremer* in: Calliess/Ruffert, EUV, Art. 46 Rn. 7 ff.; *Hummer* in: Vedder/Heintschel von Heinegg, EUV, Art. 46 Rn. 13 ff.; *Terhechte* in: Schwarze/Becker/Hatje/Schoo, EUV, Art. 46 Rn. 8 ff.

1094 Vgl. Art. 4 – 6 des Beschlusses des Rates (GASP) 2017/2315, ABl. 2017 L 331.

die Europäische Verteidigungsagentur[1095] unterstützen die Ständige Strukturierte Zusammenarbeit, indem sie zusammen mit dem Hohen Vertreter dessen „Sekretariat“ bilden und damit als zentrale Anlaufstelle dienen.[1096] Entscheidungen werden hingegen entsprechend der im Gründungsbeschluss vorgegebenen Struktur getroffen: zum einen auf der Ebene des Rates und zum anderen auf der Ebene der einzelnen Projekte. Eine Beteiligung des Europäischen Parlaments oder der Kommission ist dagegen nicht vorgesehen, was den intergouvernementalen Charakter der Ständigen Strukturierten Zusammenarbeit noch einmal unterstreicht.[1097] Die Nichtzuständigkeit des Gerichtshofs der Europäischen Union für die Bestimmungen hinsichtlich der Gemeinsamen Außen- und Sicherheitspolitik gemäß Art. 275 UAbs. 1 AEUV erstreckt sich gleichsam auf die Ständige Strukturierte Zusammenarbeit. Die Finanzierung der Projekte der Ständigen Strukturierten Zusammenarbeit wird überwiegend durch mitgliedstaatliche Beiträge sichergestellt, kann aber auch durch Beiträge aus dem Unionshaushalt erfolgen.[1098] Die materiellen Ziele und Aktionsfelder, auf denen diese Projekte basieren, sind im Anhang des Gründungsbeschlusses aufgelistet. Darunter sind die regelmäßige Aufstockung der Verteidigungshaushalte, die Anhebung der Investitionsausgaben für Verteidigungsgüter auf 20 % und des Anteils der Ausgaben für Forschung und Technologie im Verteidigungsbereich auf 2 % der Gesamtausgaben im Verteidigungsbereich hervorzuheben. Außerdem werden die Verpflichtungen zur Einbeziehung des Europäischen Verteidigungsfonds[1099] in die

1095 Mit der Einrichtung der EDA wurde auf Unionsebene bereits eine Rüstungszusammenarbeit begründet und in Art. 45 EUV auf eine primärrechtliche Grundlage gestellt, vgl. Gemeinsame Aktion des Rates (GASP) 2004/551 v. 12.07.2004 über die Einrichtung der Europäischen Verteidigungsagentur, ABl. 2004 L 245, S. 17; *Regelsberger/Kugelmann* in: Streinz, EUV, Art. 45 Rn. 1 ff.

1096 Art. 7 des Beschlusses des Rates (GASP) 2017/2315, ABl. 2017 L 331; *Terhechte* in: Schwarze/Becker/Hatje/Schoo, EUV, Art. 42 Rn. 17, Art. 45 Rn. 3.

1097 *Cremer* in: Calliess/Ruffert, EUV, Art. 46 Rn. 10.

1098 Art. 8 des Beschlusses des Rates (GASP) 2017/2315, ABl. 2017 L 331.

1099 Der Europäische Verteidigungsfonds (European Defence Fund) finanziert zum einen die gemeinsame Forschung im Bereich der Verteidigungstechnologien und der Rüstungsgüter. Zum anderen soll der Europäische Verteidigungsfonds die Kooperation der Mitgliedstaaten bei der Entwicklung und Beschaffung von Rüstungsgütern unterstützen. Mit dieser Finanzierung von Verteidigungsaufgaben betritt die EU Neuland. Dabei ist umstritten, ob eine finanzielle Unterstütmultinationale Auftragsvergabe sowie zu vermehrten Bemühungen in der Zusammenarbeit im Bereich Cyberabwehr[1100] benannt. Besondere Beachtung verdienen weiterhin die verhältnismäßig verbindlich formulierte Unterstützung der europäischen Gefechtsverbände („Battlegroups") sowie die Verpflichtung, die grenzüberschreitenden Militärtransporte in Europa zu vereinfachen und standardisieren („Military Schengen").[1101]

Die deutlich veränderte globale Sicherheitslage sorgt offenbar dafür, dass die Europäische Union in verteidigungspolitischen Fragen enger zusammenrückt und die Potentiale, die das Unionsrecht auf dem Feld der Verteidigung bereithält, zu nutzen beginnt. So wurden im Rahmen der Ständigen Strukturierten Zusammenarbeit von den Mitgliedstaaten weitreichende Verpflichtungen eingegangen: Der beschlossene Verteidigungshaushalt ist regelmäßig aufzustocken und Investitionsausgaben für Verteidigungsgüter sind schrittweise auf 20 % der Gesamtausgaben im Verteidigungsbereich zu erhöhen. Weiterhin sollen mehr gemeinsame und kollaborative Projekte im Bereich der strategischen Verteidigungsfähigkeiten geschaffen werden. Indem die Teilnahme an der Ständigen Strukturierten Zusammenarbeit freiwillig ist, entfällt dadurch die Notwendigkeit einstimmiger Ratsbeschlüsse in militärischen und verteidigungspolitischen Angelegenheiten. Eine einmal erklärte Mitwirkung an einem Projekt ist jedoch verbindlich, da sie auf der Grundlage eines europäischen Rechtsakts erfolgt. Zu beachten ist, dass die kooperierenden Mitgliedstaaten somit von Projekt zu Projekt vari-

---

zung der EU auf die industriepolitischen Kompetenzen der EU zur Förderung der Wettbewerbsfähigkeit nach Art. 173 AEUV gestützt werden kann. Auf diese Kompetenz soll sich auch das Europäische Entwicklungsprogramm für die Verteidigungsindustrie gründen; *Terhechte* in: Schwarze/Becker/Hatje/Schoo, EUV, Art. 42 Rn. 22 ff.; *Herdegen*, Europarecht, § 28 Rn. 16.

1100 Vgl. hierzu bereits die Mitteilung der Kommission an das Europäische Parlament, den Rat, den Europäischen Wirtschafts- und Sozialausschuss und den Ausschuss der Regionen, Die Europäische Sicherheitsagenda, COM(2015) 185 final v. 28.04.2015. Ziel ist hier eine Sicherheitsunion, wobei erste wichtige Fortschritte (z.B. beim Informationsaustausch und der Sicherung der Außengrenzen) bereits erzielt wurden, *Hummer* in: Vedder/Heintschel von Heinegg, EUV, Art. 42 Rn. 34 ff.

1101 Vgl. dazu *Terhechte* in: Schwarze/Becker/Hatje/Schoo, EUV, Art. 42 Rn. 11, Art. 46 Rn. 5 f.; *Cremer* in: Calliess/Ruffert, EUV, Art. 46 Rn. 7; *Hummer* in: Vedder/Heintschel von Heinegg, EUV, Art. 46 Rn. 4 ff.

ieren. Die Ständige Strukturierte Zusammenarbeit zeigt sich so als äußerst flexibles Vehikel, um die Gemeinsame Sicherheits- und Verteidigungspolitik zu stärken.[1102] Die Praxis wird dabei zeigen, welche Projekte erfolgreich sein werden: jene, die durch eine hohe Beteiligung große Synergieeffekte und wirtschaftliche Vorteile erzielen oder solche, die mit wenigen, aber beitragsstarken Mitgliedern ambitionierte Großprojekte für Missionen mit höchsten Anforderungen im Sinne von Art. 42 Abs. 6 Satz 1 EUV realisieren.

Bedauernswert ist aus integrationspolitischer Perspektive die geringe Rolle, die den bereits vorhandenen Institutionen der Gemeinsamen Sicherheits- und Verteidigungspolitik und den Unionsorganen zugedacht ist. Zwar ist die Europäische Verteidigungsagentur in Hinblick auf die Koordinierung der Fähigkeitenentwicklung sowie im Rahmen der Projekte entsprechend ihrer Möglichkeiten eingebunden. Die Durchführung der Projekte erfolgt jedoch – im Gegensatz zur Durchführung der übrigen Gemeinsamen Sicherheits- und Verteidigungspolitik – allein durch die Mitgliedstaaten in der jeweiligen Zusammensetzung des Projekts. Ebenso verfügt die Rolle des Hohen Vertreters primär über eine Kontroll- und weniger über eine Steuerungsfunktion. Die Kommission mag über den Hohen Vertreter noch mittelbar vertreten sein, während das Europäische Parlament und der Gerichtshof der Europäischen Union überhaupt nicht erwähnt werden. Eine demokratische und gerichtliche Kontrolle kann dadurch nur auf mitgliedstaatlicher Ebene erfolgen. Die Supranationalität wird in der Ständigen Strukturierten Zusammenarbeit fast vollständig ausgeschlossen. Insbesondere die demokratische Kontrolle ist hierbei kritisch zu bewerten. Zwar könnte darauf verwiesen werden, dass das Europäische Parlament durch die Unionsverträge insgesamt in der Gemeinsamen Sicherheits- und Verteidigungspolitik eine geringe Rolle zugewiesen wird[1103] und dass demokratische Kontrolle in einem intergouvernementalen Instrument zuvorderst den mitgliedstaatlichen Parlamenten zukommen müsste. Es wäre jedoch wünschenswert, eine Regelung entsprechend der vom Europäischen Parlament geforderten Beteili-

1102 *Terhechte* in: Schwarze/Becker/Hatje/Schoo, EUV, Art. 46 Rn. 15.

1103 Vgl. insoweit das Anhörungs- und Informationsrecht nach Art. 36 Abs. 1 EUV, das durch den Hohen Vertreter zu gewähren ist.

gung[1104] aufzunehmen, welche die Kontrolle durch das Europäische Parlament und damit die demokratische Legitimation der Ständigen Strukturierten Zusammenarbeit zumindest erhöht hätte.[1105]

Zusammenfassend lässt sich festhalten, dass die Mitgliedstaaten mit der Einrichtung der auf Art. 42 Abs. 6 i.V.m. Art. 46 EUV basierenden Ständigen Strukturierten Zusammenarbeit im Verteidigungssektor ihre Optionen im Rahmen der Gemeinsamen Sicherheits- und Verteidigungspolitik erweitert haben. Perspektivisch kann die erfolgreiche Durchführung der Ständigen Strukturierten Zusammenarbeit im besten Fall dazu führen, dass sich mehr Mitgliedstaaten an den jeweiligen Projekten beteiligen möchten und in der Folge auch in strategischer Hinsicht einen Anreiz verspüren, einheitlicher im Sinne eines europäischen Ansatzes zu agieren. Mit einer Vergemeinschaftung der Gemeinsamen Sicherheits- und Verteidigungspolitik anstelle der intergouvernementalen Struktur ist in absehbarer Zeit hingegen nicht zu rechnen. Eine gesteigerte Effizienz setzt die Schaffung zentraler Planungseinheiten und eine weitere Abschwächung des Konsensprinzips voraus. Allerdings hat die Europäische Union mit der Aufnahme der Ständigen Strukturierten Zusammenarbeit in die Unionsverträge und der von der Kommission[1106] mehrfach postulierten Verteidigungsunion, die langfristig durch eine europäische Armee[1107] ins Werk gesetzt werden soll,– nach einer langen Phase des Abwartens – nunmehr auch

1104 Bspw. durch regelmäßige Information und Anhörung auch speziell in Bezug auf die Projekte der Ständigen Strukturierten Zusammenarbeit, vgl. die Entschließung des Europäischen Parlaments zu verfassungsmäßigen, rechtlichen und institutionellen Auswirkungen einer Gemeinsamen Sicherheits- und Verteidigungspolitik: Möglichkeiten aufgrund des Vertrags von Lissabon, P8_TA (2017)0092 v. 16.03.2017, Ziff. 35 und 36.

1105 *Scheffel*, NVwZ 2018, 1347 (1352 f.); *Labuhn*, GSZ 2019, 66 ff.

1106 Kommissionspräsident *Juncker*, „*A European Security and Defence Union will help protect our Union, which is exactly what EU citizens expect*", Rede „In Defence of Europe" am 09.06.2017 in Prag, abrufbar unter: https://ec.europa.eu/commission/presscorner/detail/es/SPEECH_17_1581; „*Bis 2025 brauchen wir eine funktionierende Europäische Verteidigungsunion*", Rede am 13.09.2017 zur Lage der Union 2017, abrufbar unter: https://ec.europa.eu/commission/state-union-2017_de (Abruf beide: 22.10.2020).

1107 Vgl. hierzu bereits *Lang*, ZRP 2000, 268 ff.

wesentliche Schritte in Richtung einer gemeinsamen Verteidigung unternommen.[1108]

6. Europäische Wertegemeinschaft und Identität

> *„Es gibt drei Hügel, von denen das Abendland seinen Ausgang genommen hat: Golgatha[1109], die Akropolis in Athen[1110], das Capitol in Rom[1111]. Aus allen ist das Abendland geistig gewirkt, und man darf alle drei, man muss sie als Einheit sehen.“*[1112]

Soweit also über eine Europäische Wertegemeinschaft gesprochen wird, ließe sich überspitzt formulieren: „Europa, das sind Antike, Bibel und

1108 Europäische Kommission (EPSC), Strategic Note Nr. 4 v. 15.06.2015, In Defence of Europe, S. 4 ff.; *Labuhn*, GSZ 2019, 66 ff.; *Calliess* in: Maunz/Dürig, GG, Art. 24 II Rn. 50; *Herdegen*, Europarecht, § 28 Rn. 16; a.A. *Hummer* in: Vedder/Heintschel von Heinegg, EUV, Art. 42 Rn. 31.

1109 Golgatha in Jerusalem ist die Wiege des Christentums. Dass der christliche Glaube Europa und die Demokratie zumindest auch in Deutschland entscheidend geprägt hat, zeigt schon der Gottesbezug in der Präambel des GG: *„Im Bewusstsein seiner Verantwortung vor Gott und den Menschen, von dem Willen beseelt, als gleichberechtigtes Glied in einem vereinten Europa dem Frieden der Welt zu dienen, hat sich das Deutsche Volk kraft seiner verfassungsgebenden Gewalt dieses Grundgesetz gegeben.“*

1110 In Athen entstand die griechische Philosophie. Begonnen mit Platons Schrift „politeia“, der ersten umfassenden Staatsphilosophie, hat u.a. Aristoteles Grundformen der Demokratie entworfen, die dann insbesondere während der Aufklärung weiterentwickelt wurden. Dazu gehören das Wahlrecht, die Gewaltenteilung, der Minderheitenschutz sowie vieles mehr.

1111 Rom verdanken wir das Rechtsstaatsprinzip und die bürgerlichen Rechte, also Staats- und Zivilrecht – nahezu das wichtigste Element einer Demokratie. Ohne Rechtssicherheit lassen sich andere demokratische Prinzipien leicht aushöhlen. Das später sog. „Corpus Iuris Civilis“, den ersten umfassenden Rechtskanon, ließ der römische Kaiser Justinian im Jahre 529 veröffentlichen. Ohne dieses Werk wäre bspw. ein Bürgerliches Gesetzbuch, wie es heute für selbstverständlich erachtet wird, nicht denkbar.

1112 Bundespräsident Theodor Heuss gebrauchte dieses Bild in einer Rede am 16.09.1950 zur Einweihung der wieder errichteten Gebäude des Robert-Mayer-Gymnasiums und der Rosenauschule in Heilbronn, vgl. im BArch, Nachlass Heuss, N 1221, 4/2, Stiftung Theodor-Heuss-Haus, abrufbar unter: https://www.theodor-heuss-haus.de/theodor-heuss/zitate/ (Abruf: 07.04.2021); siehe auch Verweis bei *Kastner*, ZRP 2002, 528.

Aufklärung".[1113] Diese Trias gab Europa seine kulturelle und religiöse Prägung. Alle drei Elemente sind in ihrer wechselseitigen Verschränkung für die Identität des sprachlich und ethnisch vielfältigen Kontinents wichtig. Denn Antike, Bibel und Aufklärung formten bis heute eine spezifisch europäische Identität, die wiederum auf einer spezifisch europäischen Werteordnung beruht. Diese Werteordnung hat – als Ausdruck des Abendlandes – etwa in Bezug auf die Erweiterungsdiskussion zur Konsequenz, dass der mögliche territoriale Ausdehnungsbereich der Europäischen Union klar begrenzt ist: „Europa" ende auch heute noch an der großen historisch-kulturellen Scheidelinie, die seit Jahrhunderten christliche Völker von muslimischen trennt.[1114]

a) Europäische Wertegemeinschaft

Wirft man aus rechtlicher Sicht die Frage auf, welche Inhalte eine „europäische Wertegemeinschaft"[1115] prägen, stößt man seit dem Vertrag von Lissabon zum einen auf Teile der Präambel des Vertrages über die Europäische Union und zum anderen auf die bestimmende Wertenorm des Art. 2 EUV. Im 2. Erwägungsgrund der Präambel des Vertrages über die Europäische Union wird unter anderem das *kulturelle, religiöse und humanistische Erbe Europas* beschworen. In Art. 2 EUV heißt es: *Die Werte, auf die sich die Europäische Union gründet, sind die Achtung der Menschenwürde, Freiheit, Demokratie, Gleichheit, Rechtsstaatlichkeit und die Wahrung der Menschenrechte einschließlich der Rechte der Personen, die Minderheiten angehören. Diese Werte sind allen Mitgliedstaaten in einer Gesellschaft gemeinsam, die sich durch Pluralismus, Nichtdiskriminierung, Toleranz, Gerechtigkeit, Solidarität und die Gleichheit von Frauen und Männern auszeichnet.*[1116]

Diese Bekenntnisse der Mitgliedstaaten insbesondere zu den Grundsätzen der Freiheit und Gleichheit, der Demokratie und der Achtung

1113 *Bergmann in*: Bergmann, Handlexikon der EU, „Werteordnung und Menschenbild".

1114 Vgl. *Donath*, StudZR 2008, 235 (246 ff.); *Dorau*, EuR 1999, 736 (739 ff.); *Blanke* in: Calliess/Ruffert, AEUV, Art. 167 Rn. 4.

1115 Vgl. allgemein zur Europäischen Wertegemeinschaft *Voßkuhle*, Die Idee der Europäischen Wertegemeinschaft.

1116 *Terhechte* in: Grabitz/Hilf/Nettesheim, EUV, Präambel Rn. 17; *Hakenberg*, Europarecht, 2. Teil Rn. 88 ff., 4. Teil Rn. 271 f.

der – liberalen und sozialen – europäischen Menschenrechte sowie der Rechtsstaatlichkeit, kurz zur freiheitlich-demokratischen Grundordnung,[1117] korrelieren mit der Rechtsprechung des Europäischen Gerichtshofs für Menschenrechte.[1118] In dessen Rechtsprechung zur Europäischen Menschenrechtskonvention werden die wesentlichen Grundsätze von Freiheit, Pluralismus, Toleranz und Aufgeschlossenheit sowie der Minderheitenschutz, die Vorherrschaft des Rechts, der Grundsatz der Verhältnismäßigkeit, Vertrauensschutz und Rechtssicherheit und der gerechte Ausgleich zwischen öffentlichem Interesse und Individualrechtsschutz, gegebenenfalls einklagbar in einem ordentlichen Verfahren, bekräftigt.[1119]

Zur konkreten Durchsetzung der Grundrechte sind in der täglichen Rechtspraxis zunächst die nationalen Gerichte sowie der Gerichtshof der Europäischen Union berufen. Dessen Rechtsprechung orientiert sich gemäß Art. 6 EUV aber auch zentral an der Auslegungspraxis des Europäischen Gerichtshofs für Menschenrechte.[1120] Womöglich würde nach dem vorgesehenen Beitritt der Europäischen Union zur Europäischen Menschenrechtskonvention der Europäische Gerichtshof für Menschenrechte im Sinne eines „Europäischen Verfassungsgerichtshofes“ gewissermaßen letztverbindlich über die Einhaltung der Menschenrechte in Europa wachen und damit auch für den Wertekanon der Union über eine erhebliche Definitionsmacht verfügen.[1121]

1117 Siehe auch zuletzt zu den Werten Europas v. 20.06.2019, Europäischer Rat, Eine neue Strategische Agenda 2019–2024, S. 2 ff., abrufbar unter: https://www.consilium.europa.eu/media/39963/a-new-strategic-agenda-2019-2024-de.pdf (Abruf: 28.10.2020).

1118 *Klein* in: Merten/Papier, Grundrechte, Bd. VI/1, § 167 Rn. 5 f.; *Herdegen*, Europarecht, § 3 Rn. 61 ff.; *Schroeder*, Europarecht, § 15 Rn. 6.

1119 *Vondung*, EuR 2013, 688 ff.; *Herdegen*, Völkerrecht, § 49 Rn. 4 ff.; *ders.*, Europarecht, § 3 Rn. 24 ff.; vgl. u.a. EGMR, Urt. v. 06.02.2003 – 46827/99, 46951/99, EuGRZ 2003, 704, *Mamatkulov./.Türkei.*

1120 *Grabenwarter/Pabel*, EMRK, § 4 Rn. 12; *Hatje* in: Schwarze/Becker/Hatje/Schoo, EUV, Art. 6 Rn. 26 ff.; *Kingreen* in: Calliess/Ruffert, EUV, Art. 6 Rn. 3 ff., 15 ff.; *Hakenberg*, Europarecht, 4. Teil Rn. 279; vgl. zum Verhältnis des EuGH zum EGMR auch *Klein* in: Merten/Papier, Grundrechte, Bd. VI/1, § 167 Rn. 2; *Athen/Dörr* in: Grabitz/Hilf/Nettesheim, AEUV, Art. 344 Rn. 42 ff.; *Schroeder*, Europarecht, § 15 Rn. 7.

1121 Allgemein zur Funktion des EGMR als „Quasi-Verfassungsgericht“ bereits *Walter*, ZaöRV 1999, 961 (962 ff.); vgl. zu den Auswirkungen des Beitritts der EU zur EMRK *Klein* in: Merten/Papier, Grundrechte, Bd. VI/1, § 167 Rn. 68 ff.; *Folz*

Dass dieses „Wächteramt" selbst bezüglich gefestigter europäischer Demokratien von Belang ist, zeigt jeweils der Blick in die Rechtsprechung des Europäischen Gerichtshofs für Menschenrechte, in der durchaus immer wieder auch Gründerstaaten der Union wie Frankreich, Deutschland oder Italien wegen Menschenrechtsverstößen gerügt werden.[1122]

b) Europäische Identität

Bestimmung und Suche von Identität sind typische Vorgänge der modernen Zeit.[1123] Die sozialen Bezugsfelder des Einzelnen werden zunehmend unüberschaubarer und komplizierter. Die umsichgreifende Verunsicherung führt zur Suche nach Halt, Kontinuität und Handlungsorientierung und damit zu der Frage nach dem Selbst. Das Leben aus der Tradition und den Erfahrungen ist nicht mehr ausreichend. Die Geschwindigkeiten der Veränderungen, die geschichtlichen Brüche und die Internationalisierung von immer mehr Lebensbereichen führen verstärkt zu Versuchen der Selbstvergewisserung.[1124] Die Frage nach der nationalen Identität wird in jedem Mitgliedstaat mehr oder weniger offen gestellt und zum Teil unterschiedlich beantwortet. Wird Identität bedroht, folgt meist der Versuch des Zurückschauens und der Flucht in die Vergangenheit, um früher erfahrene Identität wiederzufinden. Dieser Rückzug oder die Wiederentdeckung der engeren

in: Vedder/Heintschel von Heinegg, EUV, Art. 6 Rn. 10 ff.; *Grabenwarter/Pabel*, EMRK, § 4 Rn. 16; *Haratsch/Koenig/Pechstein*, Europarecht, Rn. 48; *Schorkopf* in: Grabitz/Hilf/Nettesheim, EUV, Art. 6 Rn. 60; *Athen/Dörr* in: Grabitz/Hilf/Nettesheim, AEUV, Art. 344 Rn. 46.

1122 Z.B. EGMR (Große Kammer), Urt. v. 08.07.2004 – 53924/00, NJW 2005, 727, *Vo./.Frankreich*; EGMR, Urt. v. 24.06.2004 – 59320/00, NJW 2004, 2647, *von Hannover./.Deutschland*; EGMR, Urt. v. 23.02.2012 – 27765/09, NVwZ 2012, 809, *Hirsi Jamaa./.Italien*; *Bergmann* in: Bergmann, Handlexikon der EU, „Werteordnung und Menschenbild"; *Schroeder*, Europarecht, § 15 Rn. 7; *Herdegen*, Europarecht, § 3 Rn. 55 ff.; *Edenharter*, JZ 2018, 971 ff.; *T. Haug*, NJW 2018, 2674 ff.; *Schaefer*, EuR 2017, 80 ff.

1123 *Hilf* in: Randelzhofer/Scholz/Wilke, GS Grabitz, S. 157 ff.; *Pache*, DVBl 2002, 1154 (1155 ff.).

1124 *Walkenhorst*, Europäischer Integrationsprozess, S. 21 ff.

Bezugsräume in den nationalen Gemeinschaften sind für eine solche Entwicklung kennzeichnend.[1125]

Der nationalen Identität steht – selbst wenn es in diesen Zeiten schwer fällt, daran zu glauben – in zunehmenden Maße eine europäische Identität gegenüber.[1126] Zwar wird immer wieder vorgetragen, dass es eine europäische Identität nicht gebe, da sich noch kein europäisches Bewusstsein entwickelt habe.[1127] Neben dem Fehlen einer gemeinsamen Sprache hätten sich auch keine europaweiten, einheitlichen gesellschaftlichen Strukturen, wie bspw. eine länderübergreifende Presse- und Medientätigkeit und eine europäische öffentliche Meinung herausgebildet. Zudem habe sich kein europäisches Pendant zum Nationalgefühl entwickelt, da die europäische Integration im Wesentlichen vom ökonomischen und politischen Sachverstand bestimmt werde.[1128] Weiter werde im Zusammenhang mit der föderativen Grundstruktur der Europäischen Union und dem damit verbundenen Achtungsgebot der nationalen Identität nach Art. 4 Abs. 2 EUV eine europäische Identität ebenfalls nicht angesprochen. Gleichwohl sind deren Existenz und weitere Intensivierung nicht ausgeschlossen. Dass eine europäische Identität von den Unionsverträgen vorausgesetzt bzw. deren Fortentwicklung angestrebt wird, zeigt sich nicht nur in diversen Erklärungen[1129], sondern auch in der Präambel des Vertrages über die Europäische Union sowie indirekt in Art. 10 Abs. 4 EUV. Was Gegenstand einer europäischen Identität ist, sein könnte oder sollte, ist dabei umstritten.[1130] So wird im 11. Erwägungsgrund der Präambel des Ver-

1125 *Hilf/Schorkopf* in: Grabitz/Hilf, EUV, Art. 6 a.F. Rn. 76; vgl. zu Elementen der nationaler Identität *Graf Vitzthum*, EuR 2002, 1 (3).

1126 *Schill/Krenn* in: Grabitz/Hilf/Nettesheim, EUV, Art. 4 Rn. 58; vgl. auch bereits *Hilf/Schorkopf* in Grabitz/Hilf, EUV, Art. 6 a.F. Rn. 90.

1127 *Rupp* in: Arndt/Knemeyer/Kugelmann/Meng/Schweitzer, FS Rudolf, S. 174; *Pache*, DVBl 2002, 1154 (1159).

1128 So hatte der ehemalige Kommissionspräsidenten Jacques Delors einmal zweifelnd gefragt hat, wer denn schon einen gemeinsamen Markt liebe, vgl. *Graf Vitzthum*, EuR 2002, 1 (9).

1129 Vgl. Erklärung der Staats- und Regierungschefs über die Europäische Identität vom 14.12.1973, Bull. EP 46/73 (Anlage); Charta der europäischen Identität vom 28.10.1995; dazu *Pache*, DVBl 2002, 1154 (1157).

1130 Allerdings enthielt die Präambel des VVE diesbzgl. bereits ein ambitioniertes Programm, das immerhin von 18 Mitgliedstaaten ratifiziert wurde, *Schill/Krenn* in: Grabitz/Hilf/Nettesheim, EUV, Art. 4 Rn. 58; krit. *von Bogdandy*, JZ 2004,

trages über die Europäische Union die Entschlossenheit betont, eine Gemeinsame Außen- und Sicherheitspolitik zu verfolgen, um somit die Identität Europas zu stärken.[1131] Einen Hinweis darauf, was eine solche behauptete und eingeforderte Identität ausmacht, gibt bereits die Erklärung vom 14. Dezember 1973, in der die Staats- und Regierungschefs der Mitgliedstaaten bekunden, die Grundsätze der repräsentativen Demokratie, der Rechtsstaatlichkeit, der sozialen Gerechtigkeit sowie der Achtung der Menschenrechte als Grundelement der europäischen Identität wahren zu wollen.[1132] Ähnlich wird sich heute in Art. 2 EUV zur europäischen Identität geäußert, wonach die Europäische Union auf der Achtung der darin aufgezählten Grundwerte beruht.[1133] Dass es sich dabei um eine Aufzählung identitätsstiftender, unantastbarer Merkmale handelt, belegt Art. 49 Abs. 1 Satz 1 EUV, der den Beitritt zur Europäischen Union regelt. Danach kann Mitglied der Europäischen Union nur ein Staat werden, der die in Art. 2 EUV genannten Grundsätze achtet und somit die Identität der Europäischen Union im Falle eines Beitritts nicht grundlegend antastet.[1134] Nicht zuletzt damit stellt die Europäische Union klar, dass sie mehr ist als eine Huldigung an die Kräfte des Marktes.[1135] Außerdem sollen gemäß Art. 10 Abs. 4 EUV die europäischen politischen Parteien zur

---

53; vgl. zur Aufnahme europäischer Symbole in Art. I-8 VVE *Haratsch*, EuR 2016, 131 (143), siehe zur identitätsstiftenden Wirkung von (Staats-)Symbolen auch, *Klein* in: Isensee/Kirchhof, HStR, Bd. II, § 19 Rn. 1; *Calliess*, JZ 2004, 1033 (1039).

1131 *Kadelbach* in: von der Groeben/Schwarze/Hatje, EUV, Präambel Rn. 18; *Terhechte* in: Grabitz/Hilf/Nettesheim, EUV, Präambel Rn. 37; *Heintschel von Heinegg* in: Vedder/Heintschel von Heinegg, EUV, Präambel Rn. 13.

1132 Erklärung der Staats- und Regierungschefs über die Europäische Identität vom 14.12.1973, Bull. EP 46/73 (Anlage).

1133 *Hakenberg*, Europarecht, 2. Teil Rn. 88, 4. Teil Rn. 271; *Pechstein* in: Streinz, EUV, Art. 2 Rn. 2 ff.; vgl. in diesem Zusammenhang auch *Däubler-Gmelin*, EuZW 2000, 1, die in der Europäischen Grundrechtecharta einen Beitrag zur gemeinsamen Identität sieht.

1134 *Haratsch*, EuR 2016, 131 (143); *Graf Vitzthum*, EuR 2002, 1 (3); *Cremer* in: Calliess/Ruffert, EUV, Art. 49 Rn. 9; *Meng* in: von der Groeben/Schwarze/Hatje, EUV, Art. 49 Rn. 12; *Kingreen*, EuR 2010, 338 (361).

1135 *Schmidt-Kessel*, GPR 2011, 269.

Herausbildung eines europäischen politischen Bewusstseins und damit indirekt zur Prägung einer europäischen Identität beitragen.[1136]

Die Existenz von Art. 4 Abs. 2 im Vertrag über die Europäische Union zeigt somit die Überzeugung der Vertragsparteien, dass europäische Identität und nationale Identität nicht in einem Ausschließlichkeitsverhältnis stehen, sondern sich womöglich gegenseitig stützen.[1137]

Bei wissenschaftlichen Diskussionen über eine europäische Identität lassen sich vornehmlich zwei Ansätze unterscheiden – ein normativer und ein funktionaler.

aa) Normativer und funktionaler Ansatz

Der normative Ansatz zeichnet sich zunächst dadurch aus, dass inhaltliche Merkmale gesucht werden, welche die europäische Identität ausmachen. Dabei wird vor allem auf historische und philosophische Überlegungen zurückgegriffen, wie z.B. das Erbe der Antike, die christliche Tradition, die Aufklärung und der Humanismus.[1138] Diese Debatte ist durch sehr unterschiedliche Positionen charakterisiert, denen zufolge die Europäische Union nur schwerlich aus einer gemeinsamen abendländischen oder jüdisch-christlichen Tradition als alleinige Grundlage einer gemeinsamen europäischen Identität zu rechtfertigen ist. Demnach ist die europäische Geschichte zu konfliktreich und ihre Interpretation bleibt bis heute umstritten.[1139] Obwohl mit der Antike, dem Christentum und der Aufklärung viele einigende Elemente in Europa zu finden sind, wäre unter Zugrundelegung ausschließlich des normativen Ansatzes dennoch zu bezweifeln, ob sich zeitnah eine gesamteuropäische Identität herausbilden könnte. Eine von den histori-

1136 *Haag* in: von der Groeben/Schwarze/Hatje, EUV, Art. 10 Rn. 26; *Nettesheim* in: Grabitz/Hilf/Nettesheim, EUV, Art. 10 Rn. 105; *Ruffert* in: Calliess/Ruffert, EUV, Art. 10 Rn. 15; vgl. auch *Kluth* in: Calliess/Ruffert, AEUV, Art. 224 Rn. 1; *Schoo* in: Schwarze/Becker/Hatje/Schoo, AEUV, Art. 224 Rn. 3; *Tsatsos*, EuGRZ 1994, 45 (46).

1137 *Schill/Krenn* in: Grabitz/Hilf/Nettesheim, EUV, Art. 4 Rn. 58; *Haratsch*, EuR 2016, 131 (144 f.); weiterführend *Sadurski*, EUI Working Paper 2006, 1 ff.

1138 *Blanke* in: Calliess/Ruffert, AEUV, Art. 167 Rn. 4; *Vedder* in: Vedder/Heintschel von Heinegg, AEUV, Art. 167 Rn. 5; *Kotzur* in: Schulze/Janssen/Kadelbach, § 39 Rn. 15; *Donath*, StudZR 2008, 235 (246 ff.).

1139 Allgemein dazu *Schmale*, Geschichte und Zukunft der Europäischen Identität.

schen und kulturellen Eigenheiten der Mitgliedstaaten gelöste europäische Identität und Kultur kann es nicht geben.[1140] Im Gegensatz zu den mitgliedstaatlichen kollektiven Identitäten fehlen der Europäischen Union als solcher (noch) jene konfliktreichen historischen Prozesse, die das Bewusstsein ihrer Bürger in den Nationalstaaten tief prägten.

Optimistischer sind hingegen die Auffassungen, die auf der Annahme eines funktionalen Ansatzes gründen. Hierbei wird ein Wechsel von der Staatszentrierung der mitgliedstaatlichen Identität zu einer Verfassungsorientierung vollzogen, die auf grundlegenden demokratischen Werten beruht, die in den Verfassungen der europäischen Demokratien enthalten sind und ihnen zugrunde liegen.[1141] Durch diesen Orientierungswechsel könnte die nationalstaatliche Fokussierung der kollektiven Identität aufgebrochen und eine postnationale Identität ermöglicht werden. Weiter kann davon ausgegangen werden, dass auch eine solche Verfassungsorientierung eine Bindewirkung erzielen kann, die unter dem Begriff „Verfassungspatriotismus“ zusammengefasst werden könnte.[1142]

bb) Die Unionsbürgerschaft als Kern europäischer Identität

Wie jedes demokratisch verfasste System ist auch die Europäische Union auf die Zustimmung und Akzeptanz ihrer Bürger angewiesen. Niedrige Wahlbeteiligungen bei Europawahlen und die Wahlerfolge europaskeptischer Parteien in der Union lassen deshalb auch regelmäßig bei den politischen Entscheidungsträgern große Besorgnis entstehen.[1143] Die Legitimität der Europäischen Union ergibt sich nicht zuletzt aus der Bereitschaft ihrer Bürger, am Integrationsprozess teilzunehmen und die Entscheidungen und Institutionen der Europäischen

---

1140 *Kotzur* in: Schulze/Janssen/Kadelbach, § 39 Rn. 15.

1141 Vgl. *Haratsch*, EuR 2016, 131 (135 f.).

1142 Hierzu allg. *Habermas*, Zur Verfassung Europas; *Volkmann* in: Isensee/Kirchhof, HStR, Bd. XII, § 256 Rn. 26; *Häberle/Kotzur*, Europäische Verfassungslehre, S. 115 ff., *von Bogdandy* in: Schuppert/Pernice/Haltern, S. 334 ff.; *Villalón* in: von Bogdandy/Huber, IPE, Bd. I, § 13 Rn. 140 f.; vgl. auch zur identitätsstiftenden Wirkung des geplanten VVE als Europäische Verfassung *Hilf/Schorkopf* in: Grabitz/Hilf, EUV, Art. 6 a.F. Rn. 92.

1143 Vgl. *Jędrzejowska*, DTIEV-Online 2013, S. 15.

Union als rechtens zu akzeptieren. Daher hat für die Stärkung der europäischen Identität auch die Unionsbürgerschaft eine zentrale Bedeutung, durch die alle Staatsangehörigen der Mitgliedstaaten aufgrund der Zugehörigkeit ihrer Staaten zur Europäischen Union im Unionsrecht verankerte, übereinstimmende Rechte erhalten (Art. 9 EUV i.V.m. Art. 20 AEUV). Dieses neue Rechtsinstitut dokumentiert die Tendenz, den Prozess der europäischen Integration für den einzelnen Bürger dadurch sichtbarer zu machen, dass seine Möglichkeiten der Einflussnahme erweitert und seine individuellen Rechte besser geschützt werden und der Gedanke einer europäischen Identität gefördert wird.[1144] Hinter der Unionsbürgerschaft steht also der Gedanke, den einzelnen Unionsangehörigen Rechtspositionen einzuräumen, die sich von der bloßen Teilnahme am Wirtschaftsleben lösen.[1145] Die begriffliche Anlehnung bei der Staatsbürgerschaft bezieht sich auf den einzelnen als Bürger („citoyenneté") und hat Symbolcharakter für die weiteren Perspektiven einer immer engeren Union (Art. 1 UAbs. 2 EUV).[1146] Durch den Vertrag von Lissabon wurde die Unionsbürgerschaft weiter aufgewertet. Über ihre symbolische Bedeutung hinaus hat sie sich zu einem grundlegenden demokratischen Teilhaberecht auf europäischer Ebene entwickelt. So wird die Unionsbürgerschaft bereits im 10. Erwägungsgrund der Präambel des Vertrages über die Europäische Union erwähnt und in Art. 9 Satz 2 und 3 EUV rechtlich definiert.[1147] Mit der Einführung der Bürgerinitiative in Art. 11 Abs. 4 EUV wurde ein neues Element direkter Demokratie für Unionsbürger

1144 Zweiter Bericht der Kommission über die Unionsbürgerschaft, KOM (97) 230 endg. v. 27.05.1997, S. 2.

1145 *Lorenzmeier* in: Vedder/Heintschel von Heinegg, AEUV, Art. 20 Rn. 2; *Herdegen*, Europarecht, § 12 Rn. 1; *Randelzhofer* in: Randelzhofer/Scholz/Wilke, GS Grabitz, S. 583; *Giegerich* in: Schulze/Janssen/Kadelbach, § 9 Rn. 4 ff; *Huber*, EuR 2013, 637 (643 f.).

1146 Vgl. zum Sprachverständnis von Unions- bzw. Staatsbürgerschaft und Staatsangehörigkeit *Magiera* in: Streinz, AEUV, Art. 20 Rn. 22; *Fischer* in: Haller/Kopetzki/Novak/Paulson/Raschauer/Ress/Wiederin, FS Winkler, S. 241; *Vogel* in: Grote/Härtel/Hain/Schmidt/Schmitz/Schuppert/Winterhoff, FS Starck, S. 684 ff.

1147 *Kadelbach* in: von der Groeben/Schwarze/Hatje, EUV, Präambel Rn. 16; *Schönberger* in: Grabitz/Hilf/Nettesheim, EUV, Art. 9 Rn. 21; *Haag* in: von der Groeben/Schwarze/Hatje, EUV, Art. 9 Rn. 8.

geschaffen.[1148] Außerdem sind die Abgeordneten des Europäischen Parlaments nach Art. 14 Abs. 2 UAbs. 1 EUV die *Vertreter der Unionsbürgerinnen und Unionsbürger*[1149]und in Art. 3 EUV wird von den *Bürgerinnen und Bürgern der Union* gesprochen. Den wesentlichen Zugewinn an Rechten für den Einzelnen bilden die Gewährleistung einer allgemeinen Freizügigkeit (Art. 21 AEUV), der Zugang zur politischen Willensbildung auf kommunaler Ebene im Aufenthaltsstaat und bei den Wahlen zum Europäischen Parlament (Art. 22 AEUV), diplomatischer und konsularischer Schutz (Art. 23 AEUV) sowie das Petitionsrecht beim Europäischen Parlament (Art. 24 Abs. 2 AEUV).[1150] Zudem genießen Unionsbürger die in der Charta der Grundrechte der Europäischen Union gewährleisteten Grundrechte (Titel V. GRCh).[1151]

Trotz begrifflicher Parallelen ist die Unionsbürgerschaft mit der Staatsbürgerschaft nicht wesensgleich. Sie beinhaltet keine vergleichbare enge Rechts- und Pflichtenbeziehung zwischen dem einzelnen Bürger und seinem Staatenverband, wie sie für die Staatsangehörigkeit kennzeichnend ist.[1152] So ergibt sich bereits aus dem Unionsrecht, dass die Unionsbürgerschaft zur nationalen Staatsangehörigkeit hinzutritt, ohne diese zu ersetzen (Art. 9 Satz 3 EUV, Art. 20 Abs. 1 Satz 3 AEUV).[1153] Danach bleibt die Unionsbürgerschaft ein komplementärer,

---

1148 *Lorenzmeier* in: Vedder/Heintschel von Heinegg, EUV, Art. 11 Rn. 7 ff.; *Ruffert* in: Calliess/Ruffert, EUV, Art. 11 Rn. 14; *Huber* in: Streinz, EUV, Art. 11 Rn. 33 ff.

1149 So sind die Abgeordneten des EP nicht mehr Vertreter der *Völker der in der Gemeinschaft zusammengeschlossenen Staaten*, Art. 189 EGV. *Huber* in: Streinz, EUV, Art. 14 Rn. 46; *Hölscheidt* in: Grabitz/Hilf/Nettesheim, EUV, Art. 14 Rn. 48 ff.

1150 *Huber*, EuR 2013, 637 (639 ff.); *Hakenberg*, Europarecht, 4. Teil Rn. 280; *Haack* in: Isensee/Kirchhof, HStR, Bd. X, § 205 Rn. 30.

1151 *Kluth* in: Calliess/Ruffert, AEUV, Art. 20 Rn. 14; *Giegerich* in: Schulze/Janssen/Kadelbach, § 9 Rn. 42; *Magiera* in: Meyer/Hölscheidt, GRCh, Art. 39–46, Vorbem. Rn. 2 f.

1152 Die Staatsangehörigkeit und Staatsbürgerschaft beziehen sich gleichermaßen auf die rechtlich näher bestimmte Zuordnung einer Person zu einem Staat. Jedoch geht es bei der Staatsangehörigkeit um den völkerrechtlichen Aspekt der Zuordnung im Verhältnis der Staaten untereinander, bei der Staatsbürgerschaft hingegen um die innerstaatliche Rechtsstellung, *Magiera* in: Streinz, AEUV; Art. 20 Rn. 22; *Fischer* in: Haller/Kopetzki/Novak/Paulson/Raschauer/Ress/Wiederin, FS Winkler, S. 242.

1153 An diesem Zusammenhang hat auch die Modifizierung des Wortlauts gegenüber Art. 17 Abs. 1 Satz 2 EGV nichts geändert: Der Unterschied zwischen der

aus der Staatsangehörigkeit abgeleiteter Status, so dass durch den Vertrag von Lissabon noch kein „europäisches Volk" geschaffen wird.[1154]

Allerdings handelt es sich bei der Anknüpfung der Unionsbürgerschaft an die Staatsangehörigkeit der Mitgliedstaaten nicht um ein „sui-generis"-Phänomen der europäischen Integration. Vielmehr ist die Anknüpfung des Bundesbürgerrechts an die Bürgerschaft der beteiligten Staaten für entstehende föderale Gebilde durchaus typisch, wenn diese auf einem freiwilligen Zusammenschluss vorher selbständiger Einheiten beruhen. Diese fand sich im älteren US-amerikanischen Bundesstaat vor dem Sezessionskrieg ebenso wie im Deutschen Reich zwischen 1870 und 1934.[1155] Nach diesem Vermittlungsmodell verfährt auch bis heute der schweizerische Bundesstaat. Das Schweizer Bürgerrecht knüpft an das Bürgerrecht der Kantone an, das einerseits wiederum auf dem Gemeindebürgerrecht beruht.[1156] Bei freiwilligen Zusammenschlüssen von Staaten ist es demnach die naheliegende Lösung, dass das Bürgerrecht des Bundes an die bereits existierende Bürgerschaft der Einzelstaaten anschließt. Das begründet sich sachlich darin, dass das entstehende Bundesbürgerrecht in erster Linie immer dazu dient, den Bürgern der beteiligten Staaten Aufenthalts- und Gleichbehandlungsrechte in den jeweils anderen Gliedstaaten einzuräumen und für sie wechselseitig das Fremdenrecht zu überwinden. Häufig hat sich in der Entwicklungsgeschichte der Bundesstaaten ein längerfristiger Prozess vollzogen, in dem die Bürgerschaft der Gliedstaaten

---

alten Fassung, wonach die Unionsbürgerschaft die nationale Staatsangehörigkeit *ergänzt*, und der neuen Fassung, wonach sie zu dieser *hinzutritt*, ist sprachlich nicht von solchem Gewicht, dass eine andere Lesart geboten erscheint, *Haack* in: Isensee/Kirchhof, HStR, Bd. X, § 205 Rn. 24; *Kluth* in: Calliess/Ruffert, AEUV, Art. 20 Rn. 5; *Haag* in: von der Groeben/Schwarze/Hatje, AEUV, Art. 20 Rn. 13; a.A. *Nettesheim*, JZ 2011, 1030 (1036 f.); *Schönberger* in: Grabitz/Hilf/Nettesheim, AEUV, Art. 20 Rn. 31; hierzu insgesamt ausführlicher *Shaw*, EUI Working Paper 2010, S. 20 f.

1154 BVerfGE 123, 267, *Lissabon*; *Hatje/Kindt*, NJW 2008, 1761 (1766); *Calliess*, EuR-Beiheft 2007, 7 (15); *Haack* in: Isensee/Kirchhof, HStR, Bd. X, § 205 Rn. 23; *Herdegen*, Europarecht, § 12 Rn. 2.

1155 *Hilf* in: Grabitz/Hilf, EGV, Art. 17 Rn. 8 ff.; *Schönberger*, Unionsbürger, S. 60 ff.; vgl. auch Art. 110 WRV i.V.m. dem Reichs- und Staatsangehörigkeitsgesetz.

1156 Vgl. Art. 43 Abs. 1 Schweizer Bundesverfassung: *Jeder Kantonsbürger ist Schweizer Bürger.*; *Hangartner* in: Forstmoser/von der Crone/Weber/Zobl, FS Zäch, S. 696 f., 706 f.

schrittweise an Bedeutung verlor, während das damit verknüpfte Bundesbürgerrecht allmählich an Bedeutung gewann.[1157] Es ist also – auch mit Blick auf die Unionsbürgerschaft – nicht auszuschließen, dass in einem Bundesstaat die Zugehörigkeit des Einzelnen zum Gesamtstaat die rechtliche Folge seiner Zugehörigkeit zu einem Gliedstaat ist.

In diesem Zusammenhang ist die Finalität der Unionsbürgerschaft im unionalen Vertragsrecht bislang ebenso wenig näher festgelegt wie diejenige der Europäischen Union selbst. Für beide gilt, dass die Mitgliedstaaten eine immer engere Union der Völker Europas anstreben (Art. 1 Abs. 2 EUV, Präambel Abs. 1 AEUV), die ihre nationale Identität achtet (Art. 4 Abs. 2 EUV). Ob dies eine Schwerpunktverlagerung von der nationalen zur europäischen Ebene einschließt, wie es in verschiedenen Bundesstaaten, etwa den USA, der Schweiz oder Deutschland, geschehen ist, in denen sich die Gliedstaatsangehörigkeit zu einer Gesamtstaatsangehörigkeit entwickelt hat, bleibt dem weiteren Integrationsprozess vorbehalten.[1158] Eine Stärkung der europäischen Identität durch die Verdichtung und Verbreiterung des Unionsbürgerrechts würde jedoch günstige Voraussetzungen für die Entwicklung einer Legitimationsgemeinschaft schaffen, die eines Tages als „Europäisches Volk" bezeichnet werden kann.[1159]

Das Substrat der europäischen Identität bilden auch mit einem einheitlichen Blick auf den normativen und funktionalen Ansatz nach wie vor die historischen Erfahrungen, das gemeinsame kulturelle Erbe, der Konsens über einen Grundrechtskatalog als Bestandteil einer weiter gespannten Werteordnung, der Gedanke der Solidarität sowie die gemeinsame Währung.[1160]

1157 *Schönberger*, Unionsbürger, S. 122 ff.; *ders.* in: Grabitz/Hilf/Nettesheim, AEUV, Art. 20 Rn. 29.

1158 Vgl. zur Zukunft der Unionsbürgerschaft näher *Hilf*, EuR 1997, 347 (352); *Oppermann* in: Hailbronner/Rees/Stein, FS Doehring, S. 723 f.; *Nettesheim* in: Blankenagel/Pernice/Schulze-Fielitz, FS Häberle, S. 193 ff.; *Besson/Utzinger* in: Epiney/Haag/Heinemann, FS Bieber, S. 637 ff.; *Magiera* in: Streinz, AEUV, Art. 20 Rn. 27; *Kadelbach* in: von Bogdandy/Bast, S. 611 (645 ff.); *Huber*, EuR 2013, 637 (653 ff.).

1159 *Khan* in: Geiger/Khan/Kotzur, AEUV, Art. 20 Rn. 6; *Hatje* in: Schwarze/Becker/Hatje/Schoo, AEUV, Art. 20 Rn. 2.

1160 *Nettesheim*, JZ 2002, 157 ff.; *Graf Vitzthum*, EuR 2002, 1 (8); *Hilf/Schorkopf* in: Grabitz/Hilf, EUV, Art. 6 a.F. Rn. 55 f.; *Speer*, DÖV 2001, 980.

In diesem Zusammenhang kann durch die Proklamation von europäischen Werten, dem Versuch einer Sinnstiftung durch die Betonung einer gemeinsamen europäischen Geschichte und durch gemeinsame europäische Symbolik sowie den Ausbau der statusrechtlichen Eigenständigkeit der Unionsbürgerschaft[1161] der Europagedanke im Bewusstsein seiner Bürger gestärkt werden. Letztlich haben die Stärkung supranationaler Entscheidungen im Integrationsprozess, die Osterweiterung der Jahre 2004, 2007 und 2013, die Diskussion um künftige Beitritte, insbesondere die Aufnahmedebatte um die Türkei,[1162] der Austritt des Vereinigten Königreichs, die Folgen der Finanz- und Staatsschuldenkrise sowie die Auswirkungen der Corona-Pandemie die Diskussion um die Notwendigkeit einer europäischen Identität stark beflügelt.[1163]

Dennoch bleibt die weitere Entwicklung einer europäischen Identität zwangsläufig kontrovers, solange die politische Philosophie eines „Europas im Werden“ und das heißt seine Legitimitätsgrundlagen nicht geklärt sind. Dieser selten diskutierte Zusammenhang zwischen politischer Identität der Europäer und Legitimität der Europäischen Union ist einer der Engpässe in der bislang misslungenen Transformation der Europäischen Union in ein vollendetes politisches Subjekt. Weder ist die europäische Identität bereits Wirklichkeit noch Wunschdenken, und auch kein wissenschaftlich etabliertes, analytisches Konzept, sondern zunächst einmal ein politisches Projekt.[1164]

1161 Vgl. dazu bereits *Schönberger* in: Grabitz/Hilf/Nettesheim, AEUV, Art. 20 Rn. 30.

1162 *Wehler* in: Leggewie, Türkei und Europa, S. 57 ff.; *Kuschel* in: Leggewie, Türkei und Europa, S. 89 f.; *Winkler*, IP 2003, 59 ff.; *Blanke*, EuR 2005, 787 (797 ff.).

1163 *Oppermann/Classen/Nettesheim*, Europarecht, § 4 Rn. 35 ff.

1164 *Liebert* in: Meyer/Eisenberg, Europäische Identität als Projekt, S. 89 f.; *Cerutti* in: Meyer/Eisenberg, Europäische Identität als Projekt, S. 249; *Blanke/Pilz*, EuZW 2020, 270 (296 f.).

E. Schlussbetrachtungen

Die Europäische Union hat eine über sechzigjährige Erfolgsgeschichte vorzuweisen. Während der Zeit des Kalten Krieges vereinte sie wesentliche Teile Westeuropas in Freiheit und wirtschaftlichem Wohlstand als tragfähiges Gegenmodell zur kommunistischen Planwirtschaft im europäischen Osten. Seit der politischen Wende und dem Zerfall der Sowjetunion ist die Europäische Union zur wirtschaftlichen und politischen Organisation Gesamteuropas geworden.

Ob Gebilde „sui generis", supranationaler Staatenverbund oder Bundesstaat im Werden – über das Wesen der Europäischen Union wird seit Jahrzehnten gestritten. Ein Ende ist nicht in Sicht und die Diskussion um die Finalität der Europäischen Union wird Europa so bald nicht loslassen. Die wirtschaftlichen und sozialen Folgen der Finanz- und Schuldenkrise sowie der Corona-Pandemie, der Austritt des Vereinigten Königreichs, die europaskeptische Haltung mancher mitgliedstaatlicher Regierungen und das Dauerthema der Europa-Müdigkeit der Bürger sind Themen, die Europa noch über Jahre beschäftigen werden.[1165] Zumindest politisch erscheint die Verwirklichung der Vision von den „Vereinigten Staaten von Europa" auf absehbare Zeit schwer erreichbar.[1166] Trotz solcher politischer Abwehrreaktionen aufgrund einer vermeintlich „drohenden" europäischen Staatlichkeit macht die in der Rechtswissenschaft geführte Diskussion dennoch deutlich, dass der Integrationsprozess nicht auf einer Stufe zwischen Staatenverbund und Bundesstaat verbleiben wird.[1167]

I. Geografisch hat die Union ihre Grenzen weitgehend abgesteckt. Mit der Aufnahme von konkreten Verhandlungen mit Beitrittskandidaten und dem gezielten Abschluss von Assoziierungsabkommen

---

1165 *Piela*, IEV-Online Nr. 1/2010, S. 17.

1166 Vgl. *Schöbener/Knauff*, Allg. Staatslehre, § 5 Rn. 236.

1167 Vgl. *von Bogdandy*, Supranationaler Föderalismus, S. 9 ff., 61 ff; *ders.* in: Brenner/Huber/Möstl, FS Badura, S. 1035 ff.

stellt die Europäische Union nach innen hin klar, welche Staaten künftig als Mitglieder noch in die Union aufgenommen werden sollen. Das Abkommen über den Europäischen Wirtschaftsraum dient der Europäischen Union dabei zur engeren Bindung und Verknüpfung der verbliebenen westeuropäischen Staaten, seit jeher „Wunschmitglieder" der Europäischen Union, und verschafft dem Unionsrecht auch in diesen Staaten Geltung.[1168] Nach außen behilft sich die Union der Europäischen Nachbarschaftspolitik als juristischem Instrument, um ihre Ausdehnung zu kontrollieren und festzulegen. Es liegt dabei im Beurteilungsspielraum der Unionsorgane, wo die Grenze verläuft. Einerseits grenzt sich die Europäische Union damit nach außen hin ab, verhindert aber andererseits durch die mit den Nachbarstaaten angestrebte Zusammenarbeit in fast allen Politikbereichen des Unionsrechts ihre Abschottung gegen Anrainerstaaten und darüber hinaus. Auf dieser Grundlage wären die Konturen eines europäischen Staatsgebiets zu zeichnen und der Maßstab der geografischen Finalität der Europäischen Union zu benennen.

II. Strukturpolitisch ließe sich die (verbliebene) Souveränität der Mitgliedstaaten nach außen in einem multipolaren außenpolitischen Ambiente realisieren und nach innen in einem föderal organisierten Gemeinwesen. Zwar wird gegenwärtig nach außen nach einem effektiven Multilateralismus verlangt, aber nach innen in europäischen Arenen (Ministertreffen, Treffen der Staats- und Regierungschefs, akademische Kongresse, etc.) hat die Bildung eines föderalen Gemeinwesens unter den Mitgliedstaaten wenige Anhänger. Dabei kann die Vielfalt der national gewachsenen Kulturen in Europa[1169] in einem politischen Gebilde zusammengeführt werden und die positiven Aspekte kleinerer Staaten (Überschaubarkeit, Freiheit, Selbstbestimmung) mit denen größerer Staaten (Verteidigung, Stärke nach außen) vereinen. Ein föderales Gemeinwesen ist somit ein Organisationsprinzip für ein territorial mehrstufig gegliedertes Gebilde, in dem gleichberech-

1168 *Schmalenbach* in: Calliess/Ruffert, EUV, Art. 8 Rn. 4.

1169 Im Gegensatz dazu steht der Föderalismus in den Vereinigten Staaten von Amerika, wo vornehmlich kulturelle Einheitlichkeit herrscht.

tigte und relativ eigenständige Glieder zu einer übergreifenden Gesamtheit zusammengeschlossen werden. Die (Mit-)Gliedstaaten wären in einer eigenen Kammer einer zentralstaatlichen Organisation vertreten. Die nach diesem Prinzip geformte staatliche Ordnung ist ein Bundesstaat, der sowohl horizontale (zwischen den Gliedstaaten) als auch vertikale (zwischen Gliedstaaten und politischer Zentrale) Kooperationsformen kennt. Die Zuständigkeit der jeweiligen Gebietskörperschaften, bindende Entscheidungen für ihren Bereich zu treffen, können nach Politikfeldern und Kompetenzarten (Gesetzgebung bzw. Vollzug der Gesetze) vorgenommen werden. Hierbei wäre eine eindeutige Festlegung der der föderalen Bundesebene zugewiesenen Kompetenzen sowie auch deren Einstufung in exklusive, konkurrierende oder komplementäre Kompetenzen notwendig.[1170] Infolge dieser Festlegung muss eine ebenso eindeutige Abgrenzung der föderalen von den (mit-)gliedstaatlichen Kompetenzen erfolgen, wie auch eine Klarstellung, dass die Bundesebene über eine Kompetenz-Kompetenz verfügt. Weiter wäre ein verbindlicher und allgemeingültiger Grundrechtskatalog festzulegen, am Maßstab dessen alle Staatsgewalt kontrolliert wird. Nach derzeitigem Stand bietet sich die Zugrundelegung der Charta der Grundrechte der Europäischen Union – zumindest bis zum Beitritt eines europäischen Bundesstaates zur Europäischen Menschenrechtskonvention – als ein alle im Anwendungsbereich der Verträge bestehende Staatsgewalt bindender Grundrechtskatalog an. Es wäre außerdem eine institutionelle Architektur zu errichten, welche die notwendige Teilung der gesamten Staatsgewalt in Legislative, Exekutive und Judikative in die Tat umsetzt, was sich mit einer kompetenzerweiternden Umstrukturierung der entsprechenden Unionsorgane, insbesondere des Europäischen Parlaments, des Europäischen Rats und des Rats, der Kommission sowie des Gerichtshofs der Europäischen Union, erreichen lässt. Letztlich ist anstelle der heutigen sogenannten Gemeinschaftsmethode, welche der europäischen Exekutive keine vollständige demokratische Legitimität verleiht, ein auf der langjährigen Tradition des europäischen Parlamentarismus beruhender demokratischer Ent-

1170 Vgl. *Pfetsch*, APuZ 2007, 18 ff.; *Mavrakos*, EuR 2020, 190 (192).

scheidungsmechanismus auszubauen.[1171] Es wäre eben diesen Elementen eines nach dem Föderalismusprinzip aufgebauten bundesstaatlichen Gefüges zu verdanken, dass die Mängel der aktuellen Europäischen Union behoben würden, ohne dabei die bestehende und erwünschte Vielfalt der föderalen Mitglieder außer Acht zu lassen. Die Frage, ob eine solche groß angelegte Überarbeitung ihrer aktuellen Strukturen angegangen werden soll, ist weniger eine Fundamentalfrage für die Europäische Union selbst, sondern vielmehr für die Mitgliedstaaten. Infolge ihrer sensiblen Natur darf und muss diese fundamentale Frage von jedem einzelnen Mitgliedstaat eigenständig beantwortet werden. Darüber hinaus, angesichts ihrer kontroversen Natur, ist es mehr als unwahrscheinlich, dass die Mitgliedstaaten diese Frage je zeitgleich bejahen können. Gegebenenfalls würde die Zentralisierung wesentlicher Politikbereiche, insbesondere der Außen- und Verteidigungspolitik, der Finanz- und Steuerpolitik sowie der Exekutiv- und Legislativstrukturen bei der Europäischen Union die Mitgliedstaaten völkerrechtlich zu einem gewissen Grad mediatisieren und auf eine beschränkte Völkerrechtssubjektivität zurückwerfen.[1172] Dieser auf den ersten Blick offenkundige Verlust der völkerrechtlichen Souveränität des jeweiligen Mitgliedstaates würde im Falle eines Übergangs in einen europäischen Bundesstaat allerdings mit einem mindestens so großen Zugewinn an globaler politischer Macht kompensiert.[1173]

III. Die Übertragung der Währungshoheit rührte bisher stärker als alle anderen Unionskompetenzen am Nerv des staatsrechtlichen Eigenlebens der Mitgliedstaaten. Seit dem Übergang der Währungshoheit durch den Beginn der dritten Stufe der Währungsunion gestaltet die Europäische Union wegen der Auswirkungen währungspolitischer Entscheidungen nicht nur die Wirtschaftspolitik im engeren Sinne, sondern auch andere Politikfelder wie die Sozial- und

1171 *Hatje*, EuR-Beiheft 2015, 40 ff.; *Franzius*, EuR 2013, 655 (663).

1172 Vergleichbar dem Status der deutschen Bundesländer, *Thym* in: von Bogdandy/Bast, S. 441 ff.; *Oeter*, ZaöRV 2015, 733 (741).

1173 Vgl. hierzu im Zusammenhang mit dem Beitritt zu einer Europäischen Politischen Union *Mavrakos*, EuR 2020, 190 (193).

Umweltpolitik entscheidend mit.[1174] In der Völkerrechtsgeschichte ist eine derartige Verlagerung der Währungshoheit bislang stets mit der Schaffung eines Bundesstaates verbunden gewesen. Im Rahmen eines internationalen Organisationsverbandes bildet dieser Schritt ein Novum.[1175]

Aus der Währungsunion folgt zwar keine rechtliche Verpflichtung zur Herbeiführung einer politischen Union.[1176] Dennoch lässt der enge Zusammenhang zwischen der Währungspolitik und anderen Teilbereichen der Wirtschaftspolitik eine Trennung zumindest fragwürdig erscheinen.[1177] Diese Aufspaltung bleibt Ansatzpunkt vielfältiger Kritik. So hat gerade die deutsche Bundesbank stets nachdrücklich darauf hingewiesen, dass eine Währungsunion eine Schicksalsgemeinschaft darstellt, die der Absicherung durch eine politische Union bedarf.[1178] Dass es bislang dennoch nicht zu einer Vergemeinschaftung der gesamten Wirtschaftspolitik gekommen ist, bleibt die Folge der mangelnden Bereitschaft der meisten Mitgliedstaaten zur Aufgabe der entsprechenden Kompetenzen.

Selbst wenn man vertritt, dass eine eigene Währung nicht zu den unverzichtbaren Elementen der Staatsgewalt gehört und der Verzicht auf eine Währung gerade Ausdruck der mit der staatli-

---

1174 Vgl. *Stober* in: Stober, Allg. Wirtschaftsverwaltungsrecht, Abschnitt B., § 10 II; *Herdegen*, Europarecht, § 23 Rn. 47.

1175 *Jean Monnet*, *„Europa wird durch das Geld geschaffen oder überhaupt nicht."*; *Herdegen*, Europarecht, § 5 Rn. 15; *Schmidt* in: Isensee/Kirchhof, HStR, Bd. XI, § 252 Rn. 19 ff.; *Hobe*, Europarecht, § 21 Rn. 998. Ironischerweise hat das BVerfG im Zusammenhang mit dem Verlust der Währungshoheit, welche nach herkömmlichem Verständnis zu den Grundelementen staatlicher Souveränität gehört, betont, auch mit der Einbindung in die Europäische Wirtschafts- und Währungsunion wahre Deutschland *„die Qualität eines souveränen Staates aus eigenem Recht und den Status der souveränen Gleichheit mit anderen Staaten i.S.d. Art. 2 Nr. 1 der Satzung der Vereinten Nationen …"*, BVerfGE 89, 155, 190, *Maastricht*.

1176 So zumindest BVerfGE 89, 155, 206 f., *Maastricht*.

1177 Vgl. bereits *von Bogdandy*, EuZW 2001, 449.

1178 Deutsche Bundesbank, Monatsbericht Februar 1992, S. 45 (53), abrufbar unter: https://www.bundesbank.de/resource/blob/691242/807466184219cec3a1b82204171b0b05/mL/1992-02-monatsbericht-data.pdf (Abruf: 30.10.2020); *Tettinger*, EWS 1992, 321 (323 f.); a.A. *Ver Loren v. Themaat* in: Baur/Müller-Graff/Zuleeg, FS Börner, S. 467; *Fortuny* in: Hankel/Schachtschneider/Starbatty, FS Nölling, S. 372.

chen Souveränität verbundenen Währungshoheit sei,[1179] könnte demgegenüber spätestens der Verlust der Kompetenzen im Bereich der Wirtschaftspolitik die Eigenstaatlichkeit in Frage stellen. Die völlige Überführung der allgemeinen Wirtschaftspolitik einschließlich der Finanz-, Haushalts- und Steuerpolitik zusätzlich zur Währungspolitik würde den Mitgliedstaaten so elementare Staatsfunktionen nehmen, dass sie zu Gliedern eines europäischen Bundesstaates werden.[1180] Einen Staat wollen die Mitgliedstaaten mit Schaffung der Wirtschafts- und Währungsunion zunächst nicht gründen. Sie dürfen es womöglich auch nicht, da ihre Verfassungen einen solchen Schritt fast durchweg nicht zulassen.[1181] So mag man zwar die asymmetrische Struktur der Wirtschafts- und Währungsunion als Konstruktionsfehler ansehen. Sie ist aber kein Versehen, sondern Ausdruck des bei ihrer Planung politisch und rechtlich Erreichbaren. Die von Beginn an häufig gestellte Frage nach der Tragfähigkeit einer asymmetrischen Wirtschafts- und Währungsunion ist die Kernfrage nach der Zukunft der Europäischen Union als politischer Union. Sie ist eine notwendige, aber nicht hinreichende Bedingung einer fortzuentwickelnden politischen Union.[1182] Eine, wenn auch in diesem Umfang vielleicht politisch nicht gewollte, Abweichung von dieser Asymmetrie hin zu einer eher unionalen Symmetrie der Wirtschaftspolitik stellt bereits das sogenannte Sixpack dar. Dadurch überholt das Sekundärecht quasi das Primärrecht und schafft faktisch eine europäische Wirtschaftsregierung oder zumindest – in Ermangelung von Überwachungs- und Durchsetzungskompetenzen – eine Vorstufe davon. Mithin schließt das Gebot, die Staatlichkeit der Mitgliedstaaten zu erhalten, nicht aus, dass noch weitere Schritte in Richtung einer (wirtschafts-)politischen Union zulässig sind und befürwortet werden.

1179 So u.a. *Häde* in: Calliess/Ruffert, AEUV, Art. 119 Rn. 15.

1180 *Weber*, JZ 1994, 53 (54); *Horn*, ZBB 1997, 314 (319); *Kuschnick*, DZWir 1997, 315 (322); *Seidel* in: Gaitanides/Kadelbach/Rodriguez Iglesias, FS Zuleeg, S. 523.

1181 Für Deutschland hat das BVerfG dies ausdrücklich klargestellt, BVerfGE 123, 186, 349 ff., *Lissabon*.

1182 Vgl. *Weber*, EuZW 2011, 935 (936).

Nach zahlreichen Reformmaßnahmen von Europäischer Union und Mitgliedstaaten, die etwa den Stabilitäts- und Wachstumspakt, die Einrichtung des Europäischen Stabilitätsmechanismus sowie die Einführung zahlreicher Schlüsselelemente der Bankenunion betrafen, scheint der politische Wille der Mitgliedstaaten erlahmt, weitere Anstrengungen hin zur Weiterentwicklung zu unternehmen, um die Wirtschafts- und Währungsunion samt Bankenunion langfristig zu vollenden, ein Euro-Zonen-Budgets einzuführen, den Europäischen Stabilitätsmechanismus zu einem Europäischen Währungsfonds umzubauen und in das Unionsrecht zu überführen sowie das Amt eines Europäischen Wirtschafts- und Finanzministers zu schaffen.

Ein Europäischer Währungsfonds könnte bei der Finanzierung gemeinsamer Innovationsprojekte der Euro-Zone eine Schlüsselrolle spielen.[1183] Hierbei ist strittig, ob die bisher ergangenen Vorschläge zum Europäischen Währungsfonds auf eine hinreichende Rechtsgrundlage gestützt werden können. So hat die Rechtsprechung des Europäischen Gerichtshofs bislang offengelassen, ob es der Union gestattet war, unter Heranziehung von Art. 352 AEUV den Europäischen Stabilitätsmechanismus einzurichten. Da der Europäische Währungsfonds auf der Struktur des Europäischen Stabilitätsmechanismus aufsetzen soll, müsste dieser auf derselben Rechtsgrundlage eingerichtet werden. Ein genaueres Hinsehen offenbart, dass Art. 352 AEUV die Einrichtung des Europäischen Stabilitätsmechanismus und damit des Europäischen Währungsfonds sowie dessen Überführung in das Unionsrecht wohl gerade noch tragen kann und somit in Ermangelung einer speziellen Rechtsgrundlage der Weg über die Flexibilitätsklausel grundsätzlich offensteht.[1184] Denkbar wäre aber auch, dass wesentliche Teile des Europäischen Währungsfonds nur durch eine Vertragsänderung etablierbar sind. Hinsichtlich der Einrichtung eines europäischen Wirtschafts- und Finanzministers wären sodann in erster Linie Art. 136 und Art. 127 AEUV tangiert, für welche das ver-

---

1183 *Blanke/Pilz*, EuR 2020, 270 (286); krit. *Manger-Nestler/Böttner*, ZaöRV 2019, 43 ff.

1184 Zweifelnd *Rossi* in: Calliess/Ruffert, AEUV, Art. 352 Rn. 21; *Brauneck*, EWS 2018, 81 ff.

einfachte Änderungsverfahren nach Art. 48 EUV zur Anwendung gelangen könnte.

Im Hinblick auf die Vollendung der europäischen Bankenunion wäre auf gesetzgeberischer Ebene die Aufmerksamkeit auf die noch fehlenden Elemente zur Stärkung der Wirtschafts- und Währungsunion und zur Durchbrechung des „Teufelskreises" zwischen Banken und Staatsfinanzen zu richten. Um die auch bei einer effektiven Aufsicht erfahrungsgemäß nie völlig auszuschließenden Schieflagen von Banken in einem geordneten Verfahren möglichst ohne Beteiligung der Steuerzahler handhaben zu können, sollte der Einheitliche Aufsichtsmechanismus insbesondere um ein europäisches Einlagenversicherungssystem ergänzt werden. Die Diskussion um diese notwendigen weiteren Elemente einer Bankenunion sollte jedoch nicht den Blick dafür verdecken, dass schon eine gemeinsame europäische Aufsicht über den Bankensektor mit seiner Bedeutung für die Finanzierung der europäischen Wirtschaft, aber auch für die krisenhaften Entwicklungen in der Euro-Zone ein großer Schritt zur Weiterentwicklung der Wirtschafts- und Währungsunion, zur Stärkung des Binnenmarkts für Finanzdienstleistungen und letztlich zur Stabilität des Europäischen Bankensektors und seiner Finanzierungsfunktion für die Realwirtschaft ist.[1185]

Im Ergebnis verdichten sich die einzelnen Maßnahmen und Vorschläge der Fortentwicklung der Währungsunion zu einer Strategie, um die wirtschafts- und haushaltspolitische Konvergenz zwischen allen Mitgliedstaaten der Europäischen Union zu fördern und die ökonomischen und rechtlichen Bedingungen für eine Erweiterung der Euro-Zone zu schaffen.

Weiter stellt sich die Frage, ob und wie eine stärkere Vergemeinschaftung der Europäischen Wirtschaftspolitik gelingen kann, wenn dieser Ansatz über eine bloße Koordinierungsrolle der Europäischen Union hinsichtlich der nationalen Wirtschaftspolitiken hinausgehen soll. Ein erster Schritt läge darin, zumindest den völkerrechtlichen Fiskalvertrag in das Unionsrecht zu überführen. Daneben wäre eine stärkere rechtliche Kontrolle seitens des

---

1185 *Ceyssens*, NJW 2013, 3704 (3708).

Gerichtshofs der Europäischen Union hinsichtlich der Einhaltung der nationalen Haushaltsverpflichtungen geboten. Mit jeder weiteren Integration der Wirtschaftspolitik der Mitgliedstaaten gemäß der Gemeinschaftsmethode wären jedoch tiefgreifende Einschnitte in die Haushaltsautonomie der mitgliedstaatlichen Parlamente verbunden. Gleichwohl erscheinen mittelfristig Schritte geboten, die der Europäischen Union die Zuständigkeit für die rechtsverbindliche – mithin nicht nur empfehlende – Festlegung der Grundzüge einer (dann) „Europäischen Wirtschaftspolitik" geben, um somit die Unvollkommenheit der institutionellen Ausgestaltung der Wirtschafts- und Währungsunion zu verringern. Ohne eine Vertragsänderung ist dies indessen wohl kaum realisierbar.[1186]

Einen wesentlichen Entwicklungsschritt, der zwar ausschließlich auf den wirtschaftlichen Druck vor dem Hintergrund der Corona-Pandemie zurückzuführen ist, könnte der vom Europäischen Rat beschlossene Next Generation EU, der neue Sonderhaushalt der Europäischen Union, darstellen. Der Großteil der im Sonderhaushalt veranschlagten Summen wird in eine neue aufgelegte Aufbau- und Resilienzfazilität eingebracht. Das Instrument Next Generation EU ist dabei in den Mehrjährigen Finanzrahmen für die Jahre 2021 bis 2027 eingebettet. Organisatorisch ist der Next Generation EU gerahmt durch das sogenannte Aufbauinstrument. Eine der wesentlichen Neuheiten ist die Finanzierung des Next Generation EU-Programms über die Begebung von Unionsanleihen, die über den Unionshaushalt abgesichert sind und von den Mitgliedstaaten zurückgezahlt werden. Zur rechtlichen Umsetzung dieser Konstruktion wird deshalb der Eigenmittelbeschluss des Rates geändert. Der Mehrjährige Finanzrahmen spielt ebenfalls eine Rolle. Auf der Ausgabenseite werden Finanzmittel zum größten Teil als verlorene Zuschüsse und zum geringeren Teil als Kredite vergeben, allerdings nicht – wie noch in der Finanz- und Staatsschuldenkrise – durch neue zwischenstaatliche Institutionen, sondern über den Unionshaushalt selbst.

Durch die Beschlüsse des Europäischen Rats wird die Finanzverfassung der Europäischen Union grundlegend und damit der Rah-

1186 Vgl. auch *Blanke/Pilz*, EuR 2020, 270 (287).

men für die Wirtschafts- und Währungsunion mittelbar geändert. Die Nettotranfers einzelner Mitgliedstaaten werden deutlich steigen und die Zahl der Nettoempfänger wird zunehmen. Mit den erhöhten Nettozahlungen wird die Europapolitik der Nettozahler zudem den Hebel einbüßen, Finanzhilfen an Mitgliedstaaten mit eigenverantworteten wirtschaftspolitischen Reformen zu verknüpfen. Das Stichwort hierfür ist Solidarität, mittlerweile auch ein Prinzip des Unionsrechts,[1187] das in diesem Fall die Gestalt des Sonderhaushalts Next Generation EU angenommen hat.

Die Elemente des Next Generation EU sind auf Befristung angelegt. Die Annahme, dass durch Next Generation EU die Finanzstruktur der Europäischen Union langfristig zu der einer Fiskalunion gemacht wird,[1188] ist eine europapolitische Prognose, die allerdings vor dem Hintergrund des bisherigen Integrationsprozesses auf Erfahrungen beruht. So ist Next Generation EU das Ergebnis einer politisch ausgerichteten Europäischen Union. Obwohl die Blaupausen für das Vorhaben von Unionsorganen stammen, sind es doch die Mitgliedstaaten, die diesen Weg gehen wollen. Politökonomisch betrachtet liegt die Schlussfolgerung nahe, dass sich die Mitgliedstaaten bei künftigen Verhandlungen über einen mittelfristigen Finanzrahmen des verfügbaren und bewährten Instrumentariums bedienen werden, um ihre zumeist sehr gegensätzlichen Interessen beim Unionshaushalt auszugleichen. In Zukunft könnten auch Unionskredite und -steuern dazugehören.[1189]

Der womöglich im Zusammenhang mit dem Krisenprogramm Next Generation EU diskutierte Einstieg in eine direkte Unionsbesteuerung von Unionsbürgern und Unternehmen betont, dass man sich auf mitgliedstaatlicher Ebene – hier Deutschland – in einer verfassungsrechtlichen Schwebelage befindet, in der Ableitungszusammenhänge europäischer politischer Herrschaft nicht mehr eindeutig sind und die Ämter und Organe der Mitgliedstaaten und der Europäischen Union um Legitimität im Sinne sozialer Anerkennungswürdigkeit und normativer Gebundenheit werben.

1187 EuGH, Urt. v. 02.04.2020 – C-715/17, ECLI:EU:C:2020:257, *Flüchtlingsumsiedelung*; *Blanke/Pilz*, EuR 2014, 541; vgl. auch *Rapsi*, EuZW 2020, 345 ff.

1188 Vgl. *D. Meyer*, EuZW 2021, 16 ff.

1189 Vgl. *Schorkopf*, NJW 2020, 3085 ff.

Harmonisiert man die Steuersysteme und räumt der Europäischen Union eine eigene Steuerhoheit ein, besteht die realistische Chance auf eine konstitutionelle Vertiefungsdividende in Form einer stärkeren Demokratisierung des Willensbildungsprozesses auf Unionsebene. Das historische Projekt einer Einheit Europas nicht nur in einer wirtschaftlichen, sondern auch politischen Herrschaftsordnung sollte den Preis wert sein, der aufgrund der derzeit vorherrschenden Krisen mit einer im günstigsten Fall vorübergehenden Teilung des Wohlstands und der finanziellen Ressourcen für die Finalität der Europäischen Union gezahlt werden muss.

IV. Mit Blick auf ihr auswärtiges Handeln gelingt es der Europäischen Union nur selten, in wichtigen Fragen der Weltpolitik als Einheit aufzutreten. Abgesehen von der gemeinsamen Handelspolitik, die seit 60 Jahren eine ausschließliche Kompetenz der Gemeinschaften bzw. der Union darstellt, zeigen bereits die Vorschriften des Vertrages über die Europäische Union zum auswärtigen Handeln den fehlenden Willen der Mitgliedstaaten zum einheitlichen Vorgehen. Zwar funktioniert die Gemeinsame Außen- und Sicherheitspolitik heute besser als ihr mediales Echo den Eindruck erweckt. Jedoch sind es gerade die großen Krisen dieser Welt, wie etwa der Syrienkrieg oder die Nord-Korea- und Irankrise, in denen sich die Grenzen des Einflusses der Europäischen Union zeigen. Die wesentlichen Gründe liegen zum einen im fortbestehenden Souveränitätsvorbehalt der Mitgliedstaaten im Bereich der Außenpolitik. In der Folge beruht die Gemeinsame Außen- und Sicherheitspolitik im Wesentlichen auf einer intergouvernementalen Zusammenarbeit. Dem stehen institutionelle Fortschritte durch die Schaffung des ständigen Präsidenten des Europäischen Rates[1190] und die starke Rolle des Hohen Vertreters gegenüber, die es kraft ihres Amtes vermögen, der Europäischen Union Stimme und Gewicht zu verleihen. So ist der Hohe Vertreter mit allen Befugnissen ausgestattet, die für den europäischen Außenminister vorgesehen waren. Seine institutionelle Stellung wurde durch den Vertrag

1190 So nimmt gem. Art. 15 Abs. 6 EUV der Präsident des Europäischen Rates auf seiner Ebene und in seiner Eigenschaft, unbeschadet der Befugnisse des Hohen Vertreters, die Außenvertretung der EU in Angelegenheiten der GASP wahr.

von Lissabon nachhaltig gestärkt.[1191] Es entspricht der Erfahrung der europäischen Einigung, dass institutionelle Neuerungen Integrationsschübe ausgelöst und zu erheblichen Fortentwicklungen geführt haben. Eine Konzentration der Außenvertretung auf den Hohen Vertreter als hauptamtlichen und ständigen Ratsvorsitz würde die notwendigen Voraussetzungen bieten. So führt er bereits den Dialog mit Drittstaaten und vertritt die Europäische Union auf internationalen Konferenzen und in internationalen Organisationen und ist somit erheblich mehr als der Hohe Vertreter nach dem Vertag von Nizza,[1192] der als oberster Krisendiplomat den turnusmäßig wechselnden Vorsitz nur unterstützen konnte. Mit der Neuregelung kann eher ein geschlossenes Auftreten der Europäischen Union in den auswärtigen Beziehungen erreicht werden. Dennoch ist der Hohe Vertreter nach wie vor nicht Entscheidungsträger,[1193] was er wohl auch nicht sein kann, solange die gemeinsame Außen- und Sicherheitspolitik intergouvernemental als eine Union von 27 Außenministern institutionalisiert bleibt. Nach dem jetzigen Integrationsstand der Europäischen Union ist der Hohe Vertreter Vorschlagsberechtigter, Förderer, Vermittler und Implementier. Die weitere Stärkung des Hohen Vertreters erfordert eine Vertragsänderung. Inzwischen kommt es weiter auf die Überzeugungskraft der handelnden Akteure an. Es muss aber gerade in der Außenpolitik auch der politische Wille der Mitgliedstaaten zu Fortschritten gegeben sein. Die hiermit verbundene Schwerfälligkeit der Willensbildung und das Blockadepotential mitgliedstaatlicher Sonderinteressen stehen der außenpolitischen Einheit Europas nicht selten im Wege.[1194]

Darüber hinaus wird immer deutlicher, dass die Europäische Union eigene militärische Kapazitäten aufbauen müsste, wenn sie in der Weltliga der Großmächte eine Rolle spielen will. Grundsätzlich verfügt die Union über die logistischen und finanziellen Mittel, um in kurzer Zeit auch komplexere militärische und zivile

1191 *Kaufmann-Bühler* in: Grabitz/Hilf/Nettesheim, EUV, Art. 27 Rn. 39; *Terhechte* in: Schwarze/Becker/Hatje/Schoo, EUV, Art. 27 Rn. 3.
1192 Vgl. hierzu *Hatje*, EuR 2001, 143 (162 ff).
1193 *Schulz*, integration, 138 (143).
1194 *Auf dem Keller*, Finalität der EU, S. 74 ff.

Einsätze effektiv durchzuführen. Erst recht ist die Union bereit, eigenständig vorzugehen, wenn einfachere Einsätze zur Förderung und Verwirklichung rechtsstaatlicher Strukturen sinnvoll sind. Die Europäische Union würde somit ihre Rolle auf der weltpolitischen Bühne als Friedensmacht in der Konfliktprävention und im Krisenmanagement finden.[1195] Die Mitgliedschaft in der NATO allein verschafft ihr nicht die politische Autonomie, die sie für eine solche eigenständige europäische Außen- und Verteidigungspolitik bräuchte. Immerhin wurden mit der Übertragung der rechtsverbindlichen militärischen Beistandspflicht aus der Westeuropäischen Union in das unionale Primärecht und der Gründung der Ständigen Strukturierten Zusammenarbeit (PESCO) wesentliche Schritte in Richtung einer gemeinsamen Verteidigung unternommen.[1196] Dennoch ist eine weitere Vertiefung und Erweiterung der Integration zu fordern, damit am Endpunkt dieser Entwicklung eine in die NATO integrierte, europäische Armee stehen kann, die auch in der Lage ist, einen angemessenen Beitrag zum Frieden in Europa und für weltweite Krisenregionen zu leisten. Der Schritt in eine auswärtige Unionsgewalt, welche eine vollständige gemeinsame Verteidigung unter Formung eines integrierten Kontingentheeres einschließt, steht weiterhin aus.[1197] Die volle Integration der Außen-, Sicherheits- und Verteidigungspolitik wäre ein entscheidender Schritt auf dem Weg in den europäischen Bundesstaat. Bislang sind die Mitgliedstaaten hierzu nicht bereit oder vielleicht auch rechtlich nicht befugt. Die Entwicklung in der Praxis, die von vielerlei politischen Umständen und nicht zuletzt von den finanziellen Spielräumen abhängt, bleibt abzuwarten. Die rechtlichen

1195 *Terhechte* in: Schwarze/Becker/Hatje/Schoo, EUV, Art. 42 Rn. 9; *Kugelmann*, IEV-Online 2009, S. 20 f.

1196 Der französische Staatspräsident Macron fordert darüber hinausgehende Anstrengungen. In seiner Rede an der Sorbonne in Paris im September 2017 schlug er ein gemeinsames Verteidigungsbudget und eine europäische Eingreiftruppe vor. Bundeskanzlerin Merkel hat sich in einer Rede vor dem EP Ende 2018 perspektivisch ebenfalls für eine europäische Verteidigungsunion ausgesprochen, vgl. auch *Hatje/Schwarze*, EuR 2019, 153 (171 f.); *Cromme*, EuR 2017, 206 (223).

1197 *Oppermann/Classen/Nettesheim*, Europarecht, § 39 Rn. 44; *Link*, APuZ 2013, 23 (27 ff.); *Oeter*, ZaöRV 2015, 733 (741 f.); *Diedrichs/Jopp/Sandawi*, integration 2004, 223.

Handlungsbedingungen sind hierbei nicht entscheidend, können aber hilfreich sein. Die Chancen für eine stärkere europäische Außen-, Sicherheits- und Verteidigungspolitik sind vorhanden.

V. Trotz alledem verlaufen bei den Richtungsstreitigkeiten um die Weiterentwicklung und Finalität der Europäischen Union die Gräben hauptsächlich zwischen dem rechtlich Machbaren und dem politisch Gewollten. So wurde in der politischen Diskussion häufig die Parallelität zwischen politischer und wirtschaftlicher Union gefordert und ein angebliches Zurückbleiben der politischen Union kritisiert. Diese hauptsächlich politische Diskussion wurde vor allem im Pro und Contra um die Währungsunion geführt. Vergleichsmaßstab ist jeweils die Währungsunion als ein in sich geschlossenes Ganzes auf der einen Seite und auf der anderen Seite die politische Union, die unterschiedlich verstanden wird, teils als ein Zurückbleiben im Bereich der Wirtschafts-, Finanz- und Steuerpolitik, teils als ein Zurückbleiben in allen übrigen Bereichen der europäischen Einigung, speziell in der Außen- und Verteidigungspolitik.

Einer rechtlichen Betrachtungsweise vermag der dabei festzustellende Gegensatz nicht standzuhalten. Die politische Union ist im Gegensatz zur Wirtschafts- und Währungsunion, die ihre rechtliche Verankerung in den Art. 119 ff. AEUV hat, kein präziser Rechtsbegriff. Wollte man die politische Union als Rechtsbegriff erfassen, so wäre darunter voraussichtlich die Gesamtheit der Beziehungen zu verstehen, in der sich die europäische Einigung befindet. In diesem Sinne besteht die politische Union aus dem Binnenmarkt, der Außenhandelspolitik, der gemeinsamen Agrarpolitik und den übrigen unionalen Fachpolitiken, der Wirtschafts- und Währungsunion, der Gemeinsamen Außen- und Sicherheitspolitik inklusive Verteidigungspolitik und der polizeilichen und justiziellen Zusammenarbeit. Dies sind alle konstitutive Bestandteile einer so verstandenen politischen Union.[1198] Einige Teile sind im Endstadium, andere bedürfen der Weiterentwicklung. Die europäische Einigung

1198 Vgl. *Möller* in: Große Hüttmann/Wehling, Europalexikon, „Politische Union“; *Van Meurs/De Bruin/Van de Grift/Hoentik/Van Leeuwen/Reijnen*, Die Unvollendete, S. 143 f.

war aber als historischer Prozess stets von schrittweiser Fortentwicklung geprägt. Der gemeinsame Markt mit der Vollendung des Binnenmarktes 1992 und die Einrichtung der Wirtschafts- und Währungsunion 1999 haben eine fast 50-jährige Entwicklung hinter sich, die außenpolitische Zusammenarbeit 40 Jahre und die Zusammenarbeit im Justiz- und Innenbereich 20 Jahre. Allein dies erklärt einen unterschiedlichen Integrationsgrad.[1199] Perspektivisch wird auch der weitere Einigungsprozess in einzelnen Schritten vonstattengehen müssen, indem die jeweiligen Teilbereiche jeder für sich im Zuge von Einzelmaßnahmen unional vollendet werden. Der „große Wurf" wie bei der Schaffung der Wirtschafts- und Währungsunion bildete allein aufgrund der monetären Besonderheit lediglich eine Ausnahme.[1200] Es lässt sich indessen kein rechtliches Argument herleiten, dass in allen anderen Bereichen ein schrittweises Vorgehen ausgeschlossen sein soll, wenngleich politisch die Mehrzahl der Mitgliedstaaten durchaus entschiedenere Fortschritte befürworten würden. Die Weiterentwicklung der europäischen Integration bleibt also eine im politischen Raum anzusiedelnde und auch notwendige Diskussion.

Wie eine zukünftige Union letztendlich aussehen wird, wäre somit in erster Linie eine politische Fragestellung, deren Beantwortung nicht Juristen vorbehalten ist, sondern dem Souverän in Gestalt von derzeit 27 europäischen Staatsvölkern. Sie sind in Form von Regierungen und Bevölkerungen die verfassungsgebende Macht Europas.[1201] So waren es die Bürger des Vereinigten Königreichs, die mehrheitlich entschieden haben, die Europäische Union verlassen zu wollen.[1202] Es waren auch die Bürger Frankreichs und

1199 Dazu bereits *Hilf/Pache* in: Grabitz/Hilf, EUV, Vorbem. Rn. 26; *Kaufmann-Bühler* in: Grabitz/Hilf/Nettesheim, EUV, Art. 23 Rn. 49.

1200 Speziell für die Währungsunion kommt nämlich hinzu, dass die damaligen 12 Partner bei den Vertragsverhandlungen über die Wirtschafts- und Währungsunion dem vom Vereinigten Königreich propagierten Ansatz einer 13. Parallelwährung nicht gefolgt sind und sich auf eine einzige Währung verständigt hatten, die allen übrigen Partnern notwendig schien, um sich auf eine einzige, für die Festlegung der Geldmenge zuständige Zentralbank festzulegen, die besser geeignet schien, die Geldwertstabilität zu garantieren.

1201 *Van Middelaar*, Vom Kontinent zur Union, S. 65.

1202 *Van Middelaar*, Vom Kontinent zur Union, S. 13.

der Niederlande, die eine Verfassung für Europa im Jahr 2005 ablehnten, weil sie Angst vor einer Europäischen Union hatten, die zuvor niemand mit ihnen diskutiert hatte. Vor diesem Hintergrund wird gelegentlich der Einwand erhoben, dass es nicht vorstellbar sei, in Ermangelung eines einheitlichen „europäischen Volkes", sich durch die existierenden disparaten europäischen Staatsvölker Verhandlungsmandate zur Gründung eines europäischen Bundesstaates erteilen oder auch durch diese Staatsvölker einen vermeintlich notwendigen Vertrags- oder Verfassungstext zur Gründung eines Bundesstaates, welcher das politische Leben eines eben inexistenten europäischen Volkes regieren sollte, genehmigen zu lassen. Dagegen lässt sich anführen, dass, ungeachtet des zurzeit tatsächlichen Nichtvorhandenseins eines einheitlichen „europäischen Volkes", nicht so sehr die Möglichkeit, einen Vertrags- oder Verfassungstext auszuarbeiten, die Existenz eines Volkes voraussetzt, sondern die Existenz eines Staates. Darüber hinaus kann ein Volk im eigentlichen Sinne[1203] nur entstehen, wenn ein Vertrags- oder Verfassungstext ausgearbeitet und von ihm angenommen worden ist. Folglich ist das Konzept des „Volkes" ein normatives Konzept und die Existenz eines „Volkes" ist, weit davon entfernt, die Ausarbeitung eines Vertrags- oder Verfassungstextes zu bedingen, umgekehrt von der vorausgehenden Existenz einer Verfassung bedingt.[1204]

Infolgedessen lässt sich feststellen, dass zumindest die Ausarbeitung eines Vertrags- oder Verfassungswerkes für ein einheitliches Europa vom vorherigen Bestehen eines einheitlichen „europäischen Volkes" nicht abhängig gemacht werden kann. Denn das Bestehen des Letzteren, stellt keine faktische Voraussetzung „für" die, sondern eine normative Konsequenz der Ausarbeitung eines

---

1203 D.h. im Sinne eines, nach der Unterscheidung von *Marcus Tullius Cicero* in seinem Werk De re publica, *populus* und nicht einer *multitudo*, d.h. einer amorphen Menschenmenge.

1204 Verkürzt formuliert, wäre die korrekte normative Folge: Verfassung – Volk – Staat, und nicht: Volk – Verfassung – Staat. So bspw. auch das BVerfG, Urt. v. 31.10.1990 – 2 BvF 2/89, 2 BvF 6/89, BVerfGE 83, 37, *Ausländerwahlrecht*, wonach die Vorschrift des Art. 20 Abs. 2 GG bestimmt, wer das Volk ist, das die Staatsgewalt ausübt, nämlich das Staatsvolk der Bundesrepublik Deutschland.

solchen Textes und seiner Annahme „durch" die ihm zustimmenden Völker dar.[1205]

Allerdings wäre die Durchsetzung eines „knackigen" Zentralstaates mit politischen Eliten, die sich um die Befindlichkeiten ihres Volkes wenig scheren und für notwendig erkannte Veränderungen ohne Rücksicht auf Verluste durchsetzen, eine kaum denkbare Alternative. Vielmehr ist es geboten, die Vorstellungen der Unionsbürger zu berücksichtigen und umzusetzen, ihre Anliegen ernst zu nehmen und Europa nicht aus Elitensicht zu betrachten.[1206] Zum rechtlichen Status der Unionsbürgerschaft muss eine entsprechende europäische Identität hinzutreten.[1207] Es wäre letztlich auch fatal, wenn bei den Bürgern der Eindruck entstünde, dass ein europäischer Bundesstaat allein deshalb gegründet würde, um leichter europaweite Finanztransfers zu organisieren und rechtliche Bindungen des bisherigen Staatenverbundes abzustreifen. Mit Enthusiasmus und Zukunftsvertrauen werden die Unionsbürger nur dann eines Tages in die neue Welt der Vereinigten Staaten von Europa eintreten, wenn die dann begründete Bundesebene keine Bedrohung kultureller und nationaler Eigenarten ist. Der Wille zur Bundeseinheit wird für eine Europäische Union wachsen, die nicht als bürokratisch bedrückend und finanziell als große regionale Umverteilungsmaschinerie wahrgenommen wird, sondern als folgerichtige Fortführung eines gelungenen Kooperationsprojekts auf solider wirtschaftlicher, marktgerechter Grundlage, im Geist von Freiheit und sozialer Verantwortung.[1208]

Was ein Jurist auf diesem politischen Weg aufzeigen kann, sind die rechtlichen Leitplanken und Rahmenbedingungen für die Zukunft der Europäischen Union als Bundesstaat. Gegenwärtig stellen allerdings die durch den Vertrag von Lissabon erreichten Änderungen wahrscheinlich das bestmöglich Erreichbare dar. Gleichwohl be-

---

1205 Vgl. *Mavrakos*, EuR 2020, 190 (208 f.).

1206 *Grimm*, ZSE 2017, 3 (5); *Hellwig*, EuZW 2018, 222 (228); *J. Hesse*, ZSE 2017, 173 (198); *Weidenfeld* in: Weidenfeld/Wessels, 2017, S. 18; *Oeter*, ZaöRV 2015, 733 (751 f.); *Pernice*, EuZW 2018, 513 (514).

1207 *Hoffmann*, EWS 2019, 69 (83).

1208 *Di Fabio*, Die Zukunft einer stabilen Wirtschafts- und Währungsunion, S. 65; ähnlich zu identitätsstiftenden Aspekten *Haratsch*, EuR 2016, 131 (145 f.).

deutet dies keinen Stillstand. Im Vertrag über die Europäische Union ist angelegt, dass es sich um einen weiteren Integrationsschritt handelt, dem weitere durchaus folgen sollen. Kein Regelwerk, sei es national, sei es inter- oder supranational, kann alle Entwicklungen im wirtschafts-, finanz-, außen-, verteidigungs- oder gesellschaftspolitischen Bereich vorausschauend erfassen. Mithin sind die Unionsverträge in ihrer Fassung durch den Vertrag von Lissabon nicht in Stein gemeißelt.[1209] So sind föderale Systeme – wie auch die Union in ihrer Grundstruktur eines ist – dynamische Konstrukte, die sich weiterentwickeln, ob gewollt oder nicht, die dabei aber auf ein hohes Maß an Konsensbildung angewiesen sind. Zwar ist das Experiment europäische Finalität dem Ausgang nach immer noch offen. Überdies gilt inzwischen überwiegend die Auffassung, dass der Weg nur in einem Zustand enden kann, der als europäische Staatlichkeit zu bezeichnen ist. Mit der gegenwärtigen Verfassung der Europäischen Union, in Form des Vertrages von Lissabon, wäre ein echter Bundesstaat durchaus zu machen. Es bleibt lediglich die Frage, wann im Laufe der weiteren historischen Entwicklung der Umschlag vom (bundesverfassungsgerichtlichen) Staatenverbund zum Bundesstaat erfolgt, wer über das Verfahren und die Voraussetzungen entscheidet, welche Kautelen im europäischen Konzert gefordert werden müssen und können – vorausgesetzt all das wäre politisch gewollt. Was anderes aber als ein Europäischer Bundesstaat sollte am Ende des Weges stehen?[1210]

1209 *Vedder/Heintschel von Heinegg* in: Vedder/Heintschel von Heinegg, Einführung.
1210 *Zuleeg* in: Zuleeg, S. 103.

Quellenverzeichnis

Albin, Silke — ***Das Subsidiaritätsprinzip in der EU Anspruch und Rechtswirklichkeit***
Neue Zeitschrift für Verwaltungsrecht 2006, S. 629–635
(zit.: *Albin*, NVwZ 2006)

von Alemann, Sven — ***Der Rat der Europäischen Union – Seine Stellung im institutionellen Gefüge des europäischen Mehrebenensystems und sein Beitrag zur demokratischen Legitimation der Europäischen Union***
Köln 2009
(zit.: *von Alemann*, Der Rat der Europäischen Union)

Ambos, Kai — ***Internationales Strafrecht***
5. Auflage
München 2018
(zit.: *Ambos*, Internationales Strafrecht)

Anschütz, Gerhard/ **Thoma**, Richard (Hrsg.) — ***Handbuch des Deutschen Staatsrechts***
Band 1
Tübingen 1930
(zit.: *Bearbeiter* in: Anschütz/Thoma)

Antpöhler, Carolino — ***Emergenz der europäischen Wirtschaftsregierung – Das Six Pack als Zeichen supranationaler Leistungsfähigkeit***
Zeitschrift für ausländisches öffentliches Recht und Völkerrecht 2012, S. 353–393
(zit.: *Antpöhler*, ZaöRV 2012)

von Arnauld, Andreas/ **Hufeld,** Ulrich (Hrsg.)
Systematischer Kommentar zu den Lissabon-Begleitgesetzen
2. Auflage
Baden-Baden 2018
(zit.: *Bearbeiter* in: von Arnauld/Hufeld)

Arndt, Hans-Wolfgang/ **Knemeyer,** Franz-Ludwig/ **Kugelmann,** Dieter/ **Meng,** Werner/ **Schweitzer,** Michael (Hrsg.)
Völkerrecht und deutsches Recht: Festschrift für Walter Rudolf zum 70. Geburtstag
München 2001
(zit.: *Bearbeiter* in: Arndt/Knemeyer/Kugelmann/Meng/Schweitzer, FS Rudolf)

Assmann, Heinz-Dieter/ **Schütze,** Rolf A./ **Buck-Heeb,** Petra (Hrsg.)
Handbuch des Kapitalanlagerechts
5. Auflage
München 2020
(zit.: *Bearbeiter* in: Assmann/Schütze/Buck-Heeb)

Augustin, Angela
Das Volk der Europäischen Union. Zu Inhalt und Kritik eines normativen Begriffs
Berlin 2000
(zit.: *Augustin*, Das Volk der EU)

Bach, Maurizio
Die Erweiterungsdynamik der Europäischen Union
Bundeszentrale für politische Bildung
Dossier 2012
URL: http://www.bpb.de/politik/grundfragen/deutsche-verhaeltnisse-eine-sozialkunde/140123/die-erweiterungsdynamik-der-europaeischen-union
(zit.: *Bach*, Die Erweiterungsdynamik der EU, bpb)

Badura, Peter — ***Bewahrung und Veränderung demokratischer und föderativer Verfassungsprinzipien der in Europa verbundenen Staaten***
Zeitschrift für Schweizerisches Recht 1990, S. 115–134
(zit.: *Badura*, ZSR 1990)

Bainczyk, Magdalena/ **Ernst**, Ulrich — ***Urteil des polnischen Verfassungsgerichtshofs vom 11.05.2005 AZ.K 18/04***
Europarecht 2006, S. 236–265
(zit.: *Bainczyk/Ernst*, EuR 2006)

Bast, Jürgen/ **Rödl**, Florian — ***Jenseits der Koordinierung? Zu den Grenzen der EU-Verträge für eine Europäische Wirtschaftsregierung***
Europäische Grundrechte Zeitschrift 2012, S. 269–278
(zit.: *Bast/Rödl*, EuGRZ 2012)

Baur, Jürgen F./ **Müller-Graff**, Peter Christian/ **Zuleeg**, Manfred (Hrsg.) — ***Europarecht – Energierecht – Wirtschaftsrecht: Festschrift für Bodo Börner zum 70. Geburtstag***
Köln 1992
(zit.: *Bearbeiter* in: Baur/Müller-Graff/Zuleeg, FS Börner)

Beaud, Olivier — ***Théorie de la Fédération***
Paris 2009
(zit.: *Beaud*, Théorie de la Fédération)

Beck, Ulrich — ***Das kosmopolitische Empire Ein Plädoyer für ein Europa jenseits des Nationalstaats***
Zeitschrift für Internationale Politik 2005, S. 6–12
(zit.: *U. Beck*, IP 2005)

Becker, Anne C.	***Vereinbarkeit des Vertrags über eine Verfassung für Europa mit der spanischen Verfassung*** Europarecht 2005, S. 339–363 (zit.: *A. Becker*, EuR 2005)
Becker, Peter	***Der richtige Moment zur Reform des EU-Haushalts*** Stiftung Wissenschaft und Politik 2017, S. 1–8 (zit.: *P. Becker*, SWP-Aktuell 2017)
Becker, Ulrich	***Differenzierungen der Rechtseinheit durch „abgestufte Integration"*** Europarecht 1998, Beiheft, S. 29–57 (zit.: *Becker*, EuR-Beiheft 1998)
Beckmann, Klaus/ **Dieringer**, Jürgen/ **Hufeld**, Ulrich (Hrsg.)	***Eine Verfassung für Europa*** 2. Auflage Tübingen 2005 (zit.: *Bearbeiter* in: Beckmann/Dieringer/Hufeld)
Bender, Tobias	***Die Verstärkte Zusammenarbeit nach Nizza. Anwendungsfelder und Bewertung im Spiegel historischer Präzedenzfälle der differenzierten Integration*** Zeitschrift für ausländisches öffentliches Recht und Völkerrecht 2001, S. 729–770 (zit.: *Bender*, ZaöRV 2001)
Benz, Arthur/ **Scharpf**, Fritz W./ **Zintl**, Reinhard	***Horizontale Politikverflechtung: Zur Theorie von Verhandlungssystemen*** Frankfurt am Main 1992 (zit.: *Bearbeiter* in: Benz/Scharpf/Zintl)

Berber, Friedrich	***Lehrbuch des Völkerrechts*** Band 3 2. Auflage München 1977 (zit.: *Berber*, Lehrbuch des Völkerrechts)
Berger, Henning	***Die neue Einlagensicherung*** Zeitschrift für Bank- und Kapitalmarktrecht 2016, S. 144–152 (zit.: *Berger*, BKR 2016)
Bergmann, Jan (Hrsg.)	***Handlexikon der Europäischen Union*** 5. Auflage Baden-Baden 2015 (zit.: *Bearbeiter* in: Bergmann, Handlexikon der EU)
Bernard, Roger/**Geck**, Wilhelm Karl **Jaenicke**, Günther/ **Steinberger**, Helmut (Hrsg.)	***Völkerrecht als Rechtsordnung Internationale Gerichtsbarkeit Menschenrechte Festschrift für Hermann Mosler*** Berlin/Heidelberg 1983 (zit.: *Bearbeiter* in: Bernard/Geck/Jaenicke/Steinberger, FS Mosler)
Bieber, Roland/ **Kahil-Wolff**, Bettina/ **Kallmayer**, Sonja	***Differenzierte Integration in Europa: Handlungsspielräume für die Schweiz?*** Chur 2000 (zit.: *Bieber/Kahil-Wolff/Kallmayer*)
Blanke, Hermann-Josef	***Erweiterung ohne Vertiefung? Zur „Verfassungskrise" der Europäischen Union*** Europarecht 2005, S. 787–801 (zit.: *Blanke*, EuR 2005)

Ders.	***Der Unionsvertrag von Maastricht – Ein Schritt auf dem Weg zu einem europäischen Bundesstaat?*** Die öffentliche Verwaltung 1993, S. 412–423 (zit.: *Blanke,* DÖV 1993)
Ders.	***Staatsfinanzen im Föderalismus*** Zeitschrift für ausländisches öffentliches Recht und Völkerrecht 2005, S. 71–106
Blanke, Hermann-Josef/ **Pilz,** Stefan	***Europa 2019 bis 2024 – Wohin trägt uns der Stier? Sieben Thesen zu den Herausforderungen der Europäischen Union*** Europarecht 2020, S. 270–301 (zit.: *Blanke/Pilz,* EuR 2020)
Blanke, Hermann-Josef/ **Scherzberg,** Arno/ **Wegner,** Gerhard (Hrsg.)	***Dimensionen des Wettbewerbs Europäische Integration zwischen Eigendynamik und politischer Gestaltung*** Tübingen 2010 (zit.: *Bearbeiter* in: Blanke/Scherzberg/Wegner)
Blankenagel, Alexander/ **Pernice,** Ingolf/ **Schulze-Fielitz,** Helmuth (Hrsg.)	***Verfassung im Diskurs der Welt Liber Amicorum für Peter Häberle zum siebzigsten Geburtstag*** Tübingen 2004 (zit.: *Bearbeiter* in: Blankenagel/Pernice/Schulze-Fielitz, FS Häberle)
Bleckmann, Albert	***Zum Rechtsinstitut der Bundestreue – Zur Theorie der subjektiven Rechte im Bundesstaat*** Juristen Zeitung 1991, S. 900–907 (zit.: *Bleckmann,* JZ 1991)

Ders.	***Die Rechtsnatur des Europäischen Gemeinschaftsrechts – zur Anwendbarkeit des Völkerrechts im Europ. Rechtsraum*** Deutsche öffentliche Verwaltung 1978, S. 391–398 (zit.: *Bleckmann*, DÖV 1978)
Bleckmann, Albert/ **Hölscheidt,** Sven	***Gedanken zur Finanzierung der EG*** Die öffentliche Verwaltung 1990, S. 853–858 (zit.: *Bleckmann/Hölscheidt*, DÖV 1990)
Blomeyer, Wolfgang/ **Schachtschneider,** Karl A. (Hrsg.)	***Die Europäische Union als Rechtsgemeinschaft*** Berlin 1995 (zit.: *Bearbeiter* in: Blomeyer/Schachtschneider)
Böckenförde, Ernst-Wolfgang	***Staat, Nation, Europa – Studien zur Staatslehre, Verfassungstheorie und Rechtsphilosophie*** Berlin 1999 (zit.: *Böckenförde*, Staat, Nation, Europa)
Boest, Reinhard	***Ein langer Weg zur Demokratie in Europa. Die Beteiligungsrechte des Europäischen Parlaments bei der Rechtsetzung nach dem Vertrag über die Europäische Union*** Europarecht 1992, S. 182–199 (zit.: *Boest*, EuR 1992)
von Bogdandy, Armin	***Supranationaler Föderalismus als Wirklichkeit und Idee einer neuen Herrschaftsform: zur Gestalt der Europäischen Union nach Amsterdam*** Baden-Baden 1999 (zit.: *von Bogdandy*, Supranationaler Föderalismus)

Ders.	***Die Europäische Union als supranationale Föderation*** Europäische Zeitung 1999, Beilage integration, S. 95–112 (zit.: *von Bogdandy*, integration 1999)
Ders.	***Grundprinzipien des Unionsrechts – eine verfassungstheoretische und -dogmatische Skizze*** Europarecht 2009, S. 749–769 (zit.: *von Bogdandy*, EuR 2009)
Ders.	***Die Europäische Option: eine interdisziplinäre Analyse über Herkunft, Stand und Perspektive der europäischen Integration*** Baden-Baden 1993 (zit.: *Bearbeiter* in: von Bogdandy, Die Europäische Option)
Ders.	***Europäische Verfassung und europäische Identität*** Juristenzeitung 2004, S. 53–61 (zit.: *von Bogdandy*, JZ 2004)
Ders.	***Beobachtungen zur Wissenschaft vom Europarecht. Strukturen, Debatten und Entwicklungsperspektiven der Grundlagenforschung zum Recht der Europäischen Union.*** Der Staat 2001, Bd. 40, S. 3–43 (zit.: *von Bogdandy*, Der Staat 40 (2001))
Ders.	***Konstitutionalisierung des europäischen öffentlichen Rechts in der europäischen Republik*** Juristenzeitung 2005, S. 529–540 (zit.: *von Bogdandy*, JZ 2005)
Ders.	***Der Euro zwingt zur politischen Union – und vielleicht einer neuen Gemeinschaft*** Europäische Zeitschrift für Wirtschaftsrecht 2001, S. 449 (zit.: *von Bogdandy*, EuZW 2001)

von Bogdandy, Armin/ **Bast**, Jürgen (Hrsg.)	***Europäisches Verfassungsrecht*** ***Theoretische und dogmatisch Grundzüge*** 2. Auflage Berlin/Heidelberg 2009 (zit.: *Bearbeiter* in: von Bogdandy/Bast)
von Bogdandy, Armin/ **Huber**, Peter Michael (Hrsg.)	***Handbuch*** ***Ius Publicum Europaeum*** Band I-VIII Heidelberg 2007–2019 (zit.: *Bearbeiter* in: von Bogdandy/Huber, IPE)
von Bogdandy, Armin/ **Schill**, Stephan	***Die Achtung der nationalen Identität unter dem reformierten Unionsvertrag*** ***Zur unionsrechtlichen Rolle nationalen Verfassungsrechts und zur Überwindung des absoluten Vorrangs*** Zeitschrift für ausländisches öffentliches Recht und Völkerrecht 2010, S. 701–734 (zit.: *von Bogdandy/Schill*, ZaöRV 2010)
von Bogdandy, Armin/ **Nettesheim**, Martin	***Die Verschmelzung der Europäischen Gemeinschaften in der Europäischen Union*** Neue Juristische Wochenschrift 1995, S. 2324–2328 (zit.: *von Bogdandy/Nettesheim*, NJW 1995)
Dies.	***Die Europäische Union: Ein einheitlicher Verband mit eigener Rechtsordnung.*** Europarecht 1996, S. 3 (zit.: *von Bogdandy/Nettesheim*, EuR 1996)
Böttner, Robert	***Der Europäische Minister für Wirtschaft und Finanzen nach den Plänen der Kommission*** Zeitschrift für europarechtliche Studien 2018, S. 69–96 (zit.: *Böttner*, ZEuS 2018)

Brandt, Wioleta	***Verfassungsrecht in Polen: Verfassungsbeschwerde und Rechtsprechung des polnischen Verfassungsgerichtshofs zu Fragen der EU-Mitgliedschaft*** Europarecht 2009, S. 131–145 (zit.: *Brandt*, EuR 2009)
Brauneck, Jens	***Erlauben die Europäischen Verträge einen Europäischen Währungsfonds und einen Europäischen Finanzminister?*** Europäisches Wirtschafts- und Steuerrecht 2018, S. 81–89 (zit.: *Brauneck*, EWS 2018)
Breitenmoser, Stephan/ **Weyeneth**, Robert	***Die Abkommen zwischen der Schweiz und der EU*** Europäische Zeitschrift für Wirtschaftsrecht 2012, S. 854–858 (zit.: *Breitenmoser/Weyeneth*, EuZW 2012)
Brenner, Michael/ **Huber**, Peter M./ **Möstl**, Markus (Hrsg.)	***Der Staat des Grundgesetzes – Kontinuität und Wandel*** ***Festschrift für Peter Badura zum siebzigsten Geburtstag*** Tübingen 2004 (zit.: *Bearbeiter* in: Brenner/Huber/Möstl, FS Badura)
Breuer, Marten	***„Wasch mir den Pelz, aber mach mich nicht nass!" Das zweite Gutachten des EuGH zum EMRK-Beitritt der Europäischen Union*** Europarecht 2015, S. 330–351 (zit.: *M. Breuer*, EuR 2015)

Breuer, Marten/ **Epiney**, Astrid/ **Haratsch**, Andreas/ **Schmahl**, Stefanie/ **Weiß**, Norman (Hrsg.)
Der Staat im Recht
Festschrift für Eckart Klein zum 70. Geburtstag
Berlin 2013
(zit.: *Bearbeiter* in: Breuer/Epiney/Haratsch/Schmahl/Weiß, FS Klein)

Breuer, Rüdiger
Konditionale und finale Rechtssetzung
Archiv des öffentlichen Rechts 2002,
Bd. 127, S. 523–574
(zit.: *Breuer*, AöR 127 (2002))

Ders.
Die Sackgasse des neuen Europaartikels (Art 23 GG)
Neue Zeitschrift für Verwaltungsrecht 1994,
S. 417–429
(zit.: *Breuer*, NVwZ 1994)

Brok, Elmar
Lehren aus dem Irak-Krieg
Die Europäische Union als globaler Akteur
Zeitschrift für Internationale Politik 2003, S. 56–60
(zit.: *Brok*, IP 2003)

Brosius-Linke, René
Innerstaatliches Demokratiedefizit als Stolperstein für den Vertrag von Lissabon? – Die Mitwirkung des Deutschen Bundestages am Maßstab der Rechtsprechung des Bundesverfassungsgerichts
Die öffentliche Verwaltung 2008,
S. 997–1001
(zit.: *Brosius-Linke*, DÖV 2008)

Bruha, Thomas/ **Nowak**, Carsten
Recht auf Austritt aus der Europäischen Union?
Archiv des Völkerrechts 2004, Bd. 42,
S. 1–15
(zit.: *Bruha/Nowak*, AVR 42 (2004))

Bruha, Thomas/ **Vogt**, Oliver
Rechtliche Grundfragen der EU-Erweiterung
Verfassung und Recht in Übersee 1997, Bd. 30, S. 477–502
(zit.: *Bruha/Vogt*, VRÜ 30 (1997))

Buchheim, Hans
Das Prinzip „Nation" und der neuzeitliche Verfassungsstaat
Zeitschrift für Politik 1995, S. 60–67
(zit.: *Buchheim*, ZfP 1995)

Bungenberg, Marc
Dynamische Integration, Art. 308 und die Forderung nach dem Kompetenzkatalog
Europarecht 2000, S. 879–900
(zit.: *Bungenberg*, EuR 2000)

Burghof, Hans-Peter
Europäische Bankenunion: „Ein Großprojekt auf des Messers Schneide"
Wirtschaftswissenschaftliches Studium 2014, S. 491–493
(zit.: *Burghof*, WiSt 2014)

Burkei, Franz/ **Polter**, Dirk-Meints
Rechtsfragen im Spektrum des Öffentlichen Mainzer Festschrift für Hubert Armbruster
Berlin 1976
(zit.: *Bearbeiter* in: Burkei/Polter, FS Armbruster)

Busse, Christian
Kritische Stellungnahme zur Einordnung der Europäischen Union als supranationale Föderation
Europarecht 2000, S. 686–689
(zit.: *Busse*, EuR 2000)

Ders.
Die völkerrechtliche Einordnung der Europäischen Union
Köln 1999
(zit.: *Busse*, Die völkerrechtliche Einordnung der EU)

von Buttlar, Christian | ***Rechtsprobleme der verstärkten Zusammenarbeit nach dem Vertrag von Nizza***
Zeitschrift für europarechtliche Studien 2001, S. 649–688
(zit.: *von Buttlar*, ZEuS 2001)

Cach, Christopher | ***Die Verstärkte Zusammenarbeit und ihre Bedeutung für die Errichtung der Europäischen Staatsanwaltschaft***
Europarecht 2014, S. 716–730
(zit.: *Cach*, EuR 2014)

Calliess, Christian | ***Europa als Wertegemeinschaft – Integration und Identität durch europäisches Verfassungsrecht***
Juristenzeitung 2004, S. 1033–1045
(zit.: *Calliess*, JZ 2004)

Ders. | ***Die neue Europäische Union nach dem Vertrag von Lissabon***
Tübingen 2010
(zit.: *Calliess*, Die neue Europäische Union)

Ders. | ***Konfrontation statt Kooperation zwischen BVerfG und EuGH? Zu den Folgen des Karlsruher PSPP-Urteils***
Neue Zeitschrift für Verwaltungsrecht 2020, S. 897–904
(zit.: *Calliess*, NVwZ 2020)

Ders. | ***Der Kampf um den Euro: Eine „Angelegenheit der Europäischen Union" zwischen Regierung, Parlament und Volk***
Neue Zeitschrift für Verwaltungsrecht 2012, S. 1–7
(zit.: *Calliess*, NVwZ 2012)

Ders. | ***Bausteine einer erneuerten Europäischen Union***
Neue Zeitschrift für Verwaltungsrecht 2018, S. 1–9
(zit.: *Calliess*, NVwZ 2018)

Ders.	***Die Reform der Wirtschafts- und Währungsunion als Herausforderung für die Integrationsarchitektur der EU – Europa- und verfassungsrechtliche Überlegungen*** Die öffentliche Verwaltung 2013, S. 785–795 (zit.: *Calliess*, DÖV 2013)
Ders.	***Finanzkrisen als Herausforderungen der internationalen, europäischen und nationalen Rechtsetzung*** Veröffentlichungen der Vereinigung der Deutschen Staatsrechtslehrer 2012, Bd. 71, S. 113–182 (zit.: *Calliess*, VVDStRL 71 (2012))
Ders.	***Staatsrecht III*** 3. Auflage Berlin 2020 (zit.: *Calliess*, Staatsrecht III)
Ders.	***Der Unionsbürger: Status, Dogmatik und Dynamik*** Europarecht 2007, Beiheft, S. 7–42 (zit.: *Calliess*, EuR-Beiheft 2007)
Ders.	***Das Ringen des Zweiten Senats mit der Europäischen Union: Über das Ziel hinausgeschossen…*** Zeitschrift für europarechtliche Studien 2009, S. 559–580 (zit.: *Calliess*, ZEuS 2009)
Calliess, Christian/ **Ruffert**, Matthias (Hrsg.)	***EUV/AEUV*** ***Das Verfassungsrecht der Europäischen Union mit der Grundrechtecharta*** Kommentar 5. Auflage München 2016 (zit.: *Bearbeiter* in: Calliess/Ruffert)
Calliess, Christian/ **Schoenfleisch**, Christopher	***Auf dem Weg in die europäische "Fiskalunion"? – Europa- und verfassungsrechtliche Fragen einer Reform der Wirtschafts- und Währungsunion im Kontext des Fiskalvertrages*** Juristenzeitung 2012, S. 477–487 (zit.: *Calliess/Schoenfleisch*, JZ 2012)

Capotorti, Franzesco/ **Ehlermann**, Claus-Dieter/ **Frowein**, Jochen/ **Jacobs**, Francis/ **Joliet**, R./ **Koopmans**, T./ **Kovar**, R. (Hrsg.)	***Du Droit international au droit de l'intégration Festschrift für Pierre Pescatore*** Baden-Baden 1987 (zit.: *Bearbeiter* in: Capotorti/Ehlermann/Frowein/Jacobs/Joliet/Koopmans/Kovar, FS Pescatore)
Ceyssens, Jan	***Teufelskreis zwischen Banken und Staatsfinanzen – Der neue Europäische Bankaufsichtsmechanismus*** Neue Juristische Wochenschrift 2013, S. 3704–3708 (zit.: *Ceyssens*, NJW 2013)
Classen, Claus Dieter	***Die Jurisdiktion des Gerichtshofs der Europäischen Gemeinschaften nach Amsterdam*** Europarecht 1999, Beiheft, S. 83 (zit.: *Classen*, EuR-Beiheft 1999)
Ders.	***Legitime Stärkung des Bundestages oder verfassungsrechtliches Prokrustesbett?*** Juristenzeitung 2009, S. 881–889 (zit.: *Classen*, JZ 2009)
Ders.	***Europäische Integration und demokratische Legitimation*** Archiv des öffentlichen Rechts 1994, Bd. 119, S. 238–260 (zit.: *Classen*, AöR 119 (1994))
Collings, Justin	***Verfassungspatriotismus und Verfassungsgedächtnis: Das Grundgesetz als deutscher Erinnerungsort*** Juristenzeitung 2019, S. 1109–1115 (zit.: *Collings*, JZ 2019)

Constantinesco, Léontin-Jean	***Das Recht der Europäischen Gemeinschaften*** Band 1 Baden-Baden 1977 (zit.: *Constantinesco*, Das Recht der Europäischen Gemeinschaften)
Cramer, Philipp	***Artikel 146 Grundgesetz zwischen offener Staatlichkeit und Identitätsbewahrung. Perspektiven des Schlussartikels des Grundgesetzes für die zukünftige europäische Integration.*** Berlin 2013 (zit.: *Cramer*, Artikel 146 Grundgesetz zwischen offener Staatlichkeit und Identitätsbewahrung)
Creifelds, Carl	***Rechtswörterbuch*** 25. Edition München 2020 (zit.: *Bearbeiter* in: Creifelds, Rechtswörterbuch)
Cremer, Hans-Joachim	***Das Demokratieprinzip auf nationaler und europäischer Ebene im Lichte des Maastrichts-Urteils des Bundesverfassungsgerichts*** Europarecht 1995, S. 21–45 (zit.: *Cremer*, EuR 1995)
Ders.	***Die Beistandsklausel des EUV*** Zeitschrift für Gesetzgebung 2016, S. 97–119 (zit.: *Cremer*, ZG 2016)
Cremer, Wolfram	***Auf dem Weg zu einer Europäischen Wirtschaftsregierung?*** Europarecht 2016, S. 256–281 (zit.: *W. Cremer*, EuR 2016)

Cremer, Hans-Joachim/ **Giegerich**, Thomas/ **Richter**, Dagmar/ **Zimmermann,** Andreas (Hrsg.)
Tradition und Weltoffenheit des Rechts: Festschrift für Helmut Steinberger
Berlin/Heidelberg 2002
(zit.: *Bearbeiter* in: Cremer/Giegerich/Richter/Zimmermann, FS Steinberger)

Cromme, Franz
Eine Perspektive für das Verfassungsrecht der EU: auch eine Perspektive für die spätere Annäherung von Großbritannien
Europarecht 2017, S. 206–234
(zit.: *Cromme*, EuR 2017)

Ders.
Eine Konsequenz aus der Krise: Fortentwicklung der EU als Staatenverbund? – Verknüpfung intergouvernementalen und supranationalen Handelns in der EU –
Die öffentliche Verwaltung 2012, S. 209–215
(zit.: *Cromme*, DÖV 2012)

Ders.
Die Zukunft des Lissabon-Vertrages – ein kurzgefasster und dynamischer Verfassungsvertrag – Entwurf und Begründung
3. Auflage
Baden-Baden 2010
(zit.: *Cromme*, Die Zukunft des Lissabon-Vertrages)

Ders.
Juristische Irrlichter auf dem Weg zum europäischen Verfassungsvertag und zum Lissabonner Vertrag
Die öffentliche Verwaltung 2009, S. 177–180
(zit.: *Cromme*, DÖV 2009)

Ders.
Spezifische Verfassungselemente des Staatenverbundes: Bausteine für die Europäische Union.
Berliner Europa-Studien, Band 5
Berlin 1997
(zit.: *Cromme*, Spezifische Verfassungselemente des Staatenverbundes)

Däubler-Gmelin, Herta — ***Eine europäische Charta der Grundrechte – Beitrag zur gemeinsamen Identität***
Europäische Zeitschrift für Wirtschaftsrecht 2000, S. 1
(zit.: *Däubler-Gmelin*, EuZW 2000)

von Danwitz, Thomas — ***Grundfragen einer Verfassungsbindung der Europäischen Union***
Juristenzeitung 2003, S. 1125–1132
(zit.: *von Danwitz*, JZ 2003)

Dauses, Manfred A./ **Ludwigs,** Markus (Hrsg.) — ***Handbuch des EU-Wirtschaftsrechts***
Band 1–2
50. Ergänzungslieferung
München 2020
(zit.: *Bearbeiter* in: Dauses/Ludwigs)

Dederer, Hans-Georg — ***Die Konstitutionalisierung Europas***
Zum Stand der Arbeiten des Europäischen Konvents
Zeitschrift für Gesetzgebung 2003, S. 97–118
(zit.: *Dederer*, ZG 2003)

Demandt, Philipp — ***Nationalgalerie Berlin, Das XIX. Jahrhundert***
6. Auflage
Berlin 2015
(zit.: *Bearbeiter* in: Demandt, Nationalgalerie Berlin)

Delgado, Mariano/ **Lutz-Bachmann,** Matthias (Hrsg.) — ***Herausforderung Europa***
Wege zu einer europäischen Identität
München 1995
(zit.: *Bearbeiter* in: Delgado/Lutz-Bachmann)

Depenheuer, Otto (Hrsg.) — ***Mythos als Schicksal***
Was konstituiert die Verfassung?
Berlin/Heidelberg 2009
(zit.: *Bearbeiter* in: Depenheuer)

Diedrichs, Udo/ **Jopp**, Mathias/ **Sandawi**, Sammi	***Möglichkeiten und Grenzen militärischer Integration im Rahmen der ESVP*** Europäische Zeitung 2004, Beilage integration, S. 223–232 (zit.: *Diedrichs/Jopp/Sandawi*, integration 2004)
Dietrich, Sascha	***Die rechtlichen Grundlagen der Verteidigungspolitik der Europäischen Union*** Zeitschrift für ausländisches öffentliches Recht und Völkerrecht 2006, S. 663–697 (zit.: *Dietrich*, ZaöRV 2006)
Di Fabio, Udo	***Das Recht offener Staaten: Grundlinien einer Staats- und Rechtstheorie*** Tübingen 1998 (zit.: *Di Fabio*, Das Recht offener Staaten)
Ders.	***Eine europäische Charta Auf dem Weg zur Unionsverfassung*** Juristenzeitung 2000, S. 737–743 (zit.: *Di Fabio*, JZ 2000)
Ders.	***Der Verfassungsstaat in der Weltgesellschaft*** Tübingen 2001 (zit.: *Di Fabio*, Der Verfassungsstaat)
Ders.	***Der neue Art. 23 des Grundgesetzes Positivierung vollzogenen Verfassungswandels oder Verfassungsneuschöpfung?*** Der Staat 1993, Bd. 32, S. 191–217 (zit.: *Di Fabio*, Der Staat 32 (1993))
Ders.	***Die Zukunft einer stabilen Wirtschafts- und Währungsunion Verfassungs- sowie europarechtliche Grenzen und Möglichkeiten*** Stiftung Familienunternehmen 2013 https://www.familienunternehmen.de/media/public/pdf/publikationen-studien/studien/Studie_Stiftung_Familienunternehmen_Die-Zukunft-Europas_ebook.pdf (zit.: *Di Fabio*, Die Zukunft einer stabilen Wirtschafts- und Währungsunion)

Dinov, Stanyo — ***Europäische Bankenaufsicht im Wandel***
Europarecht 2013, S. 593–609
(zit.: *Dinov*, EuR 2013)

Doehring, Karl — ***Staat und Verfassung in einem zusammenwachsenden Europa***
Zeitschrift für Rechtspolitik 1993, S. 98–103
(zit.: *Doehring*, ZRP 1993)

Ders. — ***Staatsrecht der Bundesrepublik Deutschland unter besonderer Berücksichtigung der Rechtsvergleichung und des Völkerrechts***
3. Auflage
München 1984
(zit.: *Doehring*, Staatsrecht der Bundesrepublik Deutschland)

Donath, Philipp B. — ***Die Voraussetzungen für die Aufnahme neuer Mitgliedstaaten in die Europäische Union unter besonderer Berücksichtigung des Merkmals „Europäischer Staat"***
Studentische Zeitschrift für Rechtswissenschaften 2008, S. 235–258
(zit.: *Donath*, StudZR 2008)

Dorau, Christoph — ***Die Öffnung der Europäischen Union für europäische Staaten. „Europäisch" als Bedingung für einen EU-Beitritt nach Art. 49 EUV***
Europarecht 1999, S. 736–753
(zit.: *Dorau*, EuR 1999)

Ders. — ***Die Verfassungsfrage der Europäischen Union Möglichkeiten und Grenzen der europäischen Verfassungsentwicklung nach Nizza***
Baden-Baden 2001
(zit.: *Dorau*, Die Verfassungsfrage der EU)

Dörr, Oliver
Noch einmal: Die Europäische Union und die Europäischen Gemeinschaften
Neue Juristische Wochenschrift 1995, S. 3162–3165
(zit.: *Dörr*, NJW 1995)

Dörr, Dieter/ **Fink**, Udo/ **Hillgruber**, Christian/ **Kempen**, Bernhard/ **Murswiek**, Dietrich (Hrsg.)
Die Macht des Geistes
Festschrift für Hartmut Schiedermair
Heidelberg/München 2001
(zit.: *Bearbeiter* in: Dörr/Fink/Hillgruber/Kempen/Murswiek, FS Schiedermair)

Dreier, Horst (Hrsg.)
Grundgesetz
Kommentar
Band 2
3. Auflage
Tübingen 2015
(zit.: *Bearbeiter* in: Dreier, GG)

Dreier, Horst / **Graf**, Friedrich Wilhelm / **Hesse**, Joachim Jens (Hrsg.)
Staatswissenschaften und Staatspraxis
Baden-Baden 2011
(zit.: *Bearbeiter* in: Dreier/Graf/Hesse)

Due, Ole/ **Lutter**, Marcus/ **Schwarze**, Jürgen (Hrsg.)
Festschrift für Ulrich Everling
Baden-Baden 1995
(zit.: *Bearbeiter* in: Due/Lutter/Schwarze, FS Everling)

Edenharter, Andrea
Rechtliche Implikationen eines Verbots der Vollverschleierung – EMRK, Deutschland, Schweiz
Juristenzeitung 2018, S. 971–980
(zit.: *Edenharter*, JZ 2018)

Ehlermann, Claus-Dieter — ***Mitgliedschaft in der Europäischen Gemeinschaft – Rechtsprobleme der Erweiterung, der Mitgliedschaft und der Verkleinerung***
Europarecht 1984, S. 113–125
(zit.: *Ehlermann*, EuR 1984)

Ders. — ***Engere Zusammenarbeit nach dem Amsterdamer Vertrag: Ein neues Verfassungsprinzip?***
Europarecht 1997, S. 362–397
(zit.: *Ehlermann*, EuR 1997)

Ehlers, Dirk (Hrsg.) — ***Europäische Grundrechte und Grundfreiheiten***
4. Auflage
Münster 2015
(zit.: *Bearbeiter* in: Ehlers)

Ehrhart, Hans-Georg — ***Die Sicherheits- und Verteidigungspolitik der Europäischen Union im Praxistest: zwischen Anspruch und Wirklichkeit***
Europäische Zeitung 2013, Beilage integration, S. 91–106
(zit.: *Ehrhart*, integration 2013)

Eichenhofer, Eberhard — ***Soziale Menschenrechte im Völker-, europäischen und deutschen Recht***
Tübingen 2012
(zit.: *Eichenhofer*)

Einem, Caspar — ***Eine Verfassung für Europa Anmerkungen zu ausgewählten Aspekten des Verfassungsentwurfs***
Europarecht 2004, S. 202–215
(zit.: *Einem*, EuR 2004)

Epiney, Astrid/ **Haag**, Marcel/ **Heinemann**, Andreas (Hrsg.)	***Die Herausforderung von Grenzen – Le défi des frontières – Challenging boundaries: Festschrift für Roland Bieber*** Baden-Baden 2007 (zit.: *Bearbeiter* in: Epiney/Haag/Heinemann, FS Bieber)
Epping, Volker	***Die Verfassung Europas?*** Juristenzeitung 2003, S. 821–831 (zit.: *Epping*, JZ 2003)
Epping, Volker/ **Hillgruber**, Christian (Hrsg.)	***Grundgesetz*** Beck'scher Online-Kommentar 46. Edition München 2021 (zit.: *Bearbeiter* in: Epping/Hillgruber, BeckOK GG)
Everling, Ulrich	***Überlegungen zur Struktur der Europäischen Union und zum neuen Europa-Artikel des Grundgesetzes*** Deutsches Verwaltungsblatt 1993, S. 936–947 (zit.: *Everling*, DVBl 1993)
Ders.	***Das Maastricht-Urteil des Bundesverfassungsgerichts und seine Bedeutung für die Europäische Union*** Europäische Zeitung 1994, Beilage integration, S. 165–175 (zit.: *Everling*, integration 1994)
Ders.	***Europas Zukunft unter der Kontrolle der nationalen Verfassungsgerichte*** ***Anmerkungen zum Urteil des Bundesverfassungsgerichts vom 30. Juni 2009 über den Vertrag von Lissabon*** Europarecht 2010, S. 91–108 (zit.: *Everling*, EuR 2010)

Evrigenis, Demitrios	***Legal and Constitutional Implications of Greek Accession to the European Communities*** Common Market Law Review 1980, S. 157 (zit.: *Evrigenis*, CMLR 1980)
Falke, Mike/ **Czauderna**, Christoph	***Serbien vor der Eröffnung von EU-Beitrittsverhandlungen: Herausforderungen an Rechts- und Justizreformen*** Wirtschaft und Recht in Osteuropa 2014, S. 33–41 (zit.: *Falke/Czauderna*, WiRO 2014)
Fastenrath, Ulrich/ **Nowak**, Carsten	***Der Lissabonner Reformvertrag: Änderungsimpulse in einzelnen Rechts- und Politikbereichen*** Berlin 2009 (zit.: *Fastenrath/Nowak*, Lissabonner Reformvertrag)
Fiedler, Wilfried/ **Ress**, Georg (Hrsg.)	***Verfassungsrecht und Völkerrecht Gedächtnisschrift für Wilhelm Karl Geck*** Köln 1989 (zit.: *Bearbeiter* in: Fiedler/Ress, GS Geck)
Fischer, Joschka	***Vom Staatenverbund zur Föderation – Gedanken über die Finalität der europäischen Integration*** Europäische Zeitung 2000, Beilage integration, S. 149–156 (zit.: *Fischer*, integration 2000)
Fischer, Klemens H.	***Der Europäische Verfassungsvertrag*** Baden-Baden 2004 (zit.: *K. Fischer*, Europäischer Verfassungsvertrag)

Fischer-Lescano, Andreas/ **Oberndorfer**, Lukas — ***Fiskalvertrag und Unionsrecht Unionsrechtliche Grenzen völkervertraglicher Fiskalregulierung und Organleihe***
Neue Juristische Wochenschrift 2013, S. 9–14
(zit.: *Fischer-Lescano/Oberndorfer*, NJW 2013)

Formont, Michel — ***Souveränität und Europa: Ein Vergleich der deutschen und französischen Verfassungsrechtsprechung***
Die öffentliche Verwaltung 2011, S. 457–465
(zit.: *Formont*, DÖV 2011)

Forsthoff, Ulrich — ***Bankenunion und Bundesverfassungsgericht – Von der politischen Erfolgsgeschichte zur verfassungsrechtlichen Verlustsaga?***
Europäische Zeitschrift für Wirtschaftsrecht 2019, S. 977–982
(zit.: *Forsthoff*, EuZW 2019)

Ders. — ***Fünf Jahre ESM – Entwicklungsperspektiven***
Europäische Zeitschrift für Wirtschaftsrecht 2018, S. 108–118
(zit.: *Forsthoff*, EuZW 2018)

Forstmoser, Peter/ **von der Crone**, Hans C./ **Weber**, Rolf H./ **Zobl**, Dieter (Hrsg.) — ***Der Einfluss des europäischen Rechts auf die Schweiz: Festschrift für Roger Zäch zum 60. Geburtstag***
Zürich 1999
(zit.: *Bearbeiter* in: Forstmoser/von der Crone/Weber/Zobl, FS Zäch)

Franzius, Claudio — ***Demokratisierung der Europäischen Union***
Europarecht 2013, S. 655–669
(zit.: *Franzius*, EuR 2013)

Ders.	***70 Jahre Grundgesetz und Europa: Passt das zusammen?*** Europarecht 2019, S. 365–383 (zit.: *Franzius*, EuR 2019)
Franzius, Claudio/ **Mayer**, Franz C./ **Neyer**, Jürgen (Hrsg.)	***Grenzen der europäischen Integration. Herausforderungen für Recht und Politik*** Baden-Baden 2014 (zit.: *Bearbeiter* in: Franzius/Mayer/Neyer, Grenzen der europäischen Integration)
Frenz, Walter	***Die neue GASP*** Zeitschrift für ausländisches öffentliches Recht und Völkerrecht 2010, S. 487–521 (zit.: *Frenz*, ZaöRV 2010)
Friauf, Karl Heinrich	***Zur Problematik rechtsstaatlicher und demokratischer Strukturelemente in zwischenstaatlichen Gemeinschaften*** Deutsches Verwaltungsblatt 1964, S. 781–789 (zit.: *Friauf*, DVBl 1964)
Fromberger, Matthias/ **Schmidt**, Patrick	***Die Kollision von nationalem und europäischem Recht – Zugleich ein Beitrag zur Problemverortung im Mehrebenensystem*** Zeitschrift für das Juristische Studium 2018, S. 29–33 (zit.: *Fromberger/Schmidt*, ZJS 2018)
Frotscher, Werner/ **Pieroth**, Bodo	***Verfassungsgeschichte*** 18. Auflage München 2019 (zit.: *Frotscher/Pieroth*, Verfassungsgeschichte)

Frowein, Jochen	***Die rechtliche Bedeutung des Verfassungsprinzips der parlamentarischen Demokratie für den europäischen Integrationsprozeß*** Europarecht 1983, S. 301–317 (zit.: *Frowein*, EuR 1983)
Ders.	***Verfassungsperspektiven der Europäischen Gemeinschaft*** Europarecht 1992, Beiheft, S. 63 (zit.: *Frowein*, EuR 1992)
Fürst, Walther/ **Herzog**, Roman, **Umbach**, Dieter C. (Hrsg.)	***Festschrift für Wolfgang Zeidler*** Berlin 1987 (zit.: *Bearbeiter* in: Fürst/Herzog/Umbach, FS Zeidler)
Gaitanides, Charlotte/ **Kadelbach**, Stefan/ **Rodriguez Iglesias**, Gil Carlos (Hrsg.)	***Europa und seine Verfassung*** ***Festschrift für Manfred Zuleeg zum siebzigsten Geburtstag*** Baden-Baden 2005 (zit.: *Bearbeiter* in: Gaitanides/Kadelbach/Rodriguez Iglesias, FS Zuleeg)
Gärditz, Klaus Ferdinand/ **Hillgruber**, Christian	***Volkssouveränität und Demokratie ernst genommen – Zum Lissabon-Urteil des BVerfG*** Juristenzeitung 2009, S. 872–881 (zit.: *Gärditz/Hillgruber*, JZ 2009)
Geiger, Rudolf	***EUV/EGV*** Kommentar 4. Auflage München 2004 (zit.: *Geiger*)

Geiger, Rudolf/ **Khan**, Daniel-Erasmus/ **Kotzur**, Markus (Hrsg.)
EUV/AEUV
Kommentar
6. Auflage
München 2017
(zit.: *Bearbeiter* in: Geiger/Khan/Kotzur)

Gentzsch, Markus
Die EZB ultra vires? Die PSPP-Entscheidung und ihre Konsequenzen für das Recht der Währungsunion
Zeitschrift für Bank und Kapitalmarktrecht 2020, S. 576–585
(zit.: *Gentzsch*, BKR 2020)

Gentzsch, Markus/ **Brade**, Alexander
Die Bankenunion vor dem Bundesverfassungsgericht. Neue Impulse für grundlegende Fragestellungen des Verfassungs- und Unionsrechts
Europarecht 2019, S. 602–637
(zit.: *Gentzsch/Brade*, EuR 2019)

Giamouridis, Anastasios
Only through Enlargement: The New European Myth
European Foreign Affairs Review 2007, S. 183–202
(zit.: *Giamouridis*, European Foreign Affairs Review 2007)

Giering, Claus/ **Janning**, Josef
Flexibilität als Katalysator der Finalität? Die Gestaltungskraft der „Verstärkten Zusammenarbeit“ nach Nizza
Europäische Zeitung 2001, Beilage integration, S. 146–155
(zit.: *Giering/Janning*, integration 2001)

Giese, Friedrich
Grundgesetz für die Bundesrepublik Deutschland vom 23. Mai 1949
Frankfurt am Main 1949
(zit.: *Giese*, Grundgesetz für die Bundesrepublik Deutschland)

Görres-Gesellschaft (Hrsg.)	***Staatslexikon Recht, Wirtschaft, Gesellschaft*** Band 1 – 2 8. Auflage Freiburg 2017/2018 (zit.: *Bearbeiter* in: Görres-Gesellschaft, Staatslexikon)
von Goethe, Johann W./ **von Einem**, Herbert	***Goethe Italienische Reise kommentiert von Herbert von Einem*** München 2001 (zit.: *von Goethe/von Einem*, Italienische Reise)
Grabenwarter, Christoph	***Europäisches und nationales Verfassungsrecht*** Veröffentlichungen der Vereinigung der Deutschen Staatsrechtler 2001, Bd. 60, S. 290–349 (zit.: *Grabenwarter*, VVDStRL 60 (2001))
Ders.	***Das EMRK-Gutachten des EuGH*** Europäische Zeitschrift für Wirtschaftsrecht 2015, S. 180 (zit.: *Grabenwarter*, EuZW 2015)
Grabenwarter, Christoph/ **Pabel**, Katharina	***Europäische Menschenrechtskonvention*** 6. Auflage München 2016 (zit.: *Grabenwarter/Pabel*, EMRK)
Grabitz, Eberhard (Hrsg.)	***EWG-Vertrag*** Kommentar München 1989 (zit.: *Bearbeiter* in: Grabitz, EWG-Vertrag)
Grabitz, Eberhard/ **von Bogdandy**, Armin	***Deutsche Einheit und europäische Integration*** Neue Juristische Wochenschrift 1990, S. 1073–1079 (zit.: *Grabitz/von Bogdandy*, NJW 1990)

Grabitz, Eberhard/ **Hilf,** Meinhard (Hrsg.)	***Das Recht der Europäischen Union*** Kommentar 40. Ergänzungslieferung München 2009 (zit.: *Bearbeiter* in: Grabitz/Hilf)
Grabitz, Eberhard/ **Hilf,** Meinhard/ **Nettesheim,** Martin (Hrsg.)	***Das Recht der Europäischen Union*** Kommentar 71. Ergänzungslieferung München 2020 (zit.: *Bearbeiter* in: Grabitz/Hilf/Nettesheim)
Graf Vitzthum, Wolfgang	***Die Identität Europas*** Europarecht 2002, S. 1–16 (zit.: *Graf Vitzthum*, EuR 2002)
Grams, Harmut A.	***Zur Gesetzgebung der Europäische Union Ein vergleichende Strukturanalyse aus staatsorganisatorischer Sicht*** München 1998 (zit.: *Grams*, Zur Gesetzgebung der Europäische Union)
Graßhof, Karin	***Nachschlagewerk der Rechtsprechung des Bundesverfassungsgerichts*** 213. Ergänzungslieferung Heidelberg 2020 (zit.: *Bearbeiter* in: Graßhof, Nachschlagewerk der Rechtsprechung des BVerfG)
Grimm, Dieter	***Braucht Europa eine Verfassung?*** Juristenzeitung 1995, S. 581–491 (zit.: *Grimm*, JZ 1995)
Ders.	***Europa ja – aber welches?: Zur Verfassung der europäischen Demokratie*** München 2016 (zit.: *Grimm*)

Ders.	***Das Grundgesetz als Riegel vor einer Verstaatlichung der Europäischen Union. Zum Lissabon-Urteil des Bundesverfassungsgerichts*** Der Staat 2009, Bd. 48, S. 475–495 (zit.: *Grimm*, Der Staat 48 (2009))
Ders.	***Deutsche Verfassungsgeschichte 1776–1866: Vom Beginn des modernen Verfassungsstaats bis zur Aufklärung des Deutschen Bundes*** Berlin 1988 (zit.: *Grimm*, Deutsche Verfassungsgeschichte)
Ders.	***Die Europäische Union im Jahr 60.*** Zeitschrift für Staats- und Europawissenschaften 2017, S. 3–15 (zit.: *Grimm*, ZSE 2017)
von der Groeben, Hans/ **Schwarze**, Jürgen/ **Hatje**, Armin (Hrsg.)	***Europäisches Unionsrecht*** Kommentar 7. Auflage Baden-Baden 2015 (zit.: *Bearbeiter* in: von der Groeben/Schwarze/Hatje)
von der Groeben, Hans/ **Thiesing**, Jochen/ **Ehlermann**, Claus-Dieter (Hrsg.)	***EU-/EG-Vertrag*** Kommentar 5. Auflage Baden-Baden 1997 (zit.: *Bearbeiter* in: von der Groeben/Thiesing/Ehlermann)
Gröpl, Christoph/ **Windthorst**, Kay/ **von Coelln**, Christian	***Grundgesetz Studienkommentar*** 4. Auflage München 2020 (zit.: *Bearbeiter* in: Gröpl/Windthorst/von Coelln, GG)

Groß, Thomas	***Zwei-Kammer-Parlamente in der Europäischen Union*** Zeitschrift für ausländisches öffentliches Recht und Völkerrecht 2003, S. 29–57 (zit.: *Groß*, ZaöRV 2003)
Ders.	***Verfassungsrechtliche Grenzen der europäischen Integration*** Jura. Juristische Ausbildung 1991, S. 575–580 (zit.: *Groß*, Jura 1991)
Ders.	***Erlaubt das Grundgesetz einen Austritt aus der EU?*** Europarecht 2018, S. 387–405 (zit.: *Groß*, EuR 2018)
Große Hüttmann, Martin/ **Wehling**, Hans Georg (Hrsg.)	***Das Europalexikon*** 3. Auflage Bonn 2020 (zit.: *Bearbeiter* in: Große Hüttmann/Wehling, Europalexikon)
Grote, Rainer/ **Härtel**, Ines/ **Hain**, Karl-E./ **Schmidt**, Thorsten Ingo/ **Schmitz**, Thomas/ **Schuppert**, Gunnar Folke/ **Winterhoff**, Christian (Hrsg.)	***Die Ordnung der Freiheit: Festschrift für Christian Starck zum siebzigsten Geburtstag*** Tübingen 2007 (zit.: *Bearbeiter* in: Grote/Härtel/Hain/Schmidt/ Schmitz/ Schuppert/Winterhoff, FS Starck)
Guérot, Ulrike	***Der Wert Europas und seine Grenzen: Die EU als außenpolitische Gestaltungsmacht mit Defiziten*** Europäische Zeitung 2012, Beilage integration, S. 116–122 (zit.: *Guérot*, integration 2012)

Dies. ***Zur Zukunft der europäischen Demokratie***
Aus Politik und Zeitgeschichte 2013, S. 3–10
(zit.: *Guérot*, APuZ 2013)

Gundel, Jörg ***Die Einordnung des Gemeinschaftsrechts in die französische Rechtsordnung***
Berlin 1997
(zit.: *Gundel*, Die Einordnung des Gemeinschaftsrechts in die französische Rechtsordnung)

Gussone, Peter ***Das Solidaritätsprinzip in der Europäischen Union und seine Grenzen***
Berlin 2006
(zit.: *Gussone*, Das Solidaritätsprinzip in der EU)

Güßregen, Verena ***EU-Finanzen: Aufbauplan „Next Generation EU" – Investitionen als politische Maßnahme***
Europäische Zeitschrift für Wirtschaftsrecht 2020, S. 636
(zit.: *Güßregen*, EuZW 2020)

Gütt, Tilmann ***Die Gemeinsame Außen- und Sicherheitspolitik und ihrer Bedeutung für die Europäische Union. Rechtspersönlichkeit und Rechtsnatur der EU***
München 2003
(zit.: *Gütt*, Die GASP und ihre Bedeutung für die EU)

Haack, Stefan ***Der Begriff der Verfassung***
Europarecht 2004, S. 785–793
(zit.: *Haack*, EuR 2004)

Häberle, Peter ***Europäische Verfassungslehre***
4. Auflage
Baden-Baden 2006
(zit.: *Häberle*, Europäische Verfassungslehre)

Häberle, Peter/ **Kotzur**, Markus
Europäische Verfassungslehre
8. Auflage
Baden-Baden 2016
(zit.: *Häberle/Kotzur*, Europäische Verfassungslehre)

Habermas, Jürgen
Die Einbeziehung des Anderen
Studien zur politischen Theorie
Berlin 1996
(zit.: *Bearbeiter* in: Habermas)

Ders.
Zur Verfassung Europas
Berlin 2011
(zit.: *Habermas*, Zur Verfassung Europas)

Ders.
30 Jahre Einheit: Die zweite Chance.
Merkels europapolitische Kehrtwende und der innerdeutsche Vereinigungsprozess
Blätter für deutsche und internationale Politik 2020, S. 41–56
(zit.: *Habermas*, Blätter für deutsche und internationale Politik 2020)

Häde, Ulrich
Finanzausgleich: die Verteilung der Aufgaben, Ausgaben und Einnahmen im Recht der Bundesrepublik Deutschland und der Europäischen Union
Tübingen 1996
(zit.: *Häde*, Finanzausgleich)

Ders.
Das Ende der Solidarität zwischen den Ländern? – Der Streit um den Länderfinanzausgleich
Landes- und Kommunalverwaltung 2011, S. 1–7
(zit.: *Häde*, LKV 2011)

Ders.
Die Wirtschafts- und Währungsunion im Vertrag von Lissabon
Europarecht 2009, S. 200–219
(zit.: *Häde*, EuR 2009)

Ders.
Art. 136 AEUV – eine neue Generalklausel für die Wirtschafts- und Währungsunion?
Juristenzeitung 2011, S. 333–340
(zit.: *Häde*, JZ 2011)

Ders.	***Die Finanzverfassung der Vereinigten Staaten von Amerika*** Zeitschrift für Zölle und Verbrauchsteuern 1994, S. 228–234 (zit.: *Häde*, ZfZ 1994)
Haeckel, Helmut	***Der Faktor Zeit in der Verwirklichung der europäischen Gemeinschaftsverträge*** Hamburg 1965 (zit.: *Haeckel*, Der Faktor Zeit in der Verwirklichung der Europäischen Gemeinschaftsverträge)
Häfelin, Ulrich/ **Haller**, Walter/ **Keller**, Helen/ **Thurnherr**, Daniela	***Schweizerisches Bundesstaatsrecht*** 10. Auflage Zürich 2020 (zit.: *Häfelin/Haller/Keller/Thurnherr*, Schweizerisches Bundesstaatsrecht)
Hailbronner, Kay/ **Rees**, Georg/ **Stein**, Torsten (Hrsg.)	***Staat und Völkerrechtsordnung Festschrift für Karl Doehring*** Heidelberg 1989 (zit.: *Bearbeiter* in: Hailbronner/Rees/Stein, FS Doehring)
Hailbronner, Kay/ **Klein**, Eckart/ **Magiera**, Siegfried/ **Müller-Graff**, Peter-Christian	***Handkommentar zum EU-Vertrag*** Loseblattsammlung Köln 1998 (zit.: *Bearbeiter* in: Hailbronner/Klein/Magiera/Müller-Graff)
Hakenberg, Waltraud	***Europarecht*** 8. Auflage München 2018 (zit.: *Hakenberg*, Europarecht)

Haller, Herbert/ **Kopetzki**, Christian/ **Novak**, Richard/ **Paulson**, Stanley L./ **Raschauer**, Bernhard/ **Ress**, Georg/ **Wiederin**, Ewald (Hrsg.)
Staat und Recht
Festschrift für Günther Winkler
Berlin/Heidelberg 1997
(zit.: *Bearbeiter* in: Haller/Kopetzki/Novak/Paulson/Raschauer/Ress/Wiederin, FS Winkler)

Hallstein, Walter
Der unvollendete Bundesstaat.
Europäische Erfahrungen und Erkenntnisse
Düsseldorf/Wien 1969
(zit.: *Hallstein*, Der unvollendete Bundesstaat)

Ders.
Die Europäische Gemeinschaft
Düsseldorf 1973
(zit.: *Hallstein*, Die Europäische Gemeinschaft)

Hallstein, Walter/ **Schlochauer**, Hans-Jürgen (Hrsg.)
Zur Integration Europas
Festschrift für Carl Friedrich Ophüls
Heidelberg 1965
(zit.: *Bearbeiter* in: Hallstein/Schlochauer, FS Ophüls)

Haltern, Ulrich
Internationales Verfassungsrecht?
Anmerkungen zu einer kopernikanischen Wende
Archiv des öffentlichen Rechts 2003, Bd. 128, S. 511–557
(zit.: *Haltern*, AöR 128 (2003))

Hamacher, Rolfjosef
Finanztransaktionssteuern europarechtskonform? – EuGH-Urteil Gielen
Internationales Steuerrecht 2015, S. 63–64
(zit.: *Hamacher*, IStR 2015)

Hankel, Wilhelm/ **Schachtschneider**, Karl A./ **Starbatty**, Joachim (Hrsg.)
Der Ökonom als Politiker
Europa, Geld und die soziale Frage
Festschrift für Wilhelm Nölling
Berlin/München 2003
(zit.: *Bearbeiter* in: Hankel/Schachtschneider/Starbatty, FS Nölling)

Hanschel, Dirk
Der Rechtsrahmen für den Beitritt, Austritt und Ausschluss aus zu bzw. aus der Europäischen Union und Währungsunion
Neue Zeitschrift für Verwaltungsrecht 2012, S. 995–1001
(zit.: *Hanschel*, NVwZ 2012)

Haratsch, Andreas (Hrsg.)
Nationale Verfassungen und Europarecht
Band 14
Berlin 2014
(zit.: *Bearbeiter* in: Haratsch)

Ders.
Nationale Identität aus europarechtlicher Sicht
Europarecht 2016, S. 131–147
(zit.: *Haratsch*, EuR 2016)

Haratsch, Andreas/ **Koenig**, Christian/ **Pechstein**, Matthias
Europarecht
12. Auflage
Tübingen 2020
(zit.: *Haratsch/Koenig/Pechstein*, Europarecht)

Hatje, Armin
Die gemeinschaftsrechtliche Steuerung der Wirtschaftsverwaltung
Baden-Baden 1998
(zit.: *Hatje*, Die gemeinschaftsrechtliche Steuerung der Wirtschaftsverwaltung)

Ders.	***Die institutionelle Reform der Europäischen Union – der Vertrag von Nizza auf dem Prüfstand*** Europarecht 2001, S. 143–184 (zit.: *Hatje*, EuR 2001)
Ders.	***Demokratische Kosten souveräner Staatlichkeit im europäischen Verfassungsverbund – Zu den Perspektiven der Demokratie in der Europäischen Union nach dem Urteil des Bundesverfassungsgerichts zum Vertrag von Lissabon*** Europarecht 2010, Beiheft, S. 123–135 (zit.: *Hatje*, EuR-Beiheft 2010)
Ders.	***Demokratie in der Europäischen Union Plädoyer für eine parlamentarisch verantwortliche Regierung der EU*** Europarecht 2015, Beiheft, S. 40–53 (zit.: *Hatje*, EuR-Beiheft 2015)
Hatje, Armin/ **Kindt**, Anne	***Der Vertrag von Lissabon – Europa endlich in guter Verfassung?*** Neue Juristische Wochenschrift 2008, S. 1761–1768 (zit.: *Hatje/Kindt*, NJW 2008)
Hatje, Armin/ **Müller-Graff**, Peter-Christian (Hrsg.)	***Enzyklopädie Europarecht Unitas Europae*** 12. Bände 2. Auflage Baden-Baden 2020 (zit.: *Bearbeiter* in: Hatje/Müller-Graff, Enzyklopädie Europarecht)
Hatje, Armin/ **Schwarze**, Jürgen	***Der Zusammenhalt der Europäischen Union*** Europarecht 2019, S. 153–190 (zit.: *Hatje/Schwarze*, EuR 2019)

Haug, Thomas — ***Die Pflicht deutscher Gerichte zur Berücksichtigung der Rechtsprechung des EGMR***
Neue Juristische Wochenschrift 2018, S. 2674–2677
(zit.: *T. Haug*, NJW 2018)

Haug, Volker M. — ***Über Partizipation zu einer postgrundgesetzlichen Verfassung. Zum Potential des Art. 146 GG im Licht der europäischen Integration***
Archiv des öffentlichen Rechts 2013, Bd. 138, S. 435–463
(zit.: *Haug*, AöR 2013)

Heinemann, Friedrich — ***Die Währungsunion benötigt eine Fiskalunion – aber welche? Eine Analyse der Euro-Reformblockade***
integration 2020, S. 101–120
(zit.: *Heinemann*, integration 2020)

Heinig, Hans Michael — ***Europäisches Verfassungsrecht ohne Verfassung(svertrag)?***
Juristenzeitung 2007, S. 905–910
(zit.: *Heinig*, JZ 2007)

Hellermann, Johannes — ***Die Europäische Wirtschafts- und Währungsunion als Stabilitätsgemeinschaft und der nationale Stabilitätspakt in der bundesstaatlichen Solidargemeinschaft***
Europarecht 2000, S. 24–41
(zit.: *Hellermann*, EuR 2000)

Hellwig, Hans-Jürgen — ***Die Autorität des Unionsrechts – Glauben wir noch daran?***
Europäische Zeitschrift für Wirtschaftsrecht 2018, S. 222–228
(zit.: *Hellwig*, EuZW 2018)

Hendler, Reinhard/ **Ibler**, Martin/ **Martinez Soria**, Jose (Hrsg.)	***Für Sicherheit, für Europa Festschrift für Volkmar Götz*** Göttingen 2005 (zit.: *Bearbeiter* in: Hendler/Ibler/Martinez Soria, FS Götz)
Hengstschläger, Johannes/ **Köck**, Heribert Franz/ **Korinek**, Karl/ **Stern**, Klaus/ **Truyol y Serra**, Antonio (Hrsg.)	***Für Staats und Recht Festschrift für Herbert Schambeck*** Berlin 1994 (zit.: *Bearbeiter* in: Hengstschläger/Köck/Korinek/Stern/Truyol y Serra, FS Schambeck)
Henze, Thomas/ **Jahn**, Jannika	***Die Gemeinsame Außen- und Sicherheitspolitik der EU unter der Kontrolle des EuGH Zum Urteil des EuGH in der Rs. Rosneft, C-72/15*** Europäische Zeitschrift für Wirtschaftsrecht 2017, S. 506–511 (zit.: *Henze/Jahn*, EuZW 2017)
Herbst, Tobias	***Legale Abschaffung des Grundgesetzes nach Art. 146 GG?*** Zeitschrift für Rechtspolitik 2012, S. 33–35 (zit.: *Herbst*, ZRP 2012)
Herdegen, Matthias	***Europarecht*** 22. Auflage München 2020 (zit.: *Herdegen*, Europarecht)
Ders.	***Völkerrecht*** 20. Auflage München 2021 (zit.: *Herdegen*, Völkerrecht)

Ders. ***Internationales Wirtschaftsrecht***
12. Auflage
München 2020
(zit.: *Herdegen*, Internationales Wirtschaftsrecht)

Herrnfeld, Hans-Holger ***Rechtsreform und Rechtsangleichung in den Beitrittsstaaten Mittel- und Osteuropas***
Europarecht 2000, S. 454–468
(zit.: *Herrnfeld*, EuR 2000)

Hertel, Wolfram ***Supranationalität als Verfassungsprinzip: Normativität und Legitimation als Elemente des Europäischen Verfassungsrechts***
Berlin 1999
(zit.: *Hertel*, Supranationalität als Verfassungsprinzip)

Herzog, Roman ***Allgemeine Staatslehre***
Frankfurt 1971
(zit.: *R. Herzog*, Allg. Staatslehre)

Hesse, Joachim Jens ***Abschied von der ever closer Union: Wege zu einer besseren und realitätsnäheren Europäischen Union***
Zeitschrift für Staats- und Europawissenschaften 2017, S. 173–199
(zit.: *J. Hesse*, ZSE 2017)

Hesse, Konrad ***Der unitarische Bundesstaat***
Karlsruhe 1962
(zit.: *K. Hesse*, Der unitarische Bundesstaat)

Heun, Werner ***Die bundesstaatliche Finanzverfassung der USA: die Finanzbeziehungen zwischen Bund und Gliedstaaten in den Vereinigten Staaten von Amerika***
Staatswissenschaften und Staatspraxis 1994, Bd. 5, S. 97–153
(zit.: *Heun*, StWStP 5 (1994))

Heuser, Annette — ***Das neue Europa – Strategien differenzierter Integration***
Gütersloh 2001
(zit.: *Bearbeiter* in: Heuser, Das neue Europa)

Hilf, Meinhard — ***Europäische Union: Gefahr oder Chance für den Föderalismus in Deutschland, Österreich und der Schweiz?***
Veröffentlichungen der Vereinigung der Deutschen Staatsrechtler 1994, Bd. 53,
S. 8–26
(zit.: *Hilf*, VVDStRL 53 (1994))

Ders. — ***Amsterdam – Ein Vertrag für die Bürger?***
Europarecht 1997, S. 347–361
(zit.: *Hilf*, EuR 1997)

Hillgruber, Christian — ***Souveränität – Verteidigung eines Rechtsbegriffs***
Juristen Zeitung 2002, S. 1072–1080
(zit.: *Hillgruber*, JZ 2002)

Hilmes, Christian — ***Die Europäische Union als Partei völkerrechtlicher Verträge***
Baden-Baden 2006
(zit.: *Hilmes*)

Hilpold, Peter — ***Solidarität im EU-Recht: Die "Inseln der Solidarität" unter besonderer Berücksichtigung der Flüchtlingsproblematik und der Europäischen Wirtschafts- und Währungsunion***
Europarecht 2016, S. 373–405
(zit.: *Hilpold*, EuR 2016)

Hinarejos, Alicia — ***The Euro Area Crisis in Constitutional Perspective***
Oxford 2015
(zit.: *Hinarejos*, Euro Area Crisis in Constitutional Perspective)

Hobe, Stephan	***Bedingungen, Verfahren und Chancen europäischer Verfassungsgebung: Zur Arbeit des Brüsseler Verfassungskonvents*** Europarecht 2003, S. 1–16 (zit.: *Hobe*, EuR 2003)
Ders.	***Europarecht*** 9. Auflage München 2017 (zit.: *Hobe*, Europarecht)
Ders.	***Der offene Verfassungsstaat zwischen Souveränität und Interdependenz*** Berlin 1998 (zit.: *Hobe*, Der offene Verfassungsstaat)
Hömig, Dieter/ **Wolff**, Heinrich A. (Hrsg.)	***Grundgesetz für die Bundesrepublik Deutschland*** Kommentar 12. Auflage Baden-Baden 2018 (zit.: *Bearbeiter* in: Hömig/Wolff, GG)
Hoffmann, Jan Martin	***Europäische Union quo vadis? – Ein Beitrag zur „Diskussion über die Zukunft Europas"*** Europäisches Wirtschafts- und Steuerrecht 2019, S. 69–84 (zit.: *Hoffmann*, EWS 2019)
Ders.	***Unionsgrundrechte als verfassungsrechtlicher Prüfungsmaßstab*** Neue Zeitschrift für Verwaltungsrecht 2020, S. 33–37 (zit.: *Hoffmann*, NVwZ 2020)
Hofmann, Mahulena	***Zum Zweiten „Lissabon-Urteil" des Tschechischen Verfassungsgerichts*** Europäische Grundrechte Zeitschrift 2010, S. 153–156 (zit.: *M. Hofmann*, EuGRZ 2010)

Hofmann, Rainer — ***Wieviel Flexibilität für welches Europa? Gedanke zu einer künftigen Entwicklung der europäischen Integration***
Europarecht 1999, S. 713–735
(zit.: *Hofmann*, EuR 1999)

Ders. — ***Der Oberste Gerichtshof Dänemarks und die europäische Integration***
Europäische Grundrechte Zeitschrift 1999, S. 1–5
(zit.: *Hofmann*, EuGRZ 1999)

Hofmann, Rainer/ **Zimmermann**, Andreas — ***Eine Verfassung für Europa***
Berlin 2005
(zit.: *Bearbeiter* in: Hofmann/Zimmermann)

Hölscheidt, Sven — ***Parlamentarische Mitwirkung bei der europäischen Rechtssetzung***
Kritische Vierteljahresschrift zur Gesetzgebung 1994, S. 405–429
(zit.: *Hölscheidt*, KritV 1994)

Hommelhoff, Peter/ **Kirchhof**, Paul (Hrsg.) — ***Der Staatenverbund der Europäischen Union***
Heidelberg 1994
(zit.: *Bearbeiter* in: Hommelhoff/Kirchhof)

Höreth, Marcus — ***Die Europäische Union im Legitimationstrilemma Zur Rechtsfertigung des Regierens jenseits der Staatlichkeit***
Baden-Baden 1999
(zit.: *Höreth*)

Horn, Norbert — ***Die Reform der Europäischen Währungsunion und die Zukunft des Euro***
Neue Juristische Wochenschrift 2011, S. 1398–1404
(zit.: *Horn*, NJW 2011)

Ders. ***Rechtliche und institutionelle Aspekte der Europäischen Währungsunion im politischen und wirtschaftlichen Kontext***
Zeitschrift für Bankrecht und Bankwirtschaft 1997, S. 314–324
(zit.: *Horn*, ZBB 1997)

Hrbek, Rudolf (Hrsg.) ***Die Reform der Europäischen Union: Positionen und Perspektiven anlässlich der Regierungskonferenz***
Baden-Baden 1997
(zit.: *Bearbeiter* in: Hrbek)

Huber, Peter ***Der ungeliebte Bundesstaat***
Neue Zeitschrift für Verwaltungsrecht 2019, S. 665–672
(zit.: *Huber*, NVwZ 2019)

Ders. ***Europäisches und nationales Verfassungsrecht***
Veröffentlichungen der Vereinigung der Deutschen Staatsrechtler 2001, Bd. 60, S. 194–245
(zit.: *Huber*, VVDStRL 60 (2001))

Ders. ***Maastricht - Ein Staatsstreich?***
Stuttgart 1993
(zit.: *Huber*, Maastricht – Ein Staatsstreich?)

Ders. ***Differenzierte Integration und Flexibilität als neues Ordnungsmuster der Europäischen Union?***
Europarecht 1996, S. 347–361
(zit.: *Huber*, EuR 1996)

Ders. ***Unionsbürgerschaft***
Europarecht 2013, S. 637–655
(zit.: *Huber*, EuR 2013)

Ders. ***Das institutionelle Gleichgewicht zwischen Rat und Europäischem Parlament in der künftigen Verfassung für Europa***
Europarecht 2003, S. 574–599
(zit.: *Huber*, EuR 2003)

Hummer, Waldemar — ***Ungarn erneut am Prüfstand der Rechtsstaatlichkeit und Demokratie. Wird Ungarn dieses Mal zum Anlassfall des neu konzipierten „Vor Artikel 7 EUV"-Verfahrens?***
Europarecht 2015, S. 625–641
(zit.: *Hummer*, EuR 2015)

Hummer, Waldemar/ **Obwexer**, Walter (Hrsg.) — ***Der Vertrag von Lissabon***
1. Auflage
Baden-Baden 2009
(zit.: *Bearbeiter* in: Hummer/Obwexer)

Hwang, Shu-Perng — ***Der deutsche Verfassungsstaat im europäischen Mehrebenensystem: Überlegungen zur Auseinandersetzung zwischen den integrationsfreundlichen und -skeptischen Ansätzen***
Europarecht 2015, S. 703–721
(zit.: *Hwang*, EuR 2015)

Ipsen, Hans-Peter — ***Europäisches Gemeinschaftsrecht***
Tübingen 1972
(zit.: *Ipsen*, EG-Recht)

Ders. — ***Zehn Glossen zum Maastricht-Urteil***
Europarecht 1994, S. 1–21
(zit.: *Ipsen*, EuR 1994)

Ders. — ***Über das Grundgesetz – nach 25 Jahren***
Die öffentliche Verwaltung 1974, S. 289–303
(zit.: *Ipsen*, DÖV 1974)

Ipsen, Jörn — ***Staatsrecht I Staatsorganisationsrecht***
32. Auflage
München 2020
(zit.: *J. Ipsen*, Staatsrecht I)

Ipsen, Knut — ***Völkerrecht***
3. Auflage
München 1990;
4. Auflage
München 1999
(zit.: *Bearbeiter* in: K. Ipsen, Völkerrecht)

Isensee, Josef (Hrsg.) — ***Europa als politische Idee und als rechtliche Form***
2. Auflage
Berlin 1993
(zit.: *Bearbeiter* in: Isensee)

Ders. — ***Das Volk als Grund der Verfassung – Mythos und Relevanz der Lehre von der verfassunggebenden Gewalt***
Wiesbaden 1995
(zit.: *Isensee*, Das Volk als Grund der Verfassung)

Ders. — ***Vom Stil der Verfassung***
Opladen 1999
(zit.: *Isensee*, VomStil der Verfassung)

Isensee, Josef/ **Kirchhof**, Paul (Hrsg.) — ***Handbuch des Staatsrechts der Bundesrepublik Deutschland***
Band I-XIII
Heidelberg 2003–2015
(zit.: *Bearbeiter* in: Isensee/Kirchhof, HStR)

Issing, Ottmar — ***Die Krise der Europäischen Währungsunion***
Forschung Frankfurt 2012, S. 24–27
http://publikationen.ub.uni-frankfurt.de/frontdoor/index/index/year/2012/docId/26630
(zit.: *Issing*, Forschung Frankfurt 2012)

Jacqué, Jean-Paul — ***Der Vertrag über eine Verfassung für Europa – Konstitutionalisierung oder Vertragsrevision. Trennung der Begriffe von Föderation und Staat***
Europäische Grundrechte Zeitschrift 2004, S. 551–556
(zit.: *Jacqué*, EuGRZ 2004)

Jahn, Joachim — ***Europarichter überziehen ihre Kompetenzen***
Neue Juristische Wochenschrift 2008,
S. 1788–1789
(zit.: *Jahn*, NJW 2008)

Jarass, Hans — ***Charta der Grundrechte der Europäischen Union***
Kommentar
4. Auflage
München 2021
(zit.: *Bearbeiter* in: Jarass, Grundrechte-Charta der EU)

Jarass, Hans/ **Pieroth**, Bodo — ***Grundgesetz für die Bundesrepublik Deutschland***
Kommentar
16. Auflage
München 2020
(zit.: *Bearbeiter* in: Jarass/Pieroth, GG)

Jędrzejowska, Izabela — ***Die Parlamentarische Demokratie als ideale Form politischer Partizipation?***
Dimitris-Tsatsos-Institut für Europäische Verfassungswissenschaften 2013,
https://ub-deposit.fernuni-hagen.de/receive/mir_mods_00000370
(zit.: *Jędrzejowska*, DTIEV-Online 2013)

Jellinek, Georg/ **Jellinek**, Walter — ***Allgemeine Staatslehre***
Berlin 1914
(zit.: *G. Jellinek/W. Jellinek*, Allgemeine Staatslehre)

Jopp, Matthias/ **Maurer**, Andreas/ **Schmuck**, Otto (Hrsg.) — ***Die Europäische Union nach Amsterdam: Analysen und Stellungnahmen zum neuen EU-Vertrag***
Bonn 1998
(zit.: *Bearbeiter* in: Jopp/Maurer/Schmuck)

Jörg, Alexander ***Finanzverfassung und Föderalismus in Deutschland und in der Schweiz.***
Deutsches, europäisches und vergleichendes Wirtschaftsrecht, Bd. 2
Baden-Baden 1998
(zit.: *Jörg*, Finanzverfassung und Föderalismus in Deutschland und in der Schweiz)

Kahl, Bruno ***Europäische Union – Bundesstaat – Staatenbund – Staatenverbund?***
Zum Urteil des BVerfG vom 12. Oktober 1993
Der Staat 1994, Bd. 33, S. 241–258
(zit.: *Kahl*, Der Staat 33 (1994))

Kahl, Wolfgang ***Optimierungspotenzial im „Kooperationsverhältnis" zwischen EuGH und BVerfG***
Neue Zeitschrift für Verwaltungsrecht 2020, S. 824–828
(zit.: *W. Kahl*, NVwZ 2020)

Kainer, Friedemann ***Aus der nationalen Brille: Das PSPP-Urteil des BVerfG***
Europäische Zeitschrift für Wirtschaftsrecht 2020, S. 533–536
(zit.: *Kainer*, EuZW 2020)

Kaiser, Joseph H. ***Planung***
Band 1
Baden-Baden 1965
(zit.: *Bearbeiter* in: Kaiser, Planung)

Ders. ***Staatliche Handelsmonopole in der Dynamik des Gemeinsamen Marktes***
Europarecht 1967, S. 1–23
(zit.: *Kaiser*, EuR 1967)

Kaiser, Roman	***Auf dem Weg zum „Brexit" – Die europäische Union im britischen Verfassungsrecht*** Europarecht 2016, S. 593–606 (zit.: *R. Kaiser*, EuR 2016)
Kämmerer, Jörn Axel	***Verfassung im Nationalstaat: Von der Gesamtordnung zur europäischen Teilordnung?*** Neue Zeitschrift für Verwaltungsrecht 2015, S. 1321–1327 (zit.: *Kämmerer*, NVwZ 2015)
Ders.	***Bahn frei der Bankenunion? Die neuen Aufsichtsbefugnisse der EZB im Lichte der EU-Kompetenzordnung*** Neue Zeitschrift für Verwaltungsrecht 2013, S. 830–836 (zit.: *Kämmerer*, NVwZ 2013)
Karpen, Ulrich	***Bosnien-Herzegowina. Demokratische und föderale Elemente der Staatswerdung in Südosteuropa*** Europarecht 2003, S. 1111–1113 (zit.: *Karpen*, EuR 2003)
Karpenstein, Ulrich/ **Mayer**, Franz C.	***Konvention zum Schutz der Menschenrechte und Grundfreiheiten*** Kommentar 2. Auflage München 2015 (zit.: *Bearbeiter* in: Karpenstein/Mayer, EMRK)
Kästner, Karl-Hermann/ **Nörr**, Knut W./ **Schlaich**, Klaus (Hrsg.)	***Festschrift für Martin Heckel zum siebzigsten Geburtstag*** Tübingen 1999 (zit.: *Bearbeiter* in: Kästner/Nörr/Schlaich, FS Heckel)

Kastner, Klaus — ***Spaziergang durch die Antike. Denkanstöße für ein modernes Europa. Von Herbert Grziwotz und Winfried Döbertin***
Buchbesprechung
Zeitschrift für Rechtspolitik 2002, S. 528–529
(zit.: *Kastner*, ZRP 2002)

Kaufmann, Marcel — ***Europäische Integration und Demokratieprinzip***
Baden-Baden 1997
(zit.: *Kaufmann*, Europäische Integration und Demokratieprinzip)

Ders. — ***Verfassungspatriotismus, substantielle Gleichheit und Demokratieprinzip im europäischen Staatenverbund***
Archiv für Rechts- und Sozialphilosophie 1997, Beiheft 66, S. 40–64
(zit.: *Kaufmann*, ARSP 66 (1997))

Ders. — ***Integrierte Staatlichkeit als Staatsstrukturprinzip***
Juristenzeitung 1999, S. 814–822
(zit.: *Kaufmann*, JZ 1999)

auf dem Keller, Alexander — ***Die Finalität der Europäischen Union – rechtliche Rahmenbedingungen einer Weiterentwicklung der EU***
Hagen 2017
https://doi.org/10.18445/20190215-085413-0
(zit.: *auf dem Keller*, Finalität der EU)

Kellermann, Alfred E./**de Zwaan**, Jaap W./**Czuczai**, Jenö — ***EU Enlargement***
The Constitutional Impact at EU and National Level
Den Haag 2001
(zit.: *Bearbeiter* in: Kellermann/de Zwaan/Czuczai, EU Enlargement)

Kelsen, Hans
Das Problem der Souveränität und die Theorie des Völkerrecht
2. Auflage
Tübingen 1928
(zit.: *Kelsen*, Das Problem der Souveränität)

Kempen, Bernhard
Die Europäische Währungsunion und der Streit um die Geltung des Gemeinschaftsrechts
Archiv des Völkerrechts 1997, Bd. 35, S. 273–294
(zit.: *Kempen*, AVR 35 (1997))

Kenny, Mel
Der inszenierte "Brexit": Was steckt hinter den ziellos scheinenden Verhandlungen zum EU-Austritt des Vereinigten Königreichs?
Europarecht 2018, S. 561–577
(zit.: *Kenny*, EuR 2018)

Kimmel, Adolf/ **Kimmel**, Christiane
Die Verfassungen der EU-Mitgliedstaaten
6. Auflage
München 2005
(zit.: *A. Kimmel/Ch. Kimmel*)

Kingreen, Thorsten
Grundrechtsverbund oder Grundrechtsunion? – Zur Entwicklung der subjektiv-öffentlichen Rechte im europäischen Unionsrecht
Europarecht 2010, S. 338–364
(zit.: *Kingreen*, EuR 2010)

Kirchhof, Paul
Die Rechtsarchitektur der Europäischen Union
Neu Juristische Wochenschrift 2020, S. 2057–2063
(zit.: *Kirchhof*, NJW 2020)

Kirchhof, Paul/ **Ehlermann**, Claus-Dieter
Deutsches Verfassungsrecht und Europäisches Gemeinschaftsrecht
Kolloquium
Baden-Baden 1990
(zit.: *Bearbeiter* in: Kirchhof/Ehlermann)

Kirchner, Christian/ **Haas**, Joachim
Rechtliche Grenzen für Kompetenzübertragungen auf die Europäische Gemeinschaft
Juristenzeitung 1993, S. 760–771
(zit.: *Kirchner/Haas*, JZ 1993)

Kischel, Uwe
Der unabdingbare grundrechtliche Mindeststandard in der Europäischen Union
Zur Auslegung des Art 23 Abs. 1 S. 1 GG
Der Staat 2000, Bd. 39, S. 523–545
(zit.: *Kischel*, Der Staat 39 (2000))

Klein, Eckart
Der Verfassungsstaat als Glied einer europäischen Gemeinschaft
Veröffentlichung der Vereinigung der Deutschen Staatsrechtslehrer 1991, Bd. 50,
S. 56–96
(zit.: *Klein*, VVDStRL 50 (1991))

Ders.
Entwicklungsperspektiven für das Europäische Parlament
Europarecht 1987, S. 97–112
(zit.: *Klein*, EuR 1987)

Ders.
Der Einfluß des Europarechts auf das deutsche Steuerrecht
Veröffentlichungen der Deutschen Steuerjuristischen Gesellschaft 1996, Bd. 19, S. 7–28
(zit.: *Klein*, DStJG 19 (1996))

Ders.
Kompetenzielle Würdigung und verfassungsprozessuale Konsequenzen der „Recht auf Vergessen"-Entscheidungen
Die öffentliche Verwaltung 2020,
S. 341–349
(zit.: *Klein*, DÖV 2020)

von Kliemans-egg, Sebastian — ***Die Verteidigungspolitik der Europäischen Union***
Stuttgart 2005
(zit.: *von Kliemansegg*, Verteidigungspolitik der EU)

Kloth, Matthias — ***Die Europäische Union im Europarat***
Europarecht 2012, Beiheft 2, S. 155–166
(zit.: *Kloth*, EuR-Beiheft 2012)

Kluth, Winfried — ***Die demokratische Legitimation der Europäischen Union***
Berlin 1995
(zit.: *Kluth*, Demokratische Legitimation der EU)

Knapp, Andreas — ***Die Garantie des effektiven Rechtsschutzes durch den EuGH im Raum der Freiheit, der Sicherheit und des Rechts***
Die öffentliche Verwaltung 2001, S. 12–21
(zit.: *Knapp*, DÖV 2001)

Knauff, Matthias — ***Die Erweiterung der Europäischen Union auf der Grundlage des Vertrages von Lissabon***
Die öffentliche Verwaltung 2010, S. 631–638
(zit.: *Knauff*, DÖV 2010)

Koenig, Christian — ***Anmerkungen zur Grundordnung der Europäischen Union und ihrem fehlenden „Verfassungsbedarf"***
Neue Zeitschrift für Verwaltungsrecht 1996, S. 549–552
(zit.: *Koenig*, NVwZ 1996)

Ders. — ***Ist die Europäische Union verfassungsfähig?***
Die öffentliche Verwaltung 1998, S. 268–275
(zit.: *Koenig*, DÖV 1998)

Ders. ***Volksabstimmungen nach dem Grundgesetz auf dem Weg in die Vereinigten Staaten von Europa?***
Deutsches Verwaltungsblatt 1993,
S. 140–148
(zit.: *Koenig*, DVBl 1993)

Ders. ***Die Europäische Union als bloßer materiellrechtlicher Verbundrahmen***
Europarecht 1998, Beiheft 2, S. 139
(zit.: *Koenig*, EuR-Beiheft 1998)

Kohler, Beate ***Der Abgeordnete als Vertreter des europäischen Volkes?***
Europarecht 1978, S. 333–350
(zit.: *Kohler*, EuR 1978)

Kohler-Koch, Beate (Hrsg.) ***Die Osterweiterung der EG***
Die Einbeziehung der ehemaligen DDR in die Gemeinschaft
Baden-Baden 1991
(zit.: *Bearbeiter* in: Kohler-Koch, Die Osterweiterung der EG)

von Komorowski, Alexis ***Demokratieprinzip und Europäische Union. Staatsverfassungsrechtliche Anforderungen an die demokratische Legitimation der EG-Normsetzung***
Berlin 2010
(zit.: *von Komorowski*, Demokratieprinzip und Europäische Union)

Koppensteiner, Hans-Georg ***Die Europäische Integration und das Souveränitätsproblem***
Schriftenreihe zum Handbuch für europäische Wirtschaft
Baden-Baden 1963
(zit.: *Koppensteiner*, Die Europäische Integration und das Souveränitätsproblem)

Kruse, Heinrich W. — ***The Boston Tea Party today***
Steuer und Wirtschaft 2000, S. 337–340
(zit.: *Kruse*, StuW 2000)

Kube, Hanno — ***EU-Rechtswidrigkeit einer Refinanzierung des ESM bei der EZB***
Zeitschrift für Wirtschafts- und Bankrecht 2013, S. 57–62
(zit.: *Kube*, WM 2013)

Kube, Hanno/ **Mellinghoff**, Rudolf/ **Morgenthaler**, Gerd/ **Palm**, Ulrich/ **Puhl**, Thomas/ **Seiler**, Christian (Hrsg.) — ***Leitgedanken des Rechts***
Festschrift für Paul Kirchhof zu seinem 70. Geburtstag
Band 2
Heidelberg 2013
(zit.: *Bearbeiter* in: Kube/Mellinghoff/Morgenthaler/Palm/Puhl/Seiler, FS P. Kirchhof)

Kühling, Jürgen — ***Das „Recht auf Vergessenwerden" vor dem BVerfG – November(r)evolution für die Grundrechtsarchitektur im Mehrebenensystem***
Neue Juristische Wochenschrift 2020, S. 275–280
(zit.: *Kühling*, NJW 2020)

Kugelmann, Dieter — ***Die Gemeinsame Außen-, Sicherheits- und Verteidigungspolitik der Europäischen Union***
Institut für Europäische Verfassungswissenschaften 2009,
https://www.fernuni-hagen.de/dtiev/docs/kugelmanniev-online2009nr7.pdf
(zit.: *Kugelmann*, IEV-Online 2009)

Ders. — ***„Kerneuropa" und der EU-Außenminister – die verstärkte Zusammenarbeit in der GASP***
Europarecht 2004, S. 322–344
(zit.: *Kugelmann*, EuR 2004)

Kumm, Mattias *The Jurisprudence of Constitutional Conflict: Constitutional Supremacy in Europe before and after the Constitutional Treaty*
European Law Journal 2005, S. 262
(zit.: *Kumm*, ELJ 2005)

Kuschnik, Michael *Die Währungsunion und der Stabilitätspakt von Amsterdam*
Deutsche Zeitschrift für Wirtschaftsrecht 1997, S. 315–322
(zit.: *Kuschnik*, DZWir 1997)

Labuhn, Wolfgang *Auf dem Weg zur Europäischen Verteidigungsunion – der PESCO-Prozess in der EU*
Zeitschrift für das Gesamte Sicherheitsrecht 2019, S. 66–70
(zit.: *Labuhn*, GSZ 2019)

Lang, Stefan *Wege zu einer europäischen Armee - im Spannungsfeld zwischen Tradition und Integration*
Zeitschrift für Rechtspolitik 2000, S. 268–272
(zit.: *Lang*, ZRP 2000)

Langenfeld, Christine *Erweiterung ad infinitum? - Zur Finalität der Europäischen Union*
Zeitschrift für Rechtspolitik 2005, S. 73–76
(zit.: *Langenfeld*, ZRP 2005)

Larenz, Karl *Methodenlehre der Rechtswissenschaft*
6. Auflage
Berlin 1991
(zit.: *Larenz*, Methodenlehre)

Lauth, Hans-Joachim (Hrsg.)	***Vergleichende Regierungslehre Eine Einführung*** 3. Auflage Berlin 2010 (zit.: *Bearbeiter* in: Lauth)
Lecheler, Helmut	***Die Pflege der auswärtigen Beziehungen in der Europäischen Union*** Archiv des Völkerrechts 1994, Bd. 32, S. 1–23 (zit.: *Lecheler*, AVR 32 (1994))
Leggewie, Claus (Hrsg.)	***Die Türkei und Europa – Die Positionen*** Berlin 2005 (zit.: *Bearbeiter* in: Leggewie, Türkei und Europa)
Lehmbruch, Gerhard	***Der unitarische Bundesstaat in Deutschland: Pfadabhängigkeit und Wandel*** MPIfG Discussion Paper 02/2 https://www.mpifg.de/pu/mpifg_dp/dp02-2.pdf (zit.: *Lehmbruch*, Der unitarische Bundesstaat in Deutschland)
Lenz, Christofer	***Das Grundgesetz und die Verteilung der Sitze im Europäischen Parlament*** Neue Juristische Wochenschrift 1996, S. 1328–1329 (zit.: *Lenz*, NJW 1996)
Lenz, Carl-Otto/ **Borchardt**, Klaus-Dieter (Hrsg.)	***EU-Verträge Kommentar EUV – AEUV – GRCh*** 6. Auflage Köln 2012 (zit.: *Bearbeiter* in: Lenz/Borchardt)

Lenz, Christofer/ **Hansel**, Ronald	***Bundesverfassungsgerichtsgesetz*** Handkommentar 3. Auflage Baden-Baden 2020 (zit.: *Lenz/Hansel*, BVerfGG)
Letzgus, Klaus/ **Hill**, Hermann/ **Klein**, Hans Hugo/ **Kleinert**, Detlef/ **Oschatz**, Georg-Berndt/ **de With**, Hans (Hrsg.)	***Für Recht und Staat*** ***Festschrift für Herbert Helmrich zum 60. Geburtstag*** München 1994 (zit.: *Bearbeiter* in: Letzgus/Hill/Klein/Kleinert/Oschatz/de With, FS Helmrich)
Ley, Isabelle	***Brünn betreibt die Parlamentarisierung des Primärrechts*** Juristenzeitung 2010, S. 165–173 (zit.: *Ley*, JZ 2010)
Lieb, Julia/ **Kremer**, Martin	***Der Aufbau des Europäischen Auswärtigen Dienstes:*** ***Stand und Perspektiven*** Europäische Zeitung 2010, Beilage integration, S. 195–208 (zit.: *Lieb/Kremer*, integration 2010)
Lindner, Josef Franz	***Der Vertrag von Lissabon zur Reform der Europäischen Union*** Bayerische Verwaltungsblätter 2008, S. 421–433 (zit.: *Lindner*, BayVBl 2008)

Link, Werner — ***Europa in der Welt: Ansätze, Möglichkeiten und Grenzen einer gemeinsamen Außenpolitik***
Aus Politik und Zeitgeschichte 2013,
S. 23–30
(zit.: *Link*, APuZ 2013)

Loth, Wilfried — ***Entwürfe einer Europäischen Verfassung. Eine historische Bilanz***
Bonn 2002
(zit.: *Loth*, Entwürfe einer Europäischen Verfassung)

Lübbe-Wolff, Gertrude — ***Europäisches und nationales Verfassungsrecht***
Veröffentlichungen der Vereinigung der Deutschen Staatsrechtler 2001, Bd. 60,
S. 246–289
(zit.: *Lübbe-Wolff*, VVDStRL 60 (2001))

Dies. — ***Homogenes Volk – Über Homogenitätspostulate und Integration***
Zeitschrift für Ausländerrecht und Ausländerpolitik 2007, S. 121–128
(zit.: *Lübbe-Wolff*, ZAR 2007)

Ludwigs, Markus/ **Pascher**, Tobias/ **Sikora**, Patrick — ***Das Bankenunion-Urteil als judikativer Kraftakt des BVerfG – Wegweisendes zu Kontrollvorbehalten und Europäischem Verwaltungsrecht (Teil I)***
Europäisches Wirtschafts- und Steuerrecht 2020,
S. 1–7
(zit.: *Ludwigs/Pascher/Sikora*, EWS 2020, Teil I)

Dies. — ***Das Bankenunion-Urteil als judikativer Kraftakt des BVerfG – Detailanalyse von SSM und SRM im Karlsruher Alleingang (Teil II)***
Europäisches Wirtschafts- und Steuerrecht 2020,
S. 85–93
(zit.: *Ludwigs/Pascher/Sikora*, EWS 2020, Teil II)

Lucas, Hans-Dieter
Europa vom Atlantik bis zum Ural? Europapolitik und Europadenken im Frankreich der Ära de Gaulle (1958–1969)
Bonn/Berlin 1992
(zit.: *Lucas*, Europa vom Atlantik bis zum Ural?)

Luczak, Jan-Marco
Die Europäische Wirtschaftsverfassung als Legitimationselement europäischer Integration
Berlin 2009
(zit.: *Luczak*, Die Europäische Wirtschaftsverfassung als Legitimationselement europäischer Integration)

Lüder, Sascha Rolf
Historische Währungsunion zwischen Wirtschaft und Politik: Die Lateinische Münzunion 1865–1927
Europarecht 2003, S. 356–358
(zit.: *Lüder*, EuR 2003)

Ludwigs, Markus/ **Sikora**, Patrick
Grundrechtsschutz im Spannungsfeld von Grundgesetz, EMRK und Grundrechtecharta
Juristische Schulung 2017, S. 385–393
(zit.: *Ludwigs/Sikora*, JuS 2017)

Lüke, Gerhard/ **Ress**, Georg/ **Will**, Michael R. (Hrsg.)
Rechtsvergleichung, Europarecht und Staatenintegration: Gedächtnisschrift für Léontin Constantinesco
Köln 1983
(zit.: *Bearbeiter* in: GS Constantinesco)

Magiera, Siegfried
Die Europäische Gemeinschaft auf dem Wege zu einem Europa der Bürger
Die öffentliche Verwaltung 1987, S. 221–230
(zit.: *Magiera*, DÖV 1987)

von Mangoldt, Hermann
Das Bonner Grundgesetz
München 1953
(zit.: *von Mangoldt*, Bonner GG)

von Mangoldt, Hermann/ **Klein**, Friedrich/ **Starck**, Christian (Hrsg.)	***Grundgesetz*** Kommentar Band 1–3 7. Auflage München 2018 (zit.: *Bearbeiter* in: von Mangoldt/ Klein/Starck, GG)
Martenczuk, Bernd	***Die differenzierte Integration und die föderale Struktur der Europäischen Union*** Europarecht 2000, S. 351–364 (zit.: *Martenczuk*, EuR 2000)
Ders.	***Die differenzierte Integration nach dem Vertrag von Amsterdam*** Zeitschrift für europarechtliche Studien 1998, S. 447–474 (zit.: *Martenczuk*, ZEuS 1998)
Maunz, Theodor/ **Dürig**, Günter	***Grundgesetz*** Kommentar 91. Ergänzungslieferung München 2020 (zit.: *Bearbeiter* in: Maunz/Dürig, GG)
Maurer, Hartmut	***Staatsrecht I*** 6. Auflage München 2010 (zit.: *Maurer*, Staatsrecht I)
Maurer, Hartmut/ **Waldhoff**, Christian	***Allgemeines Verwaltungsrecht*** 20. Auflage München 2020 (zit.: *Bearbeiter* in: Maurer/Waldhoff)

Mavrakos, Christos — ***Eine Roadmap zur Gründung einer Europäischen Politischen Union (EPU) – Sechs Etappen zu ihrer Verwirklichung***
Europarecht 2020, S. 190–210
(zit.: *Mavrakos*, EuR 2020)

Mayer, Franz C. — ***Macht und Gegenmacht in der Europäischen Verfassung***
Zur Arbeit des europäischen Verfassungskonventes
Zeitschrift für ausländisches öffentliches Rechts und Völkerrecht 2003, S. 59–75
(zit.: *Mayer*, ZaöRV 2003)

Ders. — ***Die Rückkehr der Europäischen Verfassung?***
Ein Leitfaden zum Vertrag von Lissabon
Zeitschrift für ausländisches öffentliches Rechts und Völkerrecht 2007, S. 1141–1216
(zit.: *Mayer*, ZaöRV 2007)

Ders. — ***Kompetenzabgrenzung und Letztentscheidung***
Das Maastricht-Urteil des Bundesverfassungsgerichts und die Letztentscheidung über Ultra-vires-Akte in Mehrebenensystemen
Berlin 2000
(zit.: *Mayer*, Kompetenzabgrenzung und Letztentscheidung)

Mayer, Franz C./ **Heidfeld**, Christian — ***Verfassungs- und europarechtliche Aspekte der Einführung von Eurobonds***
Neue Juristische Wochenschrift 2012, S. 422–427
(zit.: *Mayer/Heidfeld*, NJW 2012)

Meier, Gert — ***Die Beendigung der Mitgliedschaft in der Europäischen Gemeinschaft***
Neue Juristische Wochenschrift 1974, S. 391–394
(zit.: *Meier*, NJW 1974)

Merten, Detlef/ **Papier**, Hans-Jürgen (Hrsg.)
Handbuch der Grundrechte in Deutschland und Europa
Band I-X
München 2004–2016
(zit.: *Bearbeiter* in: Merten/Papier, Grundrechte)

Meyer, Dirk
Next Generation EU
Neues Eigenmittelsystem weist in eine Fiskalunion
Europäische Zeitschrift für Wirtschaftsrecht 2021, S. 16–22
(zit.: *D. Meyer*, EuZW 2021)

Meyer, Thomas/ **Eisenberg**, Johanna (Hrsg.)
Europäische Identität als Projekt
Innen- und Außenansichten
Berlin/Heidelberg 2009
(zit.: *Bearbeiter* in: Meyer/Eisenberg, Europäische Identität als Projekt)

Meyer, Jürgen/ **Hölscheidt**, Sven
Die Verfassung der Föderation der europäischen Nationalstaaten
Recht und Politik 2002, S. 195–210
(zit.: *Meyer/Hölscheidt*, RuP 2002)

Dies.
Die Europäische Verfassung des Europäischen Konvents
Europäische Zeitschrift für Wirtschaftsrecht 2003, S. 613–621
(zit.: *Meyer/Hölscheidt*, EuZW 2003)

Dies.
Charta der Grundrechte der Europäischen Union
5. Auflage
Baden-Baden 2019
(zit.: *Bearbeiter* in: Meyer/Hölscheidt, GRCh)

Michl, Walther
Die formellen Voraussetzungen für den Austritt des Vereinigten Königreichs aus der europäischen Union
Neue Zeitschrift für Verwaltungsrecht 2016, S. 1365–1369
(zit.: *Michl*, NVwZ 2016)

van Middelaar, Luuk
Vom Kontinent zur Union
Gegenwart und Geschichte des vereinten Europa
Berlin 2016
(zit.: *van Middelaar*, Vom Kontinent zur Union)

Möllers, Thomas M. J.
Das PSPP-Urteil des BVerfG und die Europäische Rechtsunion
Drei Wege aus der Sackgasse
Europäische Zeitschrift für Wirtschaftsrecht 2020, S. 503–505
(zit.: *Möllers*, EuZW 2020)

Moser, Carolyn
Hard Power Europe?
Zeitschrift für ausländisches öffentliches Recht und Völkerrecht 2020, S. 1–12
(zit.: *Moser*, ZaöRV 2020)

Mosler, Hermann
Die Aufnahme in internationale Organisationen
Zeitschrift für ausländisches öffentliches Recht und Völkerrecht 1958, Bd. 19, S. 275–317
(zit.: *Mosler*, ZaöRV 19 (1958))

Mückl, Stefan
Das Heilige Römische Reich deutscher Nation: Idee, Verfassung, Untergang
Jura. Juristische Ausbildung 2006, S. 602–610
(zit.: *Mückl*, Jura 2006)

von Münch, Ingo/ **Kunig,** Philip
Grundgesetz
Kommentar
Band 1–2
7. Auflage
München 2021
(zit.: *Bearbeiter* in: von Münch/Kunig, GG)

Müller-Armack, Alfred — ***Auf dem Weg nach Europa***
Tübingen 1971
(zit.: *Müller-Armack*)

Müller-Graff, Peter-Christian — ***60 Jahre Grundgesetz aus Sicht des Europarechts***
Jahrbuch des öffentlichen Rechts der Gegenwart 2011, Bd. 59, S. 141–167
(zit.: *Müller-Graff*, JöR 59 (2011))

Ders. — ***Die wettbewerbsverfaßte Marktwirtschaft als gemeineuropäisches Verfassungsprinzip?***
Europarecht 1997, S. 433–457
(zit.: *Müller-Graff*, EuR 1997)

Müller-Graff, Peter-Christian/ **Riedel**, Eibe (Hrsg.) — ***Gemeinsames Verfassungsrecht in der Europäischen Union***
Baden-Baden 1998
(zit.: *Bearbeiter* in: Müller-Graff/Riedel)

Müller-Graff, Peter-Christian/ **Schmahl**, Stefanie/ **Skouris**, Vassilos (Hrsg.) — ***Europäisches Recht zwischen Bewährung und Wandel***
Festschrift für Dieter H. Scheuing
Baden-Baden 2011
(zit.: *Bearbeiter* in: Müller-Graff/Schmahl/Skouris, FS Scheuing)

Müller-Franken, Sebastian — ***Eurobonds und Grundgesetz***
Juristenzeitung 2012, S. 219–225
(zit.: *Müller-Franken*, JZ 2012)

Murswiek, Dieter — ***Maastricht und der Pouvoir Constituant***
Zur Bedeutung der verfassungsgebenden Gewalt im Prozeß der europäischen Integration
Der Staat 1993, Bd. 32, S. 161–190
(zit.: *Murswiek*, Der Staat 32 (1993))

Ders. ***Die heimliche Entwicklung des Unionsvertrages zur europäischen Oberverfassung***
Zu den Konsequenzen der Auflösung der Säulenstruktur der Europäischen Union und der Erstreckung der Gerichtsbarkeit des EU-Gerichtshofs auf den EU-Vertrag
Neue Zeitschrift für Verwaltungsrecht 2009, S. 481–486
(zit.: *Murswiek*, NVwZ 2009)

Nettesheim, Martin ***Wo „endet" das Grundgesetz? – Verfassungsgebung als grenzüberschreitender Prozess***
Der Staat 2012, Bd. 51, S. 313–355
(zit.: *Nettesheim*, Der Staat 51 (2012))

Ders. ***Die Kompetenzordnung im Vertrag über eine Verfassung für Europa***
Europarecht 2004, S. 511–546
(zit.: *Nettesheim*, EuR 2004)

Ders. ***Grundrechtliche Prüfdichte durch den EuGH***
Europäische Zeitschrift für Wirtschaftsrecht 1995, S. 106–108
(zit.: *Nettesheim*, EuZW 1995)

Ders. ***Die konsoziative Föderation von EU und Mitgliedstaaten***
Zeitschrift für europarechtliche Studien 2002, S. 507–539
(zit.: *Nettesheim*, ZEuS 2002)

Ders. ***EU-Recht und nationales Verfassungsrecht***
Europarecht 2004, Beiheft, S. 7–144
(zit.: *Nettesheim*, EuR-Beiheft 2004)

Ders. ***EU-Beitritt und Unrechtsaufarbeitung***
Europarecht 2003, S. 36–64
(zit.: *Nettesheim*, EuR 2003)

Ders. ***Kompetenzdenken als Legitimationsdenken. Zur Ultra-vires-Kontrolle im rechtspluralistischen Umfeld***
Juristenzeitung 2014, S. 585–592
(zit.: *Nettesheim*, JZ 2014)

Ders.	***Ein Individualrecht auf Staatlichkeit? Die Lissabon-Entscheidung des BVerfG*** Neue Juristische Wochenschrift 2009, S. 2867–2869 (zit.: *Nettesheim*, NJW 2009)
Ders.	***„Euro-Rettung" und Grundgesetz Verfassungsrechtliche Vorgaben für den Umbau der Währungsunion*** Europarecht 2011, S. 765–784 (zit.: *Nettesheim*, EuR 2011)
Ders.	***Die Integrationsverantwortung – Vorgaben des BVerfG und gesetzgeberische Umsetzung*** Neue Juristische Wochenschrift 2010, S. 177–183 (zit.: *Nettesheim*, NJW 2010)
Ders.	***Verfassungsrecht und Politik in der Staatsschuldenkrise*** Neue Juristische Wochenschrift 2012, S. 1409–1413 (zit.: *Nettesheim*, NJW 2012)
Ders.	***Das PSPP-Urteil des BVerfG – ein Angriff auf die EU?*** Neue Juristische Wochenschrift 2020, S. 1631–1634 (zit.: *Nettesheim*, NJW 2020)
Ders.	***Europarechtskonformität des Europäischen Stabilitätsmechanismus*** Neue Juristische Wochenschrift 2013, S. 14–16 (zit.: *Nettesheim*, NJW 2013)
Ders.	***Das Kulturverfassungsrecht der Europäischen Union*** Juristenzeitung 2002, S. 157–166 (zit.: *Nettesheim*, JZ 2002)
Ders.	***Der „Kernbereich" der Unionsbürgerschaft – vom Schutz der Mobilität zur Gewährung eines Lebensumfelds*** Juristenzeitung 2011, S. 1030–1037 (zit.: *Nettesheim*, JZ 2011)

Nickel, Dietmar | ***Integrationspolitische Herausforderungen an den Europäischen Rechtsstaat: „Zur Zukunft der europäischen Rechts- und Wertegemeinschaft“***
Europarecht 2017, S. 663–681
(zit.: *Nickel*, EuR 2017)

Odendahl, Kerstin | ***Das „Kooperationsverhältnis“ zwischen BVerfG und EuGH in Grundrechtsfragen***
Juristische Arbeitsblätter 2000, S. 219–224
(zit.: *Odendahl*, JA 2000)

Oeter, Stefan | ***Souveränität und Demokratie als Probleme in der „Verfassungsentwicklung“ der Europäischen Union***
Zeitschrift für ausländisches öffentliches Recht und Völkerrecht 1995, S. 659–712
(zit.: *Oeter*, ZaöRV 1995)

Ders. | ***Bundesstaat, Föderation, Staatenverbund - Trennlinien und Gemeinsamkeiten föderaler Systeme***
Zeitschrift für ausländisches öffentliches Recht und Völkerrecht 2015, S. 733–752
(zit.: *Oeter*, ZaöRV 2015)

Ders. | ***Europäische Integration als Konstitutionalisierungsprozeß***
Zeitschrift für ausländisches öffentliches Recht und Völkerrecht 1999, S. 901–917
(zit.: *Oeter*, ZaöRV 1999)

Ohler, Christoph | ***Perspektiven der Gemeinschaftsentwicklung nach Maastricht: das Europäische Parlament***
Zeitschrift für Gesetzgebung 1995, S. 223–239
(zit.: *Ohler*, ZG 1995)

Ders. | ***Die hoheitlichen Grundlagen der Geldordnung***
Juristenzeitung 2008, S. 317–324
(zit.: *Ohler*, JZ 2008)

Oppermann, Thomas	***Die Europäische Union von Lissabon*** Deutsches Verwaltungsblatt 2008, S. 473–483 (zit.: *Oppermann*, DVBl 2008)
Ders.	***Europäischer Verfassungskonvent und Regierungskonferenz 2002–2004*** Deutsches Verwaltungsblatt 2004, S. 1264–1271 (zit.: *Oppermann*, DVBl 2004)
Ders.	***Eine Verfassung für die Europäische Union. Der Entwurf des Europäischen Konvents – 1. Teil*** Deutsches Verwaltungsblatt 2003, S. 1165–1176 (zit.: *Oppermann*, DVBl 2003, Teil I)
Ders.	***Eine Verfassung für die Europäische Union. Der Entwurf des Europäischen Konvents – 2. Teil*** Deutsches Verwaltungsblatt 2003, S. 1234–1246 (zit.: *Oppermann*, DVBl 2003, Teil II)
Oppermann, Thomas/ **Classen,** Claus Dieter	***Die EG vor der Europäischen Union*** Neue Juristische Wochenschrift 1993, S. 5–12 (zit.: *Oppermann/Classen*, NJW 1993)
Dies.	***Europäische Union: Erfüllung des Grundgesetzes*** Aus Politik und Zeitgeschichte 1993, S. 11–20 (zit.: *Oppermann/Classen*, APuZ 1993)
Oppermann, Thomas/ **Classen,** Claus Dieter/ **Nettesheim,** Martin	***Europarecht*** 8. Auflage München 2018 (zit.: *Oppermann/Classen/Nettesheim*, Europarecht)

Ophüls, Carl Friedrich
Juristische Grundgedanken des Schumanplanes
Neue Juristische Wochenschrift 1951, S. 289–292
(zit.: *Ophüls*, NJW 1951)

Ossenbühl, Fritz (Hrsg.)
Föderalismus und Regionalismus in Europa
Baden-Baden 1990
(zit.: *Ossenbühl*, Föderalismus und Regionalismus in Europa)

Ders.
Maastricht und das Grundgesetz – eine verfassungsrechtliche Wende?
Deutsches Verwaltungsblatt 1993, S. 629–637
(zit.: *Ossenbühl*, DVBl 1993)

Ost, Nina
Flexibilität des Gemeinschaftsrechts – Vom Notantrieb zum Vertragsprinzip?
Die öffentliche Verwaltung 1997, S. 495–503
(zit.: *Ost*, DÖV 1997)

Pache, Eckhard
Eine Verfassung für Europa – Krönung oder Kollaps der europäischen Integration
Europarecht 2002, S. 767–784
(zit.: *Pache*, EuR 2002)

Ders.
Europäische und nationale Identität: Integration durch Verfassungsrecht
Deutsches Verwaltungsblatt 2002, S. 1154–1167
(zit.: *Pache*, DVBl 2002)

Pache, Eckhard/ **Rösch**, Franziska
Der Vertrag von Lissabon
Neue Zeitschrift für Verwaltungsrecht 2008, S. 473–480
(zit.: *Pache/Rösch*, NVwZ 2008)

Pechstein, Matthias (Hrsg.)	***Integrationsverantwortung*** Baden-Baden 2012 (zit.: *Bearbeiter* in: Pechstein, Integrationsverantwortung)
Ders.	***Die Intergouvernementalität der GASP nach Lissabon. Kompetenz-, Wirkungs-, Haftungs- und Grundrechtsfragen*** Juristenzeitung 2010, S. 425–432 (zit.: *Pechstein*, JZ 2010)
Pechstein, Matthias/ **Nowak**, Carsten/ **Häde**, Ulrich (Hrsg.)	***Frankfurter Kommentar zu EUV, GRC und AEUV*** Band 1–4 1. Auflage Tübingen 2017 (zit.: *Bearbeiter* in: Pechstein/Nowak/Häde)
Pechstein, Matthias/ **Koenig**, Christian	***Die Europäische Union*** 3. Auflage Tübingen 2000 (zit.: *Pechstein/Koenig*)
Dies.	***Rechtspersönlichkeit für die Europäische Union?*** Europäische Zeitschrift für Wirtschaftsrecht 1997, S. 225 (zit.: *Pechstein/Koenig*, EuZW 1997)
Peers, Steve	***The EU's Accession to the ECHR: The Dream Becomes a Nightmare*** German Law Journal 2015, S. 213–222 (zit.: *Peers*, GLJ 2015)
Pernice, Ingolf	***Karlsruhe locuta – Maastricht in Kraft*** Europäische Zeitschrift für Wirtschaftsrecht 1993, S. 649 (zit.: *Pernice*, EuZW 1993)

Ders.	***Das Verhältnis europäischer zu nationalen Gerichten im europäischen Verfassungsverbund*** Vortrag, gehalten vor der Juristischen Gesellschaft zu Berlin am 14. Dezember 2005 Schriftenreihe der Juristischen Gesellschaft zu Berlin 2006 (zit.: *Pernice*)
Ders.	***Gemeinschaftsverfassung und Grundrechtsschutz Grundlagen, Bestand und Perspektiven*** Neue Juristische Wochenschrift 1990, S. 2409–2420 (zit.: *Pernice*, NJW 1990)
Ders.	***Der Europäische Verfassungsverbund auf dem Wege der Konsolidierung.*** ***Verfassungsrechtliche Ausgangslage und Vorschläge für die institutionelle Reform der Europäischen Union vor der Osterweiterung*** Jahrbuch des öffentlichen Rechts 2000, Bd. 48, S. 205–232 (zit.: *Pernice*, JöR 48 (2000))
Ders.	***Europäisches und nationales Verfassungsrecht*** Veröffentlichungen der Vereinigung der Deutschen Staatsrechtler 2001, Bd. 60, S. 148–193 (zit.: *Pernice*, VVDStRL 60 (2001))
Ders.	***Maastricht, Staat und Demokratie*** Die Verwaltung 1993, Bd. 26, S. 449–488 (zit.: *Pernice*, Die Verwaltung 26 (1993))
Ders.	***Die Keule von Donald Trump traf zum zweiten Male*** Europäische Zeitschrift für Wirtschaftsrecht 2018, S. 513–514 (zit.: *Pernice*, EuZW 2018)
Pernice, Ingolf/ **Otto**, Lars S. (Hrsg.)	***Europa neu verfasst ohne Verfassung*** ***Chancen und Bedeutung des Vertrages von Lissabon*** Baden-Baden 2010 (zit.: *Bearbeiter* in: Pernice/Otto)

Pernthaler, Peter/ **Hilpod**, Peter — ***Sanktion als Instrument der Politikkontrolle - der Fall Österreich***
Europäische Zeitung 2000, Beilage integration, S. 105–119
(zit.: *Pernthaler/Hilpold*, intergration 2000)

Peters, Anne — ***Elemente einer Theorie der Verfassung Europas***
Berlin 2001
(zit.: *Peters*)

Petersen, Niels — ***Europäische Verfassung und europäische Legitimität***
Zeitschrift für ausländisches öffentliches Recht und Völkerrecht 2004, Bd. 64, S. 429–466
(zit.: *Petersen*, ZaöRV 64 (2004))

Pfetsch, Frank R. — ***Die EU bedarf Reformen***
Aus Politik und Zeitgeschichte 2007, S. 18–23
(zit.: *Pfetsch*, APuZ 2007)

Piecha, Sebastian — ***Die Europäische Gemeinschaftsanleihe - Vorbild für EFSF, ESM und Euro-Bonds?***
Europäische Zeitschrift für Wirtschaftsrecht 2012, S. 532–536
(zit.: *Piecha*, EuZW 2012)

Piela, Ingrid — ***Walter Hallstein (1901–1982) Leben und Wirken eines Juristen und Europäers der ersten Stunde***
Institut für Europäische Verfassungswissenschaften 2010
https://www.fernuni-hagen.de/dtiev/docs/pielaiev-online2010nr1.pdf
(zit.: *Piela*, IEV-Online Nr. 1/2010)

Piris, Jean-Claude — ***Hat die Europäische Union eine Verfassung? Braucht sie eine?***
Europarecht 2000, S. 311–350
(zit.: *Piris*, EuR 2000)

Polzin, Monika — ***Das Rangverhältnis von Verfassungs- und Unionsrecht nach der neuesten Rechtsprechung des BVerfG***
Juristische Schulung 2012, S. 1–6
(zit.: *Polzin*, JuS 2012)

Priebe, Reinhard — ***Beitrittsperspektive und Verfassungsreformen in den Ländern des Westlichen Balkans***
Europarecht 2008, S. 301–320
(zit.: *Priebe*, EuR 2008)

Ders. — ***Erweiterung: Schlussfolgerungen des Rates zur Beitrittsperspektive des Westlichen Balkans***
Europäische Zeitschrift für Wirtschaftsrecht 2018, S. 563–564
(zit.: *Priebe*, EuZW 2018)

Pröbstl, Julian — ***Unions- und verfassungsrechtliche Zulässigkeit einer gemeinsamen fiskalischen Antwort der Eurozonen-Mitgliedstaaten auf COVID-19***
Europäische Zeitschrift für Wirtschaftsrecht 2020, S. 305–311
(zit.: *Pröbstl*, EuZW 2020)

Rademacher, Tilmann — ***Die „Verfassungsidentität" als Grenze der Kompetenzübertragung auf die Europäische Union?***
Europarecht 2018, S. 140–159
(zit.: *Rademacher*, EuR 2018)

Randelzhofer, Albrecht/ **Scholz**, Rupert/ **Wilke**, Dieter (Hrsg.) — ***Gedächtnisschrift für Eberhard Grabitz***
München 1995
(zit.: *Bearbeiter* in: Randelzhofer/Scholz/Wilke, GS Grabitz)

Rapsi, René — ***Europäische Solidarität in der Wirtschaftskrise nach der Pandemie***
Europäische Zeitschrift für Wirtschaftsrecht 2020, S. 345–348
(zit.: *Rapsi*, EuZW 2020)

Reichard, Martin — ***The Madrid Terrorist Attacks: A Midwife for EU Mutual Defence?***
Zeitschrift für europarechtliche Studien 2004, S. 313–334
(zit.: *Reichard*, ZEuS 2004)

Reimer, Franz — ***Verfassungsprinzipien. Ein Normtyp im Grundgesetz***
Berlin 2001
(zit.: *Reimer*, Verfassungsprinzipien)

Ders. — ***Ziele und Zuständigkeiten – Die Funktionen der Unionsbestimmungen***
Europarecht 2003, S. 992–1012
(zit.: *Reimer*, EuR 2003)

Repasi, René — ***Völkervertragliche Freiräume für EU-Mitgliedstaaten***
Europarecht 2013, S. 45–75
(zit.: *Repasi*, EuR 2013)

Ress, Georg — ***Die Europäische Union und die neue juristische Qualität der Beziehung zu den Europäischen Gemeinschaften***
Juristische Schulung 1992, S. 985–991
(zit.: *Ress*, JuS 1992)

Richter, Pascal — ***Die Erweiterung der Europäischen Union. Unter besonderer Berücksichtigung der Beitrittsbedingungen***
Baden-Baden 1997
(zit.: *Richter*, Die Erweiterung der EU)

Riedel, Norbert K.
Der Konvent zur Zukunft Europas Die Erklärung von Laeken zur Zukunft der Europäischen Union
Zeitschrift für Rechtspolitik 2002, S. 241–247
(zit.: *Riedel*, ZRP 2002)

Ring, Gerhard/ **Olsen-Ring,** Line
Souveränitätsübertragung nach dänischem Verfassungsrecht
Europäische Zeitschrift für Wirtschaftsrecht 1998, S. 589–591
(zit.: *Ring/Olsen-Ring*, EuZW 1998

Rossi, Matthias
Entwicklung und Struktur der Europäischen Union - eine graphische Erläuterung
Zeitschrift für das Juristische Studium 2010, S. 49–60
(zit.: *Rossi*, ZJS 2010)

Röper, Erich/ **Issel**, Carsten
Das Wiedererstehen der Europäischen Verteidigungsgemeinschaft
Zeitschrift für Rechtspolitik 2003, S. 397–402
(zit.: *Röper/Issel*, ZRP 2003)

Rötting, Michael
Das verfassungsrechtliche Beitrittsverfahren zur Europäischen Union und seine Auswirkungen am Beispiel der Gotovina-Affäre im kroatischen Beitrittsverfahren
Berlin/Heidelberg 2009
(zit.: *Rötting*, Das verfassungsrechtliche Beitrittsverfahren)

Ruffert, Matthias
Schlüsselfragen der europäischen Verfassung der Zukunft-Grundrechte-Institutionen-Kompetenzen-Ratifizierung
Europarecht 2004, S. 165–201
(zit.: *Ruffert*, EuR 2004)

Ders. ***Nach dem Lissabon-Urteil des BVerfG – Zur Anatomie einer Debatte***
Zeitschrift für Staats- und Europawissenschaften 2009, S. 381–398
(zit.: *Ruffert*, ZSE 2009)

Ders. ***An den Grenzen des Integrationsverfassungsrechts: Das Urteil des Bundesverfassungsgerichts zum Vertrag von Lissabon***
Deutsches Verwaltungsblatt 2009, S. 1197–1208
(zit.: *Ruffert*, DVBl 2009)

Ders. ***Die europäische Schuldenkrise vor dem Bundesverfassungsgericht***
Europarecht 2011, S. 842–856
(zit.: *Ruffert*, EuR 2011)

Ders. ***Europarecht und Verfassungsrecht: Ultra-vires-Kontrolle über EZB-Anleihekäufe und EuGH-Urteil***
Juristische Schulung 2020, S. 574–577
(zit.: *Ruffert*, JuS 2020)

Ders. ***Mehr Europa – eine rechtswissenschaftliche Perspektive***
Zeitschrift für Gesetzgebung 2013, S. 1–20
(zit.: *Ruffert*, ZG 2013)

Ders. ***Europarecht und Verfassungsrecht: Europäische Bankenunion. Die Europäische Bankenunion verstößt weder gegen Unionsrecht noch gegen das Grundgesetz.***
Juristische Schulung 2019, S. 1033–1035
(zit.: *Ruffert*, JuS 2019)

Ders. ***Europarecht für die nächste Generation***
Neue Zeitschrift für Verwaltungsrecht 2020, S. 1777–1780
(zit.: *Ruffert*, NVwZ 2020)

Rupp, Hans Heinrich ***Muß das Volk über den Vertrag von Maastricht entscheiden?***
Neue Juristische Wochenschrift 1993, S. 38–40
(zit.: *Rupp*, NJW 1993)

Ders. ***Wahlberechtigung bei der Verteilung der Sitze im Europäischen Parlament auf die Mitgliedstaaten***
Neue Juristische Wochenschrift 1995,
S. 2210–2211
(zit.: *Rupp*, NJW 1995)

Ruppert, Andreas ***Die Integrationsgewalt: eine staatstheoretische und verfassungsrechtliche Studie zu Artikel 24, Absatz 1 des Grundgesetzes***
Hamburg 1969
(zit.: *Ruppert*, Die Integrationsgewalt)

Rüß, Oliver ***Vereintes Europa – das unerreichbare Staatsziel? Zur Grundgesetzkonformität eines Beitritts der Bundesrepublik Deutschland zu einem Europäischen Bundesstaat***
Baden-Baden 2005
(zit.: *Rüß*, Vereintes Europa – das unerreichbare Staatsziel?)

Sacarcelik, Osman ***Europäische Bankenunion: Rechtliche Rahmenbedingungen und Herausforderungen der einheitlichen europäischen Bankenaufsicht***
Zeitschrift für Bank- und Kapitalmarktrecht 2013,
S. 353–360
(zit.: *Sacarcelik*, BKR 2013)

Sachs, Michael (Hrsg.) ***Grundgesetz***
Kommentar
8. Auflage
München 2018
(zit.: *Bearbeiter* in: Sachs, GG)

Sack, Jörn
Europas Zwerge
Die Sonderbeziehungen der EG zu den europäischen Zwergstaaten und teilautonomen Gebieten von Mitgliedstaaten
Europäische Zeitschrift für Wirtschaftsrecht 1997, S. 45–51
(zit.: *Sack*, EuZW 1997)

Sadurski, Wojciech
European Constitutional Identity?
European University Institute, Law, Working Paper 2006
(zit.: *Sadurski*, EUI Working Paper 2006)

Šarcevic, Edin
EU-Erweiterung nach Art. 49 EUV: Ermessensentscheidung und Beitrittsrecht
Europarecht 2002, S. 461–482
(zit.: *Šarcevic*, EuR 2002)

Schachtschneider, Karl A.
Verfassungsrecht der Europäischen Union
Teil 2
Berlin 2010
(zit.: *Schachtschneider*, Verfassungsrecht der EU)

Schaefer, Jan Philipp
Die Europäische Menschenrechtskonvention als Faktor der europäischen Integration
Europarecht 2017, S. 80–106
(zit.: *Schaefer*, EuR 2017)

Schaltegger, Christoph A./**Studer**, Thomas M.
Europäische Fiskalunion?
Erfahrungen aus der Schweizer Bundesstaatsgründung von 1848
Wirtschaftswissenschaftliches Studium 2015, S. 630–634
(zit.: *Schaltegger/Studer*, WiSt 2015)

Scheffel, Nikolaus — ***Auf dem Weg zu einer europäischen Verteidigungsunion***
Die Ständige Strukturierte Zusammenarbeit (PESCO) als Motor?
Neue Zeitschrift für Verwaltungsrecht 2018, S. 1347–1353
(zit.: *Scheffel*, NVwZ 2018)

Scheffler, Jan — ***Das französische Verfassungsverständnis angesichts der Anforderungen des EG/EU-Rechts***
Zeitschrift für ausländisches öffentliches Recht und Völkerrecht 2007, S. 43–88
(zit: *Scheffler*, ZaöRV 2007)

Scheuner, Ulrich — ***Bewahrung und Veränderung demokratischer und rechtstaatlicher Verfassungsstruktur in den internationalen Gemeinschaften. Verwaltung und Schule***
Veröffentlichungen der Vereinigung der Deutschen Staatsrechtslehrer 1966, Bd. 23, S. 106
(zit.: *Scheuner*, VVDStRL 23 (1966))

Ders. — ***Struktur und Aufgabe des Bundesstaates in der Gegenwart***
Die öffentliche Verwaltung 1962, S. 641
(zit.: *Scheuner*, DÖV 1962)

Schilling, Theodor — ***Die deutsche Verfassung und die europäische Einigung***
Archiv des öffentlichen Rechts 1991, S. 32–69
(zit.: *Schilling*, AöR 1991)

Ders. — ***Eine neue Verfassung für Deutschland.***
Art. 146 GG und die Rolle des Bundesverfassungsgerichts
Der Staat 2014, Bd. 53, S. 95–119
(zit.: *Schilling*, Der Staat 53 (2014))

Schliesky, Utz — ***Souveränität und Legitimität von Herrschaftsgewalt. Die Weiterentwicklung von Begriffen der Staatslehre und des Staatsrechts im europäischen Mehrebenensystem***
Jus Publicum 112
Tübingen 2004
(zit.: *Schliesky*)

Schmale, Wolfgang — ***Geschichte und Zukunft der Europäischen Identität***
Stuttgart 2008
(zit.: *Schmale*, Geschichte und Zukunft der Europäischen Identität)

Schmalenbach, Kirsten — ***Der neue Europaartikel 23 des Grundgesetzes im Lichte der Arbeit der Gemeinsamen Verfassungskommission. Motive einer Verfassungsänderung***
Berlin 1996
(zit.: *Schmalenbach*, Der neue Europaartikel)

Schmidt-Kessel, Martin — ***Europa der Werte***
Zeitschrift für das Privatrecht der Europäischen Union 2011, S. 269
(zit.: *Schmidt-Kessel*, GPR 2011)

Schmidt-Steinhäuser, Burkhard — ***Geltung und Anwendung von Europäischem Gemeinschaftsrecht im Vereinigten Königreich***
Baden-Baden 1994
(zit.: *Schmidt-Steinhäuser*, Geltung und Anwendung von Europäischem Gemeinschaftsrecht im Vereinigten Königreich)

Schmitz, Thomas — ***Das europäische Volk und seine Rolle bei einer Verfassungsgebung in der Europäischen Union***
Europarecht 2003, S. 217–243
(zit.: *Schmitz*, EuR 2003)

Ders.	***Integration in der Supranationalen Union*** Baden-Baden 2001 (zit.: *Schmitz*, Integration in der Supranationalen Union)
Schneider, Heinrich	***Alternativen der Verfassungsfinalität: Föderation, Konföderation – oder was sonst?*** Europäische Zeitung 2000, Beilage integration, S. 171–184 (zit.: *Schneider*, integration 2000)
Ders.	***„Kerneuropa"! Ein aktuelles Schlagwort und seine Bedeutung*** Journal für Rechtspolitik 2004, S. 136–161 (zit.: *Schneider*, JRP 2004)
Schöbener, Burkhard/ **Knauff**, Matthias	***Allgemeine Staatslehre*** 4. Auflage München 2019 (zit.: *Schöbener/Knauff*, Allg. Staatslehre)
Schönberger, Christoph	***Die Europäische Union als Bund Zugleich ein Beitrag zur Verabschiedung des Staatenbund-Bundesstaat-Schemas*** Archiv des öffentlichen Rechts 2004, Bd. 129, S. 81–120 (zit.: *Schönberger*, AöR 2004)
Ders.	***Die Europäische Union zwischen "Demokratiedefizit" und Bundesstaatsverbot. Anmerkungen zum Lissabon-Urteil des Bundesverfassungsgerichts*** Der Staat 2009, Bd. 48, S. 535–558 (zit.: *Schönberger*, Der Staat 48 (2009))
Ders.	***Unionsbürger Europas föderales Bürgerrecht in vergleichender Sicht*** Tübingen 2005 (zit.: *Schönberger*, Unionsbürger)

Scholz, Rupert	***Europäische Union und deutscher Bundestaat*** Neue Zeitschrift für Verwaltungsrecht 1993, S. 817–824 (zit.: *Scholz*, NVwZ 1993)
Ders.	***Europa als Union des Rechts*** ***Eine notwendige Zwischenbilanz im Prozeß der Vertiefung und Erweiterung*** Hans Martin Schleyer-Stiftung, Bd. 54 Leipzig 1999 (zit.: *Bearbeiter* in: Scholz, Europa als Union des Rechts)
Ders.	***Grundgesetz und europäische Einigung*** ***Zu den reformpolitischen Empfehlungen der Gemeinsamen Verfassungskommission*** Neue Juristische Wochenschrift 1992, S. 2593–2601 (zit.: *Scholz*, NJW 1992)
Ders.	***Wege zur Europäischen Verfassung*** Zeitschrift für Gesetzgebung 2002, S. 1–13 (zit.: *Scholz*, ZG 2002)
Schorkopf, Frank	***Die Europäische Union im Lot*** ***Karlsruhes Rechtsspruch zum Vertrag von Lissabon*** Europäische Zeitschrift für Wirtschaftsrecht 2009, S. 718–724 (zit.: *Schorkopf*, EuZW 2009)
Ders.	***Zukunftsorientierung oder Realitätsleugnung?*** ***Der Präsidentenbericht zur Reform der Europäischen Union*** Zeitschrift für Staats- und Europawissenschaften 2015, S. 356–373 (zit.: *Schorkopf*, ZSE 2015)
Ders.	***Finanzkrisen als Herausforderung der internationalen, europäischen und nationalen Rechtsetzung*** Veröffentlichungen der Vereinigung der Deutschen Staatsrechtslehrer 2012, Bd. 71, S. 183–225 (zit.: *Schorkopf*, VVDStRL 71 (2012))

Ders. ***Wertesicherung in der Europäischen Union. Prävention, Quarantäne und Aufsicht als Bausteine eines Rechts der Verfassungskrise?***
Europarecht 2016, S. 147–164
(zit.: *Schorkopf*, EuR 2016)

Ders. ***Die Europäische Union auf dem Weg zur Fiskalunion – Integrationsfortschritt durch den Rechtsrahmen des Sonderhaushalts „Next Generation EU“***
Neue Juristische Wochenschrift 2020, S. 3085–3091
(zit.: *Schorkopf*, NJW 2020)

Schroeder, Werner ***Grundkurs Europarecht***
6. Auflage
München 2019
(zit.: *Schroeder*, Europarecht)

Ders. ***Die Europäische Union als Völkerrechtssubjekt***
Europarecht 2012, Beiheft, S. 7–25
(zit.: *Schroeder*, EuR-Beiheft 2012)

Schröder, Meinhard ***Das Bundesverfassungsgericht als Hüter des Staates im Prozeß der europäischen Integration***
Deutsches Verwaltungsblatt 1994, S. 316–325
(zit.: *Schröder*, DVBl 1994)

Ders. ***Vertikale Kompetenzverteilung und Subsidiarität im Konventsentwurf für eine europäische Verfassung***
Juristenzeitung 2004, S. 8–13
(zit.: *Schröder*, JZ 2004)

Schulz, Martin ***Die Außenpolitik der Europäischen Union im 21. Jahrhundert: Vision, Ambition und Wirklichkeit***
Europäische Zeitung 2013, Beilage integration, S. 138–145
(zit.: *Schulz*, integration 2013)

Schulze, Reiner/ **Janssen**, André/ **Kadelbach**, Stefan (Hrsg.) | ***Europarecht***
Handbuch für die deutsche Rechtspraxis
4. Auflage
Baden-Baden 2020
(zit.: *Bearbeiter* in: Schulze/Janssen/Kadelbach)

Schuppert, Gunnar Folke/ **Pernice**, Ingolf/ **Haltern**, Ulrich (Hrsg.) | ***Europawissenschaften***
Baden-Baden 2005
(zit.: *Bearbeiter* in: Schuppert/Pernice/Haltern)

Schwarze, Jürgen (Hrsg.) | ***EU-Kommentar***
2. Auflage
Baden-Baden 2009
(zit.: *Bearbeiter* in: Schwarze)

Ders. | ***Das allgemeine Völkerrecht in den innergemeinschaftlichen Rechtsbeziehungen***
Europarecht 1983, S. 1–39
(zit.: *Schwarze*, EuR 1983)

Ders. | ***Das Staatsrecht in Europa***
Juristenzeitung 1993, S. 585–594
(zit.: Schwarze, JZ 1993)

Ders. | ***Europapolitik unter deutschem Verfassungsrichtervorbehalt***
Neue Justiz 1994, S. 1–5
(zit.: *Schwarze*, NJ 1994)

Ders. | ***Das wirtschaftsverfassungsrechtliche Konzept des Verfassungsentwurfs des Europäischen Konvents – zugleich eine Untersuchung der Grundprobleme des europäischen Wirtschaftsrechts***
Europäische Zeitschrift für Wirtschaftsrecht 2004, S. 135–140
(zit.: *Schwarze*, EuZW 2004)

Ders. *Auf dem Weg zu einer Europäischen Verfassung – Wechselwirkungen zwischen Europäischem und nationalem Verfassungsrecht*
Europarecht 2000, Beiheft, S. 7–30
(zit.: *Schwarze*, EuR-Beiheft 2000)

Ders. *Ein pragmatischer Verfassungsentwurf – Analyse und Bewertung des vom Europäischen Verfassungskonvent vorgelegten Entwurfs eines Vertrages über eine Verfassung für Europa*
Europarecht 2003, S. 535–573
(zit.: *Schwarze*, EuR 2003)

Ders. *Der Reformvertrag von Lissabon – Wesentliche Elemente des Reformvertrages*
Europarecht 2009, Beiheft, S. 8–29
(zit.: *Schwarze*, EuR-Beiheft 2009)

Ders. *Europäisches Wirtschaftsrecht Grundlagen, Gestaltungsformen, Grenzen*
Baden-Baden 2007
(zit.: *Schwarze*, Europäisches Wirtschaftsrecht)

Ders. *Auf dem Wege zu einer europäischen Verfassung – Wechselwirkungen zwischen europäischem und nationalem Verfassungsrecht*
Deutsches Verwaltungsblatt 1999, S. 1677–1689
(zit.: *Schwarze*, DVBl 1999)

Schwarze, Jürgen/ **Becker**, Ulrich/ **Hatje**, Armin/ **Schoo**, Johann (Hrsg.) *EU-Kommentar*
4. Auflage
Baden-Baden 2019
(zit.: *Bearbeiter* in: Schwarze/Becker/Hatje/Schoo)

Schwarze, Jürgen/ **Bieber**, Roland *Eine Verfassung für Europa – Von der Europäischen Gemeinschaft zur Europäischen Union*
Baden-Baden 1984
(zit.: *Bearbeiter* in: Schwarze/Bieber)

Schwerdtfeger, Angela — ***Europäisches Unionsrecht in der Rechtsprechung des Bundesverfassungsgerichts – Grundrechts-, ultra vires- und Identitätskontrolle im gewaltenteiligen Mehrebenensystem***
Europarecht 2015, S. 290–310
(zit.: *Schwerdtfeger*, EuR 2015)

Seidel, Martin — ***Zur Verfassung der Europäischen Gemeinschaften nach Maastricht***
Europarecht 1992, S. 125–144
(zit.: *Seidel*, EuR 1992)

Selmayr, Martin — ***Endstation Lissabon? – Zehn Thesen zum „Niemals"-Urteil des Bundesverfassungsgerichts vom 30. Juni 2009***
Zeitschrift für europarechtliche Studien 2009, S. 637–679
(zit.: *Selmayr*, ZEuS 2009)

Shaw, Jo — ***Citizenship: Contrasting Dynamics at the Interface of Integration and Constitutionalism***
European University Institute, Working Paper 2010
(zit.: *Shaw*, EUI Working Paper 2010)

Sieveking, Friedrich — ***Die Deutschen Staatsrechtslehrer: Europäische Union - Gefahr oder Chance für der Föderalismus?***
Monatsschrift für Deutsches Recht 1993, S. 1169–1170
(zit.: *Sieveking*, MDR 1993)

von Simson, Werner — ***Was heißt in einer europäischen Verfassung „Das Volk"***
Europarecht 1991, S. 1–18
(zit.: *von Simson*, EuR 1991)

Sodan, Helge (Hrsg.)	***Grundgesetz*** Kommentar 4. Auflage München 2018 (zit.: *Bearbeiter* in: Sodan, GG)
Sodan, Helge/ **Ziekow**, Jan	***Grundkurs Öffentliches Recht*** 9. Auflage München 2020 (zit.: *Sodan/Ziekow*, Öffentliches Recht)
Sommermann, Karl-Peter	***Staatsziele und Staatsbestimmungen*** Tübingen 1997 (zit.: *Sommermann*, Staatszielbestimmungen)
Ders.	***Integrationsgrenzen des Grundgesetzes und europäischer Verfassungsverbund: Brauchen wir eine neue Verfassung?*** Die öffentliche Verwaltung 2013, S. 708–714 (zit.: *Sommermann*, DÖV 2013)
Ders.	***Verfassungsperspektiven für die Demokratie in der erweiterten Europäischen Union: Gefahr der Entdemokratisierung oder Fortentwicklung im Rahmen europäischer Supranationalität?*** Die öffentliche Verwaltung 2003, S. 1009–1017 (zit.: *Sommermann*, DÖV 2003)
Ders.	***Staatsziel „Europäische Union" Zur normativen Reichweite des Art. 23 Abs. 1 S. 1 GG n.F.*** Die öffentliche Verwaltung 1994, S. 596–604 (zit.: *Sommermann*, DÖV 1994)

Speer, Benedikt
Die Europäische Union als Wertegemeinschaft – Wert- und rechtskonformes Verhalten als konditionierendes Element der Mitgliedschaft –
Die öffentliche Verwaltung 2001,
S. 980–988
(zit.: *Speer*, DÖV 2001)

Spiegels, Thomas
Das Verhältnis des Gemeinschaftsrechts zum französischen Recht
Nationale Souveränität und europäische Integration
Europarecht 2003, S. 119–133
(zit.: *Spiegels*, EuR 2003)

Stachura, Mateusz
Zwischen nationaler Identität und Verfassungspatriotismus –
Deutungsmuster der politischen Gemeinschaft in der Bundesrepublik Deutschland 1972–1989
Politische Vierteljahresschrift 2005,
S. 288–312
(zit.: *Stachura*, PVS 2005)

Starck, Christian
Die Französische Revolution und das deutsche Staatsrecht
Juristenzeitung 1989, S. 601–609
(zit.: *Starck*, JZ 1989)

Steinberger, Helmut
Der Verfassungsstaat als Glied einer europäischen Gemeinschaft
Veröffentlichungen der Vereinigung der Deutschen Staatsrechtler 1991, Bd. 50,
S. 9–55
(zit.: *Steinberger*, VVDStRL 50 (1991))

Steindorff, Ernst
Das Maastricht-Urteil zwischen Grundgesetz und europäischer Integration
Europäisches Wirtschafts- und Steuerrecht 1993,
S. 341–346
(zit.: *Steindorff*, EWS 1993)

Stern, Klaus
Das Staatsrecht der Bundesrepublik Deutschland
Band I
2. Auflage
München 1984;
Band III/2
München 1994
(zit.: *Stern*, Staatsrecht)

Stober, Rolf
Allgemeines Wirtschaftsverwaltungsrecht
Grundlagen des deutschen, europäischen und internationalen öffentlichen Wirtschaftsrechts
18. Auflage
Stuttgart 2014
(zit.: *Bearbeiter* in: Stober, Allg. Wirtschaftsverwaltungsrecht)

Stratenschulte, Eckart D.
Die Zukunft Europas
http://www.bpb.de/internationales/europa/europa-kontrovers/182478/einleitung
Bundeszentrale für politische Bildung 2014
(zit.: *Stratenschulte*, Die Zukunft Europas, bpb 2014)

Straub, Thomas
Zum Verfassungsvertrag von Europa und dem Beitritt der Türkei
Studentische Zeitschrift für Rechtswissenschaften
2005, S. 199–225
(zit.: *Straub*, StudZR 2005)

Straubhaar, Thomas
Ein Europa des funktionalen Föderalismus: Mehr als ein Denkmodell?
Stuttgart 1995
(zit.: *Straubhaar*)

Streinz, Rudolf (Hrsg.)	***EUV/AEUV*** Kommentar 3. Auflage München 2018 (zit.: *Bearbeiter* in: Streinz)
Ders.	***Europarecht*** 11. Auflage Heidelberg 2019 (zit.: *Streinz*, Europarecht)
Streinz, Rudolf/ **Ohler**, Christoph/ **Herrmann**, Christoph	***Der Vertrag von Lissabon zur Reform der EU*** 3. Auflage München 2010 (zit.: *Streinz/Ohler/Herrmann*, Vertrag von Lissabon)
Stubb, Alexander C-G.	***A Categorization of Differentiated Integration*** Journal of Common Markets Studies 1996, S. 283–295 (zit.: *Stubb*, JCMS 1996)
Stumpf, Cordula/ **Kainer**, Friedemann/ **Baldus**, Christian (Hrsg.)	***Privatrecht, Wirtschaftsrecht, Verfassungsrecht Festschrift für Peter-Christian Müller-Graff zum 70. Geburtstag*** Baden-Baden 2015 (zit.: *Bearbeiter* in: Stumpf/Kainer/Baldus, FS Müller-Graff)
Terhechte, Jörg Philipp	***Souveränität, Dynamik und Integration – making up the rules as we go along? Anmerkungen zum Lissabon-Urteil des Bundesverfassungsgerichts*** Europäische Zeitschrift für Wirtschaftsrecht 2009, S. 724–731 (zit.: *Terhechte*, EuZW 2009)

Ders. ***Der Vertrag von Lissabon: Grundlegende Verfassungsurkunde der europäischen Rechtsgemeinschaft oder technischer Änderungsvertrag?***
Europarecht 2008, S. 143–189
(zit.: *Terhechte*, EuR 2008)

Ders. ***Die Europäische Union als Innovationsverband – Innovationsverfassung und rechtliche Innovationen der EU***
Europarecht 2017, S. 3–30
(zit.: *Terhechte*, EuR 2017)

Ders. ***All's well that ends well? – Das EU/VK-Handels- und Kooperationsabkommen***
Neue Juristische Wochenschrift 2021, S. 417–424
(zit.: *Terhechte*, NJW 2021)

Tettinger, Peter J. ***Weg frei für die Europäische Währungsunion? - Maastricht und die grundgesetzlichen Hürden***
Europäisches Wirtschafts- und Steuerrecht 1992, S. 321–325
(zit.: *Tettinger*, EWS 1992)

Tiede, Wolfgang/ **Spiesberger**, Julia/ **Bogedain**, Clemens ***Kosovo und Serbien auf dem Weg in die europäische Union?***
Europarecht 2014, S. 129–145
(zit.: *Tiede/Spiesberger/Bogedain*, EuR 2014)

Thiele, Alexander ***Der Austritt aus der EU – Hintergründe und rechtliche Rahmenbedingungen eines „Brexit"***
Europarecht 2016, S. 281–304
(zit.: *Thiele*, EuR 2016)

Thomas, Fredrik	***Das Maastricht-Urteil des dänischen Obersten Gerichtshofs vom 6. April 1998*** Zeitschrift für ausländisches öffentliches Recht und Völkerrecht 1998, S. 879–885 (zit.: *F. Thomas*, ZaöRV 1998)
Thürer, Daniel	***Der Verfassungsstaat als Glied einer europäischen Gemeinschaft*** Veröffentlichungen der Vereinigung der Deutschen Staatsrechtler 1991, Bd. 50, S. 97–139 (zit.: *Thürer*, VVDStRL 50 (1991))
Thürer, Daniel/ **Aubert**, Jean-François/ **Müller**, Jörg Paul (Hrsg.)	***Verfassungsrecht der Schweiz / Droit constitutionnel suisse*** Zürich 2001 (zit.: *Bearbeiter* in: Thürer/Aubert/Müller, Verfassungsrecht der Schweiz)
Thym, Daniel	***Supranationale Ungleichzeitigkeit im Recht der europäischen Integration*** Europarecht 2006, S. 637–655 (zit.: *Thym*, EuR 2006)
Ders.	***Europäische Integration im Schatten souveräner Staatlichkeit. Anmerkungen zum Lissabon-Urteil des Bundesverfassungsgerichts*** Der Staat 2009, Bd. 48, S. 559–586 (zit.: *Thym*, Der Staat 48 (2009))
Ders.	***Anmerkung zum Urteil des BVerfG vom 07.09.2011 (2 BvR 987/10; JZ 2011, 1004) – Zur Frage der Bedeutung der Haushaltssouveränität bei Rettungsmaßnahmen zur Stabilisierung der Eurozone*** Juristenzeitung 2011, S. 1011–1015 (zit.: *Thym*, JZ 2011)

Ders. *Integrationsziel europäische Armee? Verfassungsrechtliche Grundlagen der deutschen Beteiligung an der Gemeinsamen Sicherheits- und Verteidigungspolitik (GSVP)*
Europarecht 2010, Beiheft, S. 171–193
(zit.: *Thym*, EuR-Beiheft 2010)

Tomuschat, Christian *Aller guten Dinge sind III? Zur Diskussion um die Solange-Rechtsprechung des BVerfG*
Europarecht 1990, S. 340–361
(zit.: *Tomuschat*, EuR 1990)

Ders. *Die Europäische Union unter Aufsicht des Bundesverfassungsgerichts*
Europäische Grundrechte Zeitschrift 1993, S. 489–496
(zit.: *Tomuschat*, EuGRZ 1993)

Ders. *Das Endziel der europäischen Integration – Maastricht ad infinitum?*
Deutsche Verwaltungsblätter 1996, S. 1073–1082
(zit.: *Tomuschat*, DVBl 1996)

Ders. *Lisbon – Terminal of the European Integration Process?The Judgement of the German Constitutional Court of 30 June 2009*
Zeitschrift für ausländisches öffentliches Recht und Völkerrecht, 2010, S. 251–282
(zit.: *Tomuschat*, ZaöRV 2010)

Tsatsos, Dimitris Th. (Hrsg.) *Die Unionsgrundordnung Handbuch zur Europäischen Verfassung*
Berlin 2010
(zit.: *Bearbeiter* in: Tsatsos, Die Unionsgrundordnung)

Ders. *Europäische politische Parteien? Erste Überlegungen zur Auslegung des Maastrichter Vertrages – Art. 138a EGV*
Europäische Grundrechte Zeitschrift 1994, S. 45–53
(zit.: *Tsatsos*, EuGRZ 1994)

Unruh, Peter	***Die Unionstreue – Anmerkungen zu einem Rechtsgrundsatz der Europäischen Union*** Europarecht 2002, S. 41–66 (zit.: *Unruh*, EuR 2002)
Van Meurs, Wim/ **De Bruin**, Robin/ **Van de Grift**, Liesbeth/ **Hoetink**, Carla/ **Van Leeuwen**, Karin/ **Reijnen**, Carlos	***Die Unvollendete*** ***Eine Geschichte der Europäischen Union*** Bundeszentrale für politische Bildung Schriftenreihe Band 10154 Bonn 2018 (zit.: *Van Meurs/De Bruin/Van de Grift/Hoentik/Van Leeuwen/Reijnen*, Die Unvollendete)
Vedder, Christoph/ **Heintschel von Heinegg**, Wolff (Hrsg.)	***Europäisches Unionsrecht*** 2. Auflage Baden-Baden 2018 (zit.: *Bearbeiter* in: Vedder/Heintschel von Heinegg)
Voland, Thomas	***Auswirkungen des Brexits auf die völker-vertraglichen Beziehungen des Vereinigten Königreichs und der EU*** Zeitschrift für ausländisches öffentliches Recht und Ausländerrecht 2019, S. 1–42 (zit.: *Voland*, ZaöRV 2019)
Vondung, Julie	***Der EGMR als Ersatzspieler des EuGH? Anmerkung zum Urteil des EGMR v. 6.12.2012 – 12323/11 – Michaud/Frankreich*** Europarecht 2013, S. 688–697 (zit.: *Vondung*, EuR 2013)

Voßkuhle, Andreas — ***Verfassungsgerichtsbarkeit und europäische Integration***
Neue Zeitschrift für Verwaltungsrecht 2013 Beilage 1, 60 Jahre BVerwG, Festheft, S. 27–31
(zit.: *Voßkuhle*, NVwZ-Beilage 2013)

Ders. — ***Der europäische Verfassungsgerichtsverbund***
Neue Zeitschrift für Verwaltungsrecht 2010, S. 1–8
(zit.: *Voßkuhle*, NVwZ 2010)

Ders. — ***Interview mit Andreas Voßkuhle: Europäischer Bundesstaat erfordert Volksabstimmung***
Europäische Zeitschrift für Wirtschaftsrecht 2011, S. 814–815
(zit.: *Voßkuhle*, EuZW 2011)

Ders. — ***Die Idee der Europäischen Wertegemeinschaft***
Köln 2018
(zit.: *Voßkuhle*, Die Idee der Europäischen Wertegemeinschaft)

de Vries, Tina — ***Bedrohungen für die Unabhängigkeit der Justiz in Polen – Teil 1***
Wirtschaft und Recht in Osteuropa 2018, S. 105–110
(zit.: *de Vries*, WiRO 2018, Teil 1)

Dies. — ***Bedrohungen für die Unabhängigkeit der Justiz in Polen – Teil 2***
Wirtschaft und Recht in Osteuropa 2018, S. 129–133
(zit.: *de Vries*, WiRO 2018, Teil 2)

Wägenbaur, Rolf — ***Erneuerung der Kriterien von Kopenhagen?***
Europäische Zeitschrift für Wirtschaftsrecht 2009, S. 353
(zit.: *Wägenbaur*, EuZW 2009)

Ders. ***Mitentscheidung: Stärkung der Rechte des Europäischen Parlaments?***
Europäische Zeitschrift für Wirtschaftsrecht 1996, S. 587
(zit.: *Wägenbaur*, EuZW 1996)

Wahl, Rainer ***Die Schwebelage im Verhältnis von Europäischer Union und Mitgliedstaaten***
Der Staat 2009, Bd. 48, S. 587–614
(zit.: *Wahl*, Der Staat 48 (2009))

Ders. ***Erklären staatstheoretische Leitbegriffe die Europäische Union?***
Juristenzeitung 2005, S. 916–925
(zit.: *Wahl*, JZ 2005)

Waldhoff, Christian ***Steuerhoheit für die Europäische Union?***
Zentrum für Europäisches Wirtschaftsrecht
Vorträge und Berichte Nr. 195
Bonn 2011
https://www.jura.uni-bonn.de/fileadmin/Fachbereich_Rechtswissenschaft/Einrichtungen/Sonstige/Zentrum_fuer_Europaeisches_Wirtschaftsrecht/Schriftenreihe/heft195waldhoff.pdf
(zit.: *Waldhoff*, Steuerhoheit für die EU?)

Ders. ***Stärkung der Einnahmenautonomie als Zukunft der EU-Finanzen?***
ifo-Schnelldienst 2017, Heft 6, S. 12–14
(zit.: *Waldhoff*, ifo-Schnelldienst 2017)

Walkenhorst, Heiko ***Europäischer Integrationsprozess und europäische Identität: die politische Bedeutung eines sozialpsychologischen Konzepts***
Baden-Baden 1999
(zit.: *Walkenhorst*, Europäischer Integrationsprozess)

Waltemathe, Arved
Austritt aus der EU: Sind die Mitgliedstaaten noch souverän?
Berlin 2000
(zit.: *Waltemathe*, Austritt aus der EU)

Walter, Christian
Der französische Verfassungsrat und das Recht der Europäischen Union
Europäische Grundrechte Zeitschrift 2005, S. 77–85
(zit.: *Walter*, EuGRZ 2005)

Ders.
Die Folgen der Globalisierung für die europäische Verfassungsdiskussion
Deutsches Verwaltungsblatt 2000, S. 1–13
(zit.: *Walter*, DVBl 2000)

Ders.
Die Europäische Menschenrechtskonvention als Konstitutionalisierungsprozeß
Zeitschrift für ausländisches öffentliches Recht und Völkerrecht 1999, S. 961–983
(zit.: *Walter*, ZaöRV 1999)

Weber, Albrecht
Europäische Verfassungsvergleichung
München 2010
(zit.: *Weber*, Europäische Verfassungsvergleichung)

Ders.
Die Europäische Union unter Richtervorbehalt?
Juristenzeitung 2010, S. 157–164
(zit.: *Weber*, JZ 2010)

Ders.
Vom Verfassungsvertrag zum Vertrag von Lissabon
Europäische Zeitschrift für Wirtschaftsrecht 2008, S. 7–14
(zit.: *Weber*, EuZW 2008)

Ders.
Die Europäische Grundrechtecharta – auf dem Weg zu einer europäischen Verfassung
Neue Juristische Wochenschrift 2000, S. 537–544
(zit.: *Weber*, NJW 2000)

Ders. ***Die Europäische Union auf dem Wege zur Fiskalunion?***
Deutsches Verwaltungsblatt 2012, S. 801–806
(zit.: *Weber*, DVBl 2012)

Ders. ***Europa- und völkerrechtliche Elemente der Gewährleistung von Haushaltsdisziplin in der Währungsunion***
Europarecht 2013, S. 375–389
(zit.: *Weber*, EuR 2013)

Ders. ***Die Wirtschafts- und Währungsunion nach dem Maastricht-Urteil des BVerfG***
Juristenzeitung 1994, S. 53–60
(zit.: *Weber*, JZ 1994)

Ders. ***Die Reform der Wirtschafts- und Währungsunion in der Finanzkrise***
Europäische Zeitschrift für Wirtschaftsrecht 2011, S. 935–940
(zit.: *Weber*, EuZW 2011)

Wehmhörner, Christian ***Das BVerfG, der EuGH und die Europäische Bankenunion***
Neue Zeitschrift für Verwaltungsrecht 2020, S. 342–347
(zit.: *Wehmhörner*, NVwZ 2020)

Weidenfeld, Werner/ **Wessels**, Wolfgang (Hrsg.) ***Jahrbuch der Europäischen Integration***
Berlin ab 2000
(zit.: *Bearbeiter* in: Weidenfeld/Wessels)

Dies. ***Europa von A bis Z. Taschenbuch der europäischen Integration***
Baden-Baden 2016
(zit.: *Bearbeiter* in: Weidenfeld/Wessels, Europa von A bis Z)

Wellerdt, Alexander
Auf dem Weg zur Vollendung der Bankenunion – Vorschlag eines Legislativpakets zur Reform des Regulierungsrahmens für die Finanzmärkte
Europäische Zeitschrift für Wirtschaftsrecht 2017, S. 172–176
(zit.: *Wellerdt*, EuZW 2017)

Wendel, Mattias
Permeabilität im europäischen Verfassungsrecht. Verfassungsrechtliche Integrationsnormen auf Staats- und Unionsebene im Vergleich
Tübingen 2011
(zit.: *Wendel*, Permeabilität im europäischen Verfassungsrecht)

Ders.
Das Bundesverfassungsgericht als Garant der Unionsgrundrechte
Zugleich Besprechung von BVerfG, Beschlüsse v. 6.11.2019 – 1 BvR 16/13 (Recht auf Vergessen I) und 1 BvR 276/17 (Recht auf Vergessen II)
Juristenzeitung 2020, S. 157–168
(zit.: *Wendel*, JZ 2020)

Wichard, Johannes Christian
Der Vertrag über eine Verfassung für Europa – Konstitutionalisierung oder Vertragsrevision?
Europäische Grundrechte Zeitschrift 2004, S. 556–558
(zit.: *Wichard*, EuGRZ 2004)

Wieland, Joachim
Der EuGH im Spannungsverhältnis zwischen Rechtsanwendung und Rechtsgestaltung
Neue Juristische Wochenschrift 2009, S. 1841–1845
(zit.: *Wieland*, NJW 2009)

Ders.
Erweitern und Teilen – Die künftige Finanzordnung der Europäischen Union
Zeitschrift für Rechtspolitik 2002, S. 503–508
(zit.: *Wieland*, ZRP 2002)

Wildenmann, Rudolf (Hrsg.)	***Staatswerdung Europas? Optionen für eine Europäische Union*** Baden-Baden 1991 (zit.: *Bearbeiter* in: Wildenmann)
Winkler, Heinrich August	***Grenzen der Erweiterung Die Türkei ist kein Teil des „Projektes Europa“*** Zeitschrift für Internationale Politik 2003, S. 59–66 (zit.: *Winkler*, IP 2003)
Wohlfahrt, Ernst/ **Everling**, Ulrich/ **Glaesner**, Hans Joachim/ **Sprung**, Rudolf	***Die Europäische Wirtschaftsgemeinschaft: Kommentar zum Vertrag*** Berlin/Frankfurt am Main 1960 (zit.: *Bearbeiter* in: Wohlfahrt/Everling/Glaesner/Sprung)
Wohlgemuth, Michael	***Macrons Europavision*** Wirtschaftswissenschaftliches Studium 2017, S. 1 (zit.: *Wohlgemuth*, WiSt 2017)
Wolf, Sebastian	***Ein Vorschlag zur Beseitigung von Repräsentations- und Legitimationsdefiziten im Rat und Europäischem Parlament. Überlegungen zur Debatte über die institutionelle Reform der EU*** Politische Vierteljahresschrift 2000, S. 730–741 (zit.: *Wolf*, PVS 2000)
Zeh, Juli	***Recht auf Austritt*** Zeitschrift für Europarechtliche Studien 2004, S. 173–210 (zit.: *Zeh*, ZEuS 2004)

Zumbansen, Peer
Die vergangene Zukunft des Völkerrechts
Kritische Justiz 2001, S. 46–68
(zit.: *Zumbansen*, KJ 2001)

Zuleeg, Manfred
Wandlungen des Begriffs der Supranationalität
Europäische Zeitung 1988, Beilage integration, S. 103–111
(zit.: *Zuleeg*, integration 1988)

Ders.
Die Rolle der rechtsprechenden Gewalt in der europäischen Integration
Juristenzeitung 1994, S. 1–8
(zit.: *Zuleeg*, JZ 1994)

Ders.
Demokratie in der Europäischen Gemeinschaft
Juristenzeitung 1993, S. 1069–1074
(zit.: *Zuleeg*, JZ 1993)

Ders.
Der Beitrag Walter Hallsteins zur Zukunft Europas
Frankfurt 2002
(zit.: *Bearbeiter* in: Zuleeg)

FSC
www.fsc.org
MIX
Papier | Fördert gute Waldnutzung
FSC® C083411

Kolibri 360 GmbH
Ferdinand-Jühlke-Straße 7
99095 Erfurt, Deutschland
produktsicherheit@kolibri360.de